U0134056

启真馆 出品

英格兰的故事

THE STORY OF ENGLAND

Michael Wood

［英］

迈克尔·伍德 著

沈毅 译

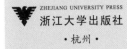

ZHEJIANG UNIVERSITY PRESS

浙江大学出版社

·杭州·

图书在版编目（CIP）数据

英格兰的故事 /（英）迈克尔·伍德著；沈毅译
.—杭州：浙江大学出版社，2023.3
书名原文：The Story of England
ISBN 978-7-308-22644-8

Ⅰ.①英… Ⅱ.①迈… ②沈… Ⅲ.①英国—历史—
通俗读物 Ⅳ.① K561.09

中国版本图书馆CIP数据核字（2022）第085400号

英格兰的故事

［英］迈克尔·伍德　著　沈毅　译

责任编辑	周红聪
责任校对	黄梦瑶
装帧设计	周伟伟
出版发行	浙江大学出版社
	（杭州天目山路148号　邮政编码310007）
	（网址：http://www.zjupress.com）
排　　版	北京楠竹文化发展有限公司
印　　刷	北京中科印刷有限公司
开　　本	880mm×1230mm　1/32
印　　张	18
字　　数	350千
版 印 次	2023年3月第1版　2023年3月第1次印刷
书　　号	ISBN 978-7-308-22644-8
定　　价	98.00元

浙江大学出版社市场运营中心联系方式：（0571）88925591；http://zjdxcbs.tmall.com

目 录

第一章 寻觅英格兰

在英格兰中心附近，离福斯路（Fosse Way）与惠特灵大道
（Watling Street）交叉路口不远的地方，群山起伏，一直向南伸展到
拉特兰郡（Rutland）。游客可以顺着一条历史久远的古道远眺，沿
路可见绵延数公里的山楂树篱，以及偶尔进入眼帘的枯瘦的榆树和
白蜡树丛。途中会出现一条侏罗纪时期就已出现的支路，"侏罗纪小
道" [1]（Jurassic Way），这条史前小道从沃什湾（Wash）一直向西南方

---

[1] 侏罗纪小道是一条古老的山区步行道路，连接牛津郡的班伯里镇和林肯郡的斯坦福镇，
因其长约 1424 米的路线有一大部分位于北安普敦郡北部的侏罗纪石灰岩山脊上而得名。

向延伸。在梅尔顿－莫布雷（Melton Mowbray）处，涉水渡过瑞克河（River Wreake）——此河绕过铁器时代重要的伯勒山要塞——然后绕道"罗宾的脚尖山"（Robin a'Tiptoe Hill），穿过英格兰中部的核心地带，越过埃文河（Avon）流域的分水岭继续前行，便可抵达位于埃夫伯里（Avebury）的伟大而神圣的史前石圈，和位于西尔布利山（Silbury Hill）的创世纪墓地和山泉。而在南面的莱斯特郡高地，则有一条呈马鞍形的道路，两边是特伦托河和威兰河。沿这条道路穿过位于山坡上的小村庄提尔顿（Tilton）和伊斯顿（Illston），然后下坡，便可进入一个离卡尔顿－克里欧（Carlton Curlieu）有一段距离的迷人山谷。沿着这条路再走上几里路，就到了教区的边界，眼前显现出大时代所遗留下来的清晰痕迹：在这片绿色草地的两侧，是蜿蜒的山脊和中世纪的犁沟，以及隐约可见的山头和岬角——它们是这片土地的深层骨骼结构。

在这条线路的附近，"宽口陶器人"（Beaker people）留下了他们4000 年前的墓葬以及独特的随葬品：带有凹凸边缘和方格图案的立式陶器。这一遗迹可能起源于公元前 1500—前 1000 年之间的青铜时代中期，这是一个组织性社会以及最早的远途贸易在不列颠开始出现的时期。世人难得发现了这一阶段最后两三个世纪中的一些青铜时代的器物：在凯伯沃斯发现了一把凿子和一把带凸缘的斧头；在赫斯本兹－博斯沃斯（Husbands Bosworth）发现了一位商人的青铜器藏品——9 把带凹槽的斧头、若干测量器和凿子、2 个长矛头和 1 个用以固定矛头的坚实的金属箍。这些物品，即是事关英格兰先民故事的最初线索。在此，人们的脑海中不免浮现这样的意象：一位脚穿短靴的青铜时代的先民，紧攥装满各种器物宝贝的小贩包，正大步行走在英格兰中部广袤的天空下，指望在沿途某处兜售他制造的产品或是以物易物。这种标志着个体的主动性与进取心的动向，也将成为我们在这本书中的叙事主线。

很久以后（但在诺曼人征服之前），英格兰的农民军就是沿着这条路顽强抗击维京人的进犯的。当时，盎格鲁–撒克逊人称其为"军队之路"（herepath）。即使到了中世纪，这条线路仍被当地人称为军队之路（le ferdgate）。这个词由三种语言构成：法语阳性冠词 le 加上古英语词 fyrd（军队），还有斯堪的纳维亚词 gata（道路，9 世纪晚期来到此地的维京移居者们所用的语言）。

在矗立着已经风化的铸铁路标"加尔树路"（Gartree Road）的地方，这条古道与罗马时代的"第瓦那路"（the Roman Via Devana）相交。附近有一座显眼的古墓，多节的榆树环绕着墓地上一棵带刺的灰色老树。数百年以来，这里就是"加尔树"或者说"开会树"的所在地，当地人称之为 methelou（意思是"开会"或"演讲"的坟堆），是这里的人们召集会议的地方。从古英语时代直到乔治王朝（the Georgians）时代，这里一直充当召集百户邑成员开会的场所。百户邑（the hundred）是旧时英格兰的地方行政单位，英国的代议制即起源于此。1086 年春，为了编制《土地调查清册》，当"征服者"威廉派遣的评估人前来调查时，凯伯沃斯以及周边村庄的陪审员们就是在这里与他们会面，并向他们陈述有关土地、社区和财富状况的。几个世纪以来，这里也是地区法庭开庭的地方。18 世纪 90 年代时，有位年长者仍然记得"陪审团的人员构成，以及支付主要租金、处理其他许多事务的情景"。（现在的人们也许已经忘了，其实英格兰的永久产权业主就像他们的盎格鲁－撒克逊祖先一样，早已习惯于在户外投票，这种传统甚至在有些地方延续到 19 世纪。）从"加尔树"出发，沿着一条小道继续前行，经过图尔－兰顿（Tur Langton）和"公牛头酒吧"（曾是陪审员的传统酒吧，现在被木板封上，正在等人拯救），直到透过左边的树林能望见凯伯沃斯风车磨坊的白帆，然后快步行走半小时，旅行者便可进入凯伯沃斯－比彻姆后端村舍间的白色小巷。

现在，凯伯沃斯差不多算是一个小镇了。大多数今天的英国人都生活在这种规模不大的地方。它跨越一条主干道——A6 高速公路。在平常时段，行人可以无所顾忌地穿越这条公路，但在高峰时段，往返于市郊、呼啸而过的车辆会给通行的路人带来不便。树林后面是一片用混凝土和玻璃构成的新住宅区，但在古老的核心区域，大多是些以暖红色的莱斯特砖块和木头建成的漂亮房子。在"银禧花园"（the Jubilee gardens）旁边，有一座 17 世纪晚期的要人的宅邸，带有高耸的烟囱、弯曲的三角形楣饰和灰泥壁柱（18 世纪时，这栋宅邸里设有一所不信奉国教的"学院"，拥有当时英国数一数二的课程设置）。村庄水井对面是古老的"斯兰路"（slang），曾是货运马车通往开阔田野的道路，现在设有栅栏门，旁边堆满了树枝和树叶。附近有一座建在铁矿石基础上的红砖结构的老农舍，庭园围墙上还保留着维多利亚时代的菱形花饰。在门口一块风化了的陶土牌匾上，标记着历次重修的年代：1475 年、1695 年和 1860 年（然而，现在的树木年轮学为我们提供了这栋农舍更早的重修年份：一次在 1385 年，另一次甚至早在大饥荒之后、黑死病之前的 14 世纪 20 年代）。

凯伯沃斯一度拥有 23 家提供酒水的客栈和酒馆。有 4 家留存至今，包括现已重建的"老天鹅"客栈，规模庞大、如今改为印度餐厅的"玫瑰和皇冠"客栈，和托马斯·库克展开其现代旅行构想的"马车"客栈。

　　在哈考特，6 家乔治王朝时代的马车客栈都已消失："玫瑰和皇冠"客栈现在成了一家印度餐馆，"纳尔逊将军"客栈成为"波波利"比萨店。只有比彻姆的"马车"客栈保持原样，门前悬挂着马车轮子和一块彩色的客栈招牌。说来也奇怪，此处正是年轻的托马斯·库克（Thomas Cook）站在路边等候驿站马车和构想其现代旅游概念的地方。

　　离开主路，穿过边界进入比彻姆，游客便来到了中世纪的圣威尔弗里德教堂（St Wilfrid）。教堂用珍贵的铁矿石建造而成，老紫杉树环绕四周。在绿草如茵的教堂院落内，立满了用当地板岩制成的精致墓碑，以及一座缅怀在第一次世界大战中阵亡的凯伯沃斯人的纪念碑。沿路继续前行，游客会看到一座已经废弃的火车站，其关闭时间是"比钦改革"（the Beeching reform）之后的 1968 年。与凯伯沃斯－哈考特形成对照的是，凯伯沃斯－比彻姆在"工业革命"时期是一个劳工居住之地，而且，在某些方面，以"激进的"或"愚蠢的"（stockeners）凯伯沃斯这样并不怎么好的形容而出名。比彻姆仍然保留着许多三层楼的织布工村舍，特点是作坊顶层的窗户尤为高大。在房子背后的交通安全岛附近，是一座被废弃了的框架编织厂——在第二次世界大战期间，楼顶上曾设有电讯交换台。与哈考特一样，比彻姆也是中世纪出现的定居点，但从那时幸存下来的所有遗迹，几乎也只剩下酒铺对面的一座都铎王朝早期的庄园主宅邸。这栋宅邸带一个墙壁粉刷成白色的马厩，还有漂亮的圆屋顶，上头有一个时钟和一个风向标。在这个村庄的中心位置，有一家业务繁忙的合作商店和一家小型书店（书店为儿童的晚间学习提供方便，还组织了一个女性阅读

小组）。此外，村里还有"老天鹅"客栈、佛罗伦萨意式餐厅、印度
人和中国人经营的食品外卖店、一所新的中学、一个体育中心和一个
板球场（凯伯沃斯的板球队曾在 2008 年的全国乡村板球比赛中荣获
冠军）。在村庄的尽头即是所谓的"新城"，在一个半世纪之前的维多
利亚时代，这里建起了一排排房屋——像整个英格兰一样，当时的人
口在几代人之间剧增了三四倍。其实，随着最后的冰河时代的结束，
在英格兰低地开始出现定居点之后，人类已在此生存了许久。有证据
表明，这里留下了以狩猎-采集为生的人类（大约生活于公元前 8000
年）的游牧足迹：有人在村庄的死胡同中发现了他们的燧石工具和箭
头。在离"凯伯沃斯海鲜餐厅"和"摩卡咖啡店"的后花园不远处，
有一处叫"斯密顿山坡"的地方，"宽口陶器人"在山坡上留下了他
们的墓葬。而且，金属探测器爱好者们在附近发现了科利埃尔塔维人
（Corieltauvi）的金银币——包括科利埃尔塔维人的组织在内，有一批
部落和王国奠定了我们最古老的区域认同，即现在的历史学家所认为
的英格兰的不同"国家"（pays）之基础。

从村庄的最高点朝西北方向远眺，视野广阔，一望无际，人
们可以望穿英格兰中部，视线直抵莱斯特森林和查恩伍德森林
（Charnwood）。这片土地被旅行家约翰·利兰（John Leland）和西利
亚·菲因斯（Celia Fiennes）描述为"香槟之地"：当地农民如今依然
称之为"英格兰最肥沃的土地"。在十几公里之外的地平线尽头，即是
莱斯特本身。像我们所有自 19 世纪以来快速发展起来的组合城市一
样，这座曾经的都铎王朝时期的小城，向四面八方的郊外不断扩张，
吞并了蒸蒸日上的中世纪村庄威斯顿（Wigston）、奥德比（Oadby）和

布莱比（Blaby）等，并吸纳了来自世界各地的新人。事实上，作为一
个所谓的"英格兰白种人"的城市，莱斯特是世界上最早尝试接纳所
有少数民族社区的地方。假如它成功了，莱斯特本可成为世界上首座
真正的多民族云集的城市。

　　尽管这种意愿似乎不太现实，但从昔日留存至今的地名来看，也
并不是绝无可能。专门研究史前不列颠语言的语言学家们告诉我们，
这个区域是"河流的土地"。莱斯特的罗马名字 Ratae 随着罗马人的
撤离就弃之不用了，而罗马人到达之前所使用的城市名字反倒被继
续沿用。因为莱斯特（Leicester）一词源自盎格鲁-撒克逊人所使用
的 Ligoracester 一词，意思是筑有防御工事的 Ligore 城；Ligore 是
一条古老河流的名字，早期在此定居的凯尔特人曾用这个名字来称
呼自己。这个名字到了 12 世纪仍在使用，当时，马姆斯伯里的威廉
（William of Malmesbury，英国历史学家）曾有过关于 Legra 河"流经
小城"的记述。事实上，这个名字到了今天仍为我们所用：虽然这
条河在其下游与特伦托河（Trent）交汇后被称为索尔河（Soar），但
在一些老地图和文档中，它（维多利亚时代的莱斯特铁路拱桥下的
河流）的名字却变成了 Leir，而且其中有一支流向南流淌约 16 公里，
恰好流经惠特灵大道以及沃里克郡边界的一个名为 Leire 的小村庄附
近。Leire 这个古老的名字来自上文提到的同一个前英格兰时代的词
Legra，有意思的是，Legra 的罗马拼法是 Loire，和 Leir 几乎一样。
这可真是一次好玩的中部英格兰语言之旅。

　　所以说，在一个可能被认为其遥远过去的所有痕迹都已被 21 世
纪初的世界抹去的地方，它历经千年岁月所沉淀下来的被编了码的记

忆，还停留在某些原处，并可供检索，尽管自工业化以及随后的人口
激增（从 1800 年的 800 万增加到如今的近 7000 万）以来，已有太多
的历史踪迹渐渐消失。英格兰的地理图景总要超越其各个组成部分的
总和，因为英国人已把这个国家的角角落落都神话化了。在每一个不
起眼的小地方，皆有可能窥见整个故事之一斑。也许这就是此处每一
个郡、每一个教区和每一个村庄的地方史都比世界上任何其他地方得
到更好的叙述的原因：人们相信，每个地方都有自己的宏大叙事，每
个地方都是整个国家故事的一部分。

科利埃尔塔维人：哈勒顿宝库

6

因此，本书将讲述的村庄是在史前的"河流的土地"上逐渐形
成的。虽然这些古老河流的名称大多被人忽视，但它们仍然美化着
我们的现代地图。冰河时代之后，这里最初的居民是中石器时代的
前凯尔特人，他们从公元前 8000 年开始进入不列颠，今日的英国人
带有许多他们的 DNA。在凯伯沃斯周围，他们留下了用手工制成的
燧石工具和箭头。在铁器时代后期，凯尔特人来到了不列颠，并将
此作为永久定居点。他们在此拓荒耕种，建造了圆形小屋和牲畜栏。
凯尔特人还制造陶器和青铜器具，并开展了广泛的贸易活动，从罗
马帝国的高卢地区进口陶瓷、金属制品和奢侈品。通过古希腊地理
学家托勒密（Ptolemy）的一段文字，我们早已知道长期以来生活在
这个区域的凯尔特部落被称作"科利塔尼"（Coritani），但近期的发
现显示，我们现在所知的他们的名字实际上应该是"科利埃尔塔维

人"。他们讲的土语是现代威尔士语的起源，近似于最早的威尔士诗歌中保存的那种语言。正如我们将看到的，这种语言的微弱痕迹仍旧残留在凯伯沃斯及其周边村庄的地块和地貌的命名中。这批凯尔特人生活的土地位于特伦托河以东的索尔河、威兰河（Welland）和内内河（Nene）流域；这些河名都是凯尔特人或前凯尔特人所用的名字。这个部落拥有两三个中心，或许还有两三个"国王"，前后分别统治着从莱斯特郡到林肯郡的不同中心。最近，这里出现了一起轰动性的事件：人们在凯伯沃斯附近的哈勒顿（Hallaton）发现了一座藏有超过 5000 枚科利埃尔塔维人的金币和铜币的"宝库"。这是在不列颠发现的铁器时代的最大贮藏，它向世人展示了一幅闪闪发光的画面：在罗马人入侵前夕，这里已经拥有了巨大财富。在一处树木繁茂的山坡上，有个被废弃的圣地，这批财宝与无数的猪骨头（祭祀仪式的剩余物）就一起储存在这里。宝物中包括银锭、碗、瓷片和饰物等，甚至还有一顶罗马人阅兵用的头盔。从某种意义上来说，这座宝库或许是某个部落的财富。硬币上刻有鲜为人知的科利埃尔塔维国王的谐音名字，包括一些之前不为人知者：Volisios, Dumnocoveros, Dumnvellaunus, Cartivelos 和 Vepo the son of Cor 等。在凯伯沃斯-哈考特的新发现（一枚华丽的古代希腊金币和一枚科利埃尔塔维银币），也同样暗示了一个稳定的货币经济社会的存在，在其国王的统治下，这种经济体似乎相对无缝地与罗马社会进行了对接。在之后的数个世纪里，直至今日，随着入侵、定居和迁移的接连发生，这一过程在这里不断重复着。

　　这就是我们称之为凯伯沃斯的村庄的历史背景，这个村庄正是我们要讲述的故事的主题。但实际上，当地人会对来访者说没有这么一个地方。因为正如我们已看到的，老教区包含被现在的 A6 高速公路分隔开来的两个凯伯沃斯。两处地名分别来自 12 世纪的诺曼土地所有者的名字：凯伯沃斯 - 哈考特和凯伯沃斯 - 比彻姆。这两个地名最初可能分别含有"上位"和"下位"的意思，直到 20 世纪，当地人还保留着"上凯伯沃斯"和"下凯伯沃斯"的叫法。正如大家所知道的，有关两地的故事是不尽相同的：哈考特是一个从事农业生产的富裕村落，比彻姆则是一个有着工业历史的较为贫穷的村落，并以不信奉国教而著称。19 世纪 80 年代有一位令人敬畏的教区神父叫埃德蒙·诺克斯（Edmund Knox），他曾讲述过一个有趣的故事：有一次，两个社区在教区会堂里争论有关共享同一个排水系统的问题，哈考特的绅士们表示，他们极不情愿让自己所排出的污水被"与族人关系密切"的比彻姆所排出的污水"污染"。（不过，有证据表明，在特定的历史时期，比彻姆也会出现最亲密的邻里关系分崩离析的情况。）

在讲述这两个有着鲜明历史对照的凯伯沃斯——我们的故事的核心——的同时，还应顾及这个老教区的另一个组成部分：位于凯伯沃斯南部边缘的一个小村落，斯密顿 - 韦斯特比（Smeeton Westerby）。那里拥有诸多农场和铁匠铺，有高高的织布工村舍、密集的园地，还有一家真正的老客栈——"皇冠"客栈（the King's Head），附带酒吧和雅室。斯密顿是个坐落在红砖墙背后、依赖于农耕的小村落，如今依然保持原貌，其规模仍然是 19 世纪 80 年代的样子。斯密顿村与两个凯伯沃斯村通婚是常事，但自盎格鲁 - 撒克逊时期以来，它就是一个具有独特历史的地方。正如其村名所显示的，这是一个铁匠的定居点（the smiths'tun）。

凯伯沃斯是一个朴实无华的平常地方，在地理位置上，它处于英
格兰中部。人们或许会认为这里并无不同寻常之处，不值得特别加以
介绍。人们也可能会认为，就其历史而言，凯伯沃斯与无数个其他地
方没有什么两样。然而，与英格兰各地一样的是，历史的潮汐也在这
里留下了普通人的生活印记，他们经历了从黑死病到内战和工业革命
等时期所发生的最不寻常的事情，曾见证收费公路、运河和铁路的建
成，也曾目睹拦路抢劫者、妇女参政权论者和索姆河战役的士兵。如
同英格兰的大多数村庄，关于凯伯沃斯历史的确凿文献证据，首先是
11 世纪时"征服者"威廉的《土地调查清册》（Domesday survey[1]，
这是一份关于英格兰人口、土地和财产的调查报告，完成于 1086
年），然后是庄园租金表、法庭案卷、人头税单、都铎王朝时期的遗
嘱，以及所有其他相关记录，比如中世纪靠租金生活者的账单和测量
资料等。但在此前很久，凯伯沃斯就已经是一个具备农耕制度，有自
己的风俗，缴纳税款，有一套权力与法律形式的共同体了，它是英格
兰数以千计的乡村之一，它们都是这个国家故事的缩影。本书所要讲
述的，就是关于这种共同体形成的故事。

我们将尽可能地把焦点对准普通人的生活。尽管这种历史是自下
而上书写的，不像描写王公贵族的生活那样时髦，但它仍可为今天的

---

[1] 类似的案卷调查、调查清册和一部分编年史尽管在翻译为中文后添加了书名号，
但本身被视为法律文献类资料，其原文为正体，而非斜体。

我们提供重要的视角。当然，只有通过考察有关劳动人民的原始资料，我们才能借由他们的历史来理解大多数英格兰人的生活。而这样的资料来源显然也能呈现这个国家的叙事，并揭示国家是如何影响地方共同体，而地方共同体又是如何塑型国家的。尽管地方史常常被认为是历史研究中的次要枝杈并受到忽视，但事实上，只有细致地审视地方的情况，方可洞见真正的历史变迁。就拿从封建秩序到资本主义和工业社会的巨大变迁为例吧。在像凯伯沃斯这样的地方，从 13 世纪后期到 18 世纪之交，逐年积累下来的有关文档是极为丰富的。这种资料让我们清晰地看到是什么导致中世纪的统治与剥削结构的瓦解，并展示了个人主义和资本主义兴起的各种经济与社会因素。换言之，尽管我们可以概括出整体状况，但建立整体的基础是亲历这些变迁的社区层面的具体实例。

　　然而对于历史学家来说，想要了解出现教区记事录、收缴壁炉税 9 （hearth taxes）之前的人们的生活，触及许多重要的制度和观念尚在形成过程中的英格兰人的体验与意愿，显然是个棘手的事情。就英格兰的大多数地方而言，在 16 世纪之前是不可能做到这一点的。所以，着手构建我们的历史叙事的源头必然是一项极其艰难的任务。也就是说，我们只能力求找出在这个有文档记录的时期"之前"的有关社区历史的某种感觉。唯一可资利用的线索来自一些零落的残迹，比如硬币、陶器碎片、骨梳、青铜别针和胸针等考古学的珍贵礼物。我们将带着这种求索，以其作为开场白，拉开所要讲述的故事的序幕。

早期探索者：英格兰地方志

说来也巧，1622 年的秋天，当爱德华·布朗特（Edward Blunt）在贾加德印刷所（the Jaggards' printing shop）校对莎士比亚的第一对开本（First Folio）最早的样稿时，还有一部名为《特洛伊罗斯和克瑞西达》（*Troilus and Cressida*）的作品——有关我们这个故事的第一本标志性的读物——也正在他手下印刷出版。虽然威廉·伯顿（William Burton）的《莱斯特郡概貌》（*Description of Leicestershire*）在文学史上并没有举足轻重的意义，但伯顿作为英格兰地方志方面的拓荒者之一赢得了一定的声望。伯顿为他的课题花费了 25 年的宝贵时光，在翔实的本土调查基础上，以敏锐的眼光编写了这部作品。他记录了莱斯特郡罗马时期的铭文，甚至不辞辛苦地仔细修正了萨克斯顿（Saxton）首先绘制的莱斯特郡地图，并加以发表。伯顿还研究诸如伍斯特的威廉（William of Worcester）和约翰·利兰等早期旅行家。威廉著有关于 15 世纪中期英格兰的论述，利兰则是伯顿研究的重点对象，他是亨利八世时期的古文物研究者，一位经历坎坷、胸怀大志的天才人物。利兰在 16 世纪 40 年代走遍了英格兰，他那前无古人的艰辛旅程，为描述整个英格兰及其地形状况提供了原始而直接的素材，尽管命运注定利兰那无与伦比的描述直到近代才能出版。伯顿义无反顾地挽救了利兰的一些手稿，并将它们捐献给牛津大学的伯德雷恩图书馆（the Bodleian）。伯顿也留下了多本自己的笔记，包括《1279 年爱德华一世时期的百户邑案卷调查》（Edward I's 1279 Hundred Rolls Survey）中他负责撰写的有关莱斯特部分的卷册。他的笔记密密麻麻、字迹潦草，但现已遗失。《1279 年爱德华一世时期的百户邑案卷调查》对于英格兰的描述，甚至比"征服者"威廉的《土地调查清册》更为详尽，其中包含从未发表过的有关凯伯沃斯和斯密顿－韦斯特比的内容。也许，正像所有最优秀的本土古文物研究者一样，伯顿对此十分着迷，整个晚年一直在修订他负责的卷册，并为未来的再版不断地收集新的资料。伯顿还打算书写三个不同教区——他的家乡林德利（Lindley）、达林顿（Dadlington）以及离凯伯沃斯不远的特丁沃斯（Theddingworth ）——的历史，他也许是关注这方面课题的第一人。虽然伯顿在这些方面的研究成果不曾面世，但他的有关笔记对于后来的研究者来说无比珍贵。

不过伯顿并不是从事地方志研究的最早探索者。严格来说，郡县志研究始于威廉·兰巴德（William Lambarde）的《肯特郡勘查》（*A Perambulation of Kent*）——伯顿则认为这是一部"难以过度夸奖"的著述。兰巴德于 1570 年开始写作此书。据我们所知，也就是在这一年，英格兰最早的地图制作者克里斯托夫·萨克斯顿（Christopher Saxton）着手绘制意义重大的英格兰各郡地图集，这是最早的全国地图册。随着兰巴德的《肯特郡勘查》一书于 1576 年出版，对于英格兰的详细勘查由此展开。近年来，虽然就这个国家的罗马化程度及其重要性出现了诸多争论，但这些早期研究者都把英格兰和不列颠的历史当成一个有机的整体，并把罗马文明看作英格兰的根源之一。这一点尤其成为威廉·卡姆登（William Camden）的《大不列颠》（*Britannia*）一书的主题思想。卡姆登这本书以拉丁文的形式于 1586 年首次出版，他在书中对英格兰和爱尔兰各郡进行了逐一研究。卡姆登说，他的目的是"将古代遗产归还不列颠，将不列颠归还其古代遗产"。多亏了庞大的通信员网络的帮助，他达到了自己的目标。假如没有这样的网络联系，任何真正的古文物研究都将难以开花结果。尽管卡姆登的《大不列颠》是以拉丁文的面目出现的，但事实证明这本书很受欢迎，到 1607 年已发行了 7 版（读者人数之多也证明卡姆登所处的斯图亚特王朝早期的文化与学识水准非同一般），并在 1610 年发行了一个英文版本，从而吸引了更广泛的读者。

11　　卡姆登称自己的著作为"地方志"（chorography），这个词来源于希腊文 choros，意思是地方。卡姆登取之于古代地理学家托勒密的论述。托勒密将地理学与地方志加以区分：地理学是关于整个世界或世界大部分地区的物质构成的研究，地方志则着眼于特定的较小地方，研究"某省、某地区、某城市或某港口"等。在卡姆登看来，我们称之为"昔日之赐予物"的地形、地理、历史文献和遗迹等均呈现了某个地方依然可以辨认的痕迹。他激励从事实地研究的探索者，认为应该把古文物研究与旅行结合起来（这是一种特有的英国流派），并让这种研究代代相传。卡姆登也是概述罗马时期的不列颠古文物的最早探索者。从此以后，从史前到当下，英格兰的过去便被视为一个连续的统一体。

　　以卡姆登为样板，相继出现了卡鲁（Carew）的《康沃尔郡调查》（*Cornwall*）、威斯克（Westcote）的《德文郡考察》（*View of Devonshire*）和伯顿的《莱斯特郡概貌》（1622 年）等。这些著述以及之后所有的相关作品，其重点都在于以英格兰的郡，或者诺曼人所说的县，作为考察对象。郡是古老的盎格鲁－撒克逊人的一种组织单位，由郡再细分出百户邑、庄园、村庄和教区等。在提到关于郡的概念时，我们在此不妨多说几句。一直以来，郡的概念在英格兰都会激发人们对它的强烈忠诚感，现在仍然如此。这种忠诚感不仅表现于板球队上，而且体现在郡议会和地方行政中。这与一个人界定自己的方式有关。当某人说他或她是一个约克郡人时，他或她所传达的是对于这个特定地区与文化之认同的一种骄傲。人们觉得，郡是一个真实而并非虚幻的存在。即使到现在，对于英格兰的一些老一代人来说，郡的边界依然象征着心理地图上的划分。这种边界可能是一种模糊的地界，或许由一条古老的山脊路、一段罗马时期的道路代表，或许由一座黑暗时代的土方工程、一条带有灌木篱墙的低堑小巷等组成，只要出了这道边界，一切便当别论了。人们对于这种地方认同的感情强度，在英国时任首相爱德华·希思（Edward Heath）于1974年提出废除拉特兰郡时引起的激烈反应中可略见一斑。拉特兰是英格兰最小的郡，而且或许是其古老身份的标记最不明显的郡。不过可以确定的是，它起源于盎格鲁－撒克逊时代（但据我们所知，其源头或许是在更早的铁器时代）。英格兰各郡的渊源往往是非常悠久的，大多可以追溯到维京时代，根据《盎格鲁－撒克逊编年史》（the Anglo-Saxon Chronicle）中的记述，"德文郡的男人"或"赫里福德郡的男人"曾列队出发，保护他们的土地、支援他们的国王。在罗马时期之前的铁器时代，早在部落分化时，一些郡就已开始出现。到了10世纪，这些郡几乎已全都出现了。随着区域开始自治化，郡成为地方行政的基本单元，并确立了司法、惩处犯罪和防卫等方面的功能。与此

12

同时，因为郡是以地方表征为核心的，所以随着时间的推移，郡产生出强烈的忠诚度。即使到现在，尽管许多百户邑早在19世纪50年代就已丧失以往的司法职能，但郡往往仍是地方政府单元，运动队、社团和俱乐部等也仍然是以郡的名义组织的。人们极为注重乡土情感。不过，绝不像法国不同地区各行其是，英格兰在习俗、饮食、农事和方言等方面有着深刻的"国家"（pays）认同，这种认同往往要追溯到史前时代。郡、教区和村庄是奠定这个国家的基础，其中，郡列为首位。

英格兰地方志研究的黄金时代出现在17世纪后期到18世纪后期之间，当时出现了许多研究古文物的学术社团，并出版了一些重要的郡县历史著作。其中最有分量的著述要算约翰·尼科尔斯（John Nichols）的《莱斯特郡的历史与文物》（*History and Antiquities of the County of Leicester*）。尼科尔斯是一名伦敦印刷商，曾与亚伯拉罕·法利（Abraham Farley）通力合作，于1783年完成了印刷《土地调查清册》这一具有里程碑意义的工作。尼科尔斯恰如其分地称此书的"贵重程度不亚于这个王朝或其他任何王朝有关'古代'的记录"。尼科尔斯发明了新的印刷字形，以便尽可能贴近《土地调查清册》手稿中的手迹、标注和缩写词。这一贡献成为他永久自豪的源泉。后来，尼科尔斯说："就其准确性与美而言，这部重大作品为我赢得了印刷界的声望，我对此非常满足。"由法利和尼科尔斯印制的《土地调查清册》的出版，堪称英格兰出版史上的一大壮举。这本书也是当时面世的书籍中最美观的作品之一。而且，与此同时，尼科尔斯还以最大的雄心收集所有郡县的历史资料。在分八个部分出

版、共四大卷的《莱斯特郡的历史与文物》中，尼科尔斯逐个教区地
对莱斯特郡加以描述。他利用的材料或是亲自考察而来，或是通过教
区层面的信息提供者的巨大网络收集到的，或是借助于伯顿未曾发表
的笔记和抄本，还有些来自大量的历史手稿和古文物研究文献。尼科
尔斯的书中配有刻制精美的图解，这些图解包括教堂和古迹、硬币和
雕像、罗马时期的拼花图案和碑文，甚至还有尚属首次在书籍中展示
的盎格鲁－撒克逊时期的异教徒坟墓中的随葬物，如皮带扣、剑刃和
十字形胸针等。所有图解的刻度都极为精确。就凯伯沃斯而言，尼科
尔斯呈现了教会和古迹的图解，甚至复制了 1723 年发现的朱利安皇
帝（the Emperor Julian）时期的罗马金币的外观。此外，在序言卷中，
他对人们所了解的罗马人加以概述，并将《土地调查清册》全文中有
关莱斯特郡的内容（与法利一起精心编制）提供给读者们，这在当时
具有开创性意义。这部书卷帙浩繁，篇幅总计多达 5600 对开页，有
500 万字之巨，通过公共订阅才得以面世——即使在今天，这也是一
项难以想象的巨大工程。当然，其中难免存在许多错误，以今天的标
准来看其整体水平参差不齐，但书中材料翔实丰富，不失为一部研究
英格兰中部历史的不可或缺的工具书。尼科尔斯以其著作教导后来的
探索者以及我们，应从何处入手和如何入手研究地方历史。

　　18 世纪 90 年代，正当尼科尔斯出版他前面几卷书的时候，英格
兰古文物研究领域中的另一个重要知识来源——地图绘制，也在迅速
发展。英格兰的地图绘制始于 16 世纪 70 年代萨克斯顿的首创性的地
图册，除此之外，还有什一税地图、房地产平面图和圈地赔偿地图
等，这些都成为不可多得的了解相关地方局部细节的资料来源。在本

书讲述的这个故事中，许多具体地名的依据便来源于始自 1609 年有关凯伯沃斯-哈考特房地产的精确平面图（现在保存在牛津大学默顿学院），以及凯伯沃斯-比彻姆和斯密顿的什一税地图（现在保存于莱斯特郡和林肯郡档案馆）。这些资料中往往保留着维京人、撒克逊人甚至是前罗马凯尔特人所用地名的珍贵细节，而这些名字是被村民以当地语言传承下来的。尼科尔斯分别为每个郡的百户邑绘制了精美的彩色地图，但从制图的角度来说，这一切将随着"英国地形测量局"的创立而发生改变。这个部门于 1791 年开始工作，并在 1801 年发布了最早的 1 英寸比 1 英里的地图（肯特郡）。19 世纪 30 年代，发行了整个英格兰地图；19 世纪 40 年代，6 英寸比 1 英里的地图面世；19 世纪 60 年代，20 英寸比 1 英里的系列地图出现，其中不乏版面漂亮并可提供大量有用信息的地图。对于从事英格兰的村庄、教区和郡研究的人们来说，考虑到英格兰的自然环境已在过去的 70 年中发生了巨大变化，这些地图变得不可或缺。就连 20 世纪二三十年代那种背面衬布的 1 英寸比 1 英里的老款导游地图，也因其传达的是在我们这个时代的城镇化、高速公路和产业化农业全面铺开之前的乡村格局，而变成珍贵的历史资料。

对于地形和考证方面的探索，导致 1717 年"伦敦古文物学会"（London Society of Antiquaries）等学术团体的创立，在其早期会议上，凯伯沃斯的一些发现被最先提出来研讨与考察。到了 19 世纪，几乎每个郡都成立了研究地方历史的社团；在此提一下成立于 1710 年的一个孤单的先行团体"斯伯丁绅士会"（the Spalding Gentlemen's Society）。这些社团定期举办讨论会，并在其年度学术期刊上发布新的发现，成为名副其实的郡县和城镇历史研究的学术团体。维多利亚时代的社会变化是如此明显可见、势不可当，随着城市社会扩展到全国各地，对古文物的调查研究忽然之间变得紧迫而密集。往昔开始以前所未有的速度远离英格兰人，使得在这样一个不可逆转的变化的时代，人们好像被探索与考察自己的冲动驱使着。这一研究潮流尚未显示消停的迹象：辅以地名索引以及教区和村庄历史的《穆雷手册》（Murray's Handbooks）在不久之后面世；由当代的亚瑟·梅伊（Arthur Mee）、尼古拉·佩夫斯纳（Nikolaus Pevsner）和 W. G. 霍斯金斯（W. G. Hoskins）等人编写并陆续出版的《1899 年维多利亚时代的郡县历史》（Victoria County History in 1899）——关于英格兰地方史的最大出版物——现在仍在进行当中。

最后，在此值得一提的是第一次世界大战后成立的"英国地名学会"（English Place Name Society）。该学会的宗旨在于对每个郡、教区、村庄中的所有地名，甚至是什一税地图中记录的地域名称的历史及由来进行学术性研究，它是一个有助于我们进一步了解地方史的重要社团。多个世纪以来，这些以不同形式记载的地名承载着格外丰富的信息。直到这个学会成立（或许到现在），地名这个饱受错误词源、业余研究和地方偏见之困扰的研究对象才得以正本清源，达到其应有的清晰度与准确性。说来也幸运，莱斯特郡成为一些学术团体最近的权威性出版物的研究主题，其中就包含了有关专有名词学和文献学方面的最新知识。在有关莱斯特的学术研究成果中，蕴含了令人着迷甚至有时令人震惊的信息宝藏——从中世纪的圣井、运河码头和船员酒吧的名字直到古代的地域名。因为研究英格兰的任何城镇或村庄都离

15

不开地名研究，所以地名研究也奠定了本书这个故事的整个开头部分之基础。

最初的发现

以上这些就是研究地方历史所需的工具。就凯伯沃斯而言，最初的线索出现在 18 世纪早期，并由勤勉的尼科尔斯记录了下来。1723 年，一枚朱利安皇帝（他死于 363 年）时期的漂亮金币在凯伯沃斯 - 比彻姆的街市上被发现，这是在英国发现的仅有的两枚同期金币中的一枚。1730 年，一块罗马时期的拉丁文石碑在村庄中被发现，但命运弄人，尚未记录其碑文，这块石碑就遗失了。差不多在同一时间，在莱斯特附近，一处罗马时期的硬币宝库被发掘出来。根据伦敦古文物学会的会议记录，这也许是个 4 世纪的"宝库"，其中包括 600 枚戴克里先（Diocletian）、马克西米安（Maximian）、马克森提乌斯（Maxentius）和君士坦丁大帝（Constantine the Great）等时期的青铜硬币。1788 年，建筑工人拆除了教区神父的旧宅之后，正在教堂南边的神父花园中给新建筑打地基时，"就在离地面近一码[1]深处，他们发现了若干件保存完好的罗马时期的陶器"。至于这些瓶瓶罐罐后来流落到何处，我们就不得而知了，它们似乎也没有幸存下来或留下图解，但这听起来很像是工人挖到了罗马人墓地的一部分。从这些发现中，人

---

[1] 1 码约等于 0.9 米。下文不再赘述。

们可以看到最初的线索：这个村庄虽然最早出现在 1086 年的《土地调查清册》的记载中，而且就像英格兰的许多地方一样，既未被罗马时期的地理学者们知晓，也不是旅行线路经过之地，但却拥有漫长的史前史。

1863 年的发掘

16

　　1863 年，当一场引人注目的发掘活动在凯伯沃斯进行时，这个村子的历史通过生动的画面进入了人们的视野。各大报刊以及新成立的郡历史学会的会议记录，均对相关的发掘故事加以报道与记载，但很奇怪的是，此事后来一直无人问津，至今仍是迷雾重重。尽管各种解释众说纷纭，但一些清晰的事实已经显露出来，并可由此勾勒出一种尝试性的画面。很显然，那次发掘行动涉及两个不同位置的古墓。其一位于通往莱斯特的路边，是一座青铜或铁器时代的低洼古墓，被沟渠环绕且呈圆形，13 世纪时墓上曾竖立有一座柱式风车。其二位于凯伯沃斯 - 哈考特，具体位置在缅因街的花园和客栈的背后，发掘者们用挖掘机挖开一条壕沟后通到了一座被当地人称为"芒特"（Munt）的更大的墓堆。关于"芒特"，村里流传着许多故事，有铁器时代和罗马时代的，也有维京时代的和诺曼时代的，故事各不相同。一位 19 世纪的村民宣称，"芒特"是传说中一位"从威尔士来到本村"的名为"凯巴尔斯"（Cibbaeus）的凯尔特国王的坟墓。虽然这听起来很有趣，但它可能只是一位 19 世纪的古文物爱好者的说法而已。我们将要看到的为此村庄命名的人名叫"凯巴"（Cybba），是

"凯巴尔斯"的同名人，很显然是盎格鲁－撒克逊时期的人物。

　　现在的"芒特"位于一排 18 世纪的村舍和"波波利"比萨店后面（比萨店本是一家名为"纳尔逊将军"的马车客栈）。这座备受侵蚀、杂草丛生的古墓占地数百平方米，夏季是羊群的觅食之所，冬季则是孩子们用平底雪橇滑雪的玩耍之地。"芒特"见证了这个村庄故事中的许多事件，其中包括发生在 1936 年的那个难忘的场景——当时，艾伦·威尔金森（Ellen Wilkinson）在此向贾罗（Jarrow）的游行者们和一群凯伯沃斯人发表演说。很有可能的是，诺曼人征服英格兰之后（在莱斯特郡一带曾发生过激烈战斗），他们在"芒特"这个土墩上用泥土和木材造起了一座城堡。但维多利亚时代的发掘活动表明，这座坟墓拥有更古老、更复杂的历史。挖掘"芒特"的工程始于 1810 年，当时，为了避免邮递马车撞到缅因街急转弯处的房子，人们对连接伦敦和哈伯勒的道路进行了改道，也就是绕着村庄开通了一条新的支路。新支路贴着这座土墩通向开阔地，在筑路的过程中，大量城堡外墙被拆除。19 世纪 40 年代，莱斯特有了进一步的发现，但现已遗失。1863 年，"芒特"被再度挖掘。当时，新成立的"郡县历史学会"的一路人马就在现场野餐，并就有关发现举行了一场学术讲座。这次发掘活动相对比较科学，尽管按照现代的标准仍显潦草、野蛮，但当时的发现在当地古文物研究界还是引起了不小的轰动。

　　1863 年夏，一条深沟挖进了"芒特"的一侧，并触及离地表大约 2.7 米的黑土。"芒特"的底部是一个石棺墓，侧面镶着铺路石，墓中藏有烧焦的物品，包括骨头、牙齿、一枚骨锥子和一把腐朽的铁质大烛台。其中还有被确认为罗马时期产自萨摩斯岛的陶器碎片，因此，"芒特"的年代可能在公元 1 世纪后期或 2 世纪。特别令人感兴趣的是在"芒特"挖掘出的烛台，或者说油灯座，因为这样的人工制品在新近于莱斯特郡一座罗马时期的宅邸发现的精美壁画中有所描绘。作为罗马时期的黏土油灯座，这件铁制品很可能是用一条链子悬挂或用三脚架支撑在墓室中的。

　　尽管所有有关 1863 年发现的描述都不免显得模糊，但现代考古学家们在经过仔细考察后认为，这的确是一座罗马－不列颠时期的墓葬，很明显是殖民时期的某个重要人物——也许是科利埃尔塔维部落的一位贵族成员——的坟墓。墓主人很可能是一位地方统治者，也可能是一位亲王。（在罗马－不列颠时期，正像帝国的其他地方，殖民地乡村的主要地主阶级通常由铁器时代晚期的地方贵族的后代构成。）那么，葬在凯伯沃斯坟墓中的极有可能是科利埃尔塔维部落的一位不列颠首领。莫非这个村庄在铁器时代曾是一个"王家"庄园的中心？难道最近的金属探测器发现的金银币属于科利埃尔塔维部落时期？"芒特"无疑尚须得到现代技术的适当发掘，但只凭 1863 年的发现，一扇意想不到的窗口已悄然打开——尽管朦胧不清，人们仍可借此洞见罗马统治之下的不列颠地方社会的景象。当然，关于这个村庄的故事，也由此展开。

18

进一步的线索

　　在 20 世纪后期，进一步的线索开始出现了。在最近几十年，人们在这个村庄的许多地点发现了罗马时期的文物。最引人瞩目的是，人们在 A6 高速公路旁的风车土堆中发现了一枚君士坦丁大帝时期的青铜硬币，以及罗马时期的陶器、粉刷墙面的泥灰块和罗马时期的屋瓦碎片，其中一块碎片上还留有狗的爪印。这些文物都是由当地一位名叫伯特·阿加斯（Bert Aggas）的工程师兼考古学家发掘的，他专心而准确地记录了自己的发现。为了收集更多的信息和找到更多的发现机会，他甚至不厌其烦地向村民们请教关于过去的任何蛛丝马迹。阿加斯发现了更多产于萨摩斯岛的陶器碎片，这些碎片原本是精美锃亮的黄褐色餐具，其历史可追溯到公元 1 世纪至 2 世纪。他还发现了用于地板拼花的小方块石材镶片，以及磨损了的手推磨碎石块。这些都强烈地暗示着一座大型的罗马时期的农村建筑物就在附近某处。罗马时期的陶器散落在杂草覆盖的山脊下面的整个遗址，而没有出现在中世纪田园的垄沟中，而这些田地显然直到 1789 年议会颁布的《圈地法案》被圈围之前从未停止使用，那么，这是不是意味着这些农田自罗马时期以来一直有人耕种？

基于这些发现，2009 年夏天时，风车土堆周围的田园区域成了村民和考古学家们的考察目标。曾发现"哈勒顿宝库"的哈勒顿考古小组使用磁力测定仪扫描了这片区域。在考察的第一天上午，磁力测定仪就在风车土堆附近测到了一座罗马时期的古农庄遗址，到了那个周末，考古小组发现了大约一百平方米的完整的底层。这个凯伯沃斯古农庄可能建于公元 1 世纪末或 2 世纪，它并不富丽堂皇，根本不像英格兰西南部的科茨沃尔德（Cotswolds）、南部海岸的菲什本（Fishbourne）或切德沃斯（Chedworth）等大型农庄。这是一个简单的劳动农庄：最初可能是一些泥砖和木结构的本土风格建筑群，包括厅堂、庭院游廊、仓房和牲畜棚屋，有一条入口通道通向中心院落，两侧是一些辅助建筑。它后来可能用石材加以重建，地面用石片和陶片进行了拼花镶嵌。也许农庄上还建有主人和劳动者的澡堂，农庄用水来自水泉或水井。水泉和水井现已不复存在，但留下了"巴恩井"（Banwell）这个地名，名字来自"巴纳"（Bana），是一个盎格鲁－撒克逊时期的男性名字。磁力测定仪还在农庄四周发现了有关本土居民的证据：一个后铁器时代的群落，他们生活在带有矩形牲畜围栏的圆形小屋中。最近，金属探测器的发现又为这一图景增添了更多的细节：在离农庄遗址几百米开外的地方，发现了科利埃尔塔维人所使用的硬币，其中包括公元前1世纪或公元1世纪初（恰好在罗马人征服之前）的漂亮的金银币。这些硬币与在"哈勒顿宝库"中发现的那些类似，它们与不列颠其他地区的硬币，包括科尔切斯特的库诺比莱纳斯（Cunobelinus of Colchester）的硬币均有关联。而且，高卢人（Gaul）的历史显示，早在罗马人征服之前，凯伯沃斯地区的人们就已与这个帝国有了广泛的接触，甚至是贸易上的往来。

这一切表明，在罗马人到来时，此地已有群落存在。金银币以及大型墓葬也许暗示着，在被罗马人征服之后，有些地位极高的不列颠人在这里生活过。相关发现也显示出，这里一直以来都很繁荣，当地人在此耕耘田地，使用罗马时期的硬币，直到罗马时代的终结。（最近，金属探测器爱好者们在凯伯沃斯－比彻姆又发现了几枚罗马时期的女装胸针和公元2世纪的铜币，在凯伯沃斯－哈考特则发现了公元3、4世纪的硬币。）这里的最新发现还包括在"城市"（一组在工业革命时期建造的工人住宅）的后院发现的陶器，其中有用转轮制作的精美黑色器皿，以及在教堂附近一个维多利亚时代庄园的花园中发现的产自萨摩斯岛的破损陶器。根据这些最新发现，加上在神父住宅的花园中出现坟墓的可能性，大致可以确定的是，在这方圆一公里半的土地上曾经有一个罗马时期的定居点。自那时起，人类便在这个区域生息繁衍，直至今日。

村庄的地貌

20

　　非常意外的是，在最近一两年中，许多有关这个村庄的较为古老的历史痕迹开始出现。尽管过去那些漫长的岁月没能给今人留下查找的痕迹，但一幅比公元1066年还要早得多的图景终于展开了。古老的不列颠人、罗马人、撒克逊人、维京人以一种连续性的社会形态在此绵延生息了至少两千年。当然，这里的故事可能与英格兰许多村庄的情况类似，每个村庄的故事都反射出整个国家的叙事，但每个村庄又有其与众不同的局部细节。在所有的村庄中，其历史所要涉及的首要事实是土地和水。从史前到现在，人类的定居点均取决于赖以生存的地方环境，即让他们及其家人能活下来、有饭吃、有衣穿和有屋住的自然条件。人类之所以选择凯伯沃斯作为最早的定居点之一，是因为此地具备良好的牧场条件和沿侏罗纪小道而来的泉水线。牛津大学默顿学院保存的1609年的什一税地图显示，仅在凯伯沃斯－哈考特村落范围内就有不少于17口水井。按当地人的说法，这些井从不枯竭，至今仍在流淌泉水。第二次世界大战之后，英国才建成了市政管道供水系统，而直到 1976 年，这里才接受了使用水龙头的新式供水方式。在住宅的后面，人们依然可以看到大部分古老水井。在凯伯沃斯－比彻姆建于都铎王朝时期的庄园主宅邸，厨房里还保留着一个水泵。在凯伯沃斯－哈考特，村里的水泵仍然搁置在"银禧花园"围墙旁的街道上，虽然水泵的把手已经不好使了。年长的村民们不曾忘记，在 20 世纪二三十年代，这里的每家每户都有自己的水井。1921年在小修道院农场里出生的贝蒂·沃德（Betty Ward）就在回忆这栋都铎王朝早期风格的农家建筑时说："我们农场里有一口深井，非常深，非常危险。我们从前都是从这口井中汲水，它从未让我们失望。"

水源的存在是这几个村落赖以存在的原因。凯伯沃斯和斯密顿的定居点建在泥砾土上，其中有一部分，如哈考特，处于布满水泉的砂砾石床上。两处定居点均位于英格兰中部两条重要水系之间的浅谷中：北面是索尔河及其支流，汇入特伦托河；南面是威兰河（the Welland），向东流入沃什湾（the Wash）。凯伯沃斯处于勉强算是一座山脊上的高地上，从而成了两条河流的分水岭。还有两条溪流，分别从凯伯沃斯流入威兰河。其中一条叫"兰顿－布鲁克"（Langton Brook），来源于凯伯沃斯村庄的泉水；另一条叫"三门"（Three Gates），起源于凯伯沃斯北边乡村古道的交汇处附近。"兰顿－布鲁克"并没有出现在现今的地形测量图上，但却以"兰顿－考德尔"（Langton Caudle，在古英语中意为"冷水井"或"冷水泉"）的名字出现在早期的房地产地图上。不过，在中世纪的文献里，根据都铎王朝时期的旅行家约翰·利兰的记载以及直到最近的当地人叫法，这条溪流被称为"利宾"（the Lipping）。在今天的英格兰，已经没有其他叫"利宾"

21

的地方了，但在北海对面丹麦南部的石勒苏益格（Schleswig）还存在这个名字。石勒苏益格是那些在罗马帝国衰落之后来到英格兰定居的盎格鲁－撒克逊移民祖先的土地，由于地处盎格尔恩（Angeln）地区，所以，盎格尔恩就成了他们进入英格兰后的称谓——盎格鲁人（the Angles），而英格兰（England 由 land of the Angles 而来）就成了这个国家的名字。因为移民们向南长驱直入并抵达北安普敦（Northampton），这些地区与公元 5、6 世纪的早期移民有所关联的事实一度不为人知。

在教区的北面，还有另一条叫"伯顿－布鲁克"（Burton Brook）的溪流，流入圣思河（the River Sence）河谷。圣思河在绕过威斯托（Wistow）教区和凯伯沃斯教区的边缘之后，汇入莱斯特南部的索尔河。凯尔特人称圣思河为格伦河（the Glen）。这个名字可能来自威尔士语，意为"山谷"，但这个名字的早期形式更可能出自威尔士语 glano，意为"清澈甘甜之水"。对于当时生活在欧洲中世纪"黑暗时代"的盎格鲁－撒克逊移民来说，他们只是把当地这条以威尔士语命名的河流简单地用自己的语言翻译成"圣思河"而已，而 Sence 在古英语中有"神圣"或"清澈"之水的含义（这个词甚至可用以表示一杯或一口纯净之水）。盎格鲁－撒克逊语就这样取代了威尔士语。不过，这条河的不列颠名字被两端的村庄继承，保留到了今天，这两个村庄就是"大格伦"（Great Glen）和"格伦－帕尔瓦"（Glen Parva）。可以想象的是，其实"格伦"可能是凯伯沃斯这一整片罗马庄园的名字，包括我们所讲述的村庄在内。因为这个名字不禁让人想到，在 9 世纪时，麦西亚（the Mercians）的国王曾将他的朝廷设在一个与凯伯沃斯相邻的地方，该处地名中也含有"格伦"（aet Glenne）。

我们无法用这些零散的片段拼凑出一种连贯的"地方志"叙事，更不用说讲述关于个体生命的故事了，但这些互不相干的早期情况却能勾画出我们所要讲述的这个村庄故事的端倪，以及这里古老地貌的轮廓。比如铁器时代的"科利埃尔塔维人"所使用的前罗马时期的河流名称以口传形式留存到了今天，一些来自远古、如今人们已经无法知晓其含义的名字仍在使用当中。尽管现代遗传学的研究显示，在从东盎格利亚[1]（East Anglia）到东米德兰[2]（the East Midlands）这部分地区的居民中，古老的不列颠人的 DNA 占比最低——这可能反映出了罗马帝国衰落之后盎格鲁－撒克逊人最密集的迁移迹象——但它仍然代表了整个不列颠低地的三分之二人口。这充其量算是一个猜测，不过它毕竟是一个指标。大体来说，很有可能的情况是，随着后来日耳曼新移民（他们很快就被同化了）不断进入，古老的不列颠血脉还是在此延续了下来。如今，人们所讲的现代英语就源自新来者——盎格鲁－撒克逊人的语音。而尽管村庄里的域名和巷名以盎格鲁－撒克逊人和维京人的发音为主，这一切仍根植于古代的不列颠土壤之中，有时甚至还有凯尔特的名称起源。例如，就凯伯沃斯－比彻姆的一块大型公耕地来说，凯伯沃斯的农民们都知道用 gric 或 grig 表示"弗隆"（furlong，英国长度单位，约等于 201 米）。在当地方言中，人

22

---

[1] 中世纪早期英格兰七国时代的国家之一。
[2] 位于中盎格鲁的一片土地。

们会说 going as far as the gric meare，或是 going up on grig，又或是 going along grig，都表示"到远处去"。Gric 和 grig 都源自 creig，这个词无论在原始还是现代威尔士语中都意味着"山岗"，也许是讲不列颠语的民族遗留下来的口音：既然在凯伯沃斯的田野中发现了他们使用过的硬币，那么在盎格鲁－撒克逊时期之初，他们的语言一定也还在此地被使用。诸如上面提到的这些带有本土风味的地标和地域名称，正是中世纪"黑暗时代"混合语音的一部分表现。事实上，直到8 世纪初，在离北安普敦郡边界不远的沼泽地区都还是很有可能听到威尔士语音。在英格兰的故事中，这种文化、语言和风俗的分层特征往往是无形的，并且历史悠久，它将是我们这个故事中的循环主题，并且作为一种潜在力量的组成部分，随着时间的推移塑造每个社区的生活。

第二章 一个群落的根源

作为村庄的凯伯沃斯是在公元 1 世纪时出现的。罗马人于公元 43 年侵入英伦诸岛，不列颠就此成为罗马帝国的一个行省，其名称不列颠尼亚（Britannia）正是本地人口中的 Prydein 的罗马化产物。Prydein 仍在威尔士语中使用，意思是"彩色民族的土地"。罗马人似乎很快就征服了不列颠低地，甚至可能没有发生过什么战争。随后，罗马人的势力向北部和西部迅速扩展，并同时建造了许多重要的军用道路，如惠特灵大道（Watling Street）、福斯大道（Fosse Way）、埃尔迈恩大道（Ermine Street）和第瓦那大道（the Via Devana）等，这些道路全在不列颠岛的核心地带莱斯特郡交织。新的首府设在福斯大道与第瓦那大道的交汇处，即罗马人称之为"科利埃尔塔维的壁垒"（Ratae Corieltauvorum）的地方。这里原本就有一个铁器时代的小型定居点，在靠近索尔河浅滩低洼处的砾石滩上。早期罗马城堡也在此地留有遗迹，由现代考古学家在后来的"城市"（civitas）的巨大废墟下面发现，这里的罗马军团似乎驻扎在此地第九区或第十四区。

不久，短暂设立的军事宿营地变成了不列颠尼亚-塞昆达（Britannia Secunda）行省一个富有部落的首府，在管理职能层面取代了位于伯勒山（Burrough on the Hill）的铁器时代的边界贸易站。顺带一提，这个部落在古老的斯利福德镇（Old Sleaford）还建有铸币厂。3世纪末帝国重组之后，为了表达对皇后的敬意，不列颠尼亚-塞昆达行省换了一个非常宏大的名字：弗莱维娅-凯撒里恩西斯（Flavia Caesariensis）。那时候，不仅建有城墙，城内还有一个广场和会堂、一座大型澡堂，甚至建有一个小型斗剑士竞技场。城市外围是一片片农场，为军队以及官僚机构供应粮食，并生产出口的羊毛。就这样，凯尔特人的"河流之地"在不列颠行省弗莱维娅-凯撒里恩西斯变成了繁荣的罗马殖民地。

24　　　对罗马人来说，不列颠永远是"另一个世界"（alter orbis），因为它处于欧洲、非洲和亚洲的传统三分法之外，在欧洲大陆外的"一个角落上"。此岛是最后被纳入罗马帝国统治的领土之一，而且一直属于外围地带，尽管它出产包括锡、银、金和铅在内的贵重原材料以及粮食，尤其还出产羊毛（这将成为盎格鲁-撒克逊时期和中世纪不列颠的经济支柱）。不过，虽说这个行省处于文明世界的边缘，从某种意义上而言属于我们所说的"欠发达"地区，但在一些殖民文学中，它却被形容为空气中弥漫着牛奶和蜂蜜味道的富饶之邦。公元310年，一位罗马赞美者情不自禁地写下了"多么幸运啊，不列颠"：

> 你是比其他任何地方都更受祝福的国度，自然赋予你理想的土壤和气候。你的冬天不觉冷，你的夏天不觉热。你的田地如此丰饶，你的牛羊数不胜数。你的牛群奶汁充盈，你的羊群绒毛坠地。这一切让生活变得甜蜜无限。这里昼长而夜短，太阳在我们的国家已经落山的时候，在不列颠似乎仍然当空高照！

此人很可能也写到过凯伯沃斯和迈德波恩（Medbourne）周围的乡村，赞美那里是"不列颠最佳的牧羊之地——即使我们不说全世界"。凯伯沃斯的村民们至今仍以此为傲。

于是，不列颠的人们就此成为一个更广阔世界的组成部分。即使是在莱斯特郡，也有来自"最远"角落的进口商品，例如一个希腊风格的盒子，上面带有描绘古埃及死亡之神的精美象牙装饰。豺头人身的死亡之神阿努比斯（Anubis）找到了进入莱斯特的海路，就和当初朝圣者们从早期基督教城市亚历山大城带回朝圣者壶的那条路线一样。生活在凯伯沃斯罗马农庄的人们发现，自己也成了希腊人称之为"单一世界"（oikoumene）的一部分。在这个时期，公民可以从阿特拉斯山脉（the Atlas Mountains）旅行到哈德良长城（Hadrian's Wall），也可以从叙利亚旅行到约克郡，就像环球旅行家塔尔苏斯的德米特里乌斯（Demetrius of Tarsus）那样，因为这些区域均属于罗马帝国的势力范围。一位讲希腊语的不列颠医生赫莫杰尼斯（Hermogenes）在希腊建起圣坛，供奉"伟大的救世众神"，圣坛位于爱琴海上的神秘岛屿——橡树密布的萨摩瑟拉奇岛（Samothraki）。同样，罗马移民也在凯尔特人的溪流边和神圣的森林里建起各种圣殿来祭拜祖先神灵，比如在莱斯特附近的威洛比（Willoughby），泉水边就有一座圣殿，人们用古老的凯尔特语称之为 Vernemetum，意思是"神圣的树林"。在"河流之地"，祭水圣地自然深受当地人和殖民者欢迎。在凯伯沃斯和兰顿（the Langtons）的周围，幸存下来的圣泉不少于 7 处。在兰顿古老的泉水边，凯尔特人的女神安努（Anu）至今仍然受人敬拜，尽管现在假借圣井的名义供奉的是圣安妮（St Anne）。在哈勒顿，则是君士坦丁（Constantine）的母亲圣海伦（St Helen）取代了凯尔特人的水神埃琳娜（Elena）。在 13 世纪，凯伯沃斯人进行朝圣之旅时通常都会前往威兰河上游一座古老的小礼拜堂，它位于一处更古老的圣泉旁。

　　所有这一切都归因于凯尔特人古老的多神教的残余。这种本土崇拜很容易与地中海传统的万神殿融合。在莱斯特郡，人们发现了各种维纳斯雕像，包括刻制在黏土灯具上的盘发维纳斯。在这里，凯尔特人的"三角牛神"（Tarvas Trigaranos）轻易地被罗马殖民者们接受，凯尔特人的公鸡则成了墨丘利（Mercury，众神的信使）的一种象征。在莱斯特郡，人们还发现了大力神赫拉克勒斯（Hercules）的本土化身。毫无疑问，一神教之前的世界自然也是一个多种信仰互为通融的世界。一个名叫阿波尼乌斯·罗加蒂阿纽斯（Aponius Rogatianus）并且有公德心的罗马不列颠人，为了纪念父母和祖先，在当地捐献了一座密特拉祭坛（mithraeum），用以敬拜"波斯的密特拉神（Mithras of Persia）、希腊的阿波罗神、凯尔特的安尼克托神（Anicetus）和罗马的太阳神（Sol）"；在他的脑海中，所有这些名字都代表着相同的神。这种融合是典型的时代特征。在凯伯沃斯，有珍藏着埃及象牙阿努比斯神像的莱斯特公民；有哈德良长城的食品贩子；有科尔切斯特（Colchester）的商人或阿勒颇（Aleppo）的肥皂制造商；也有提姆加德（Timgad）小广场的抄写员；还有阿莫尔戈斯岛（Amorgos）的亚麻制造商，他们和能干的萨摩斯岛居民一道将染成深红色的布料销往不列颠——所有人都以"罗马公民"（Cives Romanus sum）自居。

农庄的生活

26

在其鼎盛时期，罗马不列颠是一个人口稠密的地区。最近，我们关于罗马不列颠的知识有了惊人的进展，因为通过现代勘探手段、田野考古和航空测量等技术，人们发现了大量乡村定居点。这意味着，罗马不列颠时期的人口最多不超过 200 万的原有估计可能与事实之间存在极大出入。不列颠人口在 3 世纪时已经超过 300 万，到了罗马帝国的鼎盛时期甚至可能达到 400 万。但自 4 世纪晚期以后，由于战争和社会冲突频现，以及从 6 世纪中期到 7 世纪后期发生的气候变迁，和一系列流行病、饥荒、自然灾害的打击，人口随之下降。对此，有人甚至做出一种大胆的设想，认为罗马时期的不列颠人口规模可能超过了 1558 年伊丽莎白一世登基时的英格兰。

城镇是"古罗马理想"（Romanitas）的基本载体。文明毕竟意味着城市生活。对于凯伯沃斯农庄的主人及其农民和奴隶来说，就像在不列颠所有类似的地方一样，他们的生活也依托于本地的行省首府及其市场和设施。莱斯特"城"（civitas of Ratae）由该社区的领导阶层来统治，凯伯沃斯一带或许由科利埃尔塔维部落贵族的后裔所统治。如果说凯伯沃斯农庄的主人属于一个拥有大规模地产的重要部族，那么他很可能是殖民政府的议会成员之一。而且，虽然他成了一位罗马公民，但他为自己的凯尔特血统和部族身份而感到骄傲：表示这类人群的王室血统的凯尔特名字，比如 Maporix 等，已在莱斯特旧城的墙壁涂鸦中有所发现。这些人或许曾经为许多市政设施自掏腰包——起初是出于一种责任，心甘情愿地做出奉献，但到后来，随着经济逐步衰落，就变成了被迫的无奈之举。在公元 2、3 世纪，不列颠所有的城镇均建有居民住宅以及其他设施，但城市人口是由乡村和各个农庄支撑的。生产粮食是人们的主要工作。羊毛则是为土地所有者带来剩余收入的重要部分。所以，除了小部分商人阶层之外，财富依赖于土地所有权。凯伯沃斯的经济来源主要依靠土地耕种，同时也依靠绵羊养殖——羊毛可能被二轮载货马车运到位于温彻斯特的帝国纺织厂，然后被制成"不列颠羊毛织品"用于出口。大型农庄里几乎都有羊毛作坊。

自罗马时代起，泥砾土地就是凯伯沃斯、格伦和兰顿的土地所有者的一个重要收入来源。和 1066 年之后的地主们一样，比如中世纪时的诺曼家族休·格朗梅尼尔（the Norman Hugh Grandmesnil）、哈考特家族（the Harcourts）和比彻姆家族（the Beauchamps），或默顿学院等，他们均以大致相同的方式组织、管理和利用劳动力。即使是在罗马时期，自由农民看起来也占据了一定人口比例。罗马帝国为了增加粮食产量以便供养其军队和官僚机构，首次在不列颠大规模地组织起农业生产。随着人口的快速增长，乡村的耕地面积也在不断拓展，在凯伯沃斯农庄遗址周围的田野里发现的四处散落的陶器，以及频繁发现的石磨或手推磨的碎片，足以证明这一点。从那时起直到工业革命时期，凯伯沃斯都是一个农耕社区。

　　至于普通人，他们居住的是圆形小屋。磁力测定调查已发现了七八间这种房子，但毫无疑问，在当前村庄和周边田园的底下，还存在更多这类房屋的痕迹。当地居民均属于不列颠的血统，即使到了今天，爱尔兰人、威尔士人、苏格兰人和大部分低地英格兰人仍在很大程度上拥有相同的DNA。正如我们所知，居民们讲不列颠语，尽管可能也存在少数讲拉丁语、有外国血统的人。在帝国时期，大部分农民居住的是用泥砌墙、茅草做顶，以木材打框架的房子。这种本土风格的农民住房直到最近还存在于莱斯特郡南部：在19世纪60年代，凯伯沃斯仍有近20间这种"泥草屋"。

　　至于农庄本身，对该地区的农庄以及住宅的现代发掘，已为我们提供了一种关于其所有者和劳动力如何生活的概念。实际上，这种居住结构只相当于带有粮仓、牲畜棚以及奴隶和其他人员住宿区的大型劳动农场。住宅的内部陈设非常简易，只有一些带有简单装饰的木制家具，地面要么是泥土的要么用地砖铺就，现在的劳动农场往往依然如此。在这里出土的东西中，作为桌子固定支架的小型青铜海豚配件也许是体现城市风貌的唯一迹象。还有一种镶有骨嵌体的带锁盒子，用以存放贵重物品，三脚灯座用来支撑黏土油灯——夜幕降临后，到处都以这种油灯照明。公元2世纪，凯伯沃斯农庄的主人日常使用的是价格便宜的当地陶器或木制餐具，在特殊场合，使用的则是产自萨摩斯岛的橙红色精美餐具。在主要起居室的角落摆放着小香炉，以备在诸如家庭庆典和周年纪念等活动时的仪式之用。在农庄其中一个房间内还设有小型石头祭坛，用于祭拜泉神或水神。正如我们所知晓的，在凯伯沃斯周围以及哈勒顿和威兰山谷一带，这些精灵和神明有着非常顽强的生命力。虽说凯伯沃斯农庄是一个普通的地方，但在后来，这里的房屋内却出现了拼花地面和带有绘画的抹灰墙面。人们在当地的主要住宅内发掘出了壁画，而且是在不列颠所发现的最好的壁画之一，让我们见识了当时的地方画家所达到的水平。在色彩鲜艳的画面中，描绘了悬挂着花环和灯具的蜿蜒游廊、孔雀和黄色的鸣禽、乐器以及喜剧和悲剧用的面具。所用的颜色包括赭石红、朱砂红、绿黄、蓝色、土绿、烟黑、炭黑和强烈的赭石黄等。这样的画面使人情不自禁地联想到格伦和兰顿-布鲁克一带农庄的美好生活。

农业

在罗马帝国时期，农业是关键性的活动，生产粮食是最重要的任务。在凯伯沃斯的土地上，人们仍然能够找到罗马帝国时期农业生产留下的痕迹。有关凯伯沃斯－哈考特的航拍照片和早期地图，揭示了古老的广阔田园（古称"弗隆"，furlong）的踪迹，正如在凯尔特不列颠的其他地方所发现的那样。至关重要的证据有两个方面，其中之一来自当地考古学者伯特·阿加斯的挖掘，他是我们这个故事中的一位重要人物。阿加斯从未发表他的发现，但为我们留下了一系列翔实的笔记以及手绘地图和平面图。在莱斯特路一端的村庄外，他发掘了一处形似土丘的史前古墓，13 世纪时有座风力磨坊就建这个土丘上。在同一片田里，他还发现了散落的罗马时期的陶器碎片。这些碎片是施肥时留下的，当时这种陶器碎片混入了农家庭院中的粪肥，被一起撒到了田里。2009 年，村民们在邻近的农田发现了更多碎陶片。

29

由此可见，在罗马帝国统治时期，这片风车所在的土地及其周边均为耕地。从风车土丘到如今的草地，这一带依然是块凸显出来的高地。从什一税地图来看，它可被确认为一大片古老农田的边缘，但边界的树篱早已荡然无存。在 1789 年的圈地运动之后，随着中世纪公耕地最后的条田被打破，原有的田地分界在这里就基本消失了。不过，旧有的耕种模式依然可以借由地面上清晰可见的垄沟显示出来。从默顿学院 17 世纪的房地产地图上，我们可以看到昔日的状况。围绕村庄北部边缘有一个呈弧形的地带，是一片长度超过 1 千米的大型地块，被人们称为"巴恩井弗隆"（the Banwell Furlong）。风车土丘位于其西面的尽头处，新发现的农庄即在附近。而在 A6 高速公路——史前时期这很显然是一条古道——的另一头，还有另一片巨大而弯曲的"弗隆"，正好与"巴恩井弗隆"紧挨在一起。这片"弗隆"的规模与前者相去不大，其长度大概也是 1 千米，也是横向条状耕种的。
在中世纪，这块第二大的田地被称为"豌豆坡"（Peasehill）或"豌
豆希克弗隆"（Peas Sik Furlong）。Peas 是一个古英语词，关于它的最
早记载出现在 8 世纪，其含义要比现代的"豌豆"（pea）更为宽泛，
包括各种各样的绿色豆类植物，代表的是"黑暗时代"和中世纪三区
轮作制时期的一类农作物。田垄下面发现的罗马时期的碎陶片表明，
这些"弗隆"在罗马时代或更早以前已被清理出来用于耕种，而且，
在从 4 世纪晚期到中世纪"公耕制"全盛期的漫长岁月里从来没被
废弃。

也许"巴恩井弗隆"以及相邻的豌豆坡从铁器时代晚期或罗马农
庄时期以来便是耕地。农民们在这些田地里种植谷物和豆类，用经过
改进的罗马式深耕犁耕地。他们养殖猪和牛等牲畜，在溪流两岸种
植柳树，在草地上种植亚麻做布料，在村舍的园子里栽种菘蓝和茜草
等染料植物。他们的基本食物除了肉类之外，还包括各种蔬菜，如豌
豆、蚕豆、洋葱、大蒜、白萝卜和卷心菜等，这些蔬菜一直以来都是
不列颠人的重要食物。除了大片田地，农民们还在黏土上开辟牧场饲
养羊群，以创造土地的商业财富。随着农庄的形成，庄园经济模式得
以确立，并一直延续到 18 世纪甚至更晚。

罗马世界晚期的凯伯沃斯

凭借以上这些零散的证据，我们可以尝试性地勾画出这个村庄的
早期图像。凯伯沃斯是一处典型的罗马－凯尔特族群定居点，外围的

沟渠和树篱保护着内部的小屋和农庄。我们可以想象，这里拥有几百英亩耕地，若干林地和牧场，以及畜棚中的牛群。劳动力主要是依附性的农民（coloni）及其家人，还有一些雇工和奴隶（servi），他们就居住在农庄中的一个劳工区。村庄中也有自由佃农，他们耕种自己的田地，自己养牛和牧羊。

也就是说，我们可以竭尽所能从这片土地的零碎发现中建立起一幅图景。为了重建这个村庄的早期居民的温暖生活，我们必须借助来自莱斯特郡的零落的碑文资料，包括形象地刻画在碎陶片上的诅咒性涂鸦，并辅之以近年来在不列颠其他地方发现的罗马文本。那些来自2 世纪罗马不列颠时期的军队驻防社区的信件碎片，也生动地传达了生活在行省中的市民们的风貌：信件的内容很广泛，包括延期晋级、生日邀请、杂货商订单、天气、外来移民，以及本地人，也就是"小不列颠人"（the Brittunculi）那些烦人的习俗等。

一些信是由讲不列颠语的本地居民书写的，这些人的日常用语为凯尔特语，他们的拉丁语显然很蹩脚，有些像在仅被轻度罗马化的乡村中可能出现的情况，但这些信件显示了人们真实的日常生活：他们关注的事情在许多方面都与今人并无不同，比如，新闻、购物、慈善捐赠、家庭联络、晚会、俱乐部、从伦敦订购奢侈品（用于生日聚会和庆祝女神节日的马西科葡萄酒）和用于日常消费的"凯尔特啤酒"（不列颠人的饮酒习惯不曾改变）。兽医维勒利斯（Virilis）在写给其学院密友的信件结尾处用拉丁语写道，"vale Londini"，意思是"再见了，写于伦敦"。诸如此类反映市民生活的信件为数不少。

这些信件及其所描述的供应物品夹带着外部世界的消息，通过马

31

车或牛车沿着被奉若神明的罗马哈德良皇帝设立的一个个里程碑——
这些里程碑作为一种尺度、秩序和永恒之象征而令人感到欣慰——从
城市源源不断地运往村庄。我们不妨对罗马时代晚期的凯伯沃斯进行
最后的想象。货车运来的各种备用品卸在农庄院子附近的门廊处，当
夜幕降临、灯火亮起来，佃农们正赶着牛群从田园归来，而奴隶们还
在不停地劳碌。遇到宴会时，屋里屋外张灯结彩，热闹非凡，厨房里
更是一片繁忙。当晚的餐桌上摆满美味佳肴，不乏萨摩斯岛的葡萄
酒、意大利的鱼酱和科尔切斯特的牡蛎等。在祭神房间的一角，赤陶
浅杯中烟雾缭绕，在墨丘利的祭坛前，主人率家人将酒洒在地上祭奠
祖先，以期如同一位古典诗人所言的"财源如和风一般徐徐而来"。
文明带来了富庶。至少对精英阶层来说，"罗马精神"（Romanitas）
为他们送上了丰厚的礼物。

"可怕的转折"

3世纪末以后，罗马世界因一系列危机而动摇、发生转折，最终
导致帝国在西方的没落、公民秩序的瓦解以及罗马势力在不列颠的消
亡。这种"可怕的转折"发生的背景，是社会动乱、阶级战争、篡位
者与军阀之间两败俱伤的争斗以及尖锐的宗教纷争，这种纷争还逐渐
削弱了民族精神与群体认同感，即"罗马精神"的根基。但是，这些
变化中的最大因素是来自帝国外部的贫困移民，他们将不列颠低地转
变成为一个异教的日耳曼部落世界，最终成为一个信仰基督教的盎格
鲁－撒克逊英格兰王国。所有这些变迁都在有关这个村庄的故事中留

下了印记。这种变化起初几乎是难以觉察的，后来，当人们生活的画卷在此地展开，就显得生动而具体了。

4 世纪 30 年代，君士坦丁大帝（Constantine the Great）的帝国已恢复秩序，并在约克郡正式宣布尊奉基督教，但这个村庄的生活似乎一如往常。这个区域没有什么受到基督教影响的迹象，尽管当人们前往莱斯特或迈德波恩等市场时，口袋里会揣着带有基督教标志和皇帝头像的硬币。然而，到那时为止，衰落与转变仅是地平线上的一条影子，基督教的未来尚未明确。只不过，对于处在格伦与威兰山区之间的古老的科利埃尔塔维部落来说，它就像一个模糊而潮湿的斑点，正从传统文化的围墙上探头，它不断扩散的芽孢最终不仅撕碎了旧有的文化理念，而且瓦解了文化大厦本身。然而，对于罗马时代晚期的乡村居民来说，他们首先面临的是更重大的忧患，一种非常真实的威胁：野蛮人的入侵。

公元 400 年前后，农民们仍在"巴恩井弗隆"的条田中耕作，并将盈余的粮食售给当地的一位不列颠领主。人们仍然使用硬币在邻近城镇上进行买卖。关于这段时期的历史，人们在凯伯沃斯有一个细小发现，尽管微不足道，但或许可以作为某种线索，暗示即将发生的变化。这一发现就在后来成为 A6 高速公路的一条古道旁，位于风车土丘附近，距离农庄遗址约 50 米，正好与侏罗纪小道交叉。人们在此发现了一枚饰有龙形图像的皮带扣，属于罗马时代晚期，与在莱斯特的"犹太墙澡堂"废墟中发现的一枚青铜皮带扣一模一样，后者属于 4 世纪末或 5 世纪。这些罗马时代晚期的军用物件往往与来自帝国疆域之外的日耳曼人军队相关联。这是不是意味着，在一个日益焦虑的时代，凯伯沃斯曾一度出现过罗马时代晚期的军队？这种军队是否甚至可能是一支日耳曼人雇佣军，用于保卫罗马时代晚期的公民社区？虽然我们对其他地方是否存在这类雇佣军的情况一无所知，而且这样一个孤立的发现可能不足为凭，但它或许可为人们提供一条模糊的线索：即便是在乡村，社会的军事化程度也在日益增高。到了公元400年，战争或动乱是否不断蔓延到第瓦那沿线？我们不能仅凭如此细小的线索而构想得更多，这样做并非明智之举。毕竟，这个皮带扣也有可能是一位回家休假的士兵遗落的。尽管如此，从更广阔的世界来看，时代的确正在改变。

在君士坦丁大帝之前，罗马帝国的根基由于种种危机而动摇。公元3世纪是一个内战频发、军阀混战的时期。到4世纪30年代，君士坦丁大帝建立起信奉基督教的新秩序，在一段时间内增加了新的军事力量并注入统一的信念来重整旗鼓。但到了4世纪后期，却出现了更多的军事叛乱和地区分裂。由约翰·尼科尔斯于18世纪发现的硬币以及一些后来的其他发现显示，凯伯沃斯在整个4世纪都是一个罗马时代晚期的活跃社区。实际上，这里的农庄本身也很可能依然如故。更大范围的考古勘察表明，直到公元400年以后，拉特兰郡和威兰河流域一带的农庄仍在运作。金属探测器的新发现则显示，货币流通一直延续到5世纪。在整个4世纪直至5世纪，凯伯沃斯定居点仍然存在着大量的市场贸易活动，甚至可能还与更广阔的外部世界有所交往。但到了4世纪末期，军事威胁似乎大为增加，最终导致罗马人放弃了不列颠。

从以上的这些零碎资料以及文物发现中，我们只能粗略地了解一

点有关罗马不列颠没落的历史。从表面上看，发生在不列颠的故事类
似于现代世界的非殖民化斗争或后殖民时代的派系纷争，比如发生在
安哥拉等国家和地区的情况，但人们其实就像 20 世纪晚期巴尔干半
岛的居民一样，在被压制的地区和种族中间经历了重新主张其身份的
过程。罗马帝国在其不同地区崩溃的原因是错综复杂的，诸如经济和
气候的因素、社会阶层之间不断扩大的鸿沟、军队和行政部门的结构
性失效、种族敌对，以及越来越依赖军事援助来维持乱局的窘境等。
普遍的感觉是，"另一个世界闯入了这个世界"，加上那种难以确切描
述的"群体认同感"的丧失，最终导致一个文明的失落。

　　正如历史上的重大变迁，罗马帝国的衰亡涉及复杂的过程，从而
也产生了我们的现代身份和共同体。凯伯沃斯定居点的生活一直延续
到 4 世纪末，莱斯特和迈德波恩小镇一带的本地市场得以保持运转，
直到公元 400 年以后，一个即将到来的"黑暗时代"的印象才日益加
深。新近发现的硬币再次为此提供了线索。公元 402 年，最后一大批
罗马硬币作为军队经费送达不列颠。大约在公元 407 年之后，新的硬
币不再流通。地下"宝库"的发现显示，在凯伯沃斯和威兰一带流通
的最后货币，属于篡位者马格努斯·马克西姆斯（Magnus Maximus，
西罗马皇帝，公元 383—388 年）、阿卡狄奥斯（Arcadius，东罗马皇
帝，公元 383—408 年）和霍诺里乌斯（Honorius，西罗马皇帝，公
元 393—423 年）时期。最近，当地的金属探测器爱好者在凯伯沃斯
周围也发现了这些硬币。在拉特兰郡附近发现的带有霍诺里乌斯头
像的硬币出人意料地显示出，这种货币一直流通到 5 世纪，由此说
明，经济功能依然存在。虽然硬币不足以作为整体情况的依据，但我

34

们可以从中看到，罗马世界的行政管理的连贯性是在 4 世纪末开始解体的，也从中找到了来自不列颠之外的大量日耳曼移民侵入的最初线索。

野蛮人

公元 4 世纪末，日益混乱的局势开始给大不列颠的市政当局带来诸多棘手问题。过去，罗马人从未征服过爱尔兰或现在所称的苏格兰，现在，这些地区不断地向罗马帝国的辖地发动突袭。不仅如此，袭击者中还有来自北海海岸的盎格鲁人、撒克逊人和弗里斯人，他们从日德兰半岛（Jutland）或萨克森地区（Saxony）出发，两三天的航行即可到达不列颠。在论及危机发生之前的状况时，拜占庭历史学家欧特罗皮乌斯（Eutropius）在 4 世纪 80 年代写道，大批法兰克人和撒克逊人已在西北沿海地区出没，一路直达布列塔尼。这是帝国疆界内外势力之间存在已久的紧张关系所导致的结果。早在 3 世纪，罗马人就在英吉利海峡两岸——从布列塔尼到弗里西亚（Frisia），从索伦特海峡（the Solent）到沃什湾——建造了密集的要塞。在近两个世纪内，不列颠当局也曾采取结盟、征募雇佣兵和吸引经济移民等手段，将士兵驻扎在帝国城市外围的聚居地，借此抗击海上入侵者，还要防止不列颠范围内帝国疆界边缘地带的其他部族和王国的叛乱。罗马帝国的这类招兵买马的防范政策从未停止过。哈德良长城的铭文显示，早在公元 212 年，罗马帝国就在征募弗里斯人和日耳曼人了。公元 278 年，罗马皇帝曾招募居住在奥得河（the Oder）另一边的日耳曼人进入不列颠，并平息了一场叛乱。公元306年，君士坦提乌斯一世（Constantius Chlorus）曾征募属于日耳曼部族的阿勒曼尼人（Alemanni）。前不久在哈德良长城发现的莱茵兰（Rhineland）陶器，则是公元369年重组北部防御力量时的日耳曼军人使用过的物品。总之，当时不列颠已经发生了改变。

当地政府在处理这些外来者的问题上，经历了一个复杂而持久的过程。外来军队中有许多人与当地妇女结婚成家，并留在了不列颠。在凯伯沃斯发现的皮带扣就很有可能属于这类人。不列颠的罗马当局也在扶持日耳曼"雇佣军"，资助他们的家庭生活使之安居乐业，让"雇佣军"成为农业劳动者并充当民兵——一边耕种附属于"撒克逊海岸"要塞地带的田地，一边在战时服兵役。尽管这类人在罗马人的文字描述中很少被提及，但他们却一再出现在早期盎格鲁－撒克逊的法典中。在沿海地区，特别是在东部沿海地带的"撒克逊海岸"，日耳曼语言已经流行开来，并呈现出不列颠－日耳曼混合社会方式的最初迹象。

36

罗马帝国的衰落

在4世纪的最后几年和5世纪的开头几年中，罗马帝国被几个大事件强力震撼。不列颠发生了一连串叛乱，暴君们则动用各个行省的军事力量镇压。公元406年12月的最后一天，一支规模庞大的蛮族部落联盟跨过莱茵河沿线的罗马防御工事，最终在帝国疆土内长期定居下来。在几个月后的公元407年初，一名不列颠军人揭竿而起，宣布自己为西罗马皇帝，并率领军队在不列颠境内发动了一场残酷的、持续了4年之久的内战。战争直到这位篡位者死亡才告结束。在这场"完美风暴"期间，哥特人进入意大利，汪达尔人扎寨于莱茵河畔，篡位者们率领各自的罗马军团在高卢相互厮杀。几乎不可避免的，罗马政府不得不切断了与这个"处于已知世界最外缘"的行省之间的联系。

公元410年，罗马帝国已分裂为东西两部分，分别在罗马和拜占庭各立皇帝。君士坦丁堡虽位于欧洲和亚洲的边缘，但处于地中海东部的中心地带，凭借新建的绵长的狄奥多西城墙的阻隔，东罗马帝国越来越城市化，人口越来越稠密，财富越来越丰裕。东罗马帝国建立了常备军和一支强大的舰队，作为希腊文明的堡垒，其势力范围一直延伸到幼发拉底河流域和埃及东南部的阿斯旺地区（Aswan）。在使用拉丁语系的西罗马帝国，霍诺里乌斯皇帝已将朝廷从罗马迁移到较为接近阿尔卑斯山关口的拉文那（Ravenna）。那里是帝国的军事轴心所在地，并有海滨的盐碱滩、疟疾肆行的沼泽地和蜿蜒曲折的拉文那河道作为防护，更有利于防范眼下正在威胁罗马自身安全的蛮夷的攻击。

我们有关不列颠的后续事件的资料，来源于历史学家兼文职人员佐西姆斯（Zosimus），他供职于君士坦丁堡的帝国国库。佐西姆斯的资料告诉我们，公元410年，霍诺里乌斯皇帝在拉文那收到了一份来自不列颠的请愿书，请求皇帝给予军事援助，阻击撒克逊蛮夷对其海岸的威胁。他写了一封著名的复信给24个"城邦"（civitates），也就是不列颠各个城市委员会，信中或"命令"或"劝诫"或"建议"它们自行防御。在一段简洁而缺乏细节的插入语中，佐西姆斯对不列颠历史上的这一关键时刻做了如下记述：

> 于是，不列颠和凯尔特民族的反叛或倒戈就此发生。当时君士坦丁篡夺了帝国的权力，由于其政府疏忽失职，野蛮人胆大妄为，不列颠遭受劫难……（当时）霍诺里乌斯致函不列颠各城邦，要求它们自主防卫……

公元410年8月24日，罗马城落入了由阿拉里克（Alaric）率领的西哥特人之手。建城800年之后，罗马最终被一支外国军队践踏。尽管入侵者整整搜刮了三天，但这座"永恒之城"并没因此受到摧毁，人民也未遭到屠杀，只是，作为一个象征性的时刻，罗马已经无力回天。奥古斯都和哈德良的陵墓以及其他皇帝的坟墓均被洗劫一空，他们的遗骸都被扔进意大利中部的台伯河（the Tiber），青铜半身像、镀金孔雀和随葬物品都被扔进了垃圾堆。

这一可怕的象征性时刻在当时备受关注，影响广泛。远在北非寂静的行省小镇希坡－里吉斯（Hippo Regius，今阿尔及利亚的安纳巴市），曾经身为异教徒，并在米兰学院担任修辞学教授的基督教主教奥古斯丁（Augustine）由此开始构思他的巨著。随着罗马被洗劫，匈奴人、哥特人和汪达尔人攻破帝国统治的疆界，奥古斯丁写下了"历史的终结"，并预言一座新城——"上帝之城"——即将崛起。基督教世界会在时间的尽头创始，历史是可以被救赎的，也是有目的的，并通向一个预定的目标。这是对帝国北方的蛮族继任者将竭诚信

38 奉并绝不放弃基督教的一种预期解释。这本书里的想法定义了"黑暗时代"的西方人，以及在罗马的废墟上建立起新王国并成为新罗马人的野蛮人的心态。

在不列颠的土地上

现在，让我们进入下一个时期。我们在此给出的证据不仅针对这个村庄，也针对作为整体的不列颠低地。尽管关于这片土地就连零散的考古学发现都没有，能为我们提供启示性线索的书面材料也少之又少，但远在君士坦丁堡的文职官员佐西姆斯透过模糊的观察和感知写下的这些遥远事件的记述，尚可作为最重要的资料来源。虽说佐西姆斯的概述简洁得令人遗憾，却成为贯通不列颠历史的关键叙事。由于他是一位君士坦丁堡的官僚，更为宏大的故事已经够他讲述了，所以他无暇顾全远离君士坦丁堡、安条克城（Antioch，古叙利亚首都）和亚历山大城等文明重地的落后行省的命运，也在所难免。不过，我们可以谨慎地将神父吉尔达斯（Gildas）在其著述《不列颠的没落》（*The Fall of Britain*）中关于不列颠历史的最早叙述作为补充。吉尔达斯这本书写于公元 6 世纪 40 年代，比这些事件发生的时间晚了一个世纪。但他的写作是在文化氛围依然浓厚的坎伯兰地区进行的，这是一个原本的拉丁传统尚存并崇尚学术的文化环境。因此，吉尔达斯既可以获取口述故事，也可以得到文字记载作为自己的叙事材料。他的著述是唯一接近目击证人的叙述，而且他能够很好地总体把握在其出生之前几十年发生在不列颠低地各城市，以及威兰、威尔德（the Weald）和科茨沃尔德等地区的乡村社会中的实际状况。他写作的主要目的不在于准确地描述历史，而是要愤怒地声讨当时的不列颠统治者的过错。在吉尔达斯的著述中不乏一些极为骇人听闻的内容，比如对残忍的凶杀、酷烈的海战、无情的城市破坏和街头陈尸等的描述，这些描述并没得到考古学上的确证，但很显然，吉尔达斯非常了解有关事件，其中一些他顺便提到的事情，仿佛是之前一个半世纪里所发生的广为人知的内容。

正如吉尔达斯所描述的，公元 383 年是不列颠的转折点。当时，罗马将领马克西姆斯剥夺了这个国家的军权。从此以后，"被剥夺了全部军权"的不列颠步入了愈加动荡不安的局面：西北面受到爱尔兰人的袭击，北面遭到皮克特人（Picts）的攻击。吉尔达斯似乎曾论及佐西姆斯提过的同一事件，但他描述了更多细节："由于受到惨不忍睹的毁灭性袭击，不列颠人派遣使者随身带上一封信前往罗马，迫切要求帝国出兵来保护自己，并立誓全心全意、一如既往地忠诚于罗马帝国，只要能将敌人拒之门外。"

根据吉尔达斯的记述，罗马帝国从高卢派遣了一支装备精良的军团。这支军团沿着海路前来支援，击败了北部敌人，并修整了北方的一段草皮城墙。但在增援部队撤回之后，更多的入侵者从海上而来。然后，不列颠人"再次派出使者，并捎上他们的请愿书"。吉尔达斯写过一个关于使者如何抵达罗马求助的故事（明显来自口传），"根据他的说法"，此人以撕开自己的衣服并往头发上撒下尘土的古老方式来表达恳求之情。"罗马人为这种灾难性的遭遇所震撼，以至于不得不做出力所能及的反应"，于是再次出兵援助。在罗马人的"力挽狂澜"之下，不列颠人取得了一些辉煌的胜利。但这些敌人神出鬼没，让人防不胜防。

罗马人再次做出了回应，增援部队越派越多。北方的城墙得到了加强整固，胜利也是接连不断，但是，只要罗马军团撤离，内陆就会陷入新的危机，让毫无防范能力的不列颠成为"海外掠夺者每年可以获取大量战利品的宝地"。最后，军事援助宣告枯竭，吉尔达斯似乎也为我们记述了佐西姆斯所提到的那封罗马皇帝写给不列颠市政当局的信函的大致意思。不妨想象一下，当罗马不列颠 24 个"殖民地"之一的莱斯特（Ratae）的市议会收到这封决定性的信件，便会明白"罗马人在告知我们的祖国，他们将不再继续这种耗费能量的远征行动"。罗马人不可能总是这样耗费巨大的军事资源，派遣"一支规模庞大、装备精良的军队"从陆路或海上应对行踪不定的敌人、盗贼和土匪。这些人往往不按常规章法出战，因而无法与之进行面对面的近身搏斗。

这些也是我们这个时代在面对叛乱时经常听到的。更为困难的是，罗马人无法找到自己据点外的敌人，因为犯事的地方远在罗马人的前沿之外。如此一来，市民们就必须组织起来捍卫自己：

40

> （从现在起）不列颠人应该独立自主，让自己习惯于拿起武器，勇敢地面对战斗，以自身的力量来保护土地、财产、妻儿。更重要的是，保护自己的生命和自由。敌人并不比不列颠人强大，除非他们愿意在怠惰与麻木中懒散不振。这就是罗马人的

建议。

不过吉尔达斯补充道，尽管如此，最后还是有一笔公共资金被投入进来。在这紧要关头，不列颠人利用公共和民间基金建造了防守墙等一批新的军事项目，"市民们获得了使用武器的指导手册"。与此同时，为了对付来自另一地区的日益严峻的威胁——来自欧洲大陆，从海上入侵的盎格鲁人和撒克逊人——罗马人"在南部海岸留下了一些瞭望塔，它们彼此间隔一定距离，可以远眺大海。罗马人还在那里保留了舰船，担心野蛮人会从这个前沿发动袭击"（这显然是指"撒克逊海岸"要塞的整修，但实际上这些要塞建于公元前 1 世纪，此时只不过是加以修复）。最后，吉尔达斯还写道："然后，他们说再见，意思是再也不会回来了（*et valedicunt tamquam ultra non reverturi*）。"

结语

生活在格伦和威兰一带的当地人，必定会从莱斯特的行省和市政当局，以及长途跋涉的货物承运人、商人和旅行者等（他们总是外界新闻的来源）那里得知有关这些动荡事件的一些消息。但当然，对位于南部的大格伦、兰顿和凯伯沃斯一带的农庄来说，当时人们的生活并没发生多大的改变，也许在此后的几十年中都保持着原样。到了公元 5 世纪初，威兰山谷一些地方的农庄反而得到了翻新与扩建，房屋中还镶嵌了新的拼花地面。所以，不仅市镇当局和乡村地主在继续行使职能，就连流动性的拼花工匠也能找到活计。那么，吉尔达斯提到

41

的最后一笔军事基金的投入以及使用武器指导手册，在这个区域有何体现？在凯伯沃斯农庄附近发现的皮带扣，到底是不是证明海上侵袭日渐频繁的一条线索？当地的科利埃尔塔维贵族是不是因为心怀恐惧而将他们的隶农（laeti）组成准军事部队，以保护城邑和家园？对于这些贵族及其佃农和奴隶来说，到当时为止，5世纪的转折还只是地平线上的一条阴影。但到了公元410年之后，他们必然会完全卷入由远在君士坦丁堡的佐西姆斯所描述的事件："不列颠人开始组织自己的防卫力量，抗击蛮族进攻城市……在无须遵从罗马律法的情况下，依靠自己的力量生活下去……"

接下来的40年是不列颠历史上最为关键的时期，但也是世人了解最少的时期。很明显，在这片土地上，不列颠的西部与东部呈现出截然不同的状况：在西部，罗马不列颠社会连同原有的城市和部落的"国王"继续存在；在东部，一个混合了不列颠人与日耳曼人的社会得以发展。但罗马世界并未消失在一片空白之中，"公民社会"仍然存在。甚至是位于伦敦附近的维鲁拉米恩（Verulamium），在公元429年仍是一座正常运行的城市。前罗马官员、奥塞尔的格曼努斯（Germanus of Auxerre）从高卢前来拜访奥尔本为"最初的殉教者"（the protomartyr）所建的圣地时，可能受到了市政当局的接待。他还发现，当地为远道而来的朝圣者准备了旅店，并会提供必要的资金赞助。事实上，一些城市如巴思（Bath）、赛伦塞斯特（Cirencester）和格洛斯特（Gloucester）等直到6世纪末仍作为中心幸存下来。不过，根据一种高卢编年史的记载，到了5世纪40年代末，"不列颠便落入了撒克逊人的控制之中"。

吉尔达斯的描述也指向相同的十年。他说，公元 446 年，形势已因盎格鲁－撒克逊入侵者的袭击而变得十分严峻，这迫使不列颠当局又一次写信给罗马执政官埃提乌斯（Aetius），请求其给予军事援助，但最后都是徒劳。如果后来的传说可信，那么，当时不列颠南部已陷入动乱之中，区域性军阀间的内战从此爆发，雇佣军叛乱四起，军队乘机打劫。吉尔达斯为我们描绘了公民秩序崩溃后的种种具体画面：建筑物遭摧毁，祭坛被砸烂，城镇广场上的死尸无人掩埋。至于这些场面到底发生在何处，则不得而知，因为迄今尚未发现有关大规模破坏的考古学证据。吉尔达斯所描述的很可能只是某种局部性的祸端，但有一个重要的细节，完全可以证实他的笼统描述。当时，不列颠低地正处于一个地方政府逐渐放弃城市，并撤退到铁器时代古老的山地城堡中去的时期。而考古学家已在四十多座城堡中找到了这次转移的相关证据，这些城堡包括位于萨默塞特郡的凯德伯里城堡（Cadbury Castle）和位于莱斯特郡附近的伯勒城墙（Burrough Walls）边的雄伟城堡；后者坐落在威力克河谷（the Wreake valley）的侏罗纪悬崖上，原本是古老的科利埃尔塔维人的部落中心。毫无疑问，到了 5 世纪中期，重大的社会变迁即将发生。尽管不列颠低地的人口依然稠密，某些地方仍然繁荣，但罗马帝国已经日薄西山，整个社会正在倒退到较为古老的形态中。

至于凯伯沃斯，由于资料来源匮乏，我们所能描述的状况也只有这些了：农庄遭到废弃，壁画剥落了，拼花地面支离破碎，硬币也不再流通，当地人在一位讲威尔士语的首领的领导之下自谋生路（尽管也许仍然效忠于莱斯特市政当局）。人们听说，越来越多的盎格鲁人

42

和弗里斯人前来定居，在有些地方，这些操着与不列颠人截然不同语言的异族部落和氏族在其首领率领下定居于城镇周围，并用武器换取土地。此时，"罗马精神"及其福利已经荡然无存。对于许多人来说，原本的技术、物质财富水准以及社会秩序已成往事，它们直到 18 世纪才恢复。接下来，我们将把故事的焦点转移到新来者身上。

第三章 盎格鲁人和撒克逊人

在 5 世纪晚期的一段时间里，也许是公元 475 年前后，有一群人沿着一条小溪而来。这条小溪流向威兰河以西的低矮山脊之间。他们的足迹穿过兰顿－布鲁克和格洛斯顿（Glooston）山丘的不列颠人村庄，踏过荒废了的罗马农庄，朝着凯伯沃斯山脊的方向行进。这群人有男有女，还带着儿童，他们一路同行，随队马匹上装载着生活物资、营地帐篷、雪杖和烹饪锅等。我们可以猜想，他们一行总共有几百人。这些人随身携带的武器装备与罗马人的不同：他们的木制圆形盾牌上镶有皮革和圆钉，皮带扣上饰有龙形图案，木制剑鞘内衬羊毛，剑柄上饰以瓷釉。他们的长矛带有又长又宽的凸缘刀刃，他们在缰绳上安装了粗糙的铁质马嚼。尽管首领们挂在马鞍皮带上的头盔类似于罗马骑兵的样式，但属于带有护脖皮瓣和贴腮片的罗马头盔的变种。

后来出土的文物显示，这群人中间有一位极为显眼的年轻女子。她身高约 1.67 米，体形匀称而强健。这名女子风华正茂，20 岁左右。大家可别忘了，绝大多数新移民必定是年轻人。她身穿一件羊毛贴身内衣，外套亚麻抹胸连衣裙，肩膀处用两枚带有细长马头的十字形青铜别针撑起。这名女子的脖子上挂着一枚熊爪护身符和一串橙色的罗马瓜珠项链，手上戴着戒指，腰间还围着一串腰链。这串腰链是由精致的管形挂件组成的，上面凿着孔并饰有点状虚线，行走时会发出温柔的叮当声，象征着罗马庄园或城堡女主人腰间携挂的钥匙，是"女主人"（hlafdig）地位的标志。至于她的种族出身，我们就不得而知了。我们所说的盎格鲁－撒克逊新移民，是针对"英格兰之诞生"作为一个可定义的历史事件而言的，但事实上，不列颠的人口结构大体保持不变，无论是在铁器时代和罗马时代，还是在讲盎格鲁－撒克逊语的"黑暗时代"末期。因为历史久远，所以我们不能分辨她是不列颠人还是混血儿。从她的装束来看，她可能就是我们所称的盎格鲁－撒克逊人——除了带有凹槽的罗马瓜珠首饰，也许这是一件从她的不列颠祖母那里流传下来的传家宝？对于这样的问题，考古学未能提供证据。

我们可以想象得到，这群人是当时移民的典型，也就是本土的不列颠人与较早的移居者（弗里斯人、盎格鲁人、撒克逊人和丹麦人），以及 5 世纪后期来自弗里西亚、日德兰半岛、丹麦和比利时的新移民的混合族群。他们驾驭长条弧形的桨划船——类似 4 世纪丹麦的维京长船——花费了两三天时间穿越"辽阔的大海"（ofer brad brimu）而来。很显然，他们中间不乏讲弗里西亚语者，诸如罗斯韦尔（Rothwell）和罗特莱（Rothley）等地名均包含弗里西亚词 roth（意为"空地"）。而在威兰河南面的两个地方，人们在移民埋葬死者的随葬品中发现了来自同一个弗里西亚工坊制造的陶器，而且与在佛兰德斯东部的圣吉尔斯－勒－特尔蒙德（Saint-Gilles-les-Termonde）所发现的陶器同出一源。这一实例非常精确地揭示了公元 500 年前后欧洲大陆与东米德兰地区之间的联系。

但东盎格利亚和米德兰一带的大部分移居者讲的是我们称之为盎格鲁语的日耳曼方言，因为这种方言出自石勒苏益格的一个区域。我们仍然称该区域为盎格尔恩，这里地处日德兰半岛波罗的海一面的基尔湾（the Bay of Kiel）的海角上。这就是英格兰这个名称的出处，正如比德（Bede）于公元 721 年在其关于"英格兰民族"（Gens Anglorum）之起源的著名概述中所说的：

　　也就是说，这个人称英格兰的国家源自盎格鲁民族。这个民族居住于朱特人（the Jutes）与撒克逊人之间的某地。据说，从那时起直到今天，这个地方皆为一片荒漠，但他们却成了东盎格利亚人、中盎格鲁人、麦西亚人以及诺森伯兰所有民族的祖先。换言之，他们就是居住在亨伯河以北的国家以及英格兰其他国家的人民的祖先。

尽管早期英格兰种族融合的对象主要是凯尔特人，但有相当规模
45 的盎格鲁人从日德兰半岛迁移过来的故事肯定是真实的。在定居于凯
伯沃斯及其周边一带的群体中，许多人的祖先很有可能都曾在东盎格
利亚生活过两三代人或更长时间，一些人或许是在罗马统治终结时迁
移过来的。后来的另一些移民则是前来投奔亲属的。这些移民可能拥
有一位至高的首领，被称为 cyning，意为"家族的守护者"，我们所
使用的"国王"（king）一词便源于此。根据米德兰地区的古老传说，
人们称这名首领为伊赛尔（Icil），伊欧墨（Eomer）之子，盎格希奥
（Angeltheow）之孙，以及麦西亚王家血统的祖先。很久以后，这份
族谱被一位后人——圣人古瑟拉克（Guthlac）——记起。古瑟拉克
出生于公元 673 年前后，其家谱可追溯到公元 5 世纪末期。他通过
"顺藤摸瓜"式的推导，推演出自己的祖先正是两百多年前这位"最
古老、最高贵的麦西亚家族的古代祖始伊赛尔"。

按照今天的说法，这群移民是借助于武力的经济移民，希望在不
列颠低地找到一片聊以安身立命的新土地。他们从威兰山谷进入东米
德兰，并留下了别具特色的圆底锅形的坟墓、战争装备和胸针，还有
永久而沉默的标记——用他们的语言所取的地名。最早的日耳曼移民
留下的地名均以"ham"（在古英语中意为"居住的村庄或群落"）结
尾。这种地名在今天的英格兰极为常见，如西汉姆（West Ham）、托
特纳姆（Tottenham）和富勒姆（Fulham）等，是早期盎格鲁-撒克
逊人从东部向不列颠低地扩张的标志。他们行进的足迹，与从前不列
颠行省那些尽管衰落但人口仍然稠密的罗马据点、城镇、村庄以及
道路之间的关联尤其紧密。在东部地区，带有"ham"的地名最为集

中，这些地方都曾是这批人最早的定居点。林肯郡存在大量这样的定居点，诺福克郡有近 80 处，萨福克郡有 70 处，莱斯特郡有十多处，东米德兰有少数几处，拉特兰郡和北安普敦郡各有 6 处。这种分布表明，盎格鲁人自公元 500 年前后开始从东盎格利亚向外扩张，其航道通往莱斯特郡的威兰河，而由于这附近一带是肥沃的农耕地，因此成了英格兰中部地区最早的定居区域之一。威兰河并非大河，船只最远只能顺流航行至斯伯丁（Spalding），但它是一条非常古老的文化分野边界。比如，威兰河山谷地带似乎一直以来都是科利埃尔塔维人与卡图维劳尼人（the Catuvellauni）之间的一个交界区。

除了迈德波恩这个早在罗马时期就有盎格鲁群体在此定居的小　46
镇，正如都铎王朝时期的旅行家约翰·利兰所记述的，在维尔汉姆山丘（Welham Hill）与兰顿之间，有一片"肥美的草地"，那里留下了许多早期盎格鲁-撒克逊人的墓地集群，其中一组位于维尔汉姆山丘旁的河边。或许是在公元 5 世纪末，那里的盎格鲁定居者出现了一波新的迁移行动，他们来到将成为中盎格鲁人故乡的土地，并最终使新的土地成为麦西亚王国的一部分。凯伯沃斯山脊的泉水和孕育了两条小溪的浅谷，自然而然地吸引着移民们从维尔汉姆向北迁居，两地的早期盎格鲁人墓群可以为证。

移民们可以步行前往斯通顿-威维尔（Stonton Wyville）附近一处古老的浅滩（如今仍有约 18 米宽，雨天时水深得足以覆盖一辆小车），然后穿过一条叫作"林宾"（the Lipping）的溪流，朝凯伯沃斯方向走。这条小溪不大，但水流湍急，冬天也能流入位于山谷底部的邻近田地，是一道长年不断的好水源。除了斯通顿-威维尔附近的浅滩，他们还可以从克纳弗斯山坡（Knaves Hill）的下方穿过溪流。克纳弗斯的名字源于古英语 cnafa，意为"男孩"和"青年"，或"年轻的勇士"，这里是一个早期盎格鲁－撒克逊人的居住点遗址。新来者似乎是沿着这条溪流，并穿过一片突显的乡野，向着如今凯伯沃斯所在的低矮山脊迁移的。

在这个山脊上曾坐落着罗马时期的农庄。此时，仍有一个讲威尔士语的群落在这里生存，他们利用废置的建筑，以耕种周边的田地为生。也许，当一部分移民继续前往凯尔特人所说的格伦河的邻近河谷时，某位较为次要的移民首领及其家族在此停下了脚步。他们定居于此，并留下了许多战士的坟墓，以及在本章开头所描述的那位女子的葬身之地。过去的莱斯特"城"（civitas）就在附近不远处，罗马时期的城墙依然矗立，原有的不列颠人就生活在城内——也许是在一位市政长官（praefectus civitatis）的领导之下，也许城内还拥有一座基督教教堂。位于城外的瑟卡斯通（Thurcaston）和亨伯斯通（Humberstone）那些规模庞大的盎格鲁－撒克逊人墓地，进一步证明了新移民的存在。此时，尽管罗马时期的供水系统仍在运行，但大型市政建筑和设施均已破败。从早期盎格鲁－撒克逊诗歌中，不难想象移民们对一座宏大、曾经最为引人注目，但如今已成废墟的罗马澡堂的反应："不幸的灾难降临，粉碎了精美坚固的石墙……庭院的路面破落不堪。巨大的作品啊，屋顶早已分崩离析，风霜雨雪侵蚀了门楼……亮丽的壁画荡然无存……这就是宏伟澡堂的归宿。"

英格兰人在凯伯沃斯最早的定居点的历史可以追溯到这一时期，即公元 500 年前后。不过这个定居点的存在直到 2009 年夏天才被确证无疑。在 A6 高速公路旁有一家名叫"马车客栈"的酒吧（the Coach and Horses pub），那里从前是带有马厩的老客栈，人们在原先是马厩、如今做停车场的地方，发现地下埋有刻着图案的早期盎格鲁－撒克逊人的骨梳碎片，以及陶器和金属加工熔渣。这些残留之物的存在并非偶然。熔渣或许是出自制造工具和铁剑，抑或出自制造男女服饰上的胸针和别针。最近，金属探测器爱好者们就发现了一枚十字形胸针，很可能来自一位早期定居者的坟墓。这些就是"英格兰"居民在此村庄中居住的最初迹象。

从盎格鲁到英格兰

在罗马帝国晚期，虽然城市可能陷入衰败局面，但仍在行使部分职能，乡村的人口也依然稠密。于是，随着外来移民进入这个支离破碎的世界，最早的英格兰部落和王国出现了。强悍能干的国王们纷纷领导人民创建各自的王朝，并利用其武装追随者控制了各自的区域。国王们往往以财宝、武器、铠甲、奴隶、女人和土地作为奖赏来笼络追随者。盎格鲁移民最早出现在这一地区的时间可能是在公元 475 年到公元 500 年之间，比出现在东盎格利亚要晚些。而最早的一批国王很可能出现于 6 世纪。随着穿越北部海洋而来的新移民的加入——自 5 世纪初以后，进入不列颠东部者越来越多——从萨福克势力核心区域沿陆路来到这个地区的定居者的规模便在不断增大。尽管如此，这一切是怎样在这片土地上具体发生的，那些难以觉察的社会、语言和习俗的演变过程又是如何开始的，即罗马不列颠是如何成为英格兰不

48 列颠的，历史学家仍然无法确切地予以解释。这些移民是如何获得位于格伦山谷和凯伯沃斯山脊的土地的？他们又是如何将兰顿－布鲁克一带的旧农庄据为己有的？世人对此一概不知。比如，是不是盎格鲁的"君王们"与莱斯特尚存的某位掌权者（praepositus）或市政长官（林肯郡在7世纪20年代还有这类人物），通过谈判乃至签订条约达成了某种交易？是通过和平同化还是种族清洗（男人遭到屠杀，妇女和儿童沦为奴隶）来完成这种过程？根据事实来看，毫无疑问，两种情况皆有可能。

后来撰写的关于这些事件的文字资料，至少可以说是不完整的：关于8世纪20年代位于泰恩河畔的贾罗的诺森布里亚王国，也就是中世纪英格兰北方的盎格鲁－撒克逊王国，比德有过重要的对其形成与转变信仰的记述，主要采用的是诺森布里亚和肯特的资料来源；而依据9世纪90年代韦塞克斯王国[1]（Wessex）的早期资料编撰的《盎格鲁－撒克逊编年史》，则不可避免地体现了一种南方人的视角。有关麦西亚王国的历史记载，更是已经荡然无存。关于能够代表英格兰中部的重大事件，我们所能获得的仅有资料出自很久以后的13世纪的记述，而且零碎、混乱，无法证实，很可能是一种想象性的重建，因此并不可靠。这些资料记述了约公元500年时，从东盎格利亚到东米德兰的一次入侵，以及在6世纪七八十年代时，一个早期麦西亚王国在特伦托河流域形成的过程。这些记述确实与我们从DNA和考古

---

[1] 中世纪英格兰南方的盎格鲁－撒克逊王国。

学中所获得的有关线索有匹配之处。实际上，这可能不是一个可以确定年代的单一事件，而是一个漫长的过程，即生活在古老的科利埃尔塔维地区的不列颠群落，遭到来自不列颠东部讲盎格鲁语的族群的武力征服的过程。然而，正如横行于欧洲的哥特人、汪达尔人和匈奴人，盎格鲁 - 撒克逊人携带一种关键性的理念而来：他们把日耳曼传统中的"君王"（cyninges）带到了不列颠。

后罗马时代，凯伯沃斯是由盎格鲁人群体和不列颠人群体共同构成的。盎格鲁人首领的木质庄园酷似发掘于萨福克郡西斯托村（West Stow village）的那种类型（可追溯到公元 5 世纪 20 年代至 7 世纪 50 年代），是一种建立在抬高了的木质平台上的简单框架结构，外围有一圈防护围栏，以防牲畜被盗贼偷窃或被狼吞噬。庄园周围另附小屋，还有一块禾场、一座黏土制造的面包烤炉、一间用泥巴和茅草搭建的小磨坊、几间编织工棚和一个加工金属的铁匠铺。凡盎格鲁 - 撒克逊人的村落，无论其规模大小，大多都具有这种配置。我们必须加以推测的是，起初，本地社区与盎格鲁人社区相邻而居，但彼此是分开生活的，比如在凯伯沃斯北边就有一个叫沃顿的定居点，地名 Walton 意为"威尔士人的村落"。盎格鲁 - 撒克逊移民最初选择作为定居点的区域，位于铁器时代的不列颠人田园的几百米之外，即罗马墓地遗址附近的高地上。由此看出，他们一开始是刻意选择与不列颠居住点保持距离的。炉渣、陶器和骨梳碎片的发现表明，当时的中心点位于现在的"马车客栈"酒吧处，即后来变成"国王大道"，又变成"缅因街"，最后变成 A6 高速公路的那条古道旁，也就是如今的凯伯沃斯村的核心位置。

49

"英格兰人"历史的最初纪元笼罩于一片迷雾之中。在这一时期，迁徙的传说被塑造成一个个故事，在早期盎格鲁和撒克逊君王的宫廷中传颂。到了现代，许多王家和贵族墓葬的发现为人们了解早期盎格鲁－撒克逊文化打开了一扇扇窗户。比如在萨顿胡（Sutton Hoo）和斯内普（Snape）发现的船葬，以及最近在索森德（Southend）附近的普里托威尔（Prittlewell）发现的东撒克逊王侯的豪华墓地。只是尽管 7 世纪时斯塔福德一带的财富已经多到了几乎令人难以置信的地步，考古学家们仍然尚未发现任何早期麦西亚国王的坟墓。但是，这里存在一个关键性的证据线索。我们知道，早期麦西亚国王的事迹受到了后人的传颂，他们的谱系在那些令人追忆起移民时期的诗歌中流传了下来。例如《贝奥武夫》（Beowulf），它就是最初创作于一个讲盎格鲁语的区域的，也许是在"沼泽地带"的边缘。关于移民年代诸王的记忆与传说，后来变成了吟游诗人在国王的庄园中于壁炉前述说与吟诵的英雄故事。正如后来一首诗歌中所传唱的，"从前，为了寻找不列颠，我们穿越波涛汹涌的宽阔大海，战胜了威尔士人，赢得了我们自己的王国"。在盎格鲁－撒克逊文化中，这种开国神话被一遍又一遍地述说了好几个世纪，就像来自爱尔兰和意大利的美国移民总是对自己的原生地的概念念念不忘。

50　　盎格鲁移民本身的声音在他们最早的诗歌中依稀可闻。这些诗歌包括《维迪斯》（Widsith）、《提奥》（Deor）和《贝奥武夫》等，尽管它们的创作时间比较晚，但其中仍然包含了让人回想公元 5 世纪后期真实的人物和事件的口述传统。当然，出自这个时期的英格兰人自身的书面文本是不存在的。除了为数不多的北欧古字碑文以外，英格兰人的书面文字仅起始于他们的统治者接受基督教信仰之时——最早出现在公元 597 年的肯特王国。不过，麦西亚人以及后来的英格兰人都在口述故事中保存了祖先们来到英格兰之前的朝代谱系和英雄故事。这类资料的历史内核常常遭到现代历史学家否定，但口述传统往往具有高度的韧性——在印欧语系民族迁移到青铜时代晚期的印度之后，两千年来，诗歌总是保持着在它诉诸文字之前的不可思议的准确性。

　　早期的古英语诗歌均以盎格鲁方言创作而成，其中残存着一些非常古老的事物。例如，在《维迪斯》这首讲述同名吟游诗人的古英语诗歌中就包含迁移之前的王族的功绩和宗谱片段：诗中讲述了国王们的事迹，他们慷慨大方、馈赠将士和赢得战争的故事。在"黑暗时代"，凯伯沃斯附近的盎格鲁王家和贵族庄园中，诗人们吟唱的就是这类颂歌。有个故事是关于一位名叫盎格鲁的奥法（Offa of Angel，8世纪著名的麦西亚国王以此命名）的大陆首领的，在麦西亚王国为后人铭记的时间格外长久。这位奥法可能生活于公元 4 世纪，在随后的年代里，围绕着他的传说在不列颠的盎格鲁人中间广为流传。他的故事在公元 8、9 世纪的麦西亚王国形成文字。到了中世纪后期，他的传奇仍作为传统，在圣奥尔本斯（St Albans）的重要祭拜中心有所体现。在这些故事里，麦西亚王族的慷慨大方是特别值得后人纪念的理由。这些传奇说，古老的奥法自沃登（Woden）——日耳曼神话中的主神，相当于北欧神话中的奥丁（Odin）——之后在欧洲大陆上生活了三代人的时间。更为具体的是，人们说他是盎格西奥的父亲、伊欧墨的祖父和伊赛尔的高祖父；伊赛尔被视为不列颠的麦西亚王朝的创始者，而且也许是率领移民进入英格兰中部的首领。这位最早的奥法

51　也出现在《贝奥武夫》中："他的战功与慷慨举世闻名。他不但是位
非凡的勇士，而且以其英明与智慧统治着他的子民……"

　　这些诗歌赋予我们一种崇尚英雄文化的感觉，这种文化于公元
500 年前后随着盎格鲁武装移民的到来而进入了英格兰的中部地区，
并深深地刻在迁移到此的人们的记忆里。毫无疑问，这些传说有一部
分内容是虚构出来的，但也在一定程度上包括感念诸位先王的真实内
容——这些国王曾在公元 7、8 世纪统治英格兰中部地区，并创建了
被称为"所有英格兰人的祖国"的最初王国。这类诗歌性质的宗谱没
有对具体的历史阶段做出精确的叙述，但也多少包含了类似前工业化
社会时期在世界各地发现的那种真实家系——从《梨俱吠陀》到荷马
和爱尔兰史诗，古圣先王和英雄人物的血统总是得到最好的记载。因
此，盎格西奥和伊欧墨很有可能是真实存在的欧洲领主，伊赛尔则是
将其亲族带往不列颠，或是于 5 世纪末至 6 世纪头 20 年的某个时刻
在不列颠确立皇族血统的男人："盎格鲁人中著名的、最为高贵的家
族，由伊赛尔皇族血统繁衍而来。"假如历史上真的存在这样一个率
领其宗族及军队于公元 500 年前后从东盎格利亚进入中盎格鲁土地的
人物，那他非伊赛尔莫属。

变化与连续性

　　到了公元 5 世纪中期，不列颠东部讲不列颠语的族群已经臣服于
新来者的统治。这个消息也传到了地中海的另一端。有一则当时听起

来就像来自另一个星球的报道如此写道：在 6 世纪 40 年代的君士坦丁堡，通过一位拉丁文口译者，历史学家普罗科匹厄斯（Procopius）与随同法兰克使团前来旅行的一个盎格鲁人进行了交流，此人告诉他，不列颠已不再属于"罗马国家"，不列颠人民被划分为本土不列颠人、盎格鲁人和弗里斯人。后来，英格兰中部的传说也的确提到了 6 世纪中期一次向西发动的大规模进攻，以及发生在英格兰中部的战争。盎格鲁人获得了战争的最终胜利，不列颠人被迫四处逃窜。据现代遗传学家的推测，在东米德兰的一些区域曾出现过种族清洗，男性惨遭屠杀，女人沦为奴隶。不过，到目前为止，这仍然只是一种猜测而已。到了 6 世纪中期，盎格鲁人已占人口的绝大多数。但是，他们是如何在此获取土地的，我们仍然不得而知：是通过武力强占，还是与当地依然存在的某位不列颠贵族进行协商而得到土地？盎格鲁人是否利用空地耕种并饲养牲畜？从某种程度上看，科利埃尔塔维人是不是成了中盎格鲁人？也许在某些地方，新来者驱赶或杀死了男人，将不列颠女子占为自己的妻子。在另一些地方，他们则显然与本地人相邻而居，并在边缘地带开辟了新的土地。在凯伯沃斯地区，有一两个地名保留着威尔士语的发音。在凯伯沃斯－比彻姆，最重要的一块公耕地的名字是 Cric（或 Gric）。这是否暗示着，比彻姆最初可能是一个依附性的威尔士农奴定居点？

　　但是，这些迹象并不能进一步说明什么问题。在凯伯沃斯区域，我们所能获得的全部确定线索包括在本章开头描述的那位女子的坟墓，在附近发现的战士墓地，两枚被金属探测器爱好者于凯伯沃斯找到的女士胸针以及在"马车客栈"停车场地下发掘出来的骨梳、炉渣

52

和陶器。就目前的情况而言，这就是我们所能知晓的"英格兰人"的最初迹象了。新来者与讲不列颠语的原住民相邻而居，原住民仍然在耕种自己的大片田地，饲养羊群，也许还用剩余物品与某位盎格鲁领主交易。总之，从"马车客栈"地下发现的炉渣和陶器的分层状况来看，盎格鲁移民在此定居的事实应是确定无疑的。

灾难性的 6 世纪

到了 6 世纪中期，盎格鲁人和弗里斯人在其领主的统治之下，定居于格伦河与威兰河之间的土地上，即现在的凯伯沃斯，周围则居住着不列颠原住民。随着时间的推移，两者之间因通婚而导致身份融合。或许，所有人均效忠于在莱斯特这座古罗马城市行使统治权的某位"君王"。后来，混居于东盎格利亚与莱斯特郡之间的沼泽和荒野地带的各种群落，形成了所谓的"中盎格鲁人"（Middle Angles）。其实，他们的种族根源多种多样，有凯尔特人、丹麦人、日耳曼人和弗里斯人等，因此，早期盎格鲁－撒克逊人的基因组成尤为错综复杂，而"英格兰人"就是从中派生出来的。

在新社会形成的最初时期，整个环境极为艰难恶劣。任何人能有幸在离格伦不远处的低矮山脊上，也就是如今的凯伯沃斯生存下来并活到老年，或经历过罗马帝国没落之后的那个时代，都看得到影响广泛的历史变迁。关于定居点的考古学记载表明，在公元 3 世纪到 7 世纪之间，不列颠低地的人口降至不到百万，少于千年之前铁器时代的人口数量。气候学家告诉我们，在公元 4 世纪到 9 世纪之间，早期盎格鲁－撒克逊人遭遇了极为寒冷潮湿的气候条件，甚至在 10 世纪初经历了一段"小冰河时期"。其中影响最为广泛的大事件之一，是发生于 6 世纪 40 年代的一次灾难性火山沙尘暴，随后还爆发了瘟疫。最近，分别于 6 世纪 40 年代和 7 世纪 80 年代发生的严重瘟疫，以及诸如被称为公元 536 年的"狭窄年轮事件"（narrow tree ring event）等自然大灾害引起了历史学家的极大关注。反映环境变化的冰芯显示出酸性尘埃层的广泛存在，年轮则表明当时整个北半球的树木都极不健康，处于大幅度生长衰退之中。西起爱尔兰，东边远至中国，各地的编年史均记载了这一影响：雾霾持续不散，作物歉收，食物严重短缺。当时尚在人世的历史学家普罗科匹厄斯记述道，在公元 536 年，"出现了一个最为可怕的征兆：太阳变得黯淡无光，它的光线看上去很像正在经历日食，毫无亮度"。同时代的拜占庭行政官兼古文物研究者约翰·利德斯（John Lydus）谈到，持续整年的暗光杀死了所有的农作物。后来的一位编年史家叙利亚人米海尔（Michael Syrian）说，昏暗的太阳持续了 18 个月："每天的日照时间仅有 4 个小时。太阳即使在发光时，光亮也只是微弱的阴影，以至于果实无法成熟。"政治家兼学者卡西奥多鲁斯（Cassiodorus）在君士坦丁堡的记述则为我们提供了最为生动的见证："我们惊讶地发现中午时分没有影子，太阳的强大力量变得衰弱不堪，这种黯然无光的现象几乎延续了一整年。我们经历了一个没有热度的夏天，庄稼在北风的吹拂下因寒冷而枯萎，也不见雨水。" 54

这也是不列颠乡村里的人们所经历的事情。在爱尔兰发掘的沼泽橡树的年轮显示，不列颠群岛遭到了同样的严重影响。尽管这些重大事件长期以来备受忽视或低估，但它们的影响其实极为广泛，危害程度并不亚于任何一场战役或一次王朝更迭，以及过去两千年来出现在北半球的为时最长的短期降温带来的后果。年轮专家认为，始于公元 536 年的事件，其影响在后续的 15 年内都是灾难性的，所以，瘟疫在这段时间的中期席卷欧亚大陆并远至不列颠，恐怕不是巧合。一般认为造成这些灾难的原因是火山喷发，规模相当于 1815 年巨大的坦博拉（Tambora）火山喷发 ——这是末次冰河时期以来最严重的一次火山喷发——或 1883 年的喀拉喀托（Krakatoa）火山喷发。[1] 尽管对 5 世纪那次火山喷发的程度存在争议，但参照一下 2010 年一次发生在冰岛的较小规模的火山喷发，便会明白它能对环境造成多么惊人的破坏。对于"黑暗时代"的不列颠那些凭借田间劳作维生的农民而言，火山喷发几乎是不堪承受的巨大灾难。就像 1815 年的火山喷发所造成的后果，那正是一个被称为"没有夏季的年份"，放射性灰尘摧毁了农业，大多数死者的死因在于饥饿和疾病。即使远在西欧，火山爆发也造成了作物歉收，并带来饥荒和斑疹伤寒：据 1815 年的报纸报道，有大批威尔士山区农民涌到英格兰的公路上乞讨食物。北半球的大部分地区出现了庄稼歉收和牲畜死亡的状况。尽管对于 5 世纪的灾难事件记述不多，但以上这些参照或许有助于解释考古学记载的当时整个西欧人口下降与社会萧条的情况。

---

[1] 坦博拉火山和喀拉喀托火山都位于今印度尼西亚。

随着 536 年的自然灾害而来的，是公元 541 年和 542 年之间的大瘟疫。"一场大瘟疫席卷世界，杀死了人类三分之一的人口"——正如普罗科匹厄斯所描述的。瘟疫不断袭击地中海盆地，贯穿 6 世纪并进入 7 世纪，最终以公元 682 年的大瘟疫才宣告结束。尽管世人不知这次旷日持久的瘟疫所造成的死亡人数，但 14 世纪的"黑死病"曾导致三分之一或更多人口死亡（正如我们将要看到的，在凯伯沃斯，有三分之二人口因此死亡）。黑死病改变了一切，比如工作模式、劳动法和自由本身等，但我们不知道在 6 世纪的灾难来临时人们是如何维持生存的，比如，幸存下来但缺少粮食的农民是否在契约农业经济中获得一定的经济自由度等。无人知晓。然而一场与黑死病类似的 6 世纪灾难可能就是造成罗马时代晚期的人口从其高峰期（有人认为约为四五百万）急剧下降至 11 世纪的两百万的最重要原因。历史对此少有记载，但瘟疫很可能是罗马时代晚期世界以及"黑暗时代"的最大事件。它导致许多地方社会崩溃、人们生活水平倒退。在不列颠，4 世纪的技术水平也许直到 17 世纪甚或 18 世纪才恢复。

55

公元 500—700 年间的村庄

所以，在凯伯沃斯，最早的英格兰人定居点是在一个非常严酷的时期成长起来的。也就是说，是在 6 世纪古罗马不列颠世界的贫穷与困苦之中形成的。其人口构成以罗马不列颠人（尤其是女性）为核心，再加上为数不多的盎格鲁精英。当时的凯伯沃斯还算不上村庄，或者至少不是如我们想象的那种英格兰村庄，并没有浓缩了的、神话般永恒不变的英格兰乡村风光。英格兰村庄的起源相对较晚，到10世纪以后才在从德文郡到诺森伯兰郡一带以强大领主形成其核心。古老的模式一直在西部和西南部的丘陵地带延续，直至今日仍然保留着铁器时代农庄的孤立景观。但在英格兰中部地区，以凯伯沃斯为经典案例，发展出以村庄为核心的公耕地景观要到进入维京时代之后了。

在整个6世纪，凯伯沃斯以及数千个类似定居点的形式就是在某处圈起一块地，修建盎格鲁－撒克逊领主及其亲属生活的农庄，包括农民和农奴居住的零散小屋、一间牲畜棚、一座面包烤炉、一口水井、一片打谷场以及一个用木条和荆棘灌木围起来的牛栏。在农庄外围，也许还有一层用树枝和灌木做成的隔离带，防止狼群和盗贼光顾。人们居住在建在平地上、只有一层的棚屋里，屋顶用芦苇、茅草或木板搭建。男女工匠们工作时使用的织布棚和木工小屋则有一端沉入地下，类似在萨福克郡的斯托村（Stow）发掘出来的那种样式（可追溯到公元420年至650年年间）。伯克郡的巴克伯里（Bucklebury）的木材车工直到20世纪仍在使用这种一端沉入地下的小棚屋。迟至第二次世界大战，他们中的最后一人还在如同"黑暗时代"的祖先那般用脚踏车床制作木碗。直到近代早期，这种木制餐具仍在大部分普通人家使用，英格兰方言称之为 treen，这是一个古英语词，意思是"用树木制造的器具"。与罗马世界相比，这是一个只能勉强维生的角落。对于大多数普通英格兰人来说，这样的生活持续了漫长的岁月，在某些地方甚至延续到工业革命之后。

在领主的木造庄园里不乏进口奢侈品。在一份对7世纪的当地领主宅邸的有关描述中，其财产状况可见一斑："寓所中配备了中盎格鲁人所能拥有的种类丰富的不同物品。"就像在传统的日耳曼社会中那样，领主在庄园里殷勤款待手下的战士，女人则如同《贝奥武夫》中所描述的那样献上蜂蜜酒，热情地招呼客人，"为庄园增添喜悦"，"她们手捧酒壶，随时为挥手示意的战士斟满杯中酒"。领主被称为hlaford，字面意思是"给予面包者"。领主的妻子被称为 hlafdig，意思是"捏合面包者"，也就是夫人。盎格鲁人很快就开始与当地人通婚，随着时间的推移，盎格鲁人的语言和习俗取代了村里的威尔士语言和习俗。尽管在 8 世纪初，这个区域还有人讲威尔士语，但就自然景观而言，除了河流的名称之外，不列颠人留下的痕迹几乎不复存在了。

如尼文：语言和思想

"黑暗时代"的凯伯沃斯是一个只能勉强维生的地方，通向外界的视野已被关闭。在 2009 年对这个村庄的发掘中，人们几乎没有发现从公元 500 年到 900 年之间的像样的文物。有一块 8 世纪的陶器碎片表明，当时人们使用黏土和木制餐具，木锹、木耙，甚至木犁——尽管凯伯沃斯一带的土壤黏土成分很高，没有铁犁很难耕得动。但是更多的证据就没有了，无法勾画当时人们的生活状况。我们也不知道当时的村庄叫什么名字，或是所处的具体位置。它在不列颠时期的名字尚待发现，中世纪和近代的名字凯伯沃斯要到更晚时才出现——意

57

思是一位名叫"凯巴"（Cybba）的男人的围场。

　　当时的凯伯沃斯人不识字，村民不大可能会和有文化的人紧密接触。但是，在拉丁文字被罗马教会的传教士引入不列颠低地之前，这里有另外一种书写系统，由信奉异教的盎格鲁－撒克逊祭司和先知等少数人使用，起始于5世纪的弗里西亚（Frisia，今西北欧地区），随着欧洲大陆的盎格鲁人、撒克逊人和弗里斯人被带入不列颠。时人称其为 futhorc，也就是古代北欧字母文字，我们则称之为如尼文（runes）。祭司和先知以及仪式专家使用的就是这种书写系统。如尼文由26个符文组成，后来扩大到33个，常常铭刻在骨头、陶器、象牙梳子等器物上。每个神奇的如尼符文都不仅有语音学价值，而且有其自身的意义。若想探索早期祖先的思想世界，线索可能就潜藏于这些神奇的符文中。

　　若干符文组合在一起，可以表示物质生活的方方面面——富有、贫穷，酒杯、火炬、礼物，需求、欢乐等。进一步组合符文则可以描述天气（如阳光、冰雹、结冰等），说明树木（如橡树、梣树、桦树、紫杉、荆棘等）。有些符文表示马和野牛等动物，另一些泛指时间（如天、年、收获季节等）和大自然（如石头、土地、湖泊等）。当然，如尼文中也有用来表示武器（如矛、弓等）和男性世界（勇士、身份、骑马、英雄等）的符文。最后，还有坟墓和神的符文，表示死亡和来世。可别忘了，这里的"神"，就像"灵魂"，是一个基督教世界之前的盎格鲁－撒克逊词语：异教徒也有自己的信仰。

　　对于现代读者来说，这些刻在盘状胸针、骨灰瓮、武器、骨骸器具和骨梳上的神秘符文非常奇特地显示出英语成形之前的隐隐约约的风貌。这种符文系统揭示了一种世界观及其图景，并以宿命的、沉思的现实意向贯穿于盎格鲁－撒克逊诗歌中。我们或许借由这些诗歌瞥见了早期村民的语音、思想和价值观的根底，但这种早期文本现存很少，仅见于欧洲大陆的墓碑和纪念碑上。在英格兰，有大约 30 处刻在剑柄、骨梳和陶器碎片上的不完整的如尼文已被破译出来，有祈祷吉祥的简洁符文，也有些代表男人和女人的名字。最近在莱斯特附近发现了一对盘状胸针，上面就刻有代表一位女性名字的如尼文 Ceolburg。在字符较多、意义可以解读的少数碑文中，有一块来自东米德兰，正是写给本章开头提到的那位二十来岁女性死者的："年轻女子 Sithaebaed 长眠于此……"

58

宗教

跟大多数早期英格兰人一样，村民都是异教徒，崇拜来自日德兰半岛的祖先神——托尔（Thor）、沃登（Woden，也就是古英语中的奥丁），或是图诺（Thunor，托尔的古英语写法）等——以及不列颠邻居们守护森林、河流和山泉等的吉祥神。他们在树木旁、岩石边、河畔祭拜神灵，举行动物献祭并放血，以此抚慰神明、避免厄运。人们还将血液或精液混在食物中，以期获得魔法保护、生育能力或神奇力量。关于英格兰的历史叙事，从 7 世纪开始就描述为基督教历史，但现实往往更为错综复杂。这种信仰的转换过程历经多个世纪，也许从未彻底完成，至少从教会的角度来看是如此。司管风暴、雷电、生育和吉兆的神祇与同样来自欧洲大陆的早期村民们相伴相随。而在凯伯沃斯周边，直到近代早期都还以古英语的形式存留着一些令人不愉快的关于恶魔的模糊痕迹，比如，内维尔－霍尔特（Nevill Holt）有个地方叫瑟斯佩特（Thyrspit），伯顿－奥弗里（Burton Overy）有个地方叫舒格博洛（Shuggborowe），类似名字都暗含恶魔的意思。而格瑞特－伊斯顿（Great Easton）有地方叫托莫（Tommor，指一种妖怪）和格伦德尔（Grendels，是《贝奥武夫》中的妖怪名字），这样的情况在池塘、小湖和水坑的名字中普遍存在。类似的名字之所以能幸存下来，也证明了这些信仰在民间挥之不去的力量。直到 16 世纪"宗教改革"之后，这个关于精灵和恶魔的世界才逐渐逝去。

此外，早期英格兰人还从昔日的罗马人和凯尔特人那里继承了一种特别牢固的信仰，那就是对于古代圣井的崇拜。这种崇拜大体上被中世纪的教会采纳，并一直存续到今天的整个英格兰。另外值得注意的是圣树信仰的持久性，尽管编年史家比德在 8 世纪提到它时语带轻视。正如我们所知，直到 18 世纪，当地百户邑陪审员的聚会地点都选择在"加尔树"（Gartree）下——这棵树伫立在一座古墓上，堪称标志。

在凯伯沃斯，附近有一棵圣树在其死后的漫长岁月里仍然受人祭拜。在格瑞特－伊斯顿的树林中，则有一处叫作霍利亚克－洛奇（Holyoak Lodge）的地方，曾是异教盎格鲁－撒克逊人供奉雷神图诺，也就是托尔的圣祠。图诺似乎在基督教来临之后很久仍受人敬拜。迟至 12 世纪，附近建起了一座基督徒隐居所，名叫米拉贝尔（the Mirabel），就是为了与当地人仍在持续的异教信仰抗争。在凯伯沃斯，过去三百年留下的墓碑上仍可看到霍利亚克家族的名字，而且这个家族在凯伯沃斯仍然非常兴旺。总的来说，尽管古老的英格兰异教信仰的思想观念已经远去，但它们乃是英格兰人后来的文化和语言以及宗教的情感基础。

第四章 凯伯沃斯的起源

像许多英格兰村庄一样，7、8世纪时凯伯沃斯的轮廓已经很清晰了，或许称得上是一个社区，它的地名很可能就是在此时形成的。对于历史学家来说，难处在于，就英格兰的大多数地方而言，他们需要在几乎没有证据的前提下去构建一种相关的叙事。不过，2009年对凯伯沃斯的发掘为人们提供了少许重要线索。这个村庄在7世纪到8世纪的故事聊可作为罗马世界崩溃之后窥视西方社会与经济变迁的一个窗口。流行的观点认为，对于普通百姓来说，"黑暗时代"是一段极为艰难的岁月。面对时时存在的饥荒、瘟疫和战争的威胁，绝大多数人一辈子都在为生存而奋斗。人们首先要养活长辈，然后是养活自己。这大体上是正确的。不过，这种身不由己的残酷时代往往也是创造的时代。许多英格兰乡镇的根源就是在这一时期生发出来的。

　　王权这个"黑暗时代"的伟大制度在7、8世纪给社会带来了某种缓慢复苏的迹象。编年史和诗歌时常给人留下这样的印象：国王们将时间大量花费在奔袭征战、索求贡品与狩猎上，并伴随吟游诗人的赞歌在王家大厅宴饮。然而，法典——这是"未开化的西方"的独特创造之一——告诉我们的却是另一回事。7世纪的英格兰法典法显示，盎格鲁－撒克逊国王受到教会的影响之后，便改变了从日耳曼祖先那里流传下来的尚武传统，转而适应基督教的道德观念。国王不仅应该是一个"掠夺的领主"（plunder lord）和"颁赏指环者"（ring giver），而且应该关心子民，保护他们免于暴力与贫困，并发扬基督教精神。尽管这些理念并不总是能够轻易融于传统日耳曼王权——正像"黑暗时代"的诗人描写的，日耳曼传统是赢得战争、索求贡品，并获取"永恒荣誉"——但是，一位国王与其他统治者一起加入基督教秩序会带来许多好处。有关7世纪晚期以后的贸易活动、陶器和硬币流通的大量证据显示出，物质生活方面有了最初的改善迹象。在2009年的发掘中，人们在村里发现了最早的高品位伊普斯威奇（Ipswich）陶器和被称为"锡特币"（sceattas）的小硬币碎片。自7世纪末期以来，有数百万枚硬币被铸造出来。这些硬币是贸易路线范围扩大的明显标志之一，它们从富裕的东部沿海地区以及原有的诸如伊普斯威奇和伦敦等王家贸易港口向各地辐射。另一个重要的商业中心人称"盐都"（Saltwich），是罗马时代留下的制盐中心，位于德罗伊特威奇（Droitwich），在麦西亚王国的特许状上写作 vico

61

emptorio salis。这里极为繁荣兴旺，制盐厂房和加热炉覆盖了边缘的二三十个村庄。食盐是生活的必需品之一。从罗马帝国时代以来，这个食盐生产基地一直是产业中心，尽管不会是唯一的一个，但很可能在整个"黑暗时代"都在持续运作。8世纪，盐路由此发散到英格兰南部，包括一条经过凯伯沃斯和图尔－兰顿的小路，与古老的侏罗纪小道相交。

8世纪时，生活很可能既险恶又粗蛮，并且物资短缺。当时的编年史时常记载各种灾害，比如瘟疫、牛瘟、天花甚至是飓风等。在乡下，经历了719年的干旱夏季之后，暴雨和洪水在720年接踵而至。随后是旱灾与饥荒，贯穿8世纪30年代末到40年代初，并在741年达到顶点，"田里颗粒无收"。759年的洪涝则造成接下来两年瘟疫和疾病丛生，给穷人带来了严重的苦难，特别是在肠道痢疾恶性暴发的时候。783年夏天的滚滚热浪，预示着未来十多年更加糟糕的大雪天气。对于前工业化社会来说，所有这些现象都是毁灭性的。

艰难时刻：762年冬天的凯伯沃斯

762年到763年的严酷冬季对于8世纪的大多数人来说都是刻骨铭心的，英格兰和爱尔兰的编年史对此均有记载。之前的三个冬天（从760年开始）本来就是大雪漫漫的恶劣天气，已经给百姓带来了饥荒，但这年冬季暴发了"真正的巨大雪灾，厚厚的积雪凝结成冰，人们不曾见过如此严重的冰冻"。根据诺森伯兰郡编年史的记载，"冬季伊始，大雪就覆盖了田地"（按照宗教日历的记载，从11月21日就开始"天寒地冻",实际起始的日期也许是在其后的某一天),"几乎一直持续到仲春"。爱尔兰的亲历者们证实,这场"大雪"在地上滞留了三个月之久,导致"严重的食物短缺与饥荒"。天气极度寒冷,"许多树木和作物因此而枯死,甚至连许多被冲上结冰河口的海洋生物都冻死了"。

在这种严酷的寒冬季节,人们不得不为取暖保命而竭尽所能。就是在这个冬天,"各个地区和王国的城镇、修道院、村庄全都被逼上穷途末路",一位诺森伯兰郡的编年史作者写道,"这场灾难席卷了斯特瑞特伯格(Stretburg)、温彻斯特、南安普敦、伦敦、约克、唐卡斯特(Doncaster)以及其他许多地方"。人们只能依靠点燃柴火取暖以抵御极端的寒冷,这是中世纪早期恶劣的寒冬季节里鲜明的场景。与14世纪初的小冰河期一样,跟随极端寒冬而来的是来年夏季的歉收、饥荒与大旱。不列颠和爱尔兰的记载中普遍描写了食物短缺的情况。在一个人们勉强维生的社会,如此灾难对于农民阶层来说不啻为莫大的打击,而且,灾难的后果还要持续很长的时间,包括作物歉收、饥馑、营养不良、新生儿的高死亡率等。

在此时的英格兰村庄里,茅草和泥土建造的小屋散落在低矮的山脊边,冬日的太阳早早沉没于山谷之中。如何解决简单的生存问题成为村民们的当务之急。法典中简略地描写了村民们的生存情景:村庄就像在一片黑暗海洋中闪烁的微弱光点。森林里狼群出没,外出晚归者必须吹响孤独的喇叭提示村民,以免被误认为入侵者而受到攻击。在那些寒冷漆黑的长夜里,家人们聚集在忽明忽暗的油灯下,或许在唱歌、讲故事和吟诵诗歌,或许在讲述从某位商人或朝圣归来者口中

获得的外界新闻。然后，人们便早早上床睡觉。8 世纪的英格兰真可
谓长夜漫漫。

凯伯沃斯的源头

那么，散落在威兰山谷高处的早期盎格鲁人定居点，是怎么变成
一个叫凯伯沃斯的村庄的呢？这个村庄的故事将把我们带进麦西亚王
国时代——麦西亚诸王是最早以英格兰国王自诩的王者。不论是哪一
个英格兰村庄，也不论其地理风貌，地名都蕴含了最初的重要历史线
索。凯伯沃斯（Kibworth）的意思是一位名叫凯巴的男人的"围场"
（在古英语中，围场写作 worthig）。凯巴会是谁呢？尽管在英格兰中
部地区存在诸如库伯尔（Cubbel）等相关变体，但这个盎格鲁人名似
乎不曾在其他什么地方出现过。不过，它不禁让人联想到麦西亚王
室的名字，尤其是两个以"P"和"C"押头韵的支系名字，比如派
巴（Pybba）、彭达（Penda）、皮达（Peada）、皮加（Peaga）、克里达
（Crida）和涅巴（Cnebba）等。就像派巴或王室圣女提芭（Tibba）
的名字，凯巴的拼写方式是表示亲爱的双音形态，一种表示昵称或爱
称的简缩形式。这个名字使人联想到 8 世纪一位作家所说的"中盎格
鲁人的高贵血统"，这一血统又可"顺藤摸瓜"地追溯到迁移时代的
伊赛尔（Icil）。在"黑暗时代"，人们长于记忆，许多 8 世纪之前的
麦西亚贵胄乐于追踪自己的王室血统，无论多么遥远。也许，这个叫
凯巴的男人属于一个较小的王室分支，在 8 世纪麦西亚王朝的全盛时
期获得了国王赐予他的地产。

　　构成凯伯沃斯这个地名的第二部分，沃斯（worth），在今天的英格兰极为常见，但也可能具有出人意料的重要意义。在古英语的特许状中经常见到涉及"沃斯"的定居点名称，这样的地名是从大约730年开始出现的。麦西亚王朝早期的一些类似的重要地名包括拥有王室教堂的布里克沃斯（Brixworth）、博斯沃斯（Bosworth）王室庄园，以及被称为麦西亚北方"首府"的诺斯沃斯（Northworthy，旧名为 Derby）等。在早期阶段，"沃斯"一词似乎还衍生出类似"设防据点"（burh）的含义。至于塔姆沃斯（Tamworth）这个代表王家"首府"，也是古老的麦西亚南部中心的地名，则是从8世纪初的塔姆顿（Tomtun，意为"塔姆河畔居住者的村落"）到塔姆沃西（Tomeworthig）演变而来的。当时的麦西亚国王们在塔姆沃斯四周设置的防御围墙已被现代考古学家发掘，但盎格鲁－撒克逊时期的凯伯沃斯是否为挖有壕沟的私人农庄或拥有防御性设施的围场，我们就不得而知了。不过在哈考特残留着一条围绕这个村庄的沟渠，可与塔姆沃斯的防御设施相比拟。在17世纪的地图上，凯伯沃斯仍在这片区域内，并保留有房屋、宅地和庭园，拥有以树篱、沟渠和一片中世纪鱼塘连接起来的一圈边界。

64

　　尽管幸存的文献无法告诉我们有关麦西亚王朝时期的凯伯沃斯历史，我们构建的图景的全部依据也仅来自地形学和考古学，但可以对8世纪的"凯巴围场"做出某种推测。这里可能是某位领主的属地，在与其相连的南面或许有一个聚集着农奴的村落，这个村落即为后来的凯伯沃斯－比彻姆。在"黑暗时代"，这样一处贵族地产有与其相应的手工艺技术，由居住在斯密顿的金属工匠提供。也许这些工匠不仅为凯巴提供服务，也为位于南面约 1.6 公里外的格姆雷（Gumley，意为"古德蒙德［Godmund］的林地"）的王家寓所提供服务。在盎格鲁-撒克逊时代后期，国王本人保有斯密顿的部分地产以及位于西面约 3.2 公里外格伦河畔的另一处王室庄园。这些王室府邸是国王们外出巡游时的羁留之地，也必然给凯伯沃斯的农民生活带来了极大影响：他们不仅要为领主供应食物，还要给拥有大量朝臣、宾客的王室筵席提供食品。

至于凯巴本人，假如他也是通过 8 世纪其他王室批地契约那样正式的方式获得土地的话，只须稍加想象便可勾画出这一创始时刻。当时，在凯伯沃斯教区南部边界，有一处带有庄园的王室领地，格姆雷地区的狩猎小屋也坐落于此。在 8 世纪 40 年代到 80 年代麦西亚王国的巅峰时期，麦西亚国王奥法（Offa）和埃塞尔巴德（Aethelbald）曾多次在此接见朝臣。直到今天这里仍然是一个封闭的村庄，茂密的森林依然覆盖着麦西亚国王曾带着老鹰和猎犬捕杀野猪的那片山丘。现在的国王是埃塞尔巴德，他头发斑白，和"黑暗时代"的大多数国王一样专横而暴力，在同室操戈的自相残杀中夺得权力（他本人最终死于贴身护卫暗杀）。埃塞尔巴德很可能就是最近在雷普顿（Repton）发现的一块石碑上刻画的那位不可一世的国王：他骑在一匹腾跃而起的断尾战马上，身佩盾牌、利剑和一把盎格鲁-撒克逊匕首，满脸浓密的胡须，神色严厉，俨然一副"黑暗时代"的日耳曼王者形象，即"掠夺的领主、功绩创立者、颁赏指环者、男人的领袖"。

这座庄园曾接待过皇亲国戚、利奇菲尔德主教、伍斯特主教、中盎格鲁各部族的首领、大乡绅及其伙伴。我们还知道其中一些人的名字，如皮达（Peada）、奥法（Offa）和库萨（Cusa）等。来自其他王国的贵族人质也会在此出现，这是国王们用来扩张势力范围的手段之一，他们往往会通过军事行动、索取贡物和扣押人质等途径来达成目的。国王本人很可能并不识字，但书吏会替国王用拉丁文拟写出极为夸张的特许状：

> 我，埃塞尔巴德——拜上帝所赐——麦西亚之王，"英格兰南部"之王，为了安抚我的灵魂，并祈求宽恕我的罪行，现慷慨赠予我忠实的朋友、大臣凯巴"中盎格鲁"行省伊特-格兰（aet Glenne）的河滨土地，25 海得（hide）[1]，以及从属此地的所有田园、森林和草地……若有人胆敢侵犯这份馈赠，我会让他明白，他将在最后的审判日受到上帝的审判。此特许状写于耶稣纪元 736 年，"中盎格鲁"行省，格姆雷王室庄园。我，埃塞尔巴德，不列颠之王，画十字为证，确认本人的赠物属实……

书吏往往会在特许状上添加备注，说明凯巴是否拥有将地产遗赠给自己亲属的权利，并指定为这份财产承担的惯常义务。比如，除了维修道路、修建桥梁和要塞以及提供兵役这样的通常义务，凯巴是否

---

[1] 旧英格兰土地面积单位，1 海得约为 120 英亩。本书中的英制单位多数已改为相应的公制单位。英亩因其数字常为整数，故保留。下同。

享有长期无偿使用这片土地的资格。也许，出于自身利益的考虑，领主的土地（被认为属于内陆地区）由农奴耕作，而自由农民耕种的是所谓的战争用地，除了缴纳税金并承担兵役，可以出售盈余的粮食。至于 8 世纪凯伯沃斯的人口规模，后来是按照 25 海得的税额来估算的（不包括斯密顿）：1 海得约为 120 英亩，如此大小的土地传统上足以维持一个家庭的生活。实际上，在盎格鲁－撒克逊时代后期，土地必须维持更多人的生活，要使这种评估更贴近现实一些的话，我们估计，在凯巴的年代可能有 100 到 150 人生活于此地。

为了回报这份馈赠，凯巴可能要向国王支付年度租金。支付方式可以是银币，也可以是提供战争装备或马匹和粮食，总之是国王为了激赏并扩大其武装力量而需要不断补充的东西。但作为位于格姆雷和格伦一带、与凯伯沃斯邻近的重要王家地产，凯巴支付租金的方式更可能是为朝廷供应由凯伯沃斯农民产生的盈余食物。一份当时的文书向我们展示了每 10 海得地产所需支付的食物租金的具体内容：

> 10 大桶蜂蜜，300 条面包，12 安伯 [1] 威尔士麦芽酒，30 安伯清淡麦芽酒，若干头成年奶牛或 10 头阉羊，10 只鹅，20 只母鸡，10 份奶酪，1 安伯黄油，5 条鲑鱼，20 磅饲料（约 500 蒲式耳）和 100 条鳗鱼。

---

[1] 安伯（amber）是一种既可衡量固体也可衡量液体的盎格鲁－撒克逊容量单位，1 安伯约为 145 升。

　　凯伯沃斯的农奴不仅要供养与维持领主凯巴的生活，可能还要为当时在临近寓居的国王及其朝廷提供食品。

　　凯巴的特许状可能还会简略地规定所馈赠土地的边界以及草地和森林的权限等。有关东米德兰这部分地区的早期特许状没有幸存到今天，但假如凯伯沃斯原本是一份完整的地产（11 世纪时它被分割为好几个庄园），其边界往往会以这样的形式被记录在案（其中一些古代边界存留在 18 世纪的什一税地图上，仍然使用表示分界线的古盎格鲁 – 撒克逊词 mere 来标注）："现就凯巴地产的边界规定如下：先以最下层自由民（ceorls）居住的村落卡尔顿（Carlton）的边界为界，沿格伦村村民居住区的边界伯顿小溪（Burton Brook）到格姆雷，然后以树林的边界为界，到溪流浅滩，再沿着兰顿村民居住区的边界返回卡尔顿小溪。"

　　朝臣在王室庄园宣读特许状后，领受者需要面对一本翻开的、有一片作为土地象征的草皮置于其上的福音书庄严宣誓。盖上国王的印章后，这份来自王室的礼物就算确定生效了。这份特许状将在同一张牛皮纸上被抄写两遍，然后被裁成两半，成为"正式签字文件"（chirograph）。纸张对接处要刻意处理成锯齿状，以便拼接，方证明其真实性。这份特许状的一半存放在国王的"神圣之所"——他的珍贵文物箱或宝库中——然后交由驻守在利奇菲尔德大教堂档案馆的弥撒神父保管。特许状的另一半归凯巴本人所有，保存于凯伯沃斯庄园的藏宝箱里。从此，他便享有"经君主特准授予私人的公地"（bookland）的所有权，以及定居点领主的地位，从此以后，这个定居点将以其名命名。

领主统治的延续性在凯伯沃斯起始于凯巴。在后来的村庄历史中，可以找到 11 世纪以后与凯伯沃斯相关的领主的名字。首先是撒克逊领主，包括埃尔弗里克（Aelfric）、爱德温（Edwin）和埃尔夫梅尔（Aelfmaer）。随后是诺曼领主，包括诺曼征服者威廉（William）、休·格朗梅尼尔和布斯利的罗杰（Roger of Busli），他们曾在黑斯廷斯战役中并肩作战。接下来是哈考特家族和比彻姆家族，他们分别以自己的名字来命名了村名的后半截。再后来还有沃里克家族（the Warwicks）、金雀花家族（the Plantagenets）、达德利家族（the Dudleys）。这片土地甚至曾短期归属伊丽莎白一世本人，之后归属牛津大学的默顿学院。自 1270 年至今，默顿学院一直在出租凯伯沃斯－哈考特的田地。与英格兰的很多地方一样，当时的盎格鲁－撒克逊领主凯巴开启了领主统治的模式，演绎了一直持续到近代的富人剥削穷人的故事。英格兰历史叙事的一个重要组成部分，乃是统治者如何主张与确保对于劳动人民的劳动力与剩余价值的权利，而人民又如何根据法律努力争取自由的故事。就凯伯沃斯而言，由于自 13 世纪初以来保存了极其翔实的书面记载，我们可以十分详尽地讲述几个世纪以来的有关故事：从 14 世纪早期的集体抗租行动松解了封建土地私有制的镣铐，到都铎王朝时期自耕农阶层的崛起，再到 1789 年《圈地法案》的颁布。英格兰政体在统治者与被统治者、劳动者与领主之间不断协商的过程中得以发展，当然，这样的协商过程至今仍在继续。

部落与王国

68

　　三个世纪以来，这个村庄的生活始终与麦西亚王国的政治和经济状况息息相关。8世纪时，国王们的地位上升为整个英格兰南部的统治者，他们在硬币和特许状上宣称自己是"英格兰国王"，甚至是不列颠的君主。麦西亚王国的统治范围覆盖了从威尔士边境到"沼泽地带"（剑桥郡和林肯郡的低洼地区），再到亨伯河（the Humber）以及泰晤士河的广阔领土。在此边界之外的其他"国家"—— 东盎格利亚（the East Angles）、西撒克逊（West Saxons）、诺森布里亚（Northumbrians）和肯特——都得向麦西亚国王纳贡，并承认他们的封建君主权位。麦西亚王国的权力中心设在特伦托谷地。位于塔姆沃斯，也就是"塔姆围场"的重要王室中心，则是国王召集"忠臣"（fideles）、领主和大乡绅庆祝重大基督教节日的地方。麦西亚这个国名的意思是"边境人"，很可能是指他们位于威尔士王国的西部边境地带。麦西亚不是种族的称谓，麦西亚人也不是同属一种文化的族群。麦西亚王国拥有三十来个部落，人们操不同的语言和方言，其中包括威尔士语。不过，麦西亚国王都自称盎格鲁人，而且，在他们之后，今日的英格兰也是以此得名的。英格兰早期历史的一个重大问题是，当时的资料都出自西方撒克逊人，他们是英格兰的最终缔造者；但就麦西亚王国的起源及其霸权而言，我们的知识极为有限。麦西亚王国是早期英格兰最为成功的王朝，但因为他们最终败给了韦塞克斯诸王（Wessex），所以，关于麦西亚王国的很多故事已被遗忘，现在只能通过手稿、硬币、雕刻品以及最近的考古发现（包括令人震惊的

7 世纪晚期的斯塔福德宝藏），重新找到一些线索。

69 　　包括凯伯沃斯村民在内，莱斯特与威兰河之间的居民组成了松散的部落联盟，他们被统称为"中盎格鲁人"。"中盎格鲁人"生活在"沼泽地带"和东盎格利亚与麦西亚之间的中东部地区。这个麦西亚是如他们所说的"原始麦西亚"，但从理论上讲应该是"西盎格利亚"。在麦西亚与东盎格利亚的长期冲突中，这片广阔的地域于 7 世纪初落入麦西亚的统治。所谓的麦西亚人，无非是对"中盎格鲁人"的一种族群认同：他们是由许多部落和氏族构成的族群，逐渐形成了一个独立的区域性群体，并拥有边界和领主（也许是伊赛尔皇族后裔的一个分支）。至于他们是如何凝聚在一起的，我们并不清楚这个过程。"中盎格鲁人"部落显然属于较为古老的早期英格兰社会模式的组成部分，现在几乎都已消失，但在迁移时期之后，这些部落分散在了东盎格利亚与特伦托谷地的麦西亚之间的"沼泽地带"边缘。有一份叫"部落土地税"（the Tribal Hidage）的税收记录，十分不可思议，上面罗列了许多部落，其中就包括从北安普敦的威兰河流域直到"沼泽地带"的小部族。这份记录中的有些部落肯定处于"中盎格鲁"范围之内，但令人遗憾的是，位于东米德兰、莱斯特郡和拉特兰郡的那些重要部落群体尚无法识别。

　　在讲述麦西亚的起源和早期英格兰的创始神话时，还有最后一个设想。由不列颠人与盎格鲁人混合而成的"中盎格鲁人"，其文化轮廓似乎与更早的罗马－不列颠时期的科利埃尔塔维王国有着紧密的关联。科利埃尔塔维王国似乎也是由多位统治者统治的松散的部落联盟。而且，科利埃尔塔维人的硬币和陶器，和特伦托河流域与威兰河流域之间发现的盎格鲁－撒克逊时期的独特的"中盎格鲁"花岗岩质地陶器，两者在传播范围上有明显的对应关系。若能弄清原住民族是否与在此繁衍生息的移民精英有所结合，会非常有意思，因为这代表着一种较为古老的区域认同的持续性，将能说明"中盎格鲁人"是否真的在某种意义上是科利埃尔塔维人的后继者。我们不妨做这样的猜想，不过，这也仅是至今难以确证的猜想而已。

基督的来临

在"黑暗时代"，迁移到不列颠的日耳曼部落的异教文化受到了基督教的改造。到了 8 世纪凯巴生活的时期，他所处的区域在名义上信奉基督教已经有两三代人的时间了。在爱尔兰和不列颠西部，凯尔特人的基督教信仰在罗马帝国的衰亡中坚持了下来——自罗马教皇格里高利于公元 597 年派遣教团从罗马来到肯特以后，基督教便在早期盎格鲁－撒克逊王国的精英中间扎根并成功地发展了起来。关于教皇派遣教团进入英格兰的起因，比德有个著名的故事：597 年，格里高利带领传教士在一个意大利奴隶市场上布道时，突然看到了正待出售的盎格鲁俘虏（这是当时的暴力与奴役跨越国界的鲜活证据），教皇被俘虏们俊美的外貌触动，以至于情不自禁地感叹道："这哪里是什么盎格鲁人（Angles），简直就是天使（angels）。"由于比德的永久性记述，这个故事从此一直深受英格兰人喜爱，仿佛让他们成了上帝的选民，尽管英格兰有许多盎格鲁－撒克逊部落和语族。也正是因为比德，"盎格鲁"成了英格兰这个国家以及英格兰人的名字。

首先是肯特的统治者，他们于 597 年皈依了基督教，然后是 7 世纪 20 年代的东盎格利亚人、627 年的诺森布里亚人、634 年的西撒克逊人，最后是 7 世纪 50 年代以后的麦西亚人。当然，皈依的日期指的是王族以及精英改变信仰的时间，普通大众的皈依是一个更加漫长的过程。比德在其成书于 731 年的著作《英格兰教会和民族的历史》（*History of the English Church and People*）中，完成了这个过程的叙事。他的笔下是一种理想化与目的论的叙事，而实际上，在较为偏远的地区，改变信仰至少到 11 世纪才告完成。关于当时乡村的信仰状况，比德本人的书信描述了十分惊奇的情景：他所谓的"魔鬼崇拜"在乡村无处不在，神石和圣树等受到广泛崇拜，"在很多地方，一年到头不见任何主教"。早期的古英语法典显示，异教信仰以及各种风俗在乡村广为传播。可以想见，在 7 世纪甚至是直到很久以后，诸如针刺、巫术、魔法符咒、放血和动物献祭等风俗仍在凯伯沃斯村民当中司空见惯。从教会拟定的收费表——由传教士以悔罪手册的形式随身带往乡村——可以看出，从自由民到奴隶，类似行为充斥于整个社会。悔罪手册规定了从"假如一名丈夫向魔鬼献祭"到"假如一名奴隶向魔鬼献祭"，各需收取多少费用来赎罪。而一些对付阳痿和帮助分娩的民间土方（受到正统教义谴责），比如将血液或精液与食物混合在一起服用等，如今仍存在于世界上一些较为原始、传统文化与全球化思维脱节的地方。

几个世纪以来，教会一直反对此类民间信仰，但它是关于抚慰与吉祥的根深蒂固之信念的一部分，甚至至今未曾完全消失。尽管流传下来的叙事几乎完全由教会人士控制与表述，但这似乎也在告诫我们，不能仅在表面意义上接受"官方"叙事（正如我们将在"宗教改革"时期再度看到的），因为这种叙事只是简单地以普通百姓一致接受一个新的思想世界作为前提，以偏概全地描述历史变迁。事实上，在学术性的神学信仰与普遍性的宗教实践之间，存在着一道巨大的沟壑。人们实际上做的这些事，包括祈求吉祥的仪式以及应对分娩、死亡、疾病和苦难的方式，并不总是受制于神学信仰，而且需要经历好几个世纪才能改变。

在早期麦西亚国王统治时期，凯伯沃斯人属于异教徒，供奉异教神，也就是比德所说的"敬拜石头和树木"。万物有灵是凯伯沃斯人宗教实践的根基，正像当今世界仍然存在的多神信仰。在附近一片神圣的树林中，有一处对于凯伯沃斯人而言的神圣之地，供奉雷神图诺。在 1086 年的《土地调查清册》中，这里有棵橡树被称为"圣橡树"。更晚的时候，这里被称为"图诺的树林"。在信仰异教的彭达（Penda）死于 655 年的战争之后，基督教进入麦西亚，这个区域的许多圣井和圣泉随即被基督教会吸纳。这事取决于一个关键人物，即彭达的儿子，伍尔夫赫尔国王（Wulfhere）。他虽然是"一个不可一世、贪得无厌的人"，却作为教会的热情拥护者被世人长久铭记。在伍尔夫赫尔的庇护下，少数几位传教士得以从诺森布里亚进入"中盎格鲁"。在大多数人仍然信仰异教的荒僻乡村中，这些传教士建造起几座芦苇房顶、带有"爱尔兰风格"的木教堂。但是，当时在整个"英格兰部族"仅有三名主教，从这个数字可以窥见改造信仰的进度之缓慢。改造必须从小规模开始：最初的传教人员由圣查德（St Chad）和三位同事组成。圣查德是一位身材极其矮小的男人，他就像早期的

72　神父，喜欢赤脚传播福音。圣查德和同僚建立了多个中心，一边布道，一边如平民那样耕田种地，生活之圣洁堪称典范。后来，虽已年老但依然强悍的希腊大主教——塔尔苏斯的狄奥多尔（Theodore of Tarsus）到英格兰起草一份进度报告时，不出意外地认为，虽然圣查德的苦行生活令人钦佩，但是传教进度未免太慢。据说，大主教一把将个头矮小而谦逊的圣查德拎到一匹马上，并直言不讳地告诉他要快马加鞭。年已七十的狄奥多尔是一个急于求成的人，他让"英格兰部族"加速转变了信仰。

圣威尔弗里德

　　7世纪末，也许就是在凯伯沃斯的一个木制布道十字架前，传教士将基督教传布给了我们那些栖息于低矮山脊上的祖先。后来，圣威尔弗里德（St Wilfrid）教堂在此建立，但究竟是谁建造了这座教堂？奉献教堂本身向人们提出了一个耐人寻味的问题：把基督教引入这个村庄的关键人物是不是圣威尔弗里德本人？威尔弗里德的性格与谦逊的圣查德截然不同，他是一位脾气暴躁的诺森布里亚僧侣，但擅长充分利用与麦西亚国王之间的友谊和影响力获取利益，且不仅限于精神层面。威尔弗里德与伍尔夫赫尔国王之间的特殊关系始于7世纪60年代末。当时，由于需要一位具备组织能力并能落实任务的主教，威尔弗里德应国王之邀来到麦西亚。作为回报，伍尔夫赫尔国王赏给威尔弗里德"大片的土地"。根据其传记作者的记述，威尔弗里德"很快便在这些土地上建造起侍奉上帝的教堂"。到了7世纪90年代，威尔弗里德在"中盎格鲁"担任主教的角色，也许就驻扎在罗马时期的古老城市莱斯特。他由此进行了大规模的传教活动，所面向的不仅有麦西亚人，还有盎格鲁人的大陆表亲——异邦弗里斯人。威尔弗里德雄心勃勃，是位老成练达且用心专注的传教士，但也容易树敌，并遭受多次流放，但从7世纪90年代末到8世纪最初10年，他始终是"中盎格鲁"传教活动中的主导人物。这会不会就是凯伯沃斯教堂奉献给他的原因呢？

人们已经在亨伯河以北的教堂发现了威尔弗里德侍奉上帝的痕迹，传说他实际上曾在那里布过道。东米德兰也留下了威尔弗里德一连串的足迹，表明他可能曾在纽瓦克（Newark）附近的特伦托河畔侍奉过上帝——在柯比-因-阿什菲尔德（Kirkby-in-Ashfield）和卡尔弗顿（Calverton），有建于诺曼人征服英格兰之前的教堂，离福斯路不远的斯克瑞夫顿（Screveton）则有一处盎格鲁-撒克逊王室庄园。当然，并不是所有的早期侍奉活动都是有迹可循的，但某些早期教堂很可能是威尔弗里德布过道的地方，而且，威尔弗里德曾受命于伍尔夫赫尔国王建造了一些教堂。一些模糊的迹象显示，凯伯沃斯的教堂曾经具有极高的地位，而且，这个老教区有部分土地归盎格鲁-撒克逊国王所有。尽管这一切无非都是推测，但至少有一处罗马时期的墓地遗址和一处6世纪的盎格鲁人定居点提供了这样一种可能性：虽说有关凯伯沃斯教堂的最早记载出现于13世纪，但它可能存在于更早以前，甚至于威尔弗里德本人就可能曾经在此向"中盎格鲁人"布道。基督教叙事与英格兰的故事、英格兰文化乃至近来的英格兰认同感结下了深厚的不解之缘，往往让我们认为这一切不仅是必然的，

73

圣威尔弗里德教堂，凯伯沃斯。教堂的中殿和门廊均建于 14 世纪。尖塔在 1825 年倒塌。这座教堂至少在 700 年的时光里一直是村里生活的中心。

凯伯沃斯北部罗马大道路旁的加尔圣树。从 10 世纪到 18 世纪初，这里曾是凯伯沃斯以及周边村庄选举出来的陪审员召开百户邑会议的会址。

而且是美好的。这种叙事由修道院和讲堂上的基督教学者共同书写，从 8 世纪的比德直到 20 世纪的温斯顿·丘吉尔。在许多人坚持此一观点的同时，另有一些人，包括彭达国王等，无疑是赞同信奉异教的弗里西亚国王的态度的：他在最后一刻离开了洗礼盆，并说宁愿来世与其勇敢的异教祖先同在，哪怕是在地狱，也强于在天堂和了无生气的基督徒为伍。事实是，这些不同的观点都是长期争议的历史遗产，基督教并未给"黑暗时代"的国王带来绝对的利益。同样，异教信仰对于我们先祖的诱惑力被后来的作家低估了，尤其是它在满足祈福、生育和人生仪式等方面的力量。从安第斯山脉到印度奥里萨，这种观念遍及世界各地，基督教无法将其清除，往往只好适当地加以吸收。

　　"黑暗时代"的国王们长期处于动荡和暴力之中，对他们来说，最重要的是掌握权力、赢得战争以及用食品、礼物和财宝吸引战士的能力。但是，王室内部总是因两败俱伤的争斗而分裂，国王们不仅面临外敌的威胁，而且常常遭亲属废黜或谋杀。所以，王位的合法性是至关重要的问题。随着教会势力在西方日耳曼蛮族中日益增长，王权因得到重塑和扩展而变得高贵，尤其是作为神的受膏者通过庄严的仪式获得的王权。虽然麦西亚最早的重要国王彭达是个异教徒，但他的儿女接受了新的基督教信仰，并在宗教信仰上投入了大量财富，包括在王室土地上建教堂，在雷普顿（Repton）、布里顿（Breedon）和彼得伯勒（Peterborough）等地建修道院。在后来的英格兰历史中，巨大的财富与资源流入教会，导致国内频繁出现紧张状态，10 世纪的"反僧侣运动"（the anti-monastic reaction）到亨利八世的"宗教改革"无不是例证。同时，在基督教启示应由谁来把握和解释它之间同样出现了紧张的关系，这往往也是英格兰文化中无数激烈较量的主题，直到19、20世纪的宗教衰落。从14世纪的罗拉德派到公理派、贵格派、循道派，再到我们这个时代的其他激进教派，异议传统在凯伯沃斯一直十分强大。不过，从8世纪到20世纪，英格兰历史总体上受到的是基督教的影响。

"恐怖的阿拉伯人"

以比德的眼光来看，凯巴的天地看起来险象丛生、动荡不宁，但无疑又是一个激动人心的地方。当凯巴在凯伯沃斯圈起一片土地并建造了他的木制山庄时，英格兰人显然不是孤立于或者说不知道外部世界的。像往常一样，他们是积习已深的旅行者。仅为追索一起诉讼案件，威尔弗里德本人就曾从莱斯特赶到罗马。还有些"通晓各种遥远地方"的不列颠人，他们勇敢而无畏，怀揣希腊-拉丁文常用语手册前往"圣地"朝拜，这也证明，认为英格兰人无法掌握其他语言的观点是错误的。最近，人们在威勒尔半岛（the Wirral）发现了一个7世纪的携带瓶，属于前往埃及的朝圣者，这项发现不仅为上述旅行提供了证据，而且显示亚历山大港的圣米纳斯海岸（St Menas of Alexandria）曾是一个"黑暗时代"的贸易口岸。商人们用背包捎回的不仅有阿拉伯帝国铸造的硬币，还有阿富汗的天青石——天青石碾碎后用于装饰在麦西亚国王赞助下创作的漂亮手稿。

类似的往来与交易表明，这是一个处于深刻变迁中的历史时期。

75

在欧洲北部和西部，罗马帝国的崩溃所留下的真空由法兰克人、哥特人、盎格鲁人和撒克逊人等蛮族填补。在东方，阿拉伯人成为 7 世纪末到 8 世纪时地中海地区的强盛力量。在比德的有生之年，阿拉伯军队已经进入了法国南部，有关的消息传到了英格兰的贾罗。比德在其著述中写道，在阿拉伯军队挫败于普瓦捷（Poitiers）附近的一年前，伊斯兰势力令人震惊的扩张行动达到了巅峰期：向西跨越北非，直抵大西洋海岸，向东则进入印度河流域。在这个过程中，正如比德清楚意识到的，叙利亚和巴勒斯坦的基督教中心地带以及《圣经》中所说的所有圣地均已被践踏。亚历山大城、埃德萨城（Edessa）和安条克城等基督教知识重地也惨遭扫荡。塔尔苏斯的狄奥多尔从安条克城逃出来后开始其不可思议的旅程，最终到达荒僻的不列颠。在他的眼里，树木繁茂的麦西亚乡村及其茅草盖顶的"爱尔兰风格"教堂，与君士坦丁堡圆顶高耸的圣索菲亚大教堂或他家乡的埃德萨大教堂相比，一定相去甚远。在英格兰的坎特伯雷给天真的学生们讲授动植物课程时，狄奥多尔不禁回想起家乡叙利亚那令人垂涎的甜瓜，他绘声绘色地说，那甜瓜"就像黄瓜，但要大很多很多——埃德萨的甜瓜啊，大得连一头骆驼也背不动两个"。

此时，地中海南部沿岸已被阿拉伯人征服，西班牙的西哥特王国（the Visigothic kingdom）被推翻，君士坦丁堡则加强防御来抵挡伊斯兰势力，并强化东正教来抵抗拉丁人。难怪罗马教皇遭到希腊世界的断然拒绝后，只能向北求助，既求钱财，也希冀新的精神。对于罗马教廷来说，落后的北欧不啻为全新的世界，就像 16 世纪的拉丁美洲一样。向北求索是这个时代的一大特征：既是古典时代晚期地中海世

76 　界的一个转折；又是一个新的欧洲在大西洋沿岸开始诞生；还是曾如柏拉图所言的"就像青蛙围着一个池塘"的旧有的围绕着地中海沿岸的古典文明的重心转移。而事实上，正当阿拉伯文明在地中海沿岸生根开花时，在阿尔卑斯山脉的另一边，尽管其物质成就水平还比较低下，但一个新的北方文明已经崭露头角。

8 世纪的村庄

在 8 世纪，凯伯沃斯的自由民和农奴一起成为领主统治下、领主又受到伟大国王——自诩为"整个英格兰国家之王"——保护的那个文明的组成部分。麦西亚国王是巡回流动的，他们时常迁移朝廷，以此向朋友和敌人显示自己，并以提供食品、收买贿赂、奖赏激励、哄骗劝诱、威胁恐吓等方式来凝聚力量。这就是"黑暗时代"统治的现实。从 8、9 世纪的文档中，我们可以发现，麦西亚国王们曾在凯伯沃斯附近的王室庄园驻留，并在那里接见了查理曼大帝派来的使节。这些使节是前来商议联姻事宜的，或是要购买在诸如凯伯沃斯乡村作坊编织与染色的英格兰羊毛织品。离凯伯沃斯不远就是格姆雷王室庄园，在其附近有个名叫斯密顿的王室作坊，那里制造的英格兰刺绣和金属制品一物难求。在这些王室庄园里，诗人们颂唱着国王的丰功伟绩，讲述有名王族先辈的传奇故事——从传说中的盎格鲁王奥法，到后来那些远渡重洋"征服威尔士人"并在不列颠创建王国的王者。

而支撑这些奢华筵席的背后力量是农民，他们为国王及其宾客提供包含肉类的食物和啤酒，给国王的管猎犬的仆从以及猎鹰、猎犬供应补给品，还要供养国王的马匹和马夫。在凯伯沃斯的偶然发现为这幅图景添加了某种色彩：在金属工匠的炉渣、盎格鲁－撒克逊时期的银币和伊普斯威奇陶器中似乎含有盐，而这些盐是用手推车从德罗伊特威奇的盐场运过来的。这是显示出凯伯沃斯农民与"黑暗时代"的缓慢发展的交集的最初迹象。

考古学发现表明，主要由三个村落组成的凯伯沃斯老教区早在9 世纪之前就已存在。首先是属于领主的"地产"，后来成为凯伯沃斯－哈考特的那处村落，其中建有领主的庄园、厨房、编织小屋、仓房、马厩和作坊，也许还有一座木制小教堂。领主的农民饲养牛、羊和猪，也养蜂。农民们共享一个面包烤房，或许还共享一座马力磨坊，后来在兰顿溪流边又增加了一座水力磨坊。为了防范狼群和盗贼，村子周围挖有沟渠，哈考特有部分地区至今仍被早期沟渠围绕。由沟渠、树篱和鱼塘形成的保护带在整个中世纪一直沿用，在当时的村庄入口处还有一些夜间酒馆。毫无疑问，在"黑暗时代"的暴力世界里，这一切极有必要。

在南边几百米开外的村落属于依附性农民，包括没有自由的农奴和庄园劳动者。这里后来成为今天的凯伯沃斯－比彻姆。幸存下来的地名显示，这个村落至少有部分土地可能为国王拥有，也就是说，这里的农奴最初很可能是为附近的格姆雷王室庄园提供劳力的。最后一个村落位于当前教区南边的低矮山脊一带，是斯密顿的铁匠和金属工匠等手工艺人的居住区。就物质方面而言，罗马时代晚期和"黑暗时代"的普通人的生活一定有惊人的相似之处，只不过人们讲的语言从威尔士语变成了盎格鲁语。所有村庄都饲养猪、牛、马、鸡、羊和鹅。富庶人家的房子位于教堂附近的高处，农奴和农民则居住在溪流边（如今有一条铁路穿过）或潮湿的沼泽地带（现在仍叫"沼泽地"）。甚至到 19 世纪，这里依然有居住在泥浆屋子里的村民，他们容易患上风湿和疟疾等疾病，并全身骨节酸痛。

这就是凯伯沃斯——"凯巴的地产"（Cybba's worth）之起源。历史学家可以从当时的硬币、遗产以及麦西亚国王的珍贵手稿中看到英格兰王国的先驱在创造秩序方面所取得的成就，但底层百姓的状况大为不同。在 8 世纪的英格兰，像大多数地方一样，我们的祖先也要为长辈和自己的生存而努力干活。贫困、疾病和艰难的处境，特别是 8 世纪 60 年代那样的严酷寒冬，是无法逃脱的命运。农民不仅要在厚厚的黏土中艰辛劳作，而且缺乏完备的生产工具，并被森林密布的原始景观包围。比如惠特灵大道附近的"狼区"，这里属于凯伯沃斯最后的撒克逊领主，地名说明当时狼群四处出没。而残留下来的许多叫"狼坑"的地方或许原本是狼群的巢穴，或许是人们诱捕狼的地点。所有这一切都与王室庄园中堆积如山的璀璨瑰宝、诗歌中描述的灿烂场景以及人们发现的令人惊愕的斯塔福德宝库相去甚远。

毫无疑问，英雄时代的支撑者是 7、8 世纪的村民，他们的慰藉来自不同的事物，这些人或事物依然适用于如今世界上类似的人们：占卜者、女智者、"医师"、乡野神祇、圣井、挂满祝词的雷神树、在恶魔坑边赎罪、往"格伦德尔池塘"里投掷硬币和供品、向神明祈祷。贵族在一半基督教一半异教的世界，也在一种转型的文化里，辛苦地培养着新的宗教。这个时期在很多方面都处于历史的风口浪尖——过去已经不复存在，未来又尚未形成。当地有位出身“中益格鲁最显赫血统”的贵族，名叫古瑟拉克（Guthlac），他是 7 世纪八九十年代时国王身边的一名战将。他意识到了转瞬即逝的世界本质与时代的尽头，便离开家庭退隐到了威兰河东南部的沼泽地区，因为在那里他依旧可以在捕鳗鱼的渔夫和编织篮子的劳动者中间听到他们所操的威尔士语。古瑟拉克一直在姐姐佩加（Pega）和一位名叫蒂巴（Tibba）的女性亲属的伴随下生活。他在早期神父的启示激励下开始“重塑自己”，就如奥利金（Origen）[1]所说，他“希望成为一个更好的人”。后来，古瑟拉克在沼泽地带的一座岛屿上找到了自己的“荒漠”（paneremos），就像早期的基督教隐士选择了埃及的荒漠一样，在这样一块“非陆非水”的蛮荒之地度过了余生。他在那里聆听魔鬼的声音，观赏熊、野猪和野猫的身影。古瑟拉克的姐姐不时外出朝圣，在罗马找到了最后的归宿。对于那个时代的农民来说不可能有这样的选择，但最终在他们中间也会出现这样的人，而且可能比人们想象的更早。

---

[1] 埃及的亚历山大的作家、基督教神学家。

第五章　施行丹麦律法的地区

冬天，迷雾有时就像面纱，笼罩着惠灵顿（Willington）的特伦托河古桥和雷普顿修道院高处那层林叠翠的逶迤山岗之间的原野，这片被水浸没的土地足有约 1.6 公里宽。雷普顿在古英语中写作 Hrypadun，意为"雷普宗族的山岗"，是一处著名的王室修道院，兼作麦西亚国王的墓地，葬着埃塞尔巴德、维格拉夫（Wiglaf）以及被谋杀的圣威斯坦（saint Wistan）。这座修道院坐落在一处约 6 米高的高地上，院落底部曾是一条古老的河道。在 873 年和 874 年之间的冬天，这里发生了一件不同寻常的事：一支维京军队在此安营过冬，并将修道院用作了军事根据地。维京人之所以选址于此，不仅是因为它具有象征意义，也是因为看中了此地的实用功能：这是一个拥有天然屏障的优势位置，西边是河川沼泽，东边是一片从山坡高处冲积下来的河床。维京人在修道院内修建了一道由沟渠、堤岸以及木栅栏构成的防御工事，弯弯曲曲呈半圆形，长达100来米，两端连接特伦托河，中心设在石造修道院的中殿。圣地遭到了亵渎，可能充当了维京首领的指挥部。就在这个寒冬的某一天，这里举行了一场阴森可怖的仪式，中世纪早期英格兰历史的一个特定阶段由此触发。

这座古老的修道院西边原有一座8世纪的墓室，如今只剩一处没有顶部、余下石头地面和墙壁的地下结构，大约1.4平方米。那天，此地或许聚集了两三千维京勇士，还有他们的仆人和为军队提供物资与服务的人，包括许多盎格鲁－撒克逊妇女和儿童。就在这时，一帮战士抬着一具安放在灵柩台上的尸体缓缓穿过人群，走下陵墓的台阶，经过门道步入陵墓内室。室内的基督教陈设已被清除干净，地面上铺了一层厚厚的灰土。墓室中间摆放着一个空石棺，从前的王族遗骨已被扔掉，维京人准备让他们抬进来的死者接受最后的荣耀。

我们不妨根据有关的考古发掘报告复原一下这个奇特场景的更多细节。死者是一个男人，体格健硕，约1.8米高，40岁上下。他身上系着一条有铜扣装饰的腰带，腰带左侧别着一把铁剑，装在里绒外皮的木鞘内。剑柄旁安放着一把可折叠的小铁刀和一把木柄匕首，剑鞘旁还有一把铁钥匙。男人的脖子上系着一根皮绳，上面串着两颗玻璃珠和一把银制雷神之锤。非常神秘的是，他的腿上放着一个袋子，里边装着寒鸦的肱骨，两腿之间则藏有野猪的獠牙。也许，那些杀死他的人已将他的内脏掏空，并割去他的生殖器？虽然死者的头部可能遭受过沉重的击打，但死因是决战中受的剑伤——敌人砍断了他大腿上部的股动脉。至于死者的身份，他不是别人，似乎正是那个时代最著名的维京人朗纳尔·洛德布罗克（Ragnar Lothbrok）的儿子——"无骨人"（the Boneless）伊瓦尔（Ivar），"最残忍的异教国王"，"爱尔兰和不列颠境内所有北欧人的国王"，维京时代最伟大、最持久王朝的创立者。

当死者的女人们开始恸哭时，一个年轻男子被带入墓室，他大约20岁，腰间别着一把小铁刀。他也许是死者的侍从，或是在死者生前为其拿盔甲的人。年轻人被灌下鸦片镇痛剂后，双脚便站立不稳，于是被人搀扶着来到石棺边缘。然后，有人朝着他的脑门施以一记重击令其毙命。年轻人被葬于停尸间内相邻的一个墓穴中，从此在死亡的神殿永远陪伴主人。

更加奇特的场景还在后头。墓地内已堆放了200多具男人的尸骨和49具女人的遗骸（发掘者认为这些遗体属于盎格鲁－撒克逊人），这些人是这年冬天死于伤病的战士和随军者。以石棺为中心，遗骸被整整齐齐地排成扇形，然后才加以埋葬。人们用数根粗大的木制托梁撑在下陷石墙的顶部，并在上面铺设平板和泥土，形成墓室的屋顶。然后用一块粗石碑将整个下沉墓室封闭起来，再覆盖以一堆鹅卵石，并在边缘立起条石做的围障。这一切似乎都是在维京人的异教仪式下进行的，就连丧宴之后的残羹剩饭也被小心翼翼地掩埋于四个凹陷的坑里，并用石头压好。

末了，人们彻底关闭坟墓并举行最后的献祭。四个年轻的俘虏被杀后，连同脚边的一颗羊头一起被埋进了一个大坑。这些俘虏或许是英格兰人质。此时，维京战士大声欢呼主神奥丁的名字——这灵魂的引领者，司职战斗、死亡和语言的神，愤怒与欣喜的化身。随军萨满随即履行祈祷的职责，高喊："勇敢的人（Gakk i haoll horskr），欢迎来到瓦尔哈拉（Valhalla）[1]！"然后，这整个精心制作的纪念碑被封闭起来，边缘竖起一根高高的标志杆，上面雕绘着异教符号，成了这座受人崇敬的基督教修道院墓地的奥丁树。这就是"无骨人"伊瓦尔的葬礼，无疑也是在不列颠发现的最离奇的王家葬礼。正如后来一位传奇故事作家所赞许的，"他的葬礼展现了昔日真正的风尚"。

维京军队及其盟友征服了东盎格利亚王国和诺森布里亚王国，并在那天出现在雷普顿，这引起了整个英格兰的极大恐慌。当年春天，维京人离开雷普顿后开始分头行动，锁定了新的意欲征服之地。但这些行动不再是掠夺性的突袭：像4个世纪前的盎格鲁－撒克逊人一样，丹麦人准备在此长居久安。9世纪末，他们定居在了惠特灵大道以北和以东的米德兰、东盎格利亚、诺森布里亚的大片土地上，并将永久性地改变英格兰文化。很快，凯伯沃斯和邻近村子的人们就发现自己处于英格兰与盎格鲁－斯堪的纳维亚世界之间的边界地带。如同数以百计遍及中部地区、东盎格利亚以及北方地区的类似村庄，此时人们转而效忠施行丹麦律法的领主。于是，一个新的盎格鲁－斯堪的纳维亚社会开始形成。在这个社会中，幸存下来的麦西亚旧贵族阶层作为邻居和土地所有者，与雷普顿来的战士以及许多在随后的第二波移 82

---

[1] 北欧神话中死神奥丁款待阵亡将士英灵的殿堂，又称英灵殿。

民潮中涌入这个国家的丹麦人联系在了一起。

　　值得注意的是，一些9世纪70年代维京战士的名字可能仍然残留在今天的凯伯沃斯周围的乡村，比如斯拉格（Slagr）、赫洛弗尔（Hrolfr）、伊尔弗（Iolfr）、高蒂（Gauti）、亚基（Aki）、布雷德（Bladr）等。这些人名将带领我们进入英格兰及其村庄故事的下一个阶段，以及英格兰人身份的另一个层面：维京时代。

战争的恐怖

　　在维京时代之前，山脊上，也就是如今凯伯沃斯村所在地的人们已在麦西亚国王的统治下生活了两个半世纪。正如我们所见，村民的血统由不列颠人、罗马人、盎格鲁人和弗里西亚人（Frisian）混合而成。9世纪时，这块地方成了麦西亚王国时期一位名叫凯巴的贵族的地产，偶发的大事件有时会如旋风般搅乱人们的生活。比如，在849年的仲夏时节，麦西亚王国发生了一件令人不安的事，当时，王室的竞争对手们在凯伯沃斯附近的格伦河畔聚首，一位名叫威斯坦（Wistan）的年轻麦西亚王子被人暗杀在凯伯沃斯南边威斯托（Wistow）的湿草地里。随后，一种神奇的现象开始在当地人中间口耳相传：每隔30天，人们都能在谋杀现场的上空看到一道光柱。于是，尽管威斯坦的遗体被运往雷普顿埋葬，威斯托还是就此成为当地一处朝圣之所，并延续到宗教改革时期。不过，有关凯伯沃斯村生活的细节，我们依然不得而知。然而，从9世纪60年代到70年代，短短几年间，与这里的人们一同成长的旧世界改头换面：维京人永久性地改变了英格兰的政治面貌。

　　在西方的"黑暗时代"，战争极为普遍。由于骚乱、暴力和突袭在北方世界司空见惯，是否真的存在一个可认为是正式开启维京时代的年份就成了有争议的问题。这种争议在感知上的差异也许就表现在维京人出击的规模与频次及其行动协调上。同时代人必定已经感受到 8 世纪末以来就在展露的新的巨大威胁，并且有越来越强烈的惊惧和不祥之感伴随而来。在肯特王国，有记载的萨尼特岛（Thanet）于753 年遭受洗劫的事件被认为是最初的迹象。西撒克逊编年史记载了787 年在波特兰（Portland）发生的最早的登陆事件，这次攻击行动虽然只有 3 艘船，最多载有 120 名全副武装的战士，但足以制服国王的海岸巡逻队，令人魂飞胆丧。当时，港口的海关官员以为来者是贸易商，便带人进船查询情况，但立刻被对方拔剑杀害。此外，794 年的盎格鲁-撒克逊编年史也有如下记载：

　　　　这一年，整个诺森布里亚弥漫着可怕的征兆，人们陷于深深的恐惧之中。旋风翻滚，闪电驰掣，人们看见火焰巨龙在天空中飞舞。接踵而来的便是一场大饥荒，没过多久，就在同年 6月 8 日，野蛮人又残忍地摧毁了林迪斯法恩岛（Lindisfarne）的教堂，烧杀掠抢。

　　诺森布里亚编年史更加直接地记载了这次暴行，也许来自一位目击者的叙述：

83

　　　　他们在林迪斯法恩岛的教堂里肆意掠抢，用被玷污的脚步践踏神圣之所。他们挖掉圣坛，夺走了圣所内的所有宝物。一些修道士惨遭杀害；一些人被戴上镣铐带走；一些人赤身裸体，备受凌辱后被驱逐；一些人被溺死于海中。

　　这个恐怖的消息不仅在不列颠不胫而走，而且很快传到了身在异国的朋友们耳中。"你们经受的悲惨遭遇每天都给我带来伤痛。"诺森布里亚的阿尔昆（the Northumbrian Alcuin）在一封寄回国的信中说。阿尔昆毕业于约克学院，此时是查理曼大帝身边的智囊——亦是西方自狄奥多尔和比德以来学术传播链中的一个重要环节。阿尔昆立即意识到，这是基督教历史的一场灾难。"异教徒摧毁了上帝的圣所，"他从亚琛的来信中写道，"但是，不要因为这场灾难而惊惶……你们要活下来，必须像男子汉一样屹立不倒，并勇敢地还击。这就是更深重苦难的开始吗？"在我们现代人看起来，尽管这封阿尔昆写给贾罗修道士的语重心长的安慰信过于简洁精练，但在其宗教确定性的背后，也暴露出所有中世纪早期思想家对于文明的脆弱性的真实而深切的担忧：

　　　　异教徒已经出现在你们的海岸，要认真坚守信条。要相信上帝，而不是武器。谁不恐惧出现在林迪斯法恩教堂的可怕命运？而你们正生活在危险最早降临的海岸边……因此，请谨记先知的话语："必有邪恶从北方迸发……而荣耀将来自耶和华。"瞧，海盗的袭击已渗透到我们岛屿的北部。为我们的兄弟们遭

受的劫难而哀悼吧，并谨防类似的遭遇在我们的身上重演……
铭记前辈的高贵品德，看啊，你们图书馆的宝藏、教堂的美
景……你们宗教生活的秩序……

这番话或许写于欧洲的象牙塔中，毕竟安全无虞的亚琛与毫无防范之力的诺森布里亚海岸相距遥远。尽管听起来不错，但一如那个时期的所有布道作家，阿尔昆只能从上帝的意志和民族罪恶的层面论及道德。至于外邦的攻击，正如阿尔昆所预见到的，仍会继续。爱尔兰编年史记载了这一事件，并描述了接下来维京人突袭斯凯岛（Skye）、爱奥那岛（Iona）和阿尔巴岛（Alba）等岛屿，频繁打劫爱尔兰人家园的情况。9世纪中叶，从罗马时代终结造成的混乱和蛮族骚扰中创建起来的基督教社会秩序面临威胁，而且威胁在日益加剧。王权和西方经济增长的成果、商人在新兴城镇累积的货物和财富、藏在修道院里的镶有宝石的手稿和轻便珍宝，所有这一切都成为北欧海盗唾手可得的猎物。很快，维京军队就壮大了起来，他们还与一些国王展开了联合行动。在爱尔兰，一支787年时只有3艘船的舰队于849年发展到了140艘船；877年，120艘船在斯沃尼奇（Swanage）沿海失事；不久，爱尔兰又组建了一支拥有200多艘船的舰队；885年，一支由700艘船组成的舰队对巴黎实施了大规模联合围攻行动。在军队规模不断壮大的同时，维京人还盘算在当地永久定居。855年冬，一支维京军队在谢佩岛（Sheppey）过冬。860年，他们袭击了温彻斯特，迫使肯特人和东盎格利亚人与其讲和，并向其纳贡。866年，一支大型联合军队在东盎格利亚范围内越冬，并接受贡物、日常补给品和马

85

匹等。他们就是古英语中所称的"micel here"，意思是"维京雄狮"。

至于在接下来的几年里，维京大军经陆路或海路横扫不列颠北部岛屿以及英格兰全境的行动，就无须在此一一详述了。只要阅览过《盎格鲁－撒克逊编年史》中有关维京人行动的逐年记载，就会强烈地感受到他们的攻击性威胁和不可阻挡的气势，还有英格兰独自抗击维京人时的无能为力。

英格兰农民非常了解维京大军对于整个国家的劫掠，因为他们是强取豪夺行动中的最大受害者。掠夺者是一支全副武装、神出鬼没的职业军队，拥有大量战马，受三王统帅——伊瓦尔、哈夫丹（Halfdan）和乌巴（Hubba），他们都是朗纳尔·洛德布罗克的儿子。洛德布罗克为丹麦统治者，似乎在865年丧生于诺森布里亚。867年，维京人经由亨伯河河口从东盎格利亚进入诺森布里亚，并在那里利用当地内战杀死了两个相互竞争的国王，扶植起一个愿意讲和、纳贡的傀儡。868年，维京人进入麦西亚，并在诺丁汉过冬。麦西亚人不得不向昔日的敌人——西撒克逊人——寻求帮助，但在经过"惨烈的战斗"之后，他们的联合部队只能通过谈判中止丹麦人的行动。然而，流动的维京大军不可能止步于一个战区或受制于一个和平协议。在诺森布里亚度过冬天之后，维京人于次年骑马杀回东盎格利亚。870年11月，他们击败并杀死了东盎格利亚国王埃德蒙（Edmund）。根据一则早期传说，埃德蒙被擒之后死得极其凄惨，很可能是被当作异教徒祭品杀害的。征服东盎格利亚后，维京人在此扶植了一位傀儡国王，傀儡国王只能俯首称臣，乖乖地向主子纳贡和提供日常用品。871年，大军向南移动，并在韦塞克斯与顽强的对手进行了一系列代价高昂的作战，包括八场战役和一些小规模战斗，但始终无法征服在年轻的国王阿尔弗雷德（Alfred）统帅下的西撒克逊人。无奈之下，维京人只得返回北方。

这就是发生于雷普顿的戏剧性事件的背景。在 872 年到 873 年间，一支由四位国王率领的联合军队进入麦西亚，这四位国王在《盎格鲁－撒克逊编年史》中的名字分别是哈夫丹、古瑟罗姆（Guthrum）、阿南德（Anand）和奥斯科特尔（Oscytel）。在爱尔兰的史料来源以及后来的斯堪的纳维亚传说中，还提到了第五个人，那就是传奇人物，也是最重要的国王——"无骨人"伊瓦尔。按照编年史家不莱梅的亚当（Adam of Bremen）所说，伊瓦尔是"最残忍的异教徒国王，所到之处必将基督徒虐待至死"。872 年 11 月，维京人在特伦托河畔一个名叫林齐（Lindsey）的地方过冬，并争取时间与麦西亚国王伯格雷德（Burgred）议和，通常来说无非是要求对方提供金钱和物资。

然而，在接下来的 873 年，维京人穿过乡村进入麦西亚的腹地，并在位于雷普顿的麦西亚王家修道院建立起大本营。伯格雷德国王似乎率兵进行了抗击，但以失败告终，不得不放弃已延续 22 年的王权并逃亡海外，最后在罗马了此一生。整个麦西亚王国从此落入维京人之手。麦西亚人曾选出一位名叫西奥武夫（Ceolwulf）的贵族替代伯格雷德。尽管这个人事实上是位王族，且在成为国王后有权以自己的名义签发特许状、发行硬币，但据说在南方他被轻蔑地称为"国王的蠢货大臣"。西奥武夫是麦西亚王国的最后一任国王。在同时代人称之为"可悲的交易"条件下，他同意与入侵者合作，并提供人质和物资。为此，双方还举行了一场正式的归顺仪式，在仪式上，西奥武夫"向他们发誓，说会做好准备满足维京人的一切要求，不管何时何地，他本人以及身边的臣子都将做好准备为维京大军服务"。在我们听起来，西奥武夫简直就是一个卖国贼，但面对军事上的败落，以及来自全副武装又残酷无情的职业军队的现实压力，这也许是当时唯一的合理选择。因为幸存下来的麦西亚大乡绅以及诸如凯伯沃斯这种地方的领主，他们的人数与拥有的战斗力根本无法与维京人相匹敌，而兵源，也就是农民，也因为缺乏装备与组织，根本无法应对惨烈的战争。

87　　导致伯格雷德失败的战斗很可能就发生在雷普顿附近。很难想象伯格雷德作为麦西亚国王会不去试图拯救这座王室祭仪中心和王陵。1855 年，人们在仅仅 3 公里开外的特伦托河河谷高处发现了一处维京时代的墓地，其中埋葬着 59 具男性遗骸。虽然这些遗骸都是在船板上火化之后留下的，但坟墓中保留了服饰、物品和武器的残迹以及硬币，埋葬的时间可以确定为 9 世纪 70 年代中期。伊瓦尔也许死于这次战斗，爱尔兰编年史就记载了"不列颠和爱尔兰的北欧人之王"当年的死亡。因此，人们很容易把他和雷普顿的惊人发现，也就是我们在本章开头描述的场景联系起来。这一场景不啻为英格兰历史上最扣人心弦的考古发现之一，确实是维京时代欧洲的其他任何地方都绝无仅有的。

　　随着伊瓦尔葬礼的落幕，维京人在雷普顿漫长而多事的逗留期终告结束。874 年春，大军分头离开雷普顿，一部分南下进入东盎格利亚，另一部分沿泰恩山谷北上进入诺森布里亚。这也是维京人在用兵策略上做出重大改变的最初迹象。876 年，根据《盎格鲁－撒克逊编年史》的记载，"哈夫丹国王率领下的军队在进入诺森布里亚之后，瓜分了当地人的土地，然后开始耕种以养活自己"。在接下来的 877 年，南下的军队返回麦西亚。8 月份正值收获季节，他们便开始分享地里的收成，一些分给西奥武夫，一些自己享用。于是，在奥法大帝（the great Offa）统治英格兰不到一个世纪之后，麦西亚原有的土地就被维京人瓜分一空。特伦托河流域与威兰河流域之间的东米德兰、林肯丘陵地带和莱斯特高地都未能幸免。维京人在这些地方定居下来，占据了英格兰土地所有者及其农民旁边的位置，"开始耕种和养活自己"。

　　唯有在韦塞克斯，国王阿尔弗雷德坚持了下去，并在 878 年的爱丁顿（Edington）战役中打败了古瑟罗姆的军队。但是维京人的强大军事力量让阿尔弗雷德不得不认清眼下的真实事态，他于 886 年和维京人达成协议，签署了一份分割英格兰的条约。这条分割线以伦敦北边的利河（the River Lea）到惠特灵大道再到塔姆沃斯一线为界，正好穿过麦西亚王国曾经的领土，斯堪的纳维亚英格兰时代由此开启。对于生活在凯伯沃斯这种村庄的人们而言，这种国土分割到底意味着什么——曾发生过什么事情、其结果如何，是否出现过小部分精英或大规模人口的迁移等——一直以来存在着激烈的争议。温彻斯特或诺森布里亚的编年史作者的记述必然只涉及整个画面的一部分，只有借助考古学、地名学甚至是 DNA，才能慢慢复原整个故事。

88

"狡猾者"和"断刀客"

无论是中世纪编年史的记述、维多利亚时代的画作，还是现今好莱坞史诗大片的展现，有关维京人入侵的流行画面都充斥着血腥凶杀。但是，正像"英格兰人的来临"一样，实际情况更为复杂也更有趣。"瓜分"麦西亚意味着什么？维京大军的首领与麦西亚国王及其幕僚是如何协商定居事宜的？维京人是不是实际上购买了土地和财产？他们是简单地抢占了优质田产，还是被分配到了远离当地英格兰人的无人居住区或边陲地带？关于其中一些问题的答案，最近从英格兰中东部地区新的引人关注的地名证据中开始显露出来。

凯伯沃斯人生活在丹麦人定居点的主体区内，这一区域后来被称为"施行丹麦律法的地区"。在这里，莱斯特的中盎格鲁领主被维京统治者、国王或首领悉数取代，维京战士定居在从莱斯特高地到拉特兰郡的整个区域。从地方层面来说，许多地产仍然掌握在英格兰领主手中，比如在凯伯沃斯附近的"加尔树百户邑"一带，有好几个地方仍然保留着盎格鲁－撒克逊领主的名字，比如，奥斯顿（Owston）代表的奥斯尔夫（Osulf），格洛斯顿代表的格洛尔（Glor）和凯伯沃斯代表的凯巴等。但村子里也保存了新来的维京人的名字——他们用斯堪的纳维亚文字给村子、农庄、田园、河道以及许多较小的自然特征命名。就拿凯伯沃斯来说吧，这里的各种地名主要来自古英语，但同时有近五分之一出自斯堪的纳维亚文字。这种命名模式向我们展示了877年维京大军分摊土地之后可能发生的事情。

地名也透露了这些定居点的年代。在877年后的第一阶段出现的是一种混合地名，比如格里姆斯顿（Grimston），是维京人名加上英语词村落（tun）结合而成的。这种混合地名在凯伯沃斯附近有很多，说明原先的英格兰地产和定居点被丹麦人占用了。又例如，位于凯伯沃斯北面山坡上的伊尔斯顿（Illston），是以一个维京人的名字伊弗尔（Iolfr）来命名的。附近的罗尔斯顿（Rolleston）则源自另一个维京人的名字罗弗尔（Hrolfr）。附近的其他类似地名还包括斯罗斯顿（Slawston），是因为一个名叫斯罗格（Slagr）——意为"狡猾者"——的维京人接收了英格兰村落而定名的。还有一个叫布拉斯顿（Blaston）的村落，此地的主人名叫布拉斯（Blath），意思是"断刀客"，听上去像个恶棍。伊弗尔、罗弗尔、斯罗格和布拉斯很可能是877年遣散的维京军队的退伍老兵，他们和朋友以及随从仍然全副武装，为维京人在英格兰（很可能就在莱斯特）最重要的首领效力，成了创建王国、开拓农耕土地的中坚力量。他们"分享到土地并开始耕种"，就在凯伯沃斯区域定居了下来。

第二阶段的定居点在地名的另一层含义中呈现出来，这个时期的移民可能是在接下来的二三十年进入英格兰的。在凯伯沃斯东北有一些较为贫瘠的土地，其地名均含有维京人用以表示农庄的词 by，如加尔比（Galby）、高德比（Goadby）和弗里斯比（Frisby）等。这些地名可能都与这个阶段的定居点有关联，在这一阶段，更多移民从丹麦以及弗里斯等地迁移过来，包括其他家庭成员，还有女性。但这些定居点并不在如"村落"那样的优质土地上。例如规模很小的加尔比，这个名字在古斯堪的纳维亚语中意味着"贫瘠的土壤"。加尔比的土地成分是硬黏土和亚黏土，这里从来就没有过兴旺的时候，而且实际上在黑死病暴发之后的几十年里最终被遗弃。但加尔比周围却是一些拥有英格兰名字的村落，比如国王的诺顿（King's Norton）、斯特雷顿（Stretton）、伯顿（Burton）和霍顿（Houghton）等。很显然，这些村落中的本地农民未曾被驱赶出去。由此可见，加尔比的维京人是自愿生活在这种贫瘠的边缘土地上的。凯伯沃斯周边有很多从字面显示地理状况的地名，比如布什比（Bushby），"灌木丛林地的农庄"；瑟恩比（Thurnby），"多棘土地上的农庄"。高德比教区还有一个叫雷恩比（Rainby）的地方，意思是"边陲地带的农庄"。在凯伯沃斯的外围还有一些更加偏远的维京"索普"（thorpe），也就是农庄，比如索普兰顿（Thorpe Langton）、霍索普（Hothorpe）和阿索普（Othorpe）——这个名字乃是为纪念一个名叫阿基（Aki）的维京定居者——等。到了再后来的阶段，维京人似乎只能在小丘之类的地方寻找定居点了，因为可供新移民落脚的优质土地已经非常紧缺。一个最形象化的地名叫斯科拉普托弗特（Scraptoft），在古斯堪的纳维亚语中的意思是一块狭小贫瘠，甚至连杂草都难以生长的土地。这个名字还给人以这样的提示：一些定居者绕开了原有的英格兰人，在边远地带开拓极为贫瘠的新土地，甚至可能从当地人那里购置小块土地。至于定居者，一些名字可能会表明他们的原居住地。比如高德比的高迪（Gauti of Goadby），正如其名所示，他很可能来自高特兰（Gautland）。在凯伯沃斯邻近的大格伦教区，有个维京人在一处叫作"挪威人山丘"的地方开辟了一个小农庄，此人很可能原是一个挪威人。

　　维京时代这些真实个体的足迹虽然模糊，但非常耐人寻味地暗示，当维京战士试图在中盎格鲁为自己获取一些富饶田地时，很可能是通过日复一日的商议与谈判而达成的。也许原住民的人口实在太多，无法被迁移或驱赶出去，所以事情必须通过协商来解决，最后，他们往往只得勉强相处。

凯伯沃斯和斯密顿的村吏和每个村民往往都在十分警觉地注视着发生在周围的这些变化。在惠特灵大道边界的那一边，877 年之后，他们的统治者不再是麦西亚国王，"莱斯特军队"的维京首领成了他们的主宰。若要详细了解凯伯沃斯实际上可能发生的事情，只须从斯密顿－韦斯特比沿着格姆雷路往下坡走便会有所收获。在 2009 年对村子的发掘中，这里出土了圣尼茨（St Neots）陶器和斯坦福德（Stamford）陶器的碎片。这些发现证明了一个维京时代村落自 9 世纪末以来财富和人口不断增长的状况。山谷底端有一条小溪，蜿蜒流过一片随着中世纪山脊和垄沟而波浪起伏的田园。站在这里回望村落所在的山脊，在右边，到 9 世纪一直有一个拥有英语名字的村子。在离山脊只有几码的左边是韦斯特比农庄和织布工的村舍。韦斯特比（Westerby）的古斯堪的纳维亚语写法是 Vesterbyr，意为"西边的农庄"，表示这里很可能是在 877 年维京军队遣散之后的几年中，由维京定居者在斯密顿西边创建的农庄。

在村子下方的田里，地块的名字都是英语与斯堪的纳维亚语的混合产物。山脚下的小溪，在什一税地图上呈现为一条小河，以古斯堪的纳维亚语写作 fliotr。岸边潮湿的林地写作 kjarr，是一块长满灌木、类似沼泽的平地。除此之外，还有其他一些表示自然特征的词，比如 wongs、slangs、flats、tofts、holms 和 siks 等。在东米德兰以及

91

北方的一些区域，这些用语仍在农耕时使用。在这些词语中，Holme 是一个大家熟悉的北方地名，相当于英语中的门，不过在北方的语言中不表示可开启的门，而是指街道或小道。Siks 在斯堪的纳维亚语中是田地之间的水道或沟渠的意思，曾一度也指条田之间的荒草隔离带，在凯伯沃斯教区极为常见。这些名字仍然保留在东米德兰拉克斯顿（Laxton）尚存的公耕制村庄中。残存的地名有力地表明，斯堪的纳维亚方言不仅在维京农民中间代代相传，也在英格兰人中间广为传播。与此同时，很有可能的是，少数族群（即便是在凯伯沃斯）持续有好几代人都在讲斯堪的纳维亚方言。在斯密顿，最惹人注目的小地名也许算是克拉克累（Crackley）了，它最后记载于 20 世纪 60 年代，最早则在 1636 年的维多利亚时代文献中已可以找到。克拉克累在 17 世纪的早期形式是从古斯堪的纳维亚语拼法 kraka 而来的 craca，意为渡鸦，然后添加古英语中表示林地、空地、草场、牧场等含义的后缀 leah 而成。由此可见，此地最初是维京人开拓的家园，但取了一个英格兰地名，意思是"渡鸦林地"。

精英移民还是大规模移民？

在修道院的编年史作家关于维京人定居点的描述中，尽管耸人听闻，但并无涉及种族清洗的行动，也没有涉及驱赶本土居民的作为。自罗马晚期世界的人口高峰之后，由于瘟疫、疾病、战争和自然灾害等因素，英格兰的人口处于低谷。乡村的人口并不那么稠密，对于新移民来说，可资利用的土地大量存在，特别是在可被清理出来用以耕

种的边缘地带。讲盎格鲁方言——不是撒克逊方言——的区域尤其受
到定居者的青睐。不过埃塞克斯却不被人看好，尽管邻近日德兰半岛
和弗里西亚。也许是盎格鲁语和丹麦语更接近的缘故吧。至于定居者
的数目，现代观点存在分歧。最近，史学界认为移民只是很小部分的
精英。但是地名学和文献资料提供了大规模移民的证据。从整个人
口来看，DNA 专家的研究表明，在英格兰基因库中，挪威人占 1%，
丹麦人占 4%—5%；在全国范围内，新移民的数量超过人口总数的
5.5%，而在东米德兰的这部分地区，新移民的比例更可能高达 10%。
如果以 100 万来推算全国人口，5.5% 的新移民就是 5 万多人；以 200
万来测算，新移民就是 10 万多人。

　　继不列颠人、罗马人、盎格鲁和撒克逊人之后，维京人又为英格
兰增添了新的种族和文化元素。他们属于少数民族，在一两百万的总
人口中不过区区数万人，但是却在法律、语言和习俗等方面给英格兰
北部和东部带来了重大变化。11 世纪时，乡村行将呈现出其全部潜
力，以至于撒克逊后期的凯伯沃斯的可耕种土地就已经差不多达到
19 世纪时的规模。所有这一切，满足了进入维京时代之后人口增长
的需求。

"一个农民需要一个老婆"

　　在凯伯沃斯以及类似这里的许多家庭中，维京定居者留下了永久
的印记。维京大军以及后来一波又一波移民后代的家庭故事，可以回

溯到诺曼人征服英格兰之后那个时期，有关村庄历史的详细文档就是在此时首次出现的。英格兰中部地区许多常见的名字，比如图基（Tookey）、波利（Pauley）、切尔特（Chettle）、加姆尔（Gamel）、赫里克（Herrick）等均源于维京人。在始于13世纪初的凯伯沃斯和斯密顿的地产文档和纳税清册中，一些最常见的姓氏都源于斯堪的纳维亚语。其中有一两个，比如瑟德（Thurd）或托尔德（Thored），甚至只出现在凯伯沃斯区域。这些人构成了拥有土地的小农、自由民或"佃农"（sokemen）阶层。从后来的庄园文档中可以看出，这些人在地方层面上逐渐凸显出来，并在接下来的几个世纪中顽强地保持了自己的地位，到了15、16世纪更是成为自耕农阶层的一部分。

93　　就像斯密顿的阿斯廷家族（the Astins）和斯旺家族（the Swans），这两个姓氏出自丹麦的哈斯廷（Haesten）和斯韦恩（Sweyn），后者现在叫斯温（Sven）。到了13世纪，这些家族已经派生出好几个独立分支，其家族宗系完全可能追溯到维京时代的个人定居者。这些人也许属于877年土地"分配"之后的第二代移民，很可能就是韦斯特比的创建者，那是斯密顿西边的一个斯堪的纳维亚小村落。斯温、哈斯廷和同伴清了灌木和杂树，开辟出新的土地并开始耕种。正如尼科尔斯在18世纪晚期所写的，尽管那时韦斯特比只有8户人家，但"总归是一个独特的地方"。

　　尽管斯温和哈斯廷仍旧为他们的维京首领效力，并带着马匹和装备加入其后继者，在南方与阿尔弗雷德大帝的继任者战斗，但从本质上来说，他们是农民。斯温结婚生子，可能是从丹麦娶回的新娘，但更可能是娶了当地的英格兰女人做老婆。就像10世纪30年代的莱斯特领主乌姆（Urm）伯爵，他给自己的女儿起了个英文名字。假如斯温娶了一位凯伯沃斯农民之女为妻，比如奥斯温（Oswin）或戈德温（Godwine）的女儿，也许他给妻子购买过一枚廉价的仿制丹麦胸针，产自施行丹麦律法的地区。这是一种斯堪的纳维亚的女性时尚，当时在英格兰极为风行。如今，金属探测器爱好者时不时就会在整个东米德兰发现这种胸针。如果推测属实，斯温的妻子就不是唯一一位与异族通婚的女性：就像历史上经常发生的那样，很有可能在短时间内出现了大量的原住民与新移民之间的异族婚姻。有人认为，丹麦男人非常在意自己的外表。考古挖掘中时常发现维京男人梳理长发的骨梳，这是种丹麦风格的体现。据说，也许并非完全是在开玩笑，他们也非常勤于洗漱。当然，彼此语言相近也是重要因素，尤其是米德兰和东盎格利亚等地讲盎格鲁方言，维京人可以迅速学会并让别人明白自己所说的意思。斯温的子女是否从父亲那里学会了讲丹麦语，从母亲那里学会了讲英语？尽管我们无法获得关于这些问题的资料来源，但这些相关的细节往往正是我们希望了解的。

也许，事情并非如教会作家描述的那样，他们被"粗野、残暴、狂怒而又顽固的奸诈外邦人……"的侵犯和异教崇拜吓坏了。当时，一些新移民很可能受到了极为热情的欢迎。我们可以用更加轻松的观点来设想一下韦斯特比的斯温一家。脖子上挂着银制雷神之锤的斯温既会带着孩子们奔赴位于拉特兰边缘的"圣橡树"祭坛供奉雷神，也乐于和戴着英格兰的圣埃德蒙（St Edmund）戒指的英格兰妻子一道前往教堂。圣埃德蒙于870年被斯温的父辈杀害，但出人意料的是，他的首级却得到了入侵的异教徒的保护，并最终成为一名备受上帝喜

94

爱的勇敢的基督徒斗士，是受到两种社区共同敬仰的典范。斯温为他的女儿和孙女们施洗后起了英文名字，不过为长子保留了祖先的名字。斯温的儿子或许叫马格努斯（Magnus），他的子孙后代可能繁衍成为斯密顿－韦斯特比的斯旺家族。到了 11 世纪，斯旺家族的人可能曾到林肯郡的市场上购置丝绸织品和葡萄酒，甚至可能花一笔钱前往罗马朝圣。

因此，凯伯沃斯的盎格鲁－撒克逊人定居点，变成了施行丹麦律法的地区的一个盎格鲁－斯堪的纳维亚人村子——这简直是维京时代的寓言。我们现在可以勾画出这个村子在 11 世纪文献中呈现出来的模样了，这幅图景如今依然存在于村子的四个群落中：村子的北部，也就是后来的凯伯沃斯－哈考特，那里是北部铁器时代的遗址，也是罗马人和盎格鲁人的定居点和凯巴围场；凯伯沃斯的"低洼"地带，即如今的比彻姆，为盎格鲁－撒克逊时期的服务性老村落，住的是一些不自由的隶农和农奴；斯密顿，是包括工匠和农民在内的自由民的生活区；最后是韦斯特比，规模很小，是 9 世纪末或 10 世纪初的维京农庄，农庄在斯密顿主街尽头处的分界依然清晰，人们可以从那里将"小河"和"渡鸦林地"尽收眼底。这个从罗马人到维京人的英格兰故事的源头，就在这样一个教区里。

第六章　英格兰王国

从 900 年到 1066 年，凯伯沃斯的农民——英格兰人及其维京邻居——成了整个英格兰王国的一部分。虽然在比德之后，英格兰被描述为"盎格鲁民族"的国家，但实际上是一个拥有西撒克逊人、麦西亚人和丹麦人等不同种族、不同法律的混合国家，更具体地说，还拥有双语边界的地方立法。这个国家由讲不列颠语、威尔士语、坎伯兰语（Cumbrian）、斯堪的纳维亚语以及各种英格兰方言的人们构成，在不同的地区甚至有不同的测量土地和计算钱币的系统。但是，人们具有共同的效忠英格兰国王的理念，这种效忠概念的创建极为关键。我们不妨说，这是典型的即兴创作的英格兰形态——在这里，允许各

5

不相同甚至相互矛盾的制度并驾齐驱。只有到了现在，靠着人们发现的极为广泛的资料来源，才能解释这种形态到底是如何从乡村地区产生的。在我们这个故事里，维京－英格兰的文化和语言边界发生的一切是至关重要的。

首先，让我们看一下时间背景。10 世纪是一个非常糟糕的年代，但是事出有因。整个西欧是伴随着频发的内战和维京人入侵的威胁进入这个世纪的。战争冲突是 10 世纪的常态，正如西欧人所感知到的，10 世纪也是王权败落和效忠崩溃的年代。906 年，对于法国加洛林王朝（Carolingian）的萎靡颓败状态，以及"名不正言不顺的国王形成"的不光彩的王朝，普兰的列基诺（Regino of Prum）表达了他的恐惧。909 年，法国北部的一个教会理事会令人沮丧地宣告："我们现在生活在铁器时代。"不过，铁器时代的创造力可能并不亚于黄金时代——这是一个人们被迫回到基本原则，从底部开始构建的时代。在 10 世纪的一片混乱中，英格兰的城乡社区开始形成。一个拥有国家法律的英格兰王权以及所有人共同从属的英格兰文化意识开始显现。

96 伴随着严峻的破坏性气候，包括强降雨和气候导致作物歉收，整个不列颠群岛步入了这个世纪。900 年是个暴雨年，随之到来的是"严重歉收"以及家畜间暴发的瘟疫。907 年遭受瘟疫的袭击，909 年又现牛瘟。912 年是哈雷彗星年，自此以后的两年是旷日持久的"暴雨与黑暗"的时期，庄稼收成更是一片惨状。917 年出现了小冰河期的最初迹象，并一直持续到 10 世纪 40 年代。正如阿尔斯特

（Ulster）[1] 一位编年史作者写到的：

> 今年的大雪、极端寒冷和反常的冰冻把爱尔兰的主要湖泊
> 河流变成了步行冰道，牲畜、鸟类和鱼类大量死亡。随着彗星
> 的降临，天空似乎在发光，呈现出可怕的征兆。有一次，在爱
> 尔兰的西边天际，隆隆雷声中爆出一团大火，火焰由西向东划
> 过，笼罩了整个大海。

这种征兆引起了广泛的恐惧，而维京人的威胁仍像 9 世纪末那样
丝毫没有减弱。从 9 世纪 60 年代到 70 年代，几个英格兰王国的崩溃
表明，单个区域性王国想要迎击维京人并取得胜利是不可能的。然
而，麦西亚人与西撒克逊人的联盟扭转了局势，并最终创建了英格兰
王国。诺森布里亚的约克和东米德兰的五大行政区（诺丁汉、德比、
斯坦福德，以及罗马时期的老城林肯和莱斯特）成为盎格鲁－斯堪的
纳维亚的权力中心，位于由阿尔弗雷德大帝和维京人建造的惠特灵大
道边界的另一边。每个城市均由不同的军事寡头统治。古老的中盎格
鲁省城莱斯特此时成了"莱斯特军队"的中心，由一个"军事委员
会"（Army Council）统治，控制着大量前麦西亚王家的地产和资源，
包括莱斯特森林——当时，这里甚至被别称为"军队森林"，到 12 世
纪时才改称为赫斯伍德。在我们的故事中出现的凯伯沃斯村民，无论

---

[1] 爱尔兰北部地区的旧称。

是英格兰人还是维京后裔，比如韦斯特比的斯温等，都要效忠于在最高丹麦首领主导下的莱斯特议会，并缴纳税金、提供兵役。

97 但是，时事瞬息万变。10世纪的头30年情节丰富、震撼人心，是英格兰历史上最具戏剧性的时期之一，并由此形成了新的社会与政治格局。苏格兰和威尔士也是如此。在泰晤士河以南，阿尔弗雷德大帝统帅下的一个强大的西撒克逊王国在与维京人的战争中脱颖而出。从9世纪70年代末到90年代初，军事上的胜利使阿尔弗雷德能够全面推行严厉的统治。在初期的军事失败的刺激下，阿尔弗雷德决定要让英格兰变成适应战争的社会。正如一位他身边的同时代人所指出的，"在初试温和指令之后，他便开始引诱、敦促、命令，最后迫使人民服从他的意志"，也就是让臣民承担相当繁重的军事义务。阿尔弗雷德的做法引来一片敌意。"当时，人人都在为个人安乐费心，"阿塞尔（Asser）主教说，"而不是为了人民的共同利益。"但是，变革在强制推行，其结果就是让英格兰南部的依附性农民普遍失去了自由。正如阿塞尔所描述的，英格兰南部的"贫苦大众鲜少得到援助，哪怕一点点"。然而，在施行丹麦律法的地区，尤其是在东米德兰和东盎格利亚，自由农民得以作为一个庞大而独特的土地拥有者阶层而存在。到了12世纪，这一阶层在一些地区占据了30%－40%的人口，在某些小地方的人口占比甚至超过了60%，相比之下，在整个英格兰这个比例只有15%。

899年，阿尔弗雷德大帝死后，英格兰南部社会仍处于一种长期战争中的状态。在此时的韦塞克斯，城防工事星罗棋布，而建设工事的沉重负担都落在农民身上。国王拥有一支可以随时投入战斗的机动性军队，由大约 2000 名"身穿盔甲的乡村贵族"为核心构成。这些乡绅拥有各自的家丁和随从，并配备马匹和精良的武器。另有城防守卫者 27000 人，军费摊至乡村。这些数字还不包括可服兵役的农民——每个郡都可以征募农民保卫乡里，抵御维京人的攻击。在泰晤士河南部，军事化的人口比例高得令人难以置信，总数可能达到 50 万人。因此，沿着惠特灵大道边界，从塔姆沃斯到威兰河一带是两个彼此对峙的军事化社会，一边属于无宗教信仰的斯堪的纳维亚国王，一边属于他们的对手，其统治施行丹麦律法的地区和亨伯河以北各个城市。局势极为紧张，战争一触即发。

98

阿尔弗雷德大帝死于 899 年 10 月，年仅 50 岁，他的儿子爱德华（Edward）立即从家族成员的争夺中保住了王位。在南方，残酷的内战于 904 年在亨廷顿郡霍姆（Holme）的沼泽边缘地带的一场血战中告终。在接下来的几年里，相互敌对的军队为支付"丹麦金"（Danegeld）[1] 的问题冲突不断，与此同时，维京海盗也时不时破坏性地袭击英格兰南部。由阿尔弗雷德大帝创建的盎格鲁-撒克逊人初期王国的未来一度陷于风雨飘摇之中。有位英格兰中部地区的神父几乎毫不夸张地写道，这是"一个局势并不明朗的时期，人们用书面文字记载危及我们的可怕威胁……"至于这种威胁对于人们的日常生活意味着什么，从一份 909 年签发给温彻斯特主教的租约可见一斑。这份租约是关于温彻斯特外围一块地产的。"鉴于（维京人）袭击所造成

---

[1] 英格兰为加强军防抵御海盗而于 9 世纪末开始征收的税。

的压力"，可用实物偿付土地租金，包括麦芽酒、烤面包、肉类、奶酪以及其他农产品，并为无法支付租金的情况留有余地。这块土地距"首府"只有约 9.7 公里远。

　　一份约于 908 年签发的关于萨里郡克罗登（Croydon）附近一块地产的租约，更是具体而清楚地传达了频繁的战争与寒冷的冬天给农民带来的绝望。鉴于土地的荒凉境况，主教写信给爱德华国王，恳求其减轻相应的税收负担。信中说："当我们的陛下将它租给我时，地里全无存货，早已被野蛮人（北欧海盗）洗劫一空。"加上恶劣天气的摧残，这位主教不得不花费更多本钱才能经营这块地产：

　　　　严冬过后，留存下来的牲畜只有 9 头成年公牛、114 头成年猪和 50 头阉羊……还有 110 头成年绵羊和 7 个农奴（serfs）以及 20 块腌猪肋肉（作者按：请注意，地产中的人力存量是与这些牲畜和肉类归在一起的）。我们的农庄有 90 英亩土地需要播种，因此就没有多余的粮食了。（此地的面积为 70 海得[1]，约合几千英亩，由此可见可耕种地面积只占很小部分。）

　　当时，温彻斯特主教和社区上书国王，请求其为了神圣教会的利益，也以上帝之爱发发善心，不要从他们的土地中索取太多，因为这对他们来说似乎很不公平。

99

---

[1] 1 海得约合 120 英亩。

如果连韦塞克斯这么重要的主教辖区的土地经营都如此难以维持，全国上下那些拥有小块土地的自耕农有多艰难就可想而知了。毫无疑问，许多自由民在这一时期失去了自由，被迫寻求强大领主的保护。事实上，这也的确是一个领主权力在英格兰南部大肆扩张的时期，为 11 世纪诺曼封建秩序的来临铺平了道路。

施行丹麦律法的地区相互争霸

《盎格鲁-撒克逊编年史》极为详细地记载了从 9 世纪 70 年代到 10 世纪 20 年代发生在韦塞克斯的事件，而关于英格兰其他大部分地区的状况，则在很大程度上是模糊不清的。有关惠特灵大道另一边的情况，记述更不翔实。凯伯沃斯位于施行丹麦律法的地区范围内，距离惠特灵大道只有几公里，几乎处在英格兰人与维京人交战的前线。不过，在这段时间，凯伯沃斯很可能受到当地某位英格兰领主的庇护而安然无事。在凯伯沃斯教区，五分之四的地名是英文的。尽管如前一个章节中所看到的，维京人与英格兰人相邻而居，教区内幸存下来的大量地名也表明维京语言被广泛使用，但凯伯沃斯始终没有变成"斯温沃斯"（Sven's worth）或"海斯顿沃斯"（Haesten's worth）。这里很可能是一个由某位英格兰领主治理的名副其实的双语社区。不过，这里的英格兰土地所有者与他们的维京邻居（斯罗格、伊弗尔和罗弗尔的子孙）一样，可能必须自备马匹、盔甲和武器，加入由当地维京首领率领的战斗行列，抗击"南盎格鲁国王"。比如，他们就曾参与 910 年发生在塞文河河谷的一场恶战，以及分别于 913 年和 917

年发生的两次骑兵战。当时，由施行丹麦律法的地区的兵力组成的莱

100　斯特联合军队驱马南下，向西撒克逊国王爱德华的军队发起攻击。

　　而身处南方的爱德华国王及其幕僚一直希望统一"盎格鲁民族"。这种"统一"最终通过"黑暗时代"一场最为辉煌而持久的战争实现了。"蒙受基督恩典的勇敢的英格兰人，靠着强大的力量英勇奋战，将从北方入侵的海盗大军驱离家园"，消息甚至传遍了整个欧洲大陆。接着，爱德华率领西撒克逊军队进入东盎格利亚和东米德兰，一个接一个地铲除了维京人的军事基地。他的妹妹，"麦西亚女王"阿瑟尔芙莱德（Aethelflaed）率领军队统一了西米德兰和威尔士边界地区。917 年，爱德华降服了剑桥和北安普敦的丹麦军队后，率领英格兰军队直抵距离凯伯沃斯以南仅约 8 公里的威兰河畔。然后，阿瑟尔芙莱德率领军队跨越惠特灵大道，向位于德比的丹麦要塞发起了猛烈攻击。在战斗中，"与她最亲密的四位地方领主丧生于城门内"。面对这种钳形攻势，莱斯特的维京统治者决定诉诸外交手段。918 年初，他们准许"莱斯特军队"和平投降，并交出了所控制的"大部分"领土，包括凯伯沃斯地区。从此，这里的维京人宣誓效忠作为麦西亚统治者的阿瑟尔芙莱德。在阿瑟尔芙莱德于当年晚些时候死后，他们转而效忠爱德华，再转而效忠爱德华的儿子阿瑟尔斯坦（Athelstan）。这位王子可能会讲一点丹麦语，并为维京领袖熟知。阿瑟尔斯坦于 925 年登上王位，统治了亨伯河以南的大片领土。阿瑟尔斯坦生长于麦西亚，但如果后来的一种记载可信，那么他也曾在维京领土上度过了不短的时光，并"接受了一些维京习俗"。数月之内，时代变化的真正标志出现了，在麦西亚古老的"首府"塔姆沃斯的一

次大会上，达成了一项原本不可思议的重大事宜：国王的妹妹埃迪尤丝（Eadgyth）将与约克国王——维京人辛特里克（Sihtric）联姻。他们分别是阿尔弗雷德的孙女，和埋葬于雷普顿的残忍的"无骨人"伊瓦尔的孙子。在辛特里克死亡的 927 年，阿瑟尔斯坦吞并了诺森布里亚，于是，阿瑟尔斯坦的一位随从诗人向"这个完整的英格兰"表达了他的敬意。

郡和百户邑

不仅自称"盎格鲁－撒克逊人之王"而且以"丹麦人之王"自诩的阿瑟尔斯坦，此时可以实现"整个英格兰国家"的盎格鲁－斯堪的纳维亚王国的愿景了。大规模的行政变更不可避免地随之而来，尤其是在英格兰中部地区的乡村。凯伯沃斯也发生了影响深远的变化，一直到 1779 年颁布《圈地法案》才又有改变。在英格兰南部以及英格兰人控制下的麦西亚，为了适应战争的需要，乡村被重组成新的行政区——郡和百户邑（hundreds），并以均衡而灵活的评估来安排各地的驻军规模和机动防卫兵力。在这一时期，英格兰国王仍持续对约克郡亨伯河以北的斯堪的纳维亚统治者发动战争，彼此交战几乎连绵不断，一直到 10 世纪 50 年代。为了加强行政控制、赢得战争，他们需要重组新占领的英格兰中部土地，并把百户邑制度作为一种更为常规的形式加以推行。位于乡村中心地带的莱斯特就此成为整个地区防守的重点。于是，西撒克逊人在此创建了一个新的"郡"，像惠特灵大道以南的那些郡一样，根据内陆模式分解成被称为"百户邑"的更小单元。莱斯特设立了郡法庭，并在几个世纪以来行使着地方行政、司法和征税等重要职能，直到 19 世纪 80 年代才终告消失。

被推选出来的凯伯沃斯和斯密顿的"什一税收税员"每月一次徒步或骑马四五公里，来到位于东北方向的两条古道的交汇处。此处是一块平缓的高地，上头矗立着一棵"加尔树"，站在高处可将凯伯沃斯和兰顿收入眼底，向南还能远眺威兰山谷。从 10 世纪到 18 世纪初，这里一直是凯伯沃斯以及周边村庄选举出来的陪审员召开当地百户邑会议的会址。这处会址坐落在一座史前时期的古墓上，很可能也是早期盎格鲁－撒克逊人用来开会的地方。早在 7 世纪的法典中就曾讲到，司法审判在某个"集会或会议地点"进行，由此可以假定，被称为法官或"公断人"的地方法律专家早已存在，他们是"公正"的裁定者。从许多会议地址来看，地点往往选在显著位置的大树旁。"加尔树"（Gartree）这个名字在挪威的韦斯特兰（Westland）仍然可以找到。在挪威，"加尔树"表示刻在树皮上的一个独特标记或疤痕，但在英格兰似乎更可能是源自斯堪的纳维亚文字 geir，意思是"矛"。百户邑在维京语中有个恰当的名字，叫作 wapentake，指自由民挥舞随身携带的武器的动作，表示他们赞同法庭所做的决定。

我们发现，早在 7 世纪就已出现了在公共场合召集正式会议当众解决严重的社会冲突与分歧的方式。不过，百户邑的出现标志着英格兰地方政府的真正开端。从 10 世纪 20 年代到 50 年代，百户邑可能在全国都有扩展。百户邑会议的一个重要功能与财政有关，例如，法律规定的收益必须上交给各个百户邑的领主——国王、教会或私人业主。但中世纪的一份备忘录显示，百户邑的主要功能是维护地方治安，制止争斗和暴力，处理中世纪早期的政府所面临的基本问题："这是召集百户邑会议的律令。每四周召开一次会议，每个人都要公正地对待另一个人。"

在"加尔树"旁处理的其他事务还包括宣布当地的习俗、宣读新通过的法律、确定财产所有权、惩处暴力犯罪，特别是惩处顽固不化的滋事者。假如对肇事者不予处置，就必须要有担保人确保其不再扰乱治安。至于较低阶层的代表，地位较低的自由民可以以"什一税"纳税人的身份出席会议。1066年之后，甚至有隶农身份的代表出现在陪审团中。尽管偶尔有女性陪审员，但陪审员一般由男性担当。这种法庭会议通常在户外举行，这是因为郡法庭会议一年只在复活节和"米迦勒节"时召集两次，每月召集一次的百户邑法庭会议就必然成为广大民众感受王国政府"涓滴效应"（ trickle-down effect）的主要渠道。

所有这一切听起来似乎很民主，维多利亚时代的人们已将这种百户邑和郡"会议"以及"全国性"的国王御前会议，也就是"贤人会议"，看作英国议会制的起源。但实际上，这种法庭会议尚与平等主义主张相去甚远。就司法证明而言，针对富人与针对穷人的法律是有所差别的。有极少数存留下来的郡会议记录表明，这种会议常常受到有影响力者、当地的大地主、郡长或大乡绅的声音左右。在这种会议上还有人因打架而受到惩罚，这表明人们常因处置问题不公而大发雷霆。但问题的关键不在于这种法庭有多么民主，而在于能为人们提供一种协商的途径。这标志着英格兰国家的一个新开端：确立了地方与

103

中央借以沟通、地方用来表达自己的声音的渠道。到了 13 世纪 60 年代，当"王国共同体"——包括自由农民——在重大事件中发挥其真正作用时，地方社区的声音就变得不可或缺了。

公民生活的开始

关于地方的商贸情况，由于施行丹麦律法的地区的档案被维京人毁坏，幸存下来的相关文档少之又少。我们很难找到这个时代，也就是大约从 9 世纪 50 年代到 10 世纪 70 年代的社会发生巨变的原因之细节，然而，来自古老的中盎格鲁彼得伯勒（Peterborough）修道院的文档，为人们打开了一扇洞悉英格兰中东部地区生活之窗：在一份 10 世纪中期以来的担保人——在"百户邑会议"上发誓做担保者——名录中，记录了位于凯伯沃斯东边威兰河一带的林地、耕地、条田、磨坊和宅地等物产的买卖情况。这些资料提供了不可多得的证据，帮助我们了解这个地区在 10 世纪的生活面貌。事实上，假如仅仅以此来考察，那么毫无疑问，我们可能会为所谓的"公民"生活的水准惊讶。资料向我们展示了英格兰人以及他们的斯堪的纳维亚邻居是如何通过地方集会来进行财产交易，甚至是解决争执的，而重大案件往往交由"全军"会议（the whole army），也就是郡法院来处置。在一个相对较小的区域，多数户主和业主往往大量使用银币在一个活跃的土地和财产市场上交易，进行大宗交易时还会使用黄金。这些担保人名录所涉及的交易者有：英格兰名字和维京名字的神父们；两位分别名叫亨吉芙（Hungifu）和斯乌思特（Swuste）的女性世袭

104

地产保有人；一名来自朗兹（Raunds）的寡妇；一名叫作乌尔诺斯（Wulfnoth）的油漆匠；还有一位去过罗马的朝圣者。在固定姓氏出现之前，由于盎格鲁－撒克逊男性名字数量有限，混淆在所难免，比如，在一个案件中会同时出现"金发哥德里克"（blond Godric）、"大胡子哥德里克"（Godric the beard）和其他的什么哥德里克。在担保人名录中，间或还透露出某种看起来令人生畏的日常暴力与世仇，大部分都与土地和房产交易有关。就凯伯沃斯来说，这种交易中的新业主都将在莱斯特的"全军"会议上得到确认，这个时候，"'全军'会议将站在新业主的立场上，确保原先业主的物产是自由的，没有留下任何产权纠纷"。文存显示，到10世纪中期，土地和财产交易市场已经非常活跃，富裕的农民家族都在想方设法扩大产业。

当然，这里有个前提条件，那就是至少有一部分村民要具备一定的读写能力。至于凯伯沃斯以及其他类似地方的村民的识字能力到底达到何种程度，我们尚不得而知。在盎格鲁－撒克逊时期，英格兰人的读写能力可能比我们一直以来所想象的要高。因此，在10世纪的英格兰，参与每个村庄的治安管理并维护秩序、从事慈善事业的神父、郡法庭主要陪审员、"什一税"收税员以及和平协会成员等，很可能都具备一定的文化水平。对于这些人来说，不仅是对于村庄和郡的归属感，对于国家共同体的归属感也都在不断增强。

公耕制

在这个时期，农田组织和农耕方式也发生了巨大变化。这些变化的重要性不亚于农业革命和 1779 年圈地运动之前的任何农业改革。事实上，从某种角度来说，它们是英格兰历史上最具革命性的变革。105 由于相关资料匮乏，人们对于这些变化的详情知之甚少。不过最近这种情况在很大程度上得到了了解，包括计划性地引入"公耕制"（the open-field system）。在这一制度下，三大块用于公共耕种的土地成了典型的公耕地，交替耕种，每年有一块处于休耕状态。这种制度的采用与维京人战争期间城镇和郡网络的建立密不可分。为了保障驻防和保证供给，城镇需要改组乡村。强有力的贵族权力重组了英格兰的乡村社会，以便加强社会控制，共享牲畜、犁田工具以及各种资源，追求生产最大化和创造剩余产品。

"公耕制"这一专门术语最初出现于 10 世纪的英格兰南部，与之相伴的是"混合条田"（intermixed strips）在公共耕种且开放而不设篱障的田地中出现。在这种田地中，草地、牧场和耕地均为"公共用地"。与此相关的某些文档似乎对这种公耕地中相互之间不设界线的条田有所描述，如 10 世纪的一份租约中写到的："田地用于共同耕种，因左右相互连接，任何一侧均不得划分明确的界线。"一份 10 世纪时威尔特郡的租约描述得更加清晰："个人条田（jugeribus）分布于公用地的混合体中。"作为这一书面资料的补充，近年来，考古学家在对东米德兰地区的系统勘察中于许多地方发现了证据，表明这种形式曾遍布于 8、9 世纪的定居点。就此而论，上述 10 世纪 60 年代的彼得伯勒担保人名录中所包含的内容，也能给人以某种启发：有一份名录提到，马克西（Maxey）有一小块田地被分为29个"部分"，想必这就是一组条田；另有一份则描述了位于奥克斯内（Oxney）的30英亩耕地被分为60块"条田"（sticca），可见这种公耕地中的条田规模约为半英亩。

　　一方面受到王家权力的影响，另一方面受到地方领主的影响，公耕制的引入导致了一场英格兰乡村模式和农业社会性质的革命。凯伯沃斯教区中三个村落的公耕地很可能覆盖了铁器时代早期的所有耕地。与此同时，街道和园地沿着领主的庄园和私有领地而建，自由民和农夫移住进村子，从而形成了定居点的核心状态，经典的英格兰村庄景观由此开始呈现。在斯密顿和凯伯沃斯-哈考特村落街道旁发现的后撒克逊时期的陶器证实了这一图景。因此，在盎格鲁-撒克逊历史的最后阶段，包括凯伯沃斯-哈考特、凯伯沃斯-比彻姆和斯密顿在内的每个社区都在采用三圃田轮耕制，每个社区的人口都在日益增长，使得凯伯沃斯成为莱斯特郡人口最为稠密的村庄之一。

家畜围篱管理员、森林管理员和地方官

　　"我只能告诉你们我所知道的事情，"一位当时的地方官（reeve）在一份备忘录中说道，"你们都知道，不动产法律因地而异，这些条例并非适用于所有地区。我只能说说我知道的惯例。不过，在一生中，如果我们善于学习、辛勤劳动，并尽力更好地去理解它们，我们便会更加愉快地做好手头的工作。"

虽然不知道这位盎格鲁－撒克逊时期的凯伯沃斯地方官的姓名，但此人是我们将要深入了解的 14 世纪的多位地方官的前辈，包括在大饥荒时期节约利用资源的尼克·波尔（Nick Polle）、在黑死病时期登记死亡人口的约翰·丘奇（John Church）以及在 1449 年处理拒付租金事宜的约翰·查普曼（John Chapman）。到了后期，地方官成为村里举足轻重的人物。这一角色是农民推选出来的，需要是一个有名望的人，一个值得信赖的"发过誓的人"。地方官的职责是管理田间作业，查核牲畜、存货和农具，安排每年的日常工作等。在盎格鲁－撒克逊时期的管理文献中，这个角色的职责似乎就是如此。公耕地的实践、田地休耕、安排播种、监管乡风民俗等都需要一个谙熟这些方面事务的地方官来牵头与把关。在后撒克逊时期，这些地方官开始崭露头角，自此，我们首度听到了由这一阶层的农民发出的普通声音。

地方官是由村里经验丰富、通晓农业技术的人来担当的，他们从孩提时代起就掌握了所有的农务。这有助于解释为什么这一职务往往轮番诞生于凯伯沃斯的几个家族，比如布朗家族、西比尔家族和特别突出的波尔家族，这几个家族在 1300—1600 年间诞生了多代地方官和治安官。在盎格鲁－撒克逊时期，很可能在领主的口授下由抄写员执笔记录了一些文书，以温文亲切又极为通顺的古英语写成，使用了许多令人瞠目的专业词汇来描述撒克逊后期的农务所需和资金。这些文书还包括罗列了所有专门工具以及在某些劳动场合使用的农用设备的冗长清单。在中世纪后期的文书中，我们发现了与凯伯沃斯有关的细节描述，很可能是由 11 世纪 60 年代的地方官埃尔弗里克（Aelfric，麦瑞特［Meriet］之子）或凯伯沃斯－比彻姆的埃德温（Edwin，埃尔弗斯［Aelferth］

之子）书写的，他们效力于凯伯沃斯-哈考特的领主。内容如下：

> 现在，不同地区拥有不同的习俗与权利。在某些地方，人们会获得应有的冬季口粮和复活节用品，供收割者享用的丰收宴，给农夫及其帮工提供的酒宴，给割草者的小费……收割庄稼的会在干草堆旁享用饭菜，用马车搬运木头的能得到一块原木，搬运谷物的会获得一小罐谷物。其他我就不一一列举了。这只是我所谈到的基本规定的纪要之一，当然，约定俗成的事例远不止这些……

这些古英语管理文书还向我们展示，在诺曼人征服英格兰之前，一个像凯伯沃斯这样的村庄中的社会职务与等级的情况。地位低于地主阶层的大乡绅，如埃尔弗里克和埃德温等属于自由民阶层，在凯伯沃斯被称为佃农，耕种自己租用的土地。更低的阶层包括：农夫，半自由民（后来叫作隶农），农奴或奴隶。在一份管理文书中，对具有特定职务的男性和女性做出了具体说明，他们包括养蜂人、养猪人、佣人和女奴等；然后是田间劳动者，如犁田者、撒种者、牧牛人、牧羊人和护林人等。在 13 世纪的凯伯沃斯，所有这些角色都能找到，因为此时村庄的详细状况已经得到记录。后来，村里还出现了一位皮革匠，他能制作"拖鞋和鞋子、绑腿、皮革瓶、缰绳和马饰、皮包、皮箱和钱包等"。村子里也会有一名制作干酪的女性和一位粮仓管理员。在一个像凯伯沃斯这样的大村庄里，还会有木匠、铁匠、碾磨工、面包师，甚至是厨师等。所有这些人都存在于 13 世纪的凯伯

108

沃斯。村里可能还会有一位神父或修道士，虽然过着宗教生活，但同时也从事其他工作。在接近公元 1000 年时，凯伯沃斯人的生活尽管还不像 13 世纪时那样多样化，但任何到过英格兰乡村的旅行者都已看到了英格兰社会明显的变化：从早先那种与世隔绝、过着自给自足生活的阶段，向着带有一定市场成分的多样化经济的社会发展。

生活水平的提高

到了 10 世纪末，当村里的人们回忆起两三代人之前在英格兰国王及其法律保护下的岁月时，会发现那是一段相对太平与安全的时光。一位 10 世纪 80 年代的王室成员曾经写过 50 年的"和平与富足"光景。他似乎在告诉我们，总体而言，英格兰社会出现了可以感知的生活水平的提高。现代考古学家辨识出的"黑暗时代"之后物质生活方面的缓慢改善，也证实了这一点。这种发展遍及 11 世纪初的整个欧洲，正如拉尔夫·格拉贝（Ralph Glaber）在一段著名的关于千禧年的乐观主义表述中写到的："千禧年伊始，整个世界仿佛都在天摇地动、摆脱老朽的暮年，处处都披上了教堂的白色衣裳。"

金属探测器爱好者也发现了凯伯沃斯日益繁荣的迹象，最近就出土了两枚 10 世纪 80 年代末到 90 年代初埃塞尔雷德二世（Ethelred the Unready）时期的硬币，一枚铸造于肯特郡的罗彻斯特（Rochester），另一枚铸造于约克郡。这些发现表明，自罗马时期以来，本国货币第一次在村庄里流通。一枚出自同一时期的漂亮的青铜皮带扣也说明，类似于大乡绅阶层的人有能力享用这种制作精美的物品。在 10 世纪，限制商人在英格兰南部与施行丹麦律法的地区之间通行的法律已被取消，所有人都可以自由出入惠特灵大道。最近在约克郡和林肯郡的发掘也显示出贸易开放的证据，包括做工精良的木结构城镇住房以及带有皮革装饰的时髦家具、法国葡萄酒和从拜占庭进口的丝绸等。在施行丹麦律法的地区，这个时期的硬币贮藏中时常包含中亚铸造的金币。人们越来越多地享用起奢侈品，这可在 10 世纪时恩舍姆的埃尔弗里克（Aelfric of Eynsham）对一位商人的"访谈"中略见一斑。不妨随意设想一下，住豪宅的人们想见识一下摆在桌子上的奢侈品，商人便说："这是用船从海外带来的……我买回了我国不能生产的贵重物品……紫色布料和丝绸、珍贵珠宝和金器、奇装异服和香料、葡萄酒和植物油、象牙和青铜、铜和锡……硫黄和玻璃制品等等，各种各样此类宝物。"

　　这些交流影响深远。它们改变了人的志向，开阔了人的视野，甚至改变了语言——导致各地方言逐渐朝着如今绝大多数人所讲的英语形式发展。就维京语与英格兰语之间的语言差别而言，句子结构（这里指丹麦语而不是盎格鲁－撒克逊语）也在东米德兰的这个区域得以发展，同样是一种 10 世纪与 11 世纪新移民和老年人口之间交互作用的结果。

109

劳动者

　　这些变化对农民自身的影响程度到底有多大？正如我们所看到的，在较早时期，只有富人才能拥有自己的房屋、财产和奢侈品。而此时的英格兰人的生活正在发生改变。11世纪的遗嘱显示出，中等阶层开始拥有个人财产，比如一位地方大乡绅级别的自由民所拥有的耕地规模可达百来英亩。一位妻子，比如凯伯沃斯的埃德温之妻，很可能每年都会从自己的林地里砍伐一车木材捐给当地教堂，而当她要"漂洋过海"前往罗马朝圣时，还会拿出一小份土地作为礼物捐赠给教堂。这位女士在留下的遗嘱中说：

> 只要我的神父沃尔夫梅尔（Wulfmaer）履行圣职，做弥撒安抚我的灵魂，我便会将五英亩土地、一块宅地、两英亩草地和两车木材遗赠给村里的教堂。我将把租户租用的田地遗赠给他们，作为他们自己的财产。我将让我的家奴获得自由。我给我的弟弟留下一车木材，给其他人留下四头牛。

可以想见，这样一位凯伯沃斯的富裕农民、自由民或是佃农，甚或女性，过的是怎样的生活。他家里往往有一张木制的双人床和一张儿童床，一只盛放床上用品的大木箱，衣服包括"獾皮外套、精美的暗褐色束腰外衣、最好的斗篷以及别针"，还有"两只用小圆点装饰的木杯"。埃德温的妻子很可能拥有"我那用金银丝装饰的古老胸针，一块大厅挂毯和三件椅套……一副编织框、一只纺纱小箱子"。到1066年时，一户富庶的自由民家庭很可能还会拥有帮工，通常是自己的孩子或左邻右舍的孩子们。

比埃德温夫妻所属阶层低的社会阶层在1066年之前就已固定下来。总人口中有10%为奴隶，15%为自由民，绝大多数则是依附性或半自由的农民，未经领主许可不得变换地点或工种。这些人被称为奴隶（thralls）、隶农（villeins）、粗人（boors）和最下等人（ceorls），这些词在今天仍然带有轻蔑之意。他们是英格兰人中的大多数，其命运鲜活地反映在由教师兼布道者埃尔弗里克写于大约公元 1000 年的一次用于教学的访谈中。"你怎样看待自己的劳动？"埃尔弗里克问一位农夫，他在领主的私有土地里干活，是个不自由的劳动者。这位劳动者对此所做的回答成了首部英格兰文学作品：

> "哦，亲爱的大人，我干活非常卖力，天刚亮就赶着耕牛来到田间地头，给它们上轭、犁地。我害怕主人老爷，即使是寒冷的冬天也照样埋头苦干，不敢在家偷懒。只要给公牛上轭、犁刀上犁，每天就必须犁完一整亩或更多土地。"
>
> "你有同伴吗？"
>
> "有啊，那个用刺棒赶牛的小伙子就是。天气太冷，整天吼叫让他嗓子都哑了"。
>
> "一天里你还干其他活吗？"
>
> "当然啰，要做的事多着呢。我还得为耕牛备足干草食料，喂水、清理牛粪。"
>
> "老天爷，这活计听起来真是苦差事"。
>
> "是啊，这是苦差事，大人，因为我没有自由。"

111

1066 年的村庄

诺曼人于 1066 年征服英格兰之后，开始对大部分英格兰社区进行详细记录，凯伯沃斯是记录在案的 1.3 万个村镇之一。大部分村庄的故事可能都是相似的，尽管在地形、风俗和语言等方面存在极大差异，比如，德文郡的一个山区村庄、达勒姆郡的一个矿产村庄和奥法堤坝威尔士一侧的一个古老的英格兰村庄，它们之间的差别还是很大的。

1066 年的诺曼人资料显示，凯伯沃斯的基本地图已经很完整，反映了几个世纪以来这个村庄的发展与变迁。村子北边是古老的盎格鲁-撒克逊领主的围场，后来成为凯伯沃斯-哈考特，是自由民和小佃农的生活区。南边不远处，教堂的那一边是个地势低矮的定居点，有条小溪穿过马路，即后来的凯伯沃斯-比彻姆。那里是隶农和农奴的生活区，区内可能建有公用烤炉、水力磨坊、饲养牛群的大畜棚和院子。村子南边的斯密顿是自由农民、铁匠和金属工匠的生活区。最后是山脊尽头处的韦斯特比，为小型维京定居点，可能是个由三两农庄构成的边远小村落。

根据我们的估算，在诺曼人征服前夕，分布在凯伯沃斯教区这四个定居点的总人口大概有三四百人。按照 11 世纪的标准这里已经算是大地方了，毕竟当时的郡首府也不过两三千人口而已。

从前面的描述可以看出，各个社区以及社区之间已经呈现出明显的阶层划分。所有佃农或自由民均居住在哈考特和斯密顿，比彻姆则显然没有这类人。不难想象，这种划分的根源必然在很早之前

112

就已形成。也许比彻姆在"黑暗时代"是作为依附性农民的居住地而出现的：几个世纪以来，它的故事都显然是以不自由的劳役为标志的。1315 年的一项调查令人吃惊地显示出，当时在这个村落中居住着 44 户农奴和隶农，而自由民只有 3 户，由此可见 11 世纪的模式并未改变。

毫无疑问，起源于中世纪早期的某个时间段，并在不同领主统治下形成的三个村落对比鲜明的特征，将在接下来的 900 年中继续存在。直到今天这些特点依然显著，尽管经历了产业转型、圈地运动以及人口迁移，原有社区以及古老村庄家族的延续性仍未被彻底割断。

盎格鲁－撒克逊英格兰最后的日子

这就是凯伯沃斯在公元 1066 年之前的故事。我们带着某种推测，并得益于考古学、地形学、地名学甚至是踩点和通过金属探测器得到的某些发现，对人们所谓的村庄史前史做出了尝试性的叙述。如同探讨大多数英格兰村庄时一样，由于早期史料的缺乏不可避免，我们不得不借助于猜测、推断与某种想象来进行研究。在 1066 年之前，凯伯沃斯人就已见识过凯尔特领主、罗马领主、盎格鲁领主和维京领主，部族和区域性认同与效忠的对象从科利埃尔塔维领主转移到中盎格鲁领主，再转移到麦西亚领主，最终转移到"整个英格兰的国王"。凯伯沃斯人见证了历史的模式与基本走向的巨大变化，经历过饥荒、瘟疫和气候变迁，也承受了战乱、迁移和军事征服。没有凯伯沃斯在最初的千年中曾经消失过的证据，尽管在最糟糕的时期这里很可能遭遇过严重的萎缩。自 10 世纪以后，村民们感受到了在国王的法律保护下生活水准的提高，也发现生存的不安全感在降低——从此，英格兰历史的脉络贯穿至今。

113

到了撒克逊后期，这个国家开始变得富有，财富的一个重要源泉是羊毛——自罗马时代开始就是如此。在盎格鲁－撒克逊时期的英格兰，绵羊比人还多，也许数量多达人口的四五倍，优质的英格兰羊毛织品大量出口到欧洲大陆。但在 10 世纪末，这个国家的财富招来了一波又一波的新入侵者，最后导致经历长期的战争之后被丹麦人征服的结局。从 10 世纪 90 年代到 1016 年，外来军队交错纵横于英格兰，摇摇欲坠的政府失去了振作的勇气。尽管英格兰作为一个国家其行政管理错综复杂，但还是得依赖国王的活力与魅力，依赖他马不停蹄的巡察力、军事领导力，甚至是必要时的威慑、劝诱和惩处的能力，而面对这样一个多元民族的社会，国王首先需要具备的是有效的谈判力。

当时的国王十分倒霉，成了同时代人的无情笑柄。这位国王便是决策无方者埃塞尔雷德（Ethelred Unraed），埃塞尔雷德意为"明智"（well advised），绰号"决策无方者"（Unraed，或 Unready）来自其名 Ethelred 在古英语中的转写。当时伦敦有位非常敏锐的观察家，他在笔下表达了忧惧：自己深深忠于英格兰王国的理念，但判断英格兰国王将以失败告终。埃塞尔雷德的政府筹集了数以千万计的银便士用以收买入侵者，这笔钱就叫作"丹麦金"。这是一笔巨额财富，而重负落在了凯伯沃斯以及各地的自由民身上。政府要求各个百户邑对其治下的每个村庄都征收税款，在诸如凯伯沃斯这样的地方收取的税款可能达到了整年的应税额度。外来军队所到之处,大片乡村被摧毁,而且政府对英格兰南部的斯堪的纳维亚定居者越来越感到恐慌,因为经过 70 年的自由流动,这些人的居住范围十分广泛,政府生怕他们打出种族牌来对付"内部敌人"。定居者已经在牛津煽动了大屠杀,其他地方也发生了大面积残杀,这很可能让之前几代人积累下来的大量成果化为乌有。但 1016 年的"战争决议"使这个饱受战争创伤的国家得以喘息。在一卷华丽的王家手稿中有关于新国王克努特(Canute)的记载,在书中这位年轻人蓄着大胡子,一头亚麻色头发,一手坚定地握着剑柄,一手将一副金十字架赠予位于温彻斯特的王室新教堂。

总的来说,持续到 1042 年的丹麦王朝恢复了政治的稳定,开放了英格兰的国门,尤其还在施行丹麦律法的地区对斯堪的纳维亚世界保持开放。1042 年,阿尔弗雷德的血统得以恢复,爱德华登上了王位(后来因为对基督教信仰的无比虔诚而被称为"忏悔者"或"圣爱德华"),但面对山头林立的局面,他需要付出巨大的精力才能将整个 114 英格兰团结在一起。这个目标耗尽了阿尔弗雷德王朝几位国王在其 50 岁之前的心力,但始终未能如愿。爱德华甚至废除了军队的国税。同时代人以生动的形象赞美了爱德华的妻子艾玛(Emma),有一幅画面表现的就是她亲手为爱德华绣制精美的服饰,以便他可在合乎礼仪的场合穿着。这与"一边在盥洗室洗手"一边以平常的语言处理棘手法律案件的阿尔弗雷德大帝的形象,或是身穿普通斗篷、羊毛紧身裤和束腰外衣的阿瑟尔斯坦国王留给我们的印象相去甚远;阿瑟尔斯坦因心甘情愿纡尊降贵"抛弃王权的傲慢,将自己视同普通人"而备受赞扬。在亨伯河的另一边，诺森布里亚人仍然企图实行地方自治；在英格兰中部地区，米德兰人仍然反复无常，更喜欢寻求独立。在1055年，一场几近爆发的内战得以避免，但发挥作用的不是国王或要人，而是凯伯沃斯的大乡绅埃尔弗里克和埃德温这样的普通人，理由是"亨伯河两边都是善良的英格兰人"。

诺曼人的征服

1066年初，老国王死后，一位名叫哈罗德·葛温森（Harold Godwinson）的新人竟然登上了英格兰国王的宝座。尽管势力强大又拥有大量土地，但他是一个11世纪暴发户家族的成员，从这一点来说，事件意外得令人难以置信。诺曼底公爵威廉宣称自己拥有获得王位的权利，并在索姆河河口集结了一支舰队和军队。于是，哈罗德向英格兰自由民征收"前所未有的苛刻"重税——由他们的社区提供与支付，并组织兵力在南部海岸严阵以待40天，准备击退入侵者。尽管8月的逆风让威廉穿越英吉利海峡的行动陷入困境，但在此期间，北方的挪威国王哈拉尔（Harald）却率领舰队在约克郡登陆了，同时激发了北方人中间本就存在的分离主义者的冲动。麦西亚伯爵和诺森布里亚伯爵在约克郡外围被击败后，哈罗德决定孤注一掷赌一把，率领军队火速北上约克郡，并在斯坦福德桥头一场与挪威人的殊死决战中获得胜利。然而，这场豪赌还是在两天之后失败了。正当哈罗德在约克城疗伤的时候，英吉利海峡的风向变了，威廉的舰队借风抵达佩文西（Pevensey）。哈罗德的反应是立刻返回南部海岸，但这也许不是明智之举。10 月 14 日，在黑斯廷斯（Hastings）与诺曼人的交战中哈罗德落得个悲惨的结局：国王、他的兄弟们以及"英格兰民族的精英全部倒下了"。他们中间也许包括英格兰中部地区的大乡绅，如埃尔弗里克（麦瑞特的儿子）和埃德温等，这些人从此在历史上消失了。至于来自缅因的自由民是否配备马匹、头盔和长矛，是否追随他们的领主并战死沙场，历史上没有记载。

正如您可能预料的，关于这场灾难众说纷纭，各种传言不仅在整个英格兰沸沸扬扬，毫无疑问也在村子里不胫而走。有人说哈罗德操之过急，有人说是因为他的追随者越来越少，"最后只剩下一些需要支付报酬的佣兵以及少数乡下人"。据说，哈罗德只能召集整个英格兰军力的一半，而且在战斗开始时，战场上的军人里只有三分之一愿意服从命令，他就是在这样的情况下面对外敌的。更加玄乎的是，在某些人看来，鉴于"国家的罪行"，是上帝让法国人获得了胜利。因此，直至今日大家仍在反思失败的原因。在伯克姆斯特德镇（Berkhamstead，位于英格兰东部赫特福德郡的西边），威廉接受了英格兰贵族的投降，其中包括凯伯沃斯的大领主——麦西亚伯爵埃德温。在圣诞节前夕，威廉在威斯敏斯特大教堂加冕成为英格兰国王。这场战斗的结果永久改写了英格兰的未来。

1066 年冬，生活在凯伯沃斯的维京和英格兰农民认为，他们所属的这个国家乃是一个由英格兰国王统治的英格兰国家。这是因为，当经历过 1013—1016 年战争的年迈老人回忆起这个国家在埃塞尔雷德政府灾难性统治下的情景，以及丹麦人斯温的军队又是如何肆意摧毁田园、践踏乡村时，相比之下，此时想必也不至于糟糕到哪里去了。迄今为止，社区已经形成了它的传统与习俗，有了耕作实践与阶层划分（富人与穷人）。大块田与条田、草地和溪流、"阳光面"和"阴暗面"并存，陪审团用脚步来丈量其尺寸大小。他们每月在"加尔树"旁聚会，发布共同的法律。人们怀揣可在整个王国范围内流通的制作精良的硬币，正如在一百年前的黄金时代，也就是埃德加（Edgar）[1] 王朝时期一样。老人们都说，那个时候，"即使是将一副金臂环遗忘在丛林中，也没有人会把它拿走"。如今，就像 1016 年的克努特王权时期一样，整个王国又落在了入侵者手中。但这一次，入侵者不仅使用不同的语言，也遵循迥然有别的治理传统。

英格兰下一阶段的故事由此展开。在未来的几个世纪里，村庄共同体和王国共同体，也就是人们口中的这个"富饶的国家"、这个"悠久的民族"将会发生什么呢？此刻，从古老的罗马不列颠奴隶社会秩序中形成的英格兰即将进入出于内部与外部原因无情地强加于整个欧洲的封建社会制度时期。它将如何变化，又将在哪些方面依然如故？中世纪封建秩序下的奴隶、隶农和农民是如何生活的？我们的现代世界又是怎样从中孕育出来的？

---

[1] 埃德加，957—975 年的麦西亚和诺森布里亚国王。

第七章 诺曼人的枷锁

1066 年 10 月 14 日，夹杂着缭绕的烟雾和寒冷的湿气，夜幕降
临在苏塞克斯附近的海岸。在位于唐斯（the Downs）[1] 边缘的低矮山
脊上，尸横遍野。如今，此地的标志是征服者威廉为庆祝胜利而建造
的巴特尔修道院（Battle Abbey）的遗迹，当时的英格兰人所知道的
地标是一棵"古老而灰白的苹果树"。在这些战死的"英格兰精英"
中，可能包括凯伯沃斯的埃尔弗里克和爱德温等效忠于国王的大乡

---

[1] 英格兰南部和西南部的丘陵地带。

绅。一群诺曼人手举火把，踩过染血的泥地、死去的马匹和破碎的武器，在插着战旗位置的尸首堆里搜寻英格兰国王的尸体，哪怕只剩残缺的部位。仅此一战，英格兰便落入了诺曼人手中。

在这场溃败的直接冲击下，人们都在寻找这些令人震惊的事件的原因，以便获得某种安慰，但在那个秋天，英格兰并无非同寻常之处。"诺曼人赢得了这场战争"，盎格鲁－撒克逊时代的编年史家咬紧牙关写道，是上帝因"这个国家的罪恶"而让他们获胜的。就发生在1066年秋天的那一系列令人难以置信并最后导致黑斯廷斯战役的事件而言，这似乎是一种很好的解释。从那时起，一支由诺曼骑兵、雇佣兵和冒险家（他们豁出性命想大捞一把，并将未来命运之赌注押在诺曼底的威廉身上）组成的小规模军队怎么会击败西欧最富有的民族国家，让历史学家们又做出了许多其他解读。

1066年圣诞节，在主要贵族的认同下，征服者在威斯敏斯特大教堂加冕成王。至于人民效忠与否，那是另一回事了。在接下来的三年时间里，威廉通过战争、焦土政策和无情镇压等手段征服了英格兰。围攻堤道推进到了低洼地区，移动式吊台和破城槌击垮了风景如画的古罗马时期城市的城墙（埃克塞特就是其中之一）。哪个村子出现反抗者，哪里便要遭殃。诺曼人的行径激怒了英格兰人，尽管在黑斯廷斯战役中彻底失败，但抵抗力量还是非常惊人的。"在最初那些日子里，"一位诺曼人后来写道，"英格兰人对诺曼人恨之入骨。只要有可能，就会秘密伏击诺曼人；只要有可能，就会将诺曼人偷偷杀死在树林里或偏僻之地。为了报复，诺曼国王和手下的领主想出了种种异常残酷的办法用来对付英格兰人。"

最初几年，诺曼军队都处于行军、征战和杀戮之中，所到之处的标志就是腾空而起的浓烟和对英格兰人的野蛮屠杀。久经沙场而变得麻木不仁的诺曼骑兵和雇佣军还在北方蓄意策划了一场人道主义灾难，以致陷入绝境的农民不得不依靠"吃草和老鼠为生"，甚至出现同类相食和出售自己的孩子为奴的情况。在英格兰中部地区，诺曼人大肆毁坏凯伯沃斯周围的富饶农田。征服者威廉围困并猛攻莱斯特，致使整个城市遭受洗劫，大部分地方被毁。在索尔河畔一个盎格鲁－丹麦自治区的南部边缘，诺曼人为了建造一座城堡把 120 座房子夷为平地。摧毁此地之后，威廉将这个郡的大部分送给了曾在黑斯廷斯战役中与自己并肩作战的休·格朗梅尼尔，大小相当于之前在麦西亚伯爵统治下的 60 块封地。

　　格朗梅尼尔 35 岁左右，和主人威廉一样是位出色的骑手和斗士。他骁勇善战、盛气凌人，很适应战场，集冷酷与忠诚于一身，显示出中世纪贵族的特质。鉴于他的忠心，威廉赠予他一百多处英格兰庄园，大多数位于莱斯特周围。格朗梅尼尔成为莱斯特的执行官，莱斯特也就成了他现有的权力中心。作为加强控制的组成部分，格朗梅尼尔在主要的战略据点和关键路口都建立了城堡。在威兰与莱斯特之间的哈勒顿要道上，城堡林立，凯伯沃斯也建有他的城堡。格朗梅尼尔夷平并清理了位于后来成为 A6 高速公路的小道旁的盎格鲁－撒克逊时期领主的领地、谷仓和牛棚，拆除了"穿越村庄的国王公路"南边的村舍。为了省时省力，诺曼人还将位于芒特的罗马时期的古墓堆定为城堡的中心，那里本是一块圆锥形的高地，有用栅栏围成的平台，由此形成诺曼城堡内部的战略据点和最后的庇护所。诺曼人还胁

119

迫地方官，强征村民挖掘沟渠、建造工事，征用牛车搬运木料，把铁匠集合在现场的作坊中铸造钉子。诺曼工程兵擅长随身携带城堡的预制构件，而且很快就能将其组装起来，但在此地，他们可能还要征募一批当地的劳力，花时间把格姆雷森林中砍伐下来的木材用牛车搬运回来。地方官可能为诺曼人提供了保存在庄园仓库中的工具，比如登记在财产备忘录上的"斧头、扁斧、锥子、刨子、锯子、螺旋钻、鹤嘴锄、钉起子、铁锹和铲子"等。定位与修建栅栏和平台时所需的木桩，就是用这些工具在现场打造出来的。

这只是我们所能想象的，因为并没有发现确凿的证据证明芒特曾是一座诺曼城堡。尽管这座古墓在有关这个村庄的故事中起到过极其重要的作用，但它并没有经过科学的发掘，并在过去的两个世纪里遭到过非常严重的毁坏，以至于磁力测定技术都无法测出土地下面有任何木质建筑的阴影。正如我们在第一章中看到的，这个古墓在 19 世纪被人挖掘过两三次，又有大量的壕沟从其间穿过，所以，关于它的规模与形状，现在只能通过 18 世纪晚期的约翰·尼科尔斯的描述进行估计。好在尼科尔斯的描述为我们提供了相当程度的确定性，足以说明这里曾在某个时候被重建成一座设有防御工事的城堡。他描述说，古墓所在的土堆大约 35 米宽，6 米高。土堆现在的高度只有 4 米，但在中世纪很可能是现有高度的两倍，不过其顶部的平整区域仍有大约 22 米宽。这个土堆被一条大约 8 米宽、2 米深的壕沟围绕着，整体规模与位于哈勒顿和吉尔莫顿（Gilmorton）的著名诺曼城堡遗址类似，也与格朗梅尼尔位于英格尔斯比（Ingarsby）的另一个城堡一致。在西南面曾经有条 6 米宽的入口堤道，遗迹依稀可见。尼科尔斯说，在土堆南边还有一条大约 40 米长的沟渠，以及 8 米宽、近 1 米高的堤岸，很可能是城堡外部工事的组成部分。

城堡防御工事的遗迹早在扩建 A6 高速公路和现代住宅楼时就已消失，但假如以其他已挖掘的城堡遗址作为参照，可以认为在城防内部还存在着烤炉、手推石磨、陶器窑、皮革作坊、铁匠铺、谷仓、牛棚和住宅等生活设施。简而言之，在村子的最高处有一个小型军工联合体（military-industrial complex），从城堡上望出去，目力可以远及缅因街和莱斯特森林。城堡主楼的平台是当时凯伯沃斯山脊上的制高点，能够接收从莱斯特至北方和从威兰河谷至南方的火警信号。但城堡和土木防御工事乃是一种显著的压迫百姓的标志，成为这片土地上一道道原始伤疤，并在英格兰人的想象中留下了深深的印记。正如一位编年史家在 1086 年所写的，威廉"到处修建城堡，以此压迫英格兰的穷苦人民"。诺曼人的枷锁自然也套在了凯伯沃斯人的脖子上。格朗梅尼尔是这个地区的统治者，具体到这个村庄，则由佩戴主人的纹章、生活在当地的代理人主宰。由此，一个漫长的遍及整个王国的压榨过程开始了。在英格兰中部，城堡遍地开花，比如由格朗梅尼尔本人在格鲁比（Groby）修建的城堡，其他人在萨科特（Sapcote）、哈勒顿、欣克利（Hinckley）、芒特索雷尔（Mountsorrel）和多宁顿（Donington）等地建造的城堡。再加上位于吉尔莫顿和英格尔斯比等地的城堡，诺曼士兵就是以这些地方作为生活据点的。当凯伯沃斯的地方官以及陪审员于 1086 年春为《土地调查清册》作证时，他们正是在"加尔树"下汇报村子及农民的状况。当时，他们中间多了一位

120

法国人，但记录上对此守口如瓶，除非你能从如此严格的官方记录的字里行间读出言外之意。

《土地调查清册》：1086 年的凯伯沃斯

入侵英格兰之后，诺曼人花了好几年时间才征服了这个国家。在诺曼人通过翻译与被征服者进行有效沟通之前，他们采取的几乎都是最为残酷的军事占领手段，给英格兰造成了巨大的破坏。诺曼人所到之处生灵涂炭，农作物也遭到毁坏。当时，杀害不自由的隶农甚至不用上法庭。但面对这么多没收的财产，由此产生的大量所有权纠纷还是摆在了法律面前，这就需要为发生的事情划一条底线，并对这个国家的状况做一个明确的描述。为此，在诺曼人占领英格兰20 年之后，在 1085 年圣诞节期间，威廉在格洛斯特召集幕僚，发表了关于英格兰土地和人民的性质的"深刻演讲"。这次会议决定委任一个专门机构，以逐个村庄、逐个庄园的形式对英格兰进行大规模调查。

1086 年早春，威廉的巡回法官们来到"加尔树"下的会议地点，要求来自当地百户邑的陪审团成员发誓作证。虽然凯伯沃斯的撒克逊人埃尔夫梅尔（Aelfmaer）、埃尔弗里克和埃德温可能已经死于黑斯廷斯战役或北方战役，但埃德温的名字似乎仍保留在为凯伯沃斯和斯密顿的土地、人口和牲畜作证的成员名单中。这批成员的名字在当地留存至今，包括戈德温、奥斯温、斯旺、哈森（Haesten）和托尔德

（Thored）等。他们曾是自由的，此时却"带着一颗沉重的心"，以他们的语言发出自己的声音。"这说起来很羞耻，但转身一想，也算不得什么了，"一位心怀不满的英格兰人写道，"就连一头猪、一头公牛或一头奶牛也无不被清点进去。"调查的结果形成了《土地调查清册》。如今，它不再是一本可被借阅的书，而是被保存在温控条件下的肯特国家档案馆，不过可以从网上查阅全部内容。这份手册是包括凯伯沃斯在内的英格兰绝大部分城镇和乡村的完整历史记录的起始点。

1086 年的凯伯沃斯尚未成为村庄，还只是三个定居点组成的村落，由许多个人田地或庄园构成。因此，当地陪审团向国王的东米德兰地区巡回法官提供的调查内容并非集中在一个条目下，而是分布在《土地调查清册》的几个页码之中。在某种意义上，这种描述是非常即时性的，反映的是此地在 1086 年春的现状，并简要提及了 1066 年的状况。但从另一种意义上说，这份文本以简约的形式提供了盎格鲁人和维京人统治的具体结果，并可往前追溯几个世纪，内容包括不同的风俗、语言和地方土地所有权形式等。正如诺曼人所记录的，在凯伯沃斯教区存在三个主要村落，以及最少八个独立庄园。需要说明的是，庄园与村落是有所区别的，弄清楚这一点很重要：以斯密顿这个村落为例，其土地分别为四五个地主拥有。在 1066 年之前盎格鲁－撒克逊国王的长期统治下，这显然是非常超前的。

以实用目的拟定的《土地调查清册》意味着它具有实用价值，确实，直到 20 世纪，它仍然可以当作历史判断的依据。该清册是以英格兰的地方行政机构（郡）作为基本单位进行有序安排的，不过，

123

在其索引页中，当时的每个郡又以几个主要的土地所有者分列。在"郡"条目的最前端是一系列土地所有者的名录：从国王开始，依次是主要教堂、大领主和小地主等。然后，这些田地被有序地编排起来，可在庄园所属的"百户邑"条目下进行对照检索——凯伯沃斯属于"加尔树"百户邑。到此为止，盎格鲁－撒克逊的土地所有者已经消失不见了，一些人可能是丧生于黑斯廷斯战役及其余波。此时的中心人物是参与黑斯廷斯战役并取得胜利的诺曼人，比如休·格朗梅尼尔、维西的罗伯特（Robert of Vessy）、布西的罗伯特（Robert de Bucy）和"财务主管"（Dispensator）罗伯特等。《土地调查清册》难免涉及一些专门术语以及 11 世纪的官方语言，但它在英格兰村庄史上极其重要，我们应该全面地了解它。在《土地调查清册》中，有一幅如次页所展现的稍带注释的关于凯伯沃斯的示意图。

首先是凯伯沃斯教区北部的条目，即如今的凯伯沃斯－哈考特（这个后缀可能是后来出现的）。在诺曼人征服之前，这里是一个单一庄园，在其整个历史中也都是如此。其土地面积以丹麦语 carucates（约 120 英亩）和 bovates（约 15 英亩）作为测量单位。为了便于理解，下文引用的条目中部分采用英亩单位进行说明，尽管它们只是近似值：

> 维西的罗伯特在凯伯沃斯拥有 12 carucates 土地（约 1400 英亩），在 1066 年之前，足足需要 10 支公牛队来犁耕。有 6 名奴隶依附于这块领主土地，另有隶农（villeins）10 人、自由民（sokemen）6 人、小农（bordars）6 人和 1 个法国人。他们拥有

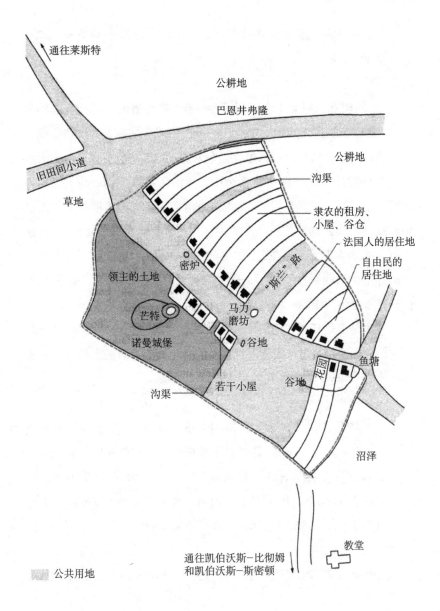

通往莱斯特

公耕地

巴恩井弗隆

旧田间小道

草地

公耕地

沟渠

隶农的租房、小屋、谷仓

法国人的居住地

自由民的居住地

密炉

"斯兰"路

领主的土地

芒特

诺曼城堡

马力磨坊

谷地

鱼塘

谷地

花园

若干小屋

沟渠

谷地

沼泽

公共用地

通往凯伯沃斯－比彻姆和凯伯沃斯－斯密顿

教堂

5 支犁耕队。另有 16 英亩草地。1066 年此地估价 40 先令，此时估价 60 先令。

《土地调查清册》中也提到了盎格鲁－撒克逊的土地所有者的名字："麦瑞特之子，自由人埃尔弗里克在 1066 年之前拥有这些土地。"

124　正如我们所知，这位埃尔弗里克是东米德兰地区一位有权有势的大乡绅，在林肯郡、沃里克郡和莱斯特边界的沃尔维（Wolvey）等地均拥有土地。除了这些信息，《土地调查清册》在有关莱斯特城的条目中还提到，维西的罗伯特"在凯伯沃斯－哈考特拥有三处房产"。这一有趣的线索表明，早在公元 1066 年之前，这个村庄就已经与莱斯特的都市生活联系在一起了，这种关联可能起始于 10 世纪以乡村来促进城镇生活所做的一种布局。

其次是凯伯沃斯－比彻姆的条目。这个村落已被分成两个庄园，列在最前面的是"财务主管"罗伯特的土地，他拥有的土地位于弗莱克尼（Fleckney）和威斯托的旁边：

> 凯伯沃斯（比彻姆）有耕地 5 carucates 和 6 bovates（共约 700 英亩）。1066 年之前拥有 5 支犁耕队。如今 6 位小农和 8 位隶农拥有 2 支犁耕队。草地为 12 英亩。1066 年估价 10 先令，现在为 30 先令。1066 年，埃德温·阿尔弗雷德（即阿尔弗雷德的儿子）自由持有这些土地，并享有完全的管辖权。

比彻姆的第二个庄园属于"司门员"（Hostiarius）罗伯特（此人

是一位宫廷小官，也就是俗称的"门卫"）：

> 罗伯特还在凯伯沃斯拥有 6 carucates 土地（约 720 英亩）。1066 年之前拥有 3 支犁耕队。有两支半犁耕队和 3 名奴隶依附于此领主私有土地。9 位村民及 2 位小农拥有两支半犁耕队。草地为 12 英亩。1066 年估价 30 先令，现在为 40 先令。（在 1066 年以前）此地由埃尔默（Aelmer）所有，并享有完全管辖权。

所以，凯伯沃斯-比彻姆拥有约 1400 英亩耕地和 24 英亩草地。在 1066 年之前，这里总共有 17 名隶农及其家人、8 名小农和 3 名奴隶。

再次是斯密顿的条目。此地的情况更加复杂。这个村落和附属于此地但是保持独立的小村寨韦斯特比，分别属于四五个领主（好一个中世纪地产律师的天堂！），其中之一便是威廉国王本人。国王虽并不居住在此地，但总归是这里的土地所有者。大家都知道，作为"国王的份额"的耕地，晚至 18 世纪仍有大约 160 英亩。1086 年时，这些土地是由 4 位自由民来耕种的，每人耕种 30 英亩。在早期的全国地形测量图上，这些地块依然清晰可见。

斯密顿最主要的那个庄园面积在 500 英亩到 600 英亩左右，休·格朗梅尼尔将其租给了布西的罗伯特和 2 名自由民、1 名隶农以及 3 名小农。"财务主管"罗伯特则拥有另一个庄园，有 360 英亩，可能就是韦斯特比，由 3 名自由民、2 名隶农和 1 名小农来耕种。另外还有 4 名自由民也在此耕种，不过他们属于 6 公里外的布鲁廷索普（Bruntingthorpe）的一个庄园。

125

　　1086 年，斯密顿－韦斯特比共有约 1100 英亩耕地，由 12 名自由民及其家人，3 个隶农租户和 4 名小农一起耕种。此地没有奴隶。相关条目说，"土地足够 7 支牛队犁耕，并拥有 9 英亩草地和 3 平方弗隆（furlongs）树林"。这是整个教区的唯一一片林地。这让人对此地有了概念：早在 1066 年之前，凯伯沃斯的耕地就已经非常集中。

　　以上就是 1086 年的凯伯沃斯的状况。就像《土地调查清册》中展示的很多地方图示，凯伯沃斯的平面图乍看之下也极为繁复，令人眼花缭乱。不过，我们还是能够从这些条目中引证一些确具启示作用的数据。首先，这个教区在 11 世纪时耕种的土地规模达到 4000 英亩左右，非常接近维多利亚时代的《地名辞典》中描述的数字。诺曼时期的凯伯沃斯只有少量草地和极少林地——仅斯密顿的 3 平方弗隆。1086 年，凯伯沃斯旧教区的犁耕队已超过 20 支，可见农业的产业化程度已经达到一个很高的水平。

　　《土地调查清册》枯燥的统计资料所显示的图景表明，当时这里呈现出的是开放景观，地面上很可能已经没有树篱相隔，也许点缀着稀稀拉拉的树木以及斯密顿仅有的一小片树林。三个主要村落是轮廓分明的核心型定居点，各个村落四周环绕着公耕地，其间是供犁耕队出入的田间小道和"斯兰路"（the Slang，意思是窄条土地）。在哈考特，"国王公路"沿线有一排房屋及园地、一间磨坊、一个池塘、一座小教堂和"斯兰路"，三大块耕地的条田成扇形向北展开。整个教区的共用教堂坐落在"上村"与"下村"之间的山坡上。隶农和奴隶们居住在通往斯密顿的小路旁，领主私地的大院子内则设有谷仓和公牛栏。再往南就是斯密顿和韦斯特比，大多数自由民生活的地方。每个居住地均处于公耕地的中心位置，都是开放的，不设篱障，一排排犁耕队就在开阔的天空下辛勤劳作。这里的农业已呈产业化，绝大部分人口都在从事粮食生产。

阶层

《土地调查清册》还为人们提供了一幅有关社会阶层的生动图景。从这个意义上说，凯伯沃斯是 11 世纪英格兰社会的一个典型例子。三个主要定居点——凯伯沃斯－哈考特、凯伯沃斯－比彻姆和斯密顿－韦斯特比——已明显呈现出人们在社会地位上的差异性。凯伯沃斯－比彻姆居住的是不自由的人：17 名隶农（依附性农民）、8 名佃农和 3 名奴隶。"上村"凯伯沃斯（哈考特）居住着 10 名隶农、6 名佃农和 6 名奴隶，还有 6 家自由的佃户。但在斯密顿，除了 7 户依附性的农民家庭，共有十几户自由民家庭，他们明显占据优势。佃农和自由农民是英格兰中东部地区的独特阶层，通过本书正在讲述的这个故事，我们将追踪他们的后人，直至都铎时代的自耕农——这个阶层将成为英国资本主义的兴起以及英国自由理念发展的一个重要因素。

由此可见，在 11 世纪，凯伯沃斯的所有自由民都居住在哈考特和斯密顿，而不是比彻姆。这体现了撒克逊晚期或是更早些时候村庄的古老模式。正如我们所知，哈考特作为"凯巴的财产"（Cybba's worth），似乎是 8 世纪时这里的中心地带。比彻姆可能是苦力者和依

附性农民居住的村落，斯密顿则是工匠生活的地方——尽管9世纪
前，自由民在此占据了绝对优势。在维京人征服的时期，这种分化很
可能已经固定了，并保持着古老的自由模式。13世纪70年代，默顿
学院购买了哈考特，可能使这里进一步固化而成了"封闭的村落"，
与此同时使比彻姆成了苦力生活的地方，从而形成了这两地被后来的
记载描述，也被今天的老村民议论的不同特征，要知道，这些议论并
不总是玩笑话。

　　1086年，整个社区大概有男女自由民15人（他们的家人和受赡
养者也居住于此），隶农30人，佃农18人，奴隶9人。别忘了，还
有一名法国人！如果每个家庭以5人为计，这里的总人口有350到
400人。考虑到这个教区后来的人口数量状况——1801年的人口普查
显示这里有1200人，1871年则为近2000人——350到400人的规模
算是相当大了。因此，早在11世纪凯伯沃斯就是"加尔树"百户邑
中人口最为稠密的村庄之一，并维持至今。新的居住区不断增加，比
彻姆的居民已经多达4000人，哈考特有1000人：凯伯沃斯正在迅速
发展成为一个小镇。

中世纪的种族隔离：诺曼人统治下的生活

　　此时的村民生活在领主代理人以武力为后盾的严密监督之下。诺
曼领主的代理执行官就带着全副武装的士兵在村里。我们无法确定这
里的盎格鲁-撒克逊领主是否有人幸存，他们也许已经被杀，也可能
还活着，但肯定已经失去了产业，除非如《土地调查清册》中所记载

的例子：一位原自由民"带着沉重的心情，悲哀而痛苦地"从诺曼统治者手中租回自己的田地。诺曼占领者的数量可能不到 1 万人，他们统治的国家却有 200 万人口。虽然在接下来的 30 年中，他们的人数可能达到了 5 万之众，但这个数量只占英格兰人口的 2.5%，而且可能已经是最大值。这是一次典型的单一性征服事件，随之而来的是一场在外国贵族阶层之间进行的前所未有的财富再分配。1086 年的《土地调查清册》显示，超过 50% 的土地掌控在 175 位世俗大贵族手中。在 1400 位拥有土地的大乡绅中，只有 2 个是盎格鲁－撒克逊人。近一半的国家财富集中在 11 人手上，其中之一就是本书讲述的这个村庄所属的大地主休·格朗梅尼尔。

128

就整个英格兰的低下阶层而言，不自由的农民占总人口的三分之二，奴隶占 10%，生活对于这些人来说变得更加困难。即便是对自由农民来说，诺曼人占领的时期也是一段艰苦岁月，他们在这个国家的很多地区失去了土地和习俗权利。几个世纪以来，在英格兰人中间流传着一则关于"诺曼枷锁"的神话，讲述英格兰社会的连续性如何在 1066 年遭到野蛮的破坏。这则神话，或者说民间传说是由英格兰内战中的激进分子构思出来的，并在往后的书籍和电影中再三呈现。比如沃尔特·斯科特（Walter Scott）在其著名作品《艾凡赫》（*Ivanhoe*）中所写的："诺曼人锯下英格兰的橡树，做成一副副枷锁套在英格兰人的脖子上。诺曼人手拿勺子，任意舀吃英格兰人盘中的菜肴——诺曼人随心所欲地统治着英格兰。"从某种程度上说，这些描写并不是故事里的。"最初，他们相互仇视……诺曼人采取了野蛮手段作为回应。"理查德·菲茨尼尔（Richard FitzNeal）在诺曼人征服英格兰一个世纪之后写道。尽管他相信，如今情况已经大有改善，"英格兰人与诺曼人共同居住，彼此通婚，不同民族相互融合，以至于难以区分谁是英格兰人和谁是诺曼人"，但他也承认，就劳动阶层来说，情况却是另一回事，"那些被称为隶农的底层劳动者"备受诺曼人歧视。事实还证明，即使是关于英格兰上等阶层，菲茨尼尔的看法也显得有点乐观了。针对诺曼时期婚姻的新研究表明，至少有三代人的时间是几乎没有异族通婚的。在诺曼人征服后的最初一个世纪里，村民们几乎是在种族隔离状态下生活的。统治者说法语，也不教自己的孩子说英语，因为他们视英格兰人为劣等种族。不过，在 12 世纪中期以后情况发生了较为迅速的变化，即使是在凯伯沃斯这种小地方。

129 　　在诺曼统治者看来，英格兰中部村庄那"香槟酒一般"的土地是最有利可图的不动产。12 世纪初，哈考特家族购置了凯伯沃斯的"上村"（带有精美城堡的哈考特是一个极具吸引力的村落）；担任王室管家的比彻姆家族（后来接替格朗梅尼尔家族继承沃里克伯爵爵位）拿下了凯伯沃斯的"下村"。两大家族给这两个村落添加了沿用至今的村名后缀。新领主出自法国诺曼底或安茹（Angevin）的望族，在他们的统治下，征服者与被征服者之间长达一个世纪的社会壁垒开始被打破。

　　从东米德兰地区的租约中可以发现，这种迹象开始在草根阶层出现。例如，有位名叫克里斯蒂安娜（Christiana）的佃农之女在领主的祝福下嫁给了当地一位富裕的诺曼人。尽管克里斯蒂安娜拥有一个时髦的诺曼名字，但她的祖先均为维京人血统：父亲的名字是伊沃（Ivo），祖父名叫斯温（Swein），曾祖父是马格努斯（Magnus，他可能活到了 1086 年）。另一位本地女孩拥有一个非常正宗的诺曼名字——阿斯瑞亚（Asceria），"乔士兰（Joslan）的女儿"，她拥有一份祖先遗赠财产的拉丁文特许状，显示她的祖父是维京人阿格瑞姆（Arngrim），外曾祖母是英格兰人伍尔夫吉芙（Wulfgifu）。

从凯伯沃斯本身的零碎资料中也能看到类似的故事。在 13 世纪六七十年代，凯伯沃斯有位名叫玛蒂尔达（Matilda）的女子，她是伊沃的女儿、亨瑞克斯（Heinricus）的孙女和另一伊沃的曾孙女：这些全部是斯堪的纳维亚人名。玛蒂尔达嫁给了一名当地地主，萨丁顿的理查德（Richard of Saddington）。理查德是位地方社会名流，他给两人的儿子取了一个好听的诺曼名字罗伯特。这些例子证明，在当时那个世界，自由农民也是可以向上层社会移动的，尽管经历了自黑斯廷斯战役之后四代人的时间，才使克里斯蒂安娜、阿斯瑞亚和玛蒂尔达这样的家族得以实现。

公耕地

除了个别人之外，全体村民的日常工作就是致力于耕种土地，整个社区的基本任务就是生产粮食。12 世纪的农业采用的是共同耕作制度，这种制度在中世纪遍及西北欧的广大地区，并非英格兰的独特现象，只不过是在诺曼人征服英格兰之后才在不列颠中部低地从苏塞克斯到苏格兰东南部低地的大片地区得到了特别广泛的推行。正如前文所见，在英格兰，公耕地可能是 10 世纪时为了统筹城

130

镇与乡村以适应战争年代而发展起来的。在一些地区，共同耕作制度是由国王和领主强制推行的，其施行之严厉不禁令人联想到英国农业部在 1939—1945 年间所推行的"为胜利掘地"运动（"Dig for Victory"）——在所有可能的地方种植各种作物以支援第二次世界大战所需。在诺曼人征服英格兰之后，人口自 1086 年开始的两百年间从约 200 万增加到 600 万—700 万，共同耕作制度的覆盖面因而在地方领主的推动下不断扩大。迫于严重的人口压力，凯伯沃斯－比彻姆逐渐清理出了新的土地。从 1279 年的"百户邑案卷调查"到 1305 年的"村庄面积调查"期间，新开发出来的耕地达两三百英亩。

　　哈考特、比彻姆和斯密顿分别有三大块公耕地，自由民和不自由的农民所持有的土地都分布在这三大地块之中，因此，每人分得的土地都同时有好有坏，土壤既有轻质的，也有强质的。默顿学院档案馆中有关凯伯沃斯的档案为我们呈现了一幅关于这种复杂耕作系统的生动图景。13 世纪 60 年代就曾有一份租约，记载了哈考特家族的一户人家租给神父理查德之子罗伯特的土地有一部分原本是由另一罗伯特（玛蒂尔达之子）所持有的，共计半威尔格[1]（15 英亩），另外一部分是 8 英亩耕地。这另外一部分的 8 英亩耕地分别散落在三大块耕地中，村子的记账员希尔维斯特（Sylvester）用以下方式将其记录在案（1 路德［rood］相当于 0.25 英亩）：

---

[1]　威尔格（virgate），英制土地单位，1 威尔格为 30 英亩，约 12 公顷。

1英亩在"利特尔"（Litlehul），位于罗杰·威斯所持有土地的旁边；

1路德半在"黑土地"（Blacklands）下方，位于亨利之子伊沃所持有土地的旁边；

1路德半在"黑土地"，位于雷金纳德所持有的"井边"土地的旁边；

半英亩在"王冠小溪"（Crowenersike）边，位于罗伯特之子亚历山大所持有条田的旁边；

1路德在"雷兰德"（Reyland）上方，位于罗伯特·乔伊所持有土地的旁边；

3路德在"沃尔弗茨"（Walwrtes），位于休·赫莱布尔所持有土地的旁边；

1英亩在"豌豆山"（Peascrofte）下方；

1路德半在"豌豆山"上方，位于罗伯特·乔伊所持有土地的旁边；

1路德半在北山坡（Northul），位于雷金纳德·阿特·韦勒所持有条田的旁边；

半英亩在"斯塔盖特"（Stalegate），位于罗伯特·布朗所持有土地的旁边；

3路德在"皮塞尔小溪"（Pesilsike）边，位于雷金纳德·阿特·韦勒所持有土地的旁边；

1英亩延伸到"布罗特斯山谷"（Borettesdale），位于罗杰·威斯所持有土地的旁边；

131

1英亩延伸到"皮塞尔小溪"边，位于西蒙（地方官）之子尼古拉斯所持有土地的旁边。

从对罗伯特这8英亩土地的记述中可以看出，此类账目的登记有多么烦琐复杂，而地方官们对此却是了如指掌。值得注意的是，一些区域的名字，比如黑土地和豌豆山等，在后来的什一税地图中仍然可以找到。光要记住所有耕地的数量及其所在的位置就已经是很费脑筋的事了，这实在令人叹服，要知道，一个在三大块土地间持有30英亩耕地的隶农很可能会有多达七八十块的条田，这些条田分散在二十多个不同的区块，每一个区块又分别都有自己的名字！这份文档尚未开始概述与持有小块农田相关的习俗，也没有说明应付的费用。关于这一点，我们以13世纪晚期一名持有1威尔格，也就是30英亩耕地的凯伯沃斯隶农为例，对他的劳作及应付费用聊做以下描述：

耕种1威尔格土地，用两天时间耕地，自备犁，无食物配给；用两天时间耙地和锄地，提供食物；用两天时间为领主割草，需要一名帮工，须自行寻找；用领主的马车收集、搬运他的干草，无食物配给……秋天收割，6天，根据需要可增加人手。用自己的马车将领主的谷物运到莱斯特市场等地，但仅限于郡范围之内。收集盖屋顶用的秸秆，维修领主的私人农场。按照习惯，村里的男人在领主的草地上割草时会喝掉价值1先令和6便士的啤酒。如欲继承1威尔格土地，须将次好的牲畜

献给领主，最好的献给教堂。（农民嫁女时需支付一笔附加结婚　
罚金以征得领主同意。关于这一情况，由于手稿已经褪色，无
法阅读，其详情不得而知。）

　　这就是 13 世纪时公耕地形式得到充分发展之后隶农的生活。虽
说当时的农耕生活在有关的文档中得到了充分体现，但它实际上已因
常识的普及和便利性的要求而在个人主义影响下发生了变化：如此烦
琐的系统难以维持供不应求的粮食产量。有抱负的农民经营者已将条
田加以合并，世袭地产保有者则将部分土地出租给众多没有土地的年
轻人。不过，在接下来的 500 年里，各个村落大块田地的公耕系统依
然支配着村民的劳动生活、风俗习惯、语言和生命周期。

公耕地的农事年

　　由于默顿学院在 1270 年左右成了哈考特的土地所有者，学院档
案馆中保存了大量有关早期庄园的文档，这就使得凯伯沃斯－哈考特
成了最佳范例，为我们演示农作物三年轮作制度的整个系统是如何运
作的。当然，这个区域不免有些独特的风俗，但其一般原则可适用于
从诺森伯兰郡到德文郡所有实行公耕制的村庄。开放性公耕地的经营
需要严格的管理制度，详情可在幸存下来的大量庄园卷宗中看到，共
涉及全国大约 300 个村庄。其中，关于凯伯沃斯的卷宗是最为完整的
文档之一。
　　我们所知的是三区轮作制，即三圃制，但是一个村庄也可以采用

牛津的默顿学院，自 1270 年以来哈考特的土地所有者。默顿学院的档案馆
保留了这个村子 750 年来的大量文件。

两区、四区、五区、六区，甚至是更多区的轮作制。三区轮作制是典型，即在三道耕地上轮流耕种不同农作物。在任何一年于第一道田地耕种冬播小麦，于第二道田地耕种大麦或豌豆等春播作物，第三道田地则处于休耕状态，"让土地修养生息"以便恢复肥力。空地中的杂草留作牧羊之用。

哈考特在三大块耕地上进行农作物轮耕，每三年为一周期。第一年，西边的土地（或称"凯尔地"）耕种冬播小麦，北边的土地耕种春播作物，东边的土地（或称"洼地"）则处于休耕状态。第二年，"凯尔地"处于休耕状态，北边的土地耕种冬播小麦，而"洼地"耕种春播作物。第三年，"凯尔地"耕种春播作物，北边的土地处于休耕状态，"洼地"则耕种冬播小麦。整个系统有赖于社区的紧密协作，正如一位耕种条田的农民所说的，"大家不必相互喜欢，但必须齐心协力"。

关于凯伯沃斯农事习俗的详细描述没有留存下来，其中绝大多数都是装进地方官和村民脑中，再以口述形式传播的。不过，我们能从一次收成到下一次收成的农事年更迭中看出这种习俗是如何在实践中发挥作用的。下面列出的是英格兰中部的拉克斯顿残存的一个公耕制村庄的农事惯例，直到20世纪40年代，这个村庄还在用马犁条田。从凯伯沃斯的法庭记录可以看出，在1779年的《圈地法案》实行之前，凯伯沃斯公耕地也遵从着类似的日程表来进行农事。不过毫无疑问，地方官西蒙、看管家畜的管理员哈里及其邻里对于这些工作日程早就习以为常，所以并没有记录下来的必要。

　　夏至—6月末：制备干草。从草地上收割后捆成草垛存放到畜棚里。夏至时会在"施洗者约翰节"（6月24日）前夜点燃大堆篝火庆祝。

7月6日：将所有牲畜清除出杂草丛生的未耕地。

7月10日—8月1日：在未耕地锄地。

8月1/2日（"收获节"）：结束割晒牧草，开放草地用于放牧。"收获节"是庆祝小麦初获收成的日子。后来，村子里的所有妇女儿童都会去帮助割晒牧草，就像19世纪和20世纪初留下的照片显示的那样。

8月：农民开始收割冬小麦，也就是在冬播作物地"凯尔地"里。

8月末：麦子收割结束，用于冬播作物的土地开始"抛荒"。村民饲养的牲畜被允许放进地里吃残留的麦茬。北边的土地的春播作物开始收割。

10月15日：春播作物地"抛荒"，羊群以及其他牲畜从"凯尔地"转移到这里吃残留的玉米茬。

10月中旬—11月初：农民转移到休耕地（"洼地"）——来年的小麦地，在那里犁地、耙地，种植冬播作物。

11月1日（"万灵节"）：草地结束放牧。过节。

11月中旬：完成全部耕种，除非受到雨水的妨碍。

11月23日（按照拉克斯顿的风俗）：所有牲畜都要撤离开放的田地，除了每位自由农（或常租户）在休耕地里喂养的20头羊。屠宰过冬所需的牲畜。

11月下旬—陪审团日：任命12名来年农事周期的陪审员和

农事主事者。他们将前往新的麦地（本年度为"北边的土地"），徒步核对田地，检查所有未耕地以及个人条田的分界，如有必要，重新打桩标界。

12月上旬：在两位官员——地方官（代表庄园主）和执行官——的主持下，召开民事法庭会议。受罚者支付罚金，新佃户发誓履行义务。会议上任命各种地方官，包括看管家畜的管理员和"赶牛者"（the pinder，负责将迷路走失的牛驱赶到待领处或牲畜栏；凯伯沃斯的牲畜栏位于马力磨坊附近的缅因街旁）。

11月—12月：为来年春播准备新的土地。

12月21日—隆冬：圣诞假期直到"主显节"。农民享受将近7周的跨年假日。

1月6日（或"主显节"后的第一个礼拜一）：圣诞假期结束。"首耕礼拜一"是英格兰中东部地区一个牢固的风俗，也许起源于施行丹麦律法的时期。这一天，人们会给犁大加装饰并抬着它四处游行，希望"神能赐犁以快速破土之力"。在凯伯沃斯，这项传统一直延续到20世纪30年代。

3月：春耕和播种。

4月：当嫩草冒头的时候，牲畜被转移到未耕地中。

复活节假期：庆祝复活节是村里每年最大的节日之一。

4月：产羔羊、牛犊和小猪，打谷——13世纪时，凯伯沃斯拥有专门的打谷者。

6月下旬：开始在草地上割晒牧草。至此，一年的周期在从

135

上一次收割到下一次收割的轮回中得以完成。人们在"施洗者约翰节"前夕的仲夏夜篝火前跳舞、唱歌，畅饮由村中啤酒酿造者酿制的啤酒。

农民们庆祝"首耕礼拜一"。这是英格兰中东部地区一个牢固的习俗，在凯伯沃斯一直延续到 20 世纪 30 年代。

当然，这些事情催生了众多专项工作，尽管所有村民都会参与田间劳作。村民们还推选出了田间官员，包括看管家畜的管理员、森林管理者、地方官和治安官等。这些职务主要由男性担任，不过如我们将会看到的，女性也会协助她们的男人在田间犁地、干活，甚至可以在孩子、亲戚和邻居们的帮助下，或使用季节性雇工而成为佃户。有女性酿酒人和女商人，甚至有女性成为地方官和陪审团成员。村里的专业岗位尚无记载，但在凯伯沃斯这种规模的村庄不可能没有木匠、碾磨工、铁匠、补鞋匠和面包师。所有从业者都必须具备一定的读写能力。我们发现，12世纪60年代出现了最早的村庄抄写员，13世纪凯伯沃斯的一份证明文件的证人名单中则提到了一位"药剂师"（apotecarius）。当时的农村正呈现出从事多种经营的最初迹象，这个过程始于12世纪晚期的英格兰中部地区，并将出现在凯伯沃斯——在13世纪60年代之后的文献中有大量相关记载。

"基督和圣徒都睡着了"

当时，人们的生活仍然非常艰难，1124年的《盎格鲁-撒克逊编年史》记载的一片萧瑟景象让我们明白了这一点。临近圣诞节时，拉尔夫·巴塞特（Ralph Basset）刚被绞死在凯伯沃斯北边不远处的"猎犬山"上，此人拥有大片田地，单在凯伯沃斯-比彻姆就有120英亩。编年史中的记载如下：

> 共有46个偷盗者被一口气处以绞刑，其中6人先是被弄瞎双眼，接着又被阉割。知晓实情者说，有许多人死得非常冤枉。我们的主，全能的上帝，没有什么秘密可以躲得过祂，祂看见了穷人受到各种不公正的遭遇，首先是他们的财产被搜刮，然后连生命也被剥夺。这是一段非常辛酸的日子。若他们不愁吃穿，还会不择手段去盗窃吗？难道他们一无所有却坐在那里等

着饿死吗?

当时有一封信记述了威廉·德·比彻姆（William de Beauchamp）如何不择手段，此人在比彻姆拥有一部分地产：

> 他非法抢占庄稼，偷钱来支付随从的报酬。在很长一段时间里，我们都被迫每月为他的仆人所需而支付 3 个先令，每个季节都被迫犁耕、播种、收割他那 60 英亩土地。除此之外，农民还要承受日常服务和无数劳作的重负，他却无休止地逼迫与折磨他们，把他们逼进痛苦的深渊。

更糟糕的是，从 12 世纪 30 年代到 50 年代，英格兰饱受内战之苦，凯伯沃斯地区更是遭受着极大的破坏。"我们要说的远不止于此，"一位同时代人写道，"为了我们的罪孽，我们遭受了 19 个冬天的磨难，基督和圣徒却都睡着了。"对于农民而言，这是一个残酷的时代。然而与之矛盾的是，这也是一个快速发展的时代，因为此时欧洲经济的重心开始向西海岸国家转移了。

繁荣的时代

从 1066 年到 1300 年间，英格兰进入了经济快速增长时期。凯伯沃斯的人口增加了一倍以上，斯密顿的人口从 1086 年的 300 人左右增加到了两个世纪后的 800 人左右。对于中层农民家庭来说，这是一个可以获得更多财产和家当的时期，餐桌上也更加丰盛。12 世纪，新的城镇和市场在全国各地兴起。在此期间，由于有一条新路取代了古老的罗马路，即"加尔树"路，成为从莱斯特通往哈伯勒和伦敦的主要通道，马基特－哈伯勒（Market Harborough）成了本地距离凯伯沃斯不远的新市场。1223 年，凯伯沃斯有了自己的集市。3 月 12 日，国王亨利三世准予"我忠诚可信的威廉·德·比彻姆每周三开办一次市场，只要不对邻近的商人造成妨害"。市场摊位设在一片当时称之为"浅滩"的宽敞空地上，摊贩在此出售肉类和鱼类、农具、衣服、皮具、鞋子、布料，甚至还可能贩售香料等奢侈品。以摊位费的形式从市场上获得的利润会落进领主们的腰包，他们都出自朝臣和王室管家等家族。

这种市场的出现表明，凯伯沃斯已是一个拥有某些手艺人和常见雇工的村庄了，这些手艺人包括铁匠、织布工、染色工和制衣工等，雇工也出现在大多数村庄中。我们可在莱斯特的市政以及行会记录中发现，大约就是在这一时期，村民们开始离开本地前往莱斯特，寻找脱贫致富的机会。当然，在那时不是人人都可以想走就走。隶农需要得到领主的许可才能离开，而获得许可的可能性非常小。不过自由民可以自由流动，特别是手艺人或生意人，他们能在村庄与城镇之间建立起某种联系，尤其是在两地都有亲戚者。在最早的一份日期是1199 年 6 月 1 日的相关记载中，提到了一位凯伯沃斯的罗杰（Roger of Kibworth），这是个当地人，他与一位皮革商人在约翰国王加冕后一起进入了莱斯特城的商业行会。罗杰应该是后续加入商业行会的许多人中的第一个。

　　12 世纪农民社会的这种渐变过程，也在 12 世纪 60 年代的一位乡村抄写员的最早记录中反映出来。抄写员这样的角色在乡村社区中之所以必要，是因为即便是耕地不多的自由民，当他们进行永久性的土地或财产捐赠时也需要人来记载，这些捐赠有时甚至是作为礼物赠予邻近的教堂的。此时的农民被认为具有建造乡村教堂和小礼拜堂的能力，中世纪时，哈考特、比彻姆和斯密顿也的确拥有各自的小礼拜堂。在诸如西比尔（the Sibils）和波尔（the Polles）这样的农民家族中，不仅诞生了地方官和陪审员，还开始诞生出神父。这个时期，在农民中出现了许多财物捐赠者，其中不乏女性。在约举行于 1160 年的一次当地捐赠活动中，5 位女自由民（其中只有一位已婚）把自己的土地赠予教堂。在一份长长的见证人名录中，上面不仅有神父和地主的名字，还有村庄社区中许多女性的名字，其中 16 人分别被描述为母亲、姐妹、女儿、寡妇、妻子和未婚女孩。几年之后，在与凯伯沃斯相邻的卡尔顿－库里奥（Carlton Curlieu），厨子罗伯特的妻子伊莉娃（Eilieva）在健康状况极为糟糕时立下了一份"遗嘱"，称若有不测，她将把一件毛皮大衣、一顶帽子、一枚金戒指、8 头猪、11 头牛和 19 只羊捐赠给附近一座女修道院的女人，附有一个条件，如果伊莉娃"能从病中康复并想要弃绝尘世，她们应当接受她成为一名修女"。修女圣古特拉克（St Guthlac）是一名王室女子，而伊莉娃只是一个厨子的妻子。时代正在发生变化。

民族认同感增强

到了 13 世纪初，英格兰人开始能以某种程度上的平和心态来看待诺曼人的征服。尽管在拥有混合血统的作家看来，过往的事件"给我们最亲爱的国家造成了一场可怕的浩劫"。亨廷顿的亨利（Henry of Huntingdon）就认为："在外来列强给不列颠带来的五次灾难中，诺曼人列为最后，但仍以强权与暴力的形式统治着英格兰人。"这样的感觉并未消失：英格兰的统治阶级是由一帮贪得无厌的异族人所组成的，他们用语言将自己与其臣民区分开来。"诺曼人只能讲自己的语言"，一位 13 世纪的观察者如此写道：

> 就像在故土一样，他们讲法语，也教他们的孩子讲法语。结果就是这个国家的上层阶级坚守着从家乡带来的语言，除非你也能讲法语，否则就会受到歧视。但即使是现在，下层阶级仍坚持讲英语或自己的语言。

随着时间的推移，另一些人却能以历史的眼光看待"自那时起以征服的形式统治英格兰"的威廉及其追随者带来的对人民的奴役了。在一些持如此观点的作家看来，整个封建制度的社会结构以及自由与不自由的阶级分层均为征服带来的结果："现在强加给英格兰的所有这一切束缚——奴役与不幸——都源自诺曼人。"

13 世纪时，这种认同感的增强甚至在村庄层面上都有所显现：无产阶级、民族主义者和讲英格兰语者均在为英格兰和英格兰语大声

139

疾呼，并以历史的视野看待英格兰过往的历史。从《大宪章》（Magna Carta）到西蒙·德·蒙特福特（Simon de Montfort）举事的世纪大事件，所有这些都有所体现。通过郡和百户邑集会的逐级传递，这些政治观念必将渗入农民阶层，所以，即使是在像凯伯沃斯这样的地方的农民，也将在英格兰历史的进程中发挥他们的作用。

第八章 王国共同体

　　1264 年盛夏，在 8 月 9 日月圆之夜的前几天，从坎特伯雷前往
多佛的朝圣者和商人看到了一幅惊人的景象：在伦敦路一带的整个
乡间，离多佛的悬崖峭壁只有几公里地，以巴勒姆丘陵地（Barham
Down）的"黑磨坊"风叶作为标志，出现了一片巨大的营地。盔甲
外身披五颜六色无袖外罩的骑士们从英格兰各地蜂拥而至，他们手持
闪闪发光的盾牌，旗帜随风飘扬。乡绅们正在训练战马，军械师忙着
打造兵器。然而，在场的大多数是农民——这是一支数以万计的英格
兰人民的军队。围在营火四周的是由治安官率领的埃塞克斯人，由其
执行官领导的诺福克和边界地区的自由民，在领主带领下的莱斯特农

民，甚至还有一支来自小小的拉特兰郡的分遣队。举目远眺，目光穿越蒂尔（Deal）和沃尔默（Walmer），可以看见闪烁的夏日地平线、海风吹拂的战旗和信号旗，还有巴勒姆山丘上空缭绕的炊烟。真是一幅令人难以置信的场景，在场者都惊讶得不知说什么好："当时那里聚集了这么多要去对付外国佬的人群，简直让人难以置信。整个英格兰竟然能够凝聚起如此庞大的准备打仗的战斗力。"

在人群中，凯伯沃斯的自由民约翰·沃达尔德（John Wodard）就站在萨尔·德·哈考特（Saer de Harcourt）那红黄相间的条纹旗帜下。他牵着战马，手持长矛、戴着头盔，身上还背着行囊，眯起眼睛远望大海——假如我们可以如此想象。他头上还有一道最近因打斗而留下的伤疤。约翰来自一个长期扎根于凯伯沃斯和斯密顿的农民家族，他的名字在古英语中意味着"森林守护者"，即领主林地的看护人。也许这曾是沃达尔德家族世代相传的职业，负责处置他人侵犯森林权利的事宜。沃达尔德家族本身是一个由若干家庭组成的庞大的亲属团体，与波尔家族、斯旺家族和海因斯家族（the Heyneses）一样，是村里最重要且最有影响力的家族之一。此时，家族中的一些成员正和沃达尔德一道，加入了来自凯伯沃斯和斯密顿的自由民的战斗行列中。他们自备马匹和武器装备，为响应西蒙·德·蒙特福特男爵政府的号召而来——蒙特福特推翻了亨利三世（King Henry III），如今正以自己的名义统治英格兰。为了抗击来自法国的外来入侵的威胁，蒙特福特呼吁召集一支由各个村庄的农民组成的全副武装的大军。当时，沃达尔德的身边凝聚着十多位来自凯伯沃斯和斯密顿的邻居，还有来自"加尔树"百户邑辖区的牛顿-哈考特、卡尔顿等地的农民。

141

所有响应者都准备为英格兰的事业而奋战。

一开始，这里的气氛是令人欢欣鼓舞的。对于来自英格兰各地的农民而言，这是他们第一次有机会汇聚一堂，谈论过去几年里举国震惊的重大事件，尤其是这年五月男爵击败了亨利三世，更别说这40天的花费还是乡亲们提供的。西蒙和男爵们的事迹已经成为人们传唱的歌谣和诗歌的主题，可以想象，当时的情绪就像西班牙无敌舰队正所向披靡之时，或是拿破仑大军正等待在布洛涅港（Boulogne）的驳船上，而西蒙甚至扮演了1940年时丘吉尔的角色——正在发出号令，激励将士们必须"坚守海滩，绝不投降"。西蒙本人是莱斯特伯爵，同时也是斯密顿的领主，这一带的支持者们中有很多人加入了他的阵营，包括萨普科特（Sapcote）、布兰斯顿（Branston）、亨科特（Huncote）、小加尔比（little Galby）、弗里斯比的领主巴塞特家族（the Bassets）和伯德特家族（the Burdetts），以及凯伯沃斯-哈考特的领主萨尔·德·哈考特。约翰·沃达尔德很可能是跟随萨尔·德·哈考特准备前往参战的凯伯沃斯自由民中的一员，当时刚过完"收获节"，若在平时，沃达尔德本应在公耕地的条田里收割自己的庄稼。

在农民参与这种事件的现象背后，可能潜藏着某种所谓的"劳动阶级历史观"。我们只能从相关资料中的某些线索以及广为传唱的诗歌推测参加肯特大军的沃达尔德以及其他凯伯沃斯人的内心想法，不过，我们猜得到，约翰和邻人心怀"神赐的古老法则"（the gode olde lawes）的共同愿景——这是英格兰被诺曼人征服之前曾经拥有的属性。在生而自由的英格兰人中间也存在着这样一种普遍的心理，那就是自征服者威廉的统治以来，英格兰人民一直"处于奴役之中"。就

142

像约翰说的，"他和伙伴们本应过着英格兰人长期以来所拥有的自由生活……但在征服者的统治之下，他们却成了被束缚的农奴，曾经的自由已然远去"。

在 13 世纪后期的民间记忆中，约翰王作为贪赃枉法和有失公正的恶人的形象尤其深刻，更被定格在 19 世纪小说家沃尔特·斯科特（Walter Scott）的作品或现代好莱坞史诗电影中。尽管《大宪章》在很大程度上关注的是上层社会的权利与特权，但是它依然被理解为对专制王权统治的反叛。然而，自此以后的国王事实上常置《大宪章》于不顾，而维护英格兰人的自由需要不懈地斗争与警惕才有可能。英格兰人民也明白，《大宪章》是在十分勉强的情况下签署与颁布的，约翰的后继者在遵守时不过是半心半意："约翰王及其继任者对它只是敷衍了事……"，他们"极不情愿地同意与承认它，其实认为它一文不值"。

这些认识来源于"王国共同体"这一大目标，在 13 世纪，这种意识甚至渗透进了凯伯沃斯的农民阶级及其乡邻的内心。问题的核心在于法律，在于生而自由的英格兰农民有权在法庭上用法律捍卫自己的权益。"每位国王都受其颁布的法律的制约，"一位法国安茹的法学家写道，"我们要把共同体放在首要位置，也就是，法律至上。法律比王的尊严更为重要。"统治者非常清楚民众对于共同法则的诉求。1219 年，法官们对国王的顾问大臣们公开宣称："身为法官，我们在受到法律制裁者的眼中往往是可鄙的……但我们坚持主张，法官决不做有违这个国家的惯例之事。"法官们也承认："我国人民比任何外国人对这个国家的习俗都更为了解。"（当然，英格兰统治者讲的是法语。）当被问及制度运行的方式时，一位 13 世纪的法律专家回答道：
"去乡里问问吧，他们对此最为了解！"在《大宪章》颁布后的几十
年里，莱斯特郡东南部的自由民之间形成了催生激进思想的温床。像
凯伯沃斯和比特灵－麦格纳（Peatling Magna）这些地方的自由民会利
用法庭来捍卫自己的利益，甚至如斯托顿（Stoughton）这种地方的
隶农也会这么做。他们是这么说的：诉求不在于粮食的价格，而是为
了"王国共同体的福祉"，为此，他们相信可以在国王的法庭上与法
官进行对话。

　　因此，到了 13 世纪，无论是立法者还是农民都深信法律可以造
福民众。从《大宪章》颁布之日到"男爵起义"之间的半个世纪里，
人们发出了自己的声音。1264 年夏，约翰·沃达尔德和邻人们就是
在"王国共同体"这一宏愿的驱使下奔向巴勒姆山丘的。

《大宪章》

　　时间可以医治创伤。前文提及的那位理查德·菲茨尼尔，亨利二
世的一位大臣（他在 12 世纪 80 年代论述过《土地调查清册》及其意
义），详述了他与国王之间一次随意性交谈的情景，时间是在"亨利
二世统治的第二十三年，当时，我正坐在泰晤士河畔一座塔楼的窗
边"。就在此刻，菲茨尼尔心中猛然感到英格兰已发生了可感可触的
社会变化。正如他所感悟到的，社会的某些方面已经大有改善。暴
力、种族仇视、暗杀等状况正在消减。尽管杀害农奴仍可被豁免，但
在大部分地区法制有所加强，有权有势者倘若杀害隶农便难逃惩罚。

也就是说，即使被害者的亲人没有诉诸法律，行凶者也不能逍遥法外。由此可见，之前的状况曾是何等糟糕。

作为一位经验丰富的观察者，菲茨尼尔的著述可以说是犀利而现实的观察结果的宝藏。他承认自己的见解并不总是完全准确，但从书面证据来看，菲茨尼尔的论述大体上没有问题，因为到了 1200 年，随着农民识字能力的快速增长，求助于地方法庭的情况日渐普遍。这意味着，无论高低贵贱，人们都认识到了权利的重要性。在 1215 年签署的《大宪章》中，约翰王同意了男爵们针对他大肆滥用权力问题所提出的要求。从本质上来说，这是一份统治阶级的宪章，但它却体现了国王要受法律约束、王权应是法律创建者的重要原则。约翰死后，《大宪章》立即以其继任者的名义重新发行，到 1225 年，已有好几个版本面世。从那时起，《大宪章》逐步深入英格兰的人心，人们日渐懂得运用英格兰法律作为首要的宪法保护来反对专制或不公正的统治。《大宪章》中有许多著名条款，表达了英格兰人民——不论贫富——一些最根深蒂固的政治信念：

> 严禁抓捕或囚禁自由民，严禁剥夺自由民的权利或财产，严禁放逐或流放自由民，严禁以任何其他方式剥夺其身份。余等不得以武力或派遣其他人以武力对付自由民，除非他们受到同等人或国家法律的合法审判……余等不得出卖、否认或延搁任何人的权利或正当性。

后来的法学家在此找到了英国人权的一些基本依据：法律面前人

人平等，严禁非法逮捕。当然，对于国王来说，这是由反抗王权的男爵们于 1215 年强迫他签署的和平条约。但变革的车轮滚滚前行，王国不再只由上层阶级来把控了。故事在 1264—1265 年间的"男爵起义"中达到了高潮。这一事件是在西蒙·德·蒙特福特的领导下发生的。蒙特福特是出生于法国的莱斯特伯爵，娶了国王的妹妹为妻，是位讲法语的贵族，鄙视普通的英格兰农民。但这么一个人却成了受到过分赞颂的英雄人物，关于他的传说、歌谣甚至是传奇故事铺天盖地。蒙特福特像托马斯·贝克特（Thomas Becket）一样，成了一位反抗王权的世俗殉难者。

蒙特福特以及多位男爵决心维护《大宪章》对于王权的限制，并迫使国王在惯例和普通法的框架内实行统治。他们的运动特别关注地方统治的基本单位——郡和百户邑——的意见。在 1258 年的《牛津条款》（the Provisions of Oxford）中，贵族们试图让亨利三世做立宪制君主。有人说："在欧洲，没有哪个王国出现过如此接近共和政体的宪法。"这次运动的名字最能说明问题：讲法语的男爵们自称为"王国共同体"，即"英格兰共同体"（le commun de Engleterre）。这个词在《牛津条款》的英文版本中被译为"民族国家"（this landes folc）。男爵们声称他们代表的是整个国家的利益，要求由选举产生的议员每年举行三次议会，"以便审查王国的现状，并处理国王和王国的共同事务"。这注定要以战争来终结。现在，不仅是诸位男爵，就连农民也相信运动的结果与自身利害攸关。

145

人民的声音："英格兰是自由的"

　　当然，中世纪的编年史作者总是对名流和王公贵族感兴趣。他们本身往往就是上层或中层阶级的神职人员，而大众采取政治行动的思想使他们恐惧与战栗。编年史作者关注的不是农民的生死，也不管他们是谁。但在 13 世纪 60 年代的革命中，蒙特福特的伯爵领——莱斯特南部的自由民普遍具备政治意识，并积极地参与了这些事件。为这一事业献出生命却没有留下姓名的自由民肯定也不乏其人。毋庸置疑，有些人是在领主的召唤下跟随而去的，许多人由村民推选出来，并由村民为其提供生活费用。而像沃达尔德这样的一些人一定非常了解有关事件并支持蒙特福特，因为他们明白在庄园里和在"加尔树"百户邑法庭上听到的人们谈论的问题。过去一两个世纪里外国人的贪婪统治，已在集体记忆中留下了印记。现在，农民们想要争取更多的发言权。

　　1264 年 5 月，虽然骑兵的数量严重敌众我寡，但蒙特福特还是在苏塞克斯郡的刘易斯（Lewes）之战中击败了王室的军队。在小镇高处的丘陵上，爆发过一次短暂的激烈交战，共有 3000 名保皇派被杀。狂欢的农民从 1500 名被杀的骑士和乡绅尸体上卸下昂贵的武器装备，并将他们堆积在死人坑道中。一时间，英格兰站在了"欧洲首次宪政革命"的边缘。在刘易斯之战的胜利喜悦中，流行歌谣大肆宣扬着这样的理念："英格兰现在自由了"，生而自由的英格兰人民"活在自己的土地上，不再被如狗一般对待"。谁也没想到，突然之间你可以把宏大的理想大声说出来。"每位国王都要在其颁布的法律制约

146

下统治。我们要把共同体放在首要位置，也就是说，国王要依法治国，法律高于国王的尊严。"

在这场战役的余波中，国王和他的儿子爱德华王子被俘，英格兰进入了由蒙特福特摄政的诡异的虚假战争状态。在一段惴惴不安的和平之后，正当蒙特福特及其盟友试图通过国王来实行统治时，反保皇派却在伦敦周围各郡短暂地开始诉诸暴力。正是在这个没人知道革命将朝向何方发展的不确定时期，约翰·沃达尔德和凯伯沃斯及附近村庄的农民开始参与其中。

约翰·沃达尔德的罪行

在刘易斯战役4周之后，参战者返回了家乡凯伯沃斯。按照旧时习俗，在"圣灵降临节"时，人们要前往位于马基特-哈伯勒附近的圣母玛利亚·雅顿（St Mary Arden）教堂朝圣。这是一座盎格鲁-撒克逊时期的古老教堂，教区神父每年都会来此收集圣油。可以想见，凯伯沃斯人从村子出发后，是如何在和煦的天色下沿着乡间小道走过成熟的玉米地的。走在佩戴着纹章和标志的朝圣者前头的，是教区神父萨顿的奥利弗（Oliver of Sutton），他率领着教士们，手举宗教旗帜。除此之外，对于村民而言还有一趟重要的朝圣之旅：前往沃尔辛厄姆（Walsingham）和林肯的圣母玛利亚教堂。最近，人们在村里发现了朝圣者前往这两处圣地时佩戴的青灰色纹章，其中一枚纹章上有象征圣母玛利亚的百合花图像，依然清晰可见。在圣灵降临节的旅途中，朝圣者只需走约8公里路便可到达位于威兰河畔新兴的哈伯勒商贸小镇。镇子大约兴建于 80 年前，此时已是一个商贾和工匠云集的繁荣市场。今天，圣母玛利亚·雅顿教堂变成了一座没有屋顶的小教堂，隐藏在火车站高处一座圆形山坡的树林背后。游客们来到这个客栈、酒吧如织的魅力小镇时，或许会光顾斯图亚特讲堂（Stuart schoolroom）和圣狄俄尼索斯大教堂，却几乎没有人会想到这座古老的教堂了。教堂原本的规模比现在大得多，但大部分在 17 世纪遭到拆毁，只有诺曼时期的门廊从 1264 年幸存至今。

在教堂的低处，从墓地沿着山坡一直走到威兰河边，那里有一口著名的古老圣井——圣母井。当时的朝圣者可能要在圣地的圣母形象前跪拜祈祷，然后前往圣井沐浴、饮酒，尤其是在乡亲们搀扶下前来的病弱者。可以想象，朝圣者的心情欢快而喜庆。以凯伯沃斯的一个拥护蒙特福特的村落为例，可以描绘出这样一幅场景：支持蒙特福特而获胜的村民来到王室所有的大鲍登（Great Bowden），并坚持在此举行古老的传统庆祝，于是充满敌意的鲍登人挡住了来者的去路，其中一些人显然还带有武装。事态变得紧张起来。双方在教堂门口对峙，有些鲁莽的人开始相互推搡。接下来的事情虽然是在瞬间发生的，中世纪的文字记载却令人称奇地把一切"摄进了镜头"，相关的描述至今保存于"国家档案馆"中：

> 48 年"圣灵降临节"这一周的周一（1264 年 6 月 9 日），正当凯伯沃斯人根据风俗来到哈伯勒教堂列队朝圣时，威廉·金（William Kyng）走上前来，阻止朝圣者进入教堂。威廉·金用一把斧头袭击与凯伯沃斯人一同前来祭拜的沃达尔德，并在

打伤其头部后穷追不舍。要不是躲得快，沃达尔德很有可能被砍死。沃达尔德见势不妙，一个转身，也拿起一把斧头砍向威廉·金的头部，这一砍让金在不久后毙命。

沃达尔德因此被指控犯有谋杀罪。幸运的是，法官普雷斯顿的吉尔伯特（Gilbert of Preston）对于沃达尔德杀死威廉·金的案件调查资料留存至今。这份卷宗记载了吉尔伯特在那一年所听取的大量巡回质询的有关内容。我们由此得知，1264年10月6日，国王在坎特伯雷委任吉尔伯特调查此案。从日期上看，案件是由蒙特福特政府委办的，因为这个时候蒙特福特男爵正与国王一道在肯特郡指挥英格兰军队抗击强大的"外族"入侵。很有可能的情况是，受托担任沃达尔德代理人的萨尔向法庭提出了赦免嫌犯的请求——当时，凯伯沃斯的武装人员正驻扎在城外巴勒姆山丘的军营中。想必沃达尔德此时正心情低落地委身蒙特福特男爵的农民军队伍，但他忠诚于自己的领主，甚至是忠诚于男爵的事业。

普雷斯顿的吉尔伯特于次年春天，确切来说是1265年4月11日，在马基特-哈伯勒附近的罗金厄姆城堡（Rockingham Castle）听取了目击者的证词。（在韦斯特比配给土地的梯田高处可以看到这座城堡。）陪审员全是周边地方的人，他们从凯伯沃斯和邻村骑马来到城堡。这些人是：格姆雷的威廉，兰顿的书记员沃尔特，萨丁顿的理查德（他娶了一位凯伯沃斯女子为妻），以及凯伯沃斯的村民休、理查德·费斯伯恩、"荆棘旁的"尼古拉斯和约翰·福金。在没有鲍登人出庭的情况下，陪审团的举证可能有利于沃达尔德。他们必须决定："凯伯

148

沃斯的沃达尔德的行为是否出于自卫。若不反击他将难逃一死，这才杀死鲍登的威廉·金，那么将判其无罪；若他的行为乃是出于预谋的恶意，则判其重罪。"

在权衡了证人的证词后，陪审员起誓并得出结论：威廉·金是挑衅者，阻止村民进入教堂并用斧头砍伤沃达尔德，且打算杀死他。"因此，他们最后定论：沃达尔德是出于自卫而杀死了威廉，并非出于预谋的恶意，不该获重罪。"

在萨尔的鼓舞下，圣灵降临节时的朝圣之旅是否转变成了一场庆祝蒙特福特获胜的活动？这很可能激起了哈伯勒人的愤怒之情，因为哈伯勒毕竟是王室领地，甚至连威廉·金这个名字都暗示着他是国王的人。教堂门口的斧头事件，似乎并非是在圣灵降临节欢迎朝圣者的方式。威廉·金和其他当地人显然已经有所准备。根据王室档案记录，1265 年 4 月 22 日，沃达尔德最后在北安普敦得到赦免。在凯伯沃斯的领主萨尔·德·哈考特——他尤被称为"英格兰的管家西蒙·德·蒙特福特的骑士"——的请求下，签发了对沃达尔德的特赦公文。沃达尔德本人可能保存着这份特赦公文，而且肯定会在乡亲们面前炫耀。这份文书也成了联结凯伯沃斯农民与他们的领主萨尔，以及萨尔的主人——未来的莱斯特伯爵和英格兰守护人——伟大的蒙特福特本人的一个媒介。

外族人入侵："我们将死守河滩"

亨利国王于 1264 年 5 月 14 日在刘易斯战役中被擒之后，被控制在以西蒙·德·蒙特福特为首的男爵党人手中。爱德华王子随后也遭到逮捕，于是保皇党人凝聚在出生于法国的王后埃莉诺（Eleanor）的身边伺机反扑。一时间，王后的支持者遍及海峡两岸。埃莉诺是个不畏战争的女人，她向法国国王路易寻求帮助，纠结盟友和雇佣军组成了一支入侵军队。保皇党人的舰队随即开始在布洛涅集结。正当他们向英格兰进发的时候，男爵党人在国内掀起了一场民族主义宣传攻势，把王后的军队渲染成"一大群渴望饮英格兰人之血的外族人"，说假如这支军队在肯特郡落脚，就决不会放过任何人。这就是本章一开始所描述的 8 月时男爵党人在巴勒姆山丘召集庞大军队的情形："所有英格兰人都要拿起武器……无论家住何方，都应加入我们的行列。"王室颁布敕令说："保卫国家不分昼夜，没有特殊命令不得回家。"敕令借用了被控国王的口吻，强调"感谢上帝，为了上帝的荣耀，为了我们自己和王国的利益，现在我们与我们的男爵之间已确立了牢固的和平"。蒙特福特代表亨利国王写信给法国国王："我们每天都在努力纠正自双方发生龃龉以来所出现的问题。"与此同时，他还给各郡治安官发出了呼吁爱国的信件，要求他们为整个英格兰发声。7 月 7 日的"男爵公告"中称：

> 我们深知一个事实，那就是，一支庞大的外族军队正准备

入侵这个国家。因此，任何人都不得以即将到来的收割期或某种个人原因与私人责任为借口而开脱。比起落入那些不敬的、正渴望饮你鲜血的外族人之手后惨死，并丧尽所有土地与财产，个人的一点损失不值一提。

150

　　据说，7 月下旬时异国军队的运输船队已在布洛涅集结，南部海岸装配了一路信号灯，正像后来希特勒和拿破仑所做的那样。人人都在谈论入侵的威胁，有关第五纵队的谣言不胫而走，甚至掀起了一股针对外侨的沙文主义恶劣浪潮。其间，蒙特福特写信给法国国王路易寻求外交解决方案，认为"如果发生入侵行动，两国都将出现可怕的伤亡"。与此同时，为了迎战"外国军队"，这位封建领主以国王的名义，在当地治安官的配合下，开始召集兵力，呼吁每位贵族和骑士都要响应国王的号召。而且，蒙特福特还从全国各郡的自由民中征募兵力。"无论是陆上的还是海上的……只要有能力并值得信赖，所有人都要为保卫王国而聚集起来。"从沃什湾到索伦特海峡沿岸都部署了前哨兵力，比如林肯郡就有 700 名自由民被投入到海岸警卫兵力中（穷人可以免此兵役）。伦敦和格林尼治的人马被派去守卫在泰晤士河和麦德威河（the Medway）的河口。肯特-威尔德（the Kentish Weald）的弓箭手们则驻扎在罗姆尼（Romney）与温切尔西（Winchelsea）之间的卵石滩上，准备"死守河滩"。一份致各郡的通函显示，英格兰中部各郡不仅被要求提供骑兵和自由佃农，根据每个领地的规模还分别需要"共同承担"8 名、6 名或 4 名男子的军费——按规定，每人所属的村庄要为其提供 40 天日常需求的钱财。

气氛变得十分紧张。甚至还出现了许多像今天的球迷加油风格的蒙特福特颂歌，尽管歌曲只能以掺杂法语的形式留存下来。翻译之后大意如下：

> 他的名字叫什么！！
> 他的名字叫蒙特福特！！
> 他高大又强壮，他举世无双，
> 他热爱正确的，他憎恨错误的，
> 他总能赢得最后的成功！！

随着最初的成功，人们的情绪变得越来越排外，他们嘲笑受人鄙视的王弟理查德，说他"是个骗子"，还象征性地朝着王后扔腐烂的蔬菜（战争爆发前伦敦人确实干了这种事）。但对于他们来说，蒙特福特反倒"勇敢又真诚"。说来也奇怪，蒙特福特原本是个讲法语且不见得同情农民的贵族，现在却成了人们心悦诚服的主心骨，凭借他的好名字蒙特福特——去掉一个 t，稍作变体，写成 MON-FORT 的话，意思就是"我的堡垒"——走进了民众之间，与人们并肩而立。

然而在肯特郡，局面一直在僵持，持续的时间远长于预定的 40 天，补给与经费逐渐耗尽，天气也开始变凉。随后的几周里，军队的处境变得越来越困难。这段时间正是收割期和秋天的田间农忙期，到了 8 月底，出现了越来越多的逃兵。一份资料详细记载了关于凯伯沃斯一位约翰的案例：他是一名治安官，也是萨尔的亲信。约翰在坎特伯雷担任蒙特福特的信使。8 月 29 日，蒙特福特就"筹集海岸警卫人员所需资金一事"写信给拉特兰郡的执行官："令你务必在即将到来的圣母玛利亚节之前，为前述人员筹集到额外的津贴。"原先的规定是每天津贴为 3 便士，现在增加为每天 4 便士。凯伯沃斯的约翰骑马奔走于国王与拉特兰郡的执行官之间，负责传递这些信息。但到了 9 月 6 日，拉特兰郡的分遣队队长报告说，"士兵们处于困顿之中，且已超过兵役期，将错过耕种田地的时机而无法养活自己"。严阵以待的行动一直持续到了秋天，可以想见，营地的卫生条件也已变得令人难以忍受。拉特兰郡的执行官最终被迫要求村民们为受募者每人每天提供 8 便士。直到 10 月下旬，海峡对岸的侵略军宣告解散，这边的参战人员才被遣散回家。这时恰好赶上与邻里一起耕耘上一年的休耕地，为播种来年的作物做好准备。

尽管来自外国的入侵威胁得以避免，但对于蒙特福特和男爵党们来说，如何处置手中拥有的权力却成了一个大问题。他们虽然控制了国王，但仍然有赖于王权的行政机构，而他们只是想限制王权而已。最后，男爵党人开始激烈争吵，往日的朋友和盟友闹翻了。此时，在边远的西部，蒙特福特的敌人罗杰·莫蒂默（Roger Mortimer）召集了边界地区的领主与其对抗。蒙特福特不小心让爱德华王子逃脱并与莫蒂默会合后，他的灾难便降临了，而且事件完全朝着莎士比亚式悲剧的势头发展了起来。蒙特福特率部西进企图攻打莫蒂默时，途中意外遭到爱德华军力的拦截，此时，许多认为蒙特福特妄自尊大、反对他的权贵已加入了王子的阵营。8 月初，蒙特福特在布里奇诺思（Bridgenorth）的塞文河渡口受到阻击，只好率军涉水过河并连夜赶往伊夫舍姆（Evesham），希望能与自己儿子的部队会合。黎明后不久，当疲惫不堪的军队到达这个小镇时，他们发现自己进入了强敌埋设在埃文河（the Avon）一带的包围圈。据说，蒙特福特意识到自己已落入圈套后，无奈地说道："上帝啊，怜悯我们的灵魂与肉体吧。"战斗很快即告结束。正像一位同时代人所描述的，"这是发生在伊夫舍姆的一场谋杀，因为它根本算不上战斗"。

最近发现的一份新的目击者资料传达了治安官凯伯沃斯的约翰和约翰·沃达尔德当时所经历的可怕情景，假如当时他们还在军中与领主并肩作战的话（当然，我们的资料来源对战死在那里的普通士兵没有兴趣，尽管他们一样可怜）。据说，蒙特福特率军出城向敌人发起攻击，但爱德华及其将领已经指派了一支敢死队将他隔离了开来。蒙特福特随即被杀，并被砍成碎片。战斗本该就此结束，但保皇派的仇恨与愤怒难以平息，于是继续猎杀业已战败的对手。"在国王和幕僚大臣的明确允许下"，有两三千名试图渡过埃文河的威尔士步兵遭到残忍杀害。在血腥的余波中，即使是逃到城外修道院寻求避难的人也惨遭屠杀，祭坛和圣地鲜血横流。在山坡下，许多逃命者夺路进入埃文河沿岸沼泽般的淹水草甸，亦被碎尸万段。沃达尔德或许是在这里咽下了他的最后一口气，或许大难不死逃回了村子。但治安官约翰从此消失在凯伯沃斯的记载中。在一代人之后，约翰的亲戚雷金纳德（Reginald）出现在一桩典型的村庄纠纷中，此人因尼克·波尔的非法入侵在庄园法庭上与对方进行了长期的争斗。当然了，村子里的生活一直在继续。

报复不可避免。在伊夫舍姆大屠杀之后，蒙特福特党人的财产遭到了空前的洗劫。不可思议的是，在位于英国王家植物园邱园

153

（Kew）的国家档案馆中，其保存的诉讼法庭记录以惊人的细节描述了凯伯沃斯地区在叛乱之后所发生的事情。8月7日周五，即伊夫舍姆事件的3天之后，蒙特福特战败与死亡的消息已经传到了其在莱斯特的权力核心地区。保皇党的武装力量、国王的元帅彼得·德·内维尔（Peter de Nevill）及其旗手欧多·德·拉·朱什（Eudo de la Zouche）很快就出现在莱斯特。他们采取行动控制了莱斯特南部原本同情蒙特福特的村落，包括牛顿–哈考特、凯伯沃斯–哈考特和凯伯沃斯西边一个叫作比特灵–麦格纳的小地方。拉尔夫·巴塞特（Ralph Bassett，战死）和萨尔·德·哈考特（被俘）等领主的财产则被充公。8月8日周六，内维尔的一位马夫驾车载着日常用品从比特灵–麦格纳穿过时遭到当地村民的拦截，"村里一些愚蠢的人"试图抓住马夫并收缴马车和物品。在相互扭打的过程中，马夫的手臂受了伤。12日周三，内维尔本人带着一大群军士来到这里试图报复。于是，村民们与元帅当面对峙。据内维尔所说，村民指控他和手下煽动叛乱，犯下多条"十恶不赦的罪行"，还指责他们"违抗男爵，破坏王国共同体之福祉"（utilitas communitatis regni）。毫无意外，场面变得非常糟糕。内维尔威胁说除非得到赔偿，否则就要烧掉这个村落。情急之下，村民们逃往教堂避难。此时，在一位农民的妻子的带领下，村里的妇人们纷纷挺身而出。她们担心自家的房子会被烧毁，于是试图通过谈判达成妥协。内维尔后来说，妇人们承诺，在接下来的周日，她们会支付20马克作为罚金。1马克相当于6先令8便士，对于一个小村子而言，20马克是一大笔钱。

在地方官的帮助和妇女的激励下——但后来双方对此事件的说法

出入很大——5 位自由民同意成为支付罚金前的人质。或许他们是在内维尔的胁迫下而成为人质的。这些人尽管贫穷但都是自由民，因此，其他人便会为了赎回人质而凑钱。内维尔带走了人质并将其关押起来，等着村民兑现承诺。但这个故事并未到此为止。村民们向国王的治安法官投诉内维尔的霸道行径，其结果便是将国王的元帅告上了法庭。今天仍可见到当时法庭的审讯记录手稿，它显示出英格兰村民们想到了可以利用法律这个武器来捍卫自己的利益。这起案件由"代表村落"的地方官和其他 6 名村民向法庭起诉内维尔，他们声称元帅使用了暴力并非法带走了 5 名人质。内维尔则矢口否认曾动用武力或采取不法行为。

内维尔在法庭上因这些"愚蠢的"村民指控自己非法侵入村落并使用暴力而喊冤，对于村民指控自己犯有滔天大罪"并殴打、伤害与虐待他们而叫屈"。据说，代表村落的地方官托马斯和当地神父曾同意内维尔提出的罚金数额，但在法庭上却坚称自己根本没有同意。他们指控内维尔的手下采用暴力和非法手段将作为自由民的村民从教堂中强拽了出来。说到这一点，他们是否意识到，《大宪章》中有不得擅自逮捕自由民的条款？村子一方要求内维尔作出赔偿，人质们也声称"被悲惨地关押在监狱里……为此，他们表示，身为自由人（liberi homines）、拥有自由的地位，这是对他们的虐待，生计损失价值多达 100 马克"。地方官托马斯和村里的自由民一口咬定，内维尔"使用武力将他们从教堂和教堂院落中硬拖了出来"。尽管国王的法官们最终没有采信村落的指控，但这个案例强烈地折射出了农民们在这场重大民族危机中的政治主张和阶级意识之光芒。在这里，英格兰的农民们第一次在英格兰政治中发出了自己的声音。

1279 年的《百户邑卷宗》

男爵们的这场叛乱引发了许多关于政体的法定权力的问题。王权
155 已被篡夺，古老的权力业已丧失，抵押文件被人偷盗，债务遭到注
销。那些曾奔赴肯特参与战斗的农民，如今他们的村落遭到保皇党人
的报复。他们现在十分清楚，这些事情将对自己造成怎样的影响，同
时也明白，只有依靠法律才可能为自己争取一些权利。战争之后，农
民与领主之间的法律纠纷大量涌现。甚至连隶农也要就他们的奴隶地
位问题与地主们对簿公堂。1275 年，在离凯伯沃斯约 4.8 公里远的斯
托顿，为地主辩护的律师们在法庭外面轻蔑地嘲弄农民们的愿望，告
诉那些"愚蠢的"农民诉讼当事人，他们的申诉不可能获得成功，而
且，要是他们固执己见，只会糟蹋大量金钱：因为律师能够证明隶农
就只是隶农，从而否决隶农向上级法院起诉的权利。当时，有位站在
地主一边的神父用熟练的拉丁文写了一首讽刺诗，嘲笑领头的农民鼓
动者以及他们的妻子："农奴除了侍候他人，还想干什么？他的儿子
不也如此？他是个被剥夺自由的农奴，一个十足的农奴而已。法律和
国王法庭的判决都证明，事实就是如此！"

就这个国家本身而言，在经历了政治剧变以及财产大规模充公
与再分配之后，政府需要立即重新明晰土地所有权等权利。1272 年，
亨利三世去世，他的儿子爱德华将继承王位。其时正值爱德华王子随

十字军参加圣战，直到 1274 年夏天才返回英格兰并被加冕为爱德华一世。爱德华随即组织力量对英格兰的土地进行了深入的勘察，细致入微到每一个社区的边边角角，并出于法律和税收的目的，对所有成年人口都加以登记，形成了英格兰历史上第二种且更为全面的"土地调查清册"——《百户邑卷宗》（the Hundred Rolls）。这场勘察起始于 1274—1275 年间，完成于 1279—1280 年间，构成了这一时期英格兰社会历史最为翔实的证据。可以说，1279 年的《百户邑卷宗》是有史以来英格兰统治者最为雄心勃勃的一次调查。

　　提交给每个地方百户邑陪审团的调查表，所涉及的项目包括身份、职位任期、收入、土地资产、股份和物质财产等，不少于 42 个。如今，虽然调查表中的一大部分已经遗失，但在位于邱园的国家档案馆和郡档案馆中还保存着一些原始档案。要完成这项调查，实际上必须对所有英格兰人进行一次全面的登记与汇编，包括每一个隶农、雇农和农奴。这些反映在卷宗中的调查资料对各地来说都是一份独特的资源，其中有些调查表，比如肯特郡的那些，现在仍可在网上查到。

　　与全国大多数地方一样，有关莱斯特的原始调查表也没有幸存下来。但很幸运的是，我们在故事开头提到的那位古文物研究者威廉·伯顿，他曾经为了准备书写莱斯特的历史而在 1615 年对现已失传的卷宗做了大量笔记。保存在牛津大学博德利图书馆（the Bodleian Library）的伯顿笔记尚未全部发表，不过古文物研究者约翰·尼科尔斯在其著述的第一卷中发表了 1279 年一系列勘查综述的伯顿抄本，显示出调查范围"遍及莱斯特郡的每个村邑、每个角落"。但我们后来发现，尼科尔斯并未抓住伯顿手稿中更为完整的内容，这些内容至

156

今未曾发表。借由调查表，我们第一次看到了自《土地调查清册》以来有关斯密顿和凯伯沃斯的描述，它们标志着关于这个村庄的具体化证据的另一个阶段——普通人的名字第一次出现了。

有关调查的形式如下：猜想是在"加尔树"下的一次公开会议上，由凯伯沃斯当地的陪审员将他们的调查信息提交给整个"加尔树百户邑"陪审团。百户邑陪审团再将下属 25 个村庄的调查表亲手提交给莱斯特的 3 名国王特派员。特派员对接收的证据进行整理、检查和复述，并在大家的一致认可下盖章封存。伯顿记录了代表"加尔树百户邑"的"12 位值得信任的好人"的名字，包括来自斯密顿、福克斯顿（Foxton）和霍顿（Houghton）的富裕的世袭地产保有人。托马斯·巴塞特（Thomas Basset，其家族地位在支持蒙特福特之后得以恢复）和沃尔特（可能曾任凯伯沃斯-哈考特的地方官）名列其中。听证会在莱斯特城堡的大厅中举行，这座带有狭长通道的雄伟大厅曾是欧洲最早、最大的礼堂，如今仍然矗立如故。可以想象，正如一位同时代的编年史家所生动回忆的那样，来自全郡的陪审员济济一堂，"村民们挤满了院落和路口，纷纷议论陪审员可能给出的解答。当人们提出问题的时候，他们都会予以答复，而陈述内容则由书记员记录在案"。

保存在牛津大学博德利图书馆中的伯顿笔记，展示了陪审员就凯伯沃斯-哈考特、凯伯沃斯-比彻姆和斯密顿相关问题是如何表态的。伯顿的手稿还首度记载了村子里的普通佃户的名字，若是顺着这个村子的故事向上追溯，他们都是几百年前的保有不动产权的家族。首先是斯密顿。斯密顿是一处昌盛之地，有五六个小庄园和十几家自由佃户，其中包括阿斯滕家族（the Astens）、阿伦家族（the Alens）和休·黑斯廷家族（Hugh Hasting），这几家全都保持着斯堪的纳维亚姓氏。此外还有沃尔特·沃达尔德及其子罗伯特和理查德，他们是1264年出事的那位约翰·沃达尔德的亲戚。尤为重要的是拉蒂默家族（the Latimers），他们后来成为富裕的绅士，并在15世纪的罗拉德派运动中扮演了重要的角色。相比之下，凯伯沃斯－比彻姆就只是一个不自由的劳动者生活的村子，这也是我们借由《土地调查清册》就能猜想到的。伯顿的手稿告诉我们，这里有将近500英亩的土地，由从属于沃里克伯爵的具有隶农身份的农民家庭所持有。伯顿的手稿还显示，根据《百户邑卷宗》陪审员们的报告，整个比彻姆村只有两块耕地是被人自由承租的。其中一块有一部分为一个古老的乡村家族持有，即威尔·哈姆（Will Harm）家族，这是一个斯堪的纳维亚名字，他们拥有60英亩土地。就不自由的农民来说，超过45户隶农和农奴家庭耕种着比彻姆的500英亩土地。伯顿在手稿中所提到的土地数量显示，在先前30年中，由于有新的土地被清理出来并投入耕种，可耕地面积扩大了几百英亩：为了养活日益增长的人口，耕地不断地向村子边缘扩张。

就凯伯沃斯－哈考特而言，《百户邑卷宗》首次为我们提供了关于乡村家庭的详细信息。村里不乏如亨利·珀森（Henry Person）这样的富有农民，他们拥有自己的小型敞开式正厅（aula）。这种设施为农民阶层拥有，最早出现在13世纪后期。在1279年的调查中提到过一种虽非绝无仅有但仍相当罕见的农村正厅，幸存至今，位于剑桥郡斯韦夫西（Swavesey）的瑞德斯农庄（Ryders Farm）。《百户邑卷

158　宗》中还记录了村中自由持有土地的农民，这些人的名字包括尼古拉斯·费伯（Nicholas Faber）、威廉·瑞尼斯（William Reynes）、罗伯特·波尔（Robert Polle）、罗伯特·赫林（Robert Hering）、罗杰之子理查德、尼古拉斯·费伯之女玛蒂尔达、约翰·波顿（John Boton）和约翰·西比尔（John Sibil）。这些人代表了村子里的主要农民家庭，他们有的来自像赫林这样的家族，很可能是维京移民的后裔。

现在，让我们离开莱斯特大厅喧哗声中的"加尔树百户邑"陪审团。在巨大的橡木柱子支撑的高耸屋檐下，国王爱德华的特派员和书记员们围坐在堆满了文件的长桌前，诺丁汉的亨利、谢尔顿的亨利和阿伦德尔的约翰正在商议最后几个问题，比如威廉·比彻姆在斯密顿的自由佃农身份，9位农奴租用的耕地规模以及一些附属的细则。

但正当陪审团准备给有关凯伯沃斯的陈述盖章确认时，很明显，哈考特出现了新情况。在"男爵叛乱"和蒙特福特死后，除了主要几个自由农民家庭持有的土地，萨尔·德·哈考特的村子已被瓜分为5个不同的庄园。其中有4个落入了南方贵族之手，他们分别来自布莱顿城（Brighton）附近的沃辛（Worthing）、萨里郡的朴次茅斯城（Portsmouth）和埃厄尔城（Ewell），均系一位政要的亲戚，此人在内战中追随国王，并在战后获得了丰厚的奖赏。根据陪审员的报告，凯伯沃斯-哈考特的第5个且占地面积最大的庄园现归属一位新领主，成了"牛津大学默顿学院的学者之家"。至于这一切是如何发生的，默顿学院又将如何在村民的生活中发挥非凡的作用，乃是我们故事下一章的主题。

第九章 默顿学院

　　西蒙·德·蒙特福特血淋淋的头颅被送到了莫蒂默夫人手中，他的睾丸被钉在鼻子上，涂上焦油的四肢碎块悬挂在格洛斯特城门上，旁边还张贴了昭示其背叛行为的布告。但是，他并未被人遗忘。在上流社会中，蒙特福特成了一位英雄人物，关于他的故事、歌谣甚至是传说四处传扬：他是珍贵的花朵（la flur de pris），"像坎特伯雷的殉道者托马斯那样死得无所畏惧（sauntz feyntise）"，同时也是反抗王权的勇士。最近发现了一份羊皮纸宗谱，背面潦草地写着蒙特福特的事迹，这显示直到 70 年之后，同情他的贵族家庭仍在传颂他的故事。蒙特福特的坟墓和死亡地点也成为朝圣所，其疗愈的声誉传到德文郡和诺森伯兰郡，甚至远至法国。蒙特福特曾经的骑士，牛津伯爵罗伯特·德·维尔（Robert de Vere）在被处以罚金而内心严重受挫后，于1273 年往返约 480 公里从埃塞克斯郡旅行到圣井和教堂。他的心情在蒙特福特墓前得以"平复"，于是在墓旁捡回一段动物油脂，带回家后剪成小段，用作祈祷时点灯的燃料。德·维尔的祖先中也有一位罗伯特，曾是《大宪章》的 24 位"守护者"之一。

这场反叛壮举不光让那些失利的上层支持者怀恋不已，对于乡村的农民来说，这一伟大事业以及王国共同体的意愿表达的短暂辉煌也让他们一直铭记在心。伊夫舍姆修道院有一份手稿记录了 13 世纪60 年代晚期到 70 年代早期发生在"战场水井"（the Battle Well）的近 200 个神迹，这些想必只是前来祈福并感到满意者中的小部分奇迹而已。他们来自社会各个阶层，从乡村治安官、木匠、磨坊主、裁缝到伯爵夫人和领主都有，甚至还有两位"牛津大学的院长"。这表明，蒙特福特的影响力超越了阶层和地位。有位忠诚的丈夫曾用手推车推着瘫痪的妻子走了 10 周的路程，只为到蒙特福特墓地旁朝拜祈福。也不乏凯伯沃斯地区的村民，他们前来此地顶礼膜拜，在井边守夜，饮用圣水，以圣水浸洗深受病痛折磨的四肢，并将圣水装在瓶中捎给村里的乡亲们。有位来自邻近的伯顿－奥弗里村的玛杰丽（Margery），为祈求神迹出现而在墓旁度过一夜，果然"在全村人的见证下"，她患病的眼睛痊愈了。这里的池塘今天依然存在，直到 20世纪，当地人一直保留着用此池水来清除眼部感染的传统。

这场失败的革命对凯伯沃斯地区的影响尤其深远，事实上，哈考特地区的村民的生活从那时起发生了改变。在凯伯沃斯－比彻姆，地主变成了国王的膳食官。这个教区的另一边原本属于萨尔·德·哈考特，但因为他追随蒙特福特，在伊夫舍姆战役之后，国王的手下便掠夺了哈考特在牛顿－哈考特和凯伯沃斯的财产。比彻姆家族很可能就是参与报复的国王势力之一。由于蒙特福特惨败，哈考特的财产不可避免地处于王室的严密监管之下。虽然他的家族经营这个村庄的时间已有一个半世纪，甚至更长，但其实他们从未在此居住，而更偏爱位于斯坦顿－哈考特的牛津郡庄园，以便出入伦敦和温莎的宫廷。结果，由于与反叛的男爵们为伍，萨尔·德·哈考特虽在灾难中保住了性命却被剥夺了爵位，并因叛国罪而遭到囚禁，等待审判。

那年 11 月，在哈考特身陷囹圄之时，国王的评估员们骑马来到凯伯沃斯，召集起村里的书记员和陪审员，要求他们拿出整个村子的账目，以便清查哈考特的确切资产。在现在的邱园国家档案馆国王档案系统中，保存着一卷记录如何调查国王的敌人并对其处以罚金的材料，其中就包括哈考特。据说，国王宽恕了哈考特，并有条件地恢复了他的地位，国王"原谅了他的愤怒与敌意并赦免他在叛乱中犯下的一切罪过"。一位王室档案管理员在此手稿的背面标记了哈考特的名字萨尔，以便在约 3.6 米厚的羊皮纸卷宗中更容易找到。哈考特最终因其"良好表现而得到保释"，不过仍要面对惩罚。和其余得到赦免的蒙特福特党人一样，他也遭到严厉的处罚，只被允许以 7 倍年产值的价格赎回财产。哈考特本就因欠下犹太放债人的大量债务而把财务状况搞得一塌糊涂，只好变卖家产。现在，本书这个故事中的新角色正在等待出场：牛津大学默顿学院"学者之家"的创始人，默顿的沃尔特（Walter of Merton）。

默顿的沃尔特登场

　　默顿的沃尔特是个富有的萨里郡政要人物，一名保皇党人，一位前朝大臣，"一个胸襟宽广和学识渊博之人"。大约在5年前的1261年，默顿已经着手物色土地，准备创建一个新的"依托于牛津大学的学者之家"，如今正在寻找能给基金带来租金收益的地产。沃尔特原本是罗彻斯特主教，但在1264年刘易斯战役之后的"愤怒之夏"被男爵们革除了职务。在那短暂而狂热的时期，蒙特福特的军人们失去控制，胡作非为：反叛的农民士兵——约翰·沃达尔德和朋友们可能也在其中——洗劫并烧毁了沃尔特位于家乡默顿村以及萨里郡切斯顿（Chessington）的庄园和谷仓。因此，后来沃尔特完全有理由以报复的心态对待哈考特，并贪婪地觊觎他的土地。

　　凯伯沃斯-哈考特的地产交易经历了一个漫长的过程。中世纪的地产买卖可能比现今复杂得多，沃尔特进行了多次土地收购。而哈考特不仅向犹太放债人和一位伦敦商人举债，还将部分地产做了二次抵押，所有这些债务债权关系都必须加以清理。对于凯伯沃斯人来说，国王派来人手对其所有敌人的资产进行一次审查是整个过程的第一阶段。在伊夫舍姆战役之后，于1265年11月对萨尔·德·哈考特在凯伯沃斯范围内的地产的调查内容，仍保存在国家档案馆内那墨迹业已褪色、带有褶皱的牛皮纸上。

　　调查文件中提到，也许因为在伊夫舍姆战役中被捕，哈考特当时正羁押在监。参与调查的陪审员不仅有来自凯伯沃斯的，也有来自牛顿-哈考特和格伦的。在凯伯沃斯人当中，有"凯伯沃斯的罗伯

特·亚伦，同村的雷恩的威廉，同村的休和同村的威廉·哈林"等
人，这些人的家族日后均成为知名乡村家族。

调查员出具这份报告的目的是让大臣们了解哈考特的全部财富，
并将其作为评估与没收其财产的依据。只须稍加修饰，这份文书即可
达到现代房地产经纪人说明书的标准。在今天看来，这也是关于"男
爵起义"后凯伯沃斯–哈考特村及其人口状况的概述：

（1）庄园主领地，一处庄园主宅邸和9威尔格土地。

每威尔格为30英亩，故凯伯沃斯的地产共计约270英亩。
年产值为7英镑12先令。

（2）18.5威尔格（555英亩）土地，由隶农耕种。

每威尔格年产值为16先令（即出售隶农劳动力的剩余价值
所得到的收益），年收入为14英镑16先令。这些散落在公田中
的威尔格均由隶农耕种，其中29人分别持有半威尔格，另有4
人分别持有1威尔格。这些农民及其家人都被束缚在庄园的土
地上，没有庄园主的允许不得离开。由于庄园之间的隶农土地
保有条款不同，沃尔特对隶农的服务、应付款项、特定的当地
习俗和权利等均有充分而具体的规定。

（3）从11位自由承租人和7位佃农那里获得的租金，每年
38先令10便士。

这11位自由承租人中有一些想必是1086年的《土地调查
清册》中所记录的6位自由承租人的后辈。很显然，随着时间
的推移，一些先人的地块已被细分。这些农民虽然没有自己的

土地，但在领主的土地上拥有自己的农舍，代价是为领主提供
规定的劳力。

（4）一座磨坊，每年的租金收入为 26 先令 8 便士。

163　　这座新型风力磨坊是 13 世纪时哈考特家族作为领主而建造
的。它可能是至今仍然矗立在村庄东北面，重建于 18 世纪的那
座磨坊的前身。同样，使用磨坊的费用和需要由租户分担的维
修费用等，各个庄园有所不同。而且，有意购买者会被告知特
殊条款，并规定租户必须在领主的磨坊里研磨玉米。

（5）4 只阉鸡，价值 6 便士。

这是圣诞节得到的年节回报，也许是从每位不自由租户那
里收取的。在稍后的一份计划表中，还提到了须提供 1 磅胡椒
作为年度回报。

很显然，凯伯沃斯-哈考特在当时是一个适于耕种的村落，总耕
地面积大概有 825 英亩。据估计，整个庄园的年产值为 26 英镑 8 便
士。在 13 世纪的土地交易中，土地价格通常为年度收益的 10 倍左右，
若加上额外因素，价格还会更高。哈考特需要偿付的罚金约为 400 英
镑。对于一位有意购地者来说，哈考特的情况因其债务问题而变得错
综复杂，但这些复杂问题终究是可以解决的，沃尔特决定购买这里的
土地。

相关购地文件至今仍由沃尔特基金会保存于牛津大学默顿学院的
13 世纪契据塔内。为了保护学院的财产档案室免于火灾的风险，此
塔用石头建成，室内镶嵌着木制橱柜，抛光的抽屉上印着默顿各个

庄园的名称：从诺森伯兰郡泰恩河边的波蒂兰庄园（Ponteland），到牛津附近的小库克斯汉姆庄园（little Cuxham），再到白金汉郡的切丁顿庄园（Cheddington），还有索恩克拉夫特庄园（Thorncroft），以及沃尔特在其家乡萨里郡默顿附近的古老家产埃伯斯顿庄园（Ibstone）。档案室有 3 个大容量的抽屉，用来存放凯伯沃斯的地产文件。购地契据显得有些原始，是一张折叠起来的褪色小羊皮纸，上面带有萨尔·德·哈考特的蜡封章。至于如何评估沃尔特要支付的 400 英镑，若将 1265 年时的年产值按商品零售价格指数换算成今天的数字，26 英镑收入相当于 1.33 万英镑；而要是按年均收益指数计算，更是超过 30.8 万英镑。400 英镑本身若按商品零售物价指数计，要想在 2010 年购买这些土地，可能需要花费 20.5 万英镑；按年均收益指数计，其价格更是接近 500 万英镑。如今的乡村生活让我们能够很好地了解沃尔特当初所购置的土地价值，也包括凯伯沃斯的劳动力。

　　这笔买卖似乎是以一种友好的方式达成的，至少从羊皮纸上的内容看是这样。蒙特福特的追随者对沃尔特必定不怀好意，但他完全能够理解由于哈考特拥戴蒙特福特的事业而导致的这种紧张关系。因此，尽管事实上沃尔特在萨里的庄园也曾遭到蒙特福特叛军的掠夺，但他保持了绅士之间的那种和颜悦色的态度，并以友好的语气说哈考特是自己的同事和伙伴，即"我亲爱的朋友"。沃尔特愿意让往昔的恩怨成为过去。

164

　　我们在前面已提到了默顿学院的档案馆，现在将对其做更充分的介绍。这是一座令历史学家惊叹的宝库，反映了英格兰的社会生活。在其保存的众多资料中，包括从 13 世纪 70 年代到 18 世纪初有关凯伯沃斯的卷宗：有从亨利三世统治时期到 1527 年的租金收入单据；有从 1283 年到 1682 年的地方长官历年账目，有些羊皮纸甚至是用标有"凯伯沃斯"字样的符木（tally sticks）装订的；还有大量租赁账册、什一税清单、修缮费明细账单、房地产账户、信件、家庭契据和各种各样的文档，以及好几捆契约。默顿学院档案馆还保存了一系列凯伯沃斯地图，在 1609 年和 1635 年的两幅精彩的着色平面图上标绘了所有村舍、世袭地产保有人和佃户的姓名。档案馆中甚至还有一封乡村屠夫约翰·皮查德（John Pychard）于 1447 年写给默顿学院主管的信件，这样一封早期农民信件实属罕见之物。尽管学院在第二次世界大战后出售了房产，但它仍然在村子里拥有田地，还有一个农场。此外，学院依然在当地扮演着一个重要角色：默顿学院的学监每三年会到访一次，学院的唱诗班时常会在凯伯沃斯教堂里举行演唱。

因此，有了学院的文件，加上保存于邱园国家档案馆中的人口税和壁炉税卷宗，以及幸存的比彻姆法庭案卷，我们便拥有了关于一个英格兰村落，即凯伯沃斯-哈考特从 13 世纪到现在的完整记录。通过不列颠最古老的定制归档库——13 世纪契据塔，和世界上最古老且运行至今的学院图书馆，英格兰历史上一批最有趣的文档为我们提供了近 750 年来生活在这个村落的所有人的名字、房屋和职业信息等内容。除了少数几个中世纪英格兰庄园，凯伯沃斯-哈考特即便不是世界级的，也是不列颠最具完备文献证明的村落之一。

1280 年的凯伯沃斯人

　　到了 13 世纪 70 年代，我们终于可以遇到有名有姓的村里人，得以描述他们的职业、确定他们的人际关系，并找出他们居住的位置。我们能够勾勒出这些人的家谱，时常还会跨越好几代人，比如延续了 15 代直到 17 世纪的波尔家族，或是从都铎王朝时代延续至今的伊利夫家族（the Iliffes）和科尔曼家族（the Colmans）。有了默顿学院档案馆储存的独特资料，再加上考古学、遗嘱文件和树轮年代学的新发现所提供的补充，这个英格兰社区及其贯穿于整个历史的普通人的日常生活得以清晰地展现在我们眼前。

　　默顿的沃尔特所做的第一件事就是对村子进行一次全面的摸底调查。由于凯伯沃斯 – 哈考特错综复杂的具体构成，它成了 13 世纪英格兰乡村中最令人瞩目的一个。这项调查在 1280 年之后不久即告完成。沃尔特本人一开始曾将庄园的一部分租赁给他的 3 个姐妹及其丈夫，但在大约一代人之后，学院收回、合并了所有地产。沃尔特调查的内容用黑色墨水清晰而美观地记在羊皮纸上，调查对象是从自由佃户开始的。这些佃户均为 1086 年《土地调查清册》中被编号登记的 6 名男女佃农的直系后代，而那 6 名佃农是撒克逊后期凯伯沃斯的自由财产的继承者。这些自由佃户中有 11 人在 1265 年的国王调查和 1279 年的百户邑案卷中有记载，因此我们得以知悉其姓名和持有土地的数量，其中有些人出自村子里最古老的家族，可追溯到几个世纪之前。11 位男性自由民和 2 位女性自由民，分别拥有半威尔格（15 英亩）或更多的田地：

（1）威廉·德·佩克（William de Pek），拥有 3 威尔格田地。

（2）威廉·德·雷尼（William de Reynes），拥有半威尔格田地。20 年后，雷尼成为一位富有的地产保有权者，拥有十几位租户。租户们主要承租条田和小块田地，其中有一人是雷尼的亲戚，另一些是日渐富裕起来的农家的年轻人，来自诸如斯旺家族、海因斯家族、西比尔家族和佩克家族等。威廉·雷尼属于典型的 13 世纪繁荣时期精明能干的农民。

（3）尼古拉斯·波尔，拥有半威尔格田地。波尔家族是这个村子里最古老的家族之一，其历史一直延续到 17 世纪。中世纪时，这个家族中经常诞生地方官、执行官、治安官和麦芽酒品酒师。尼古拉斯的父亲罗伯特在 13 世纪 60 年代就是一位地产自由保有权人。

（4）罗伯特·沙伦（Robert Sharon），拥有 1 威尔格田地。

（5）尼古拉斯·费伯（Nicholas Faber），拥有 1 威尔格的田地。费伯是村里的铁匠。他的女儿玛蒂尔达（Matilda）在 1279 年也曾拥有 1 威尔格田地，但在结婚之后搬到了另一个村子。

（6）罗杰·费伯的儿子理查德，拥有 1 威尔格田地。

（7）亨利·波尔，拥有半威尔格田地。亨利属于波尔家族的第二分支：在 13 世纪时，这个家族有 4 个独立的家庭分支，在村子里拥有庞大的亲属团体。很明显，波尔家族属于地道的凯伯沃斯人，其源头或可追溯到 1066 年以前。

（8）亨利·博顿（Henry Boton），拥有 0.75 威尔格田地。亨利从其父亲约翰那里继承了地产，约翰在 1279 年就是一位地产自由保有权人。

（9）约翰·西比尔（John Sibil），拥有 0.25 威尔格田地。约翰的弟弟亚当从他这里租走了 5.5 威尔格田地。兄弟俩的父亲也叫约翰，很可能在 1279 年拥有半威尔格田地。西比尔这个姓氏大概来自兄弟俩的祖母，她是一名寡妇，其姓氏被男性后代取用，关于她的故事在下面还有更多的描述。西比尔家族是凯伯沃斯另一个有着良好记录的农民家庭，在接下来的一个世纪或更长的时间里，在这个家族中诞生了诸位地方官和神父。后来，亚当将田地分别租给了 9 个佃户，主要是邻里的佩克家、斯温家、波尔家、海因斯家的年轻人和专职教士约翰·戈德温等。

（10）约翰·西比尔，拥有一所含住宅和园地的宅院，每年支付 1 先令 6 便士外加 1 磅香料从亨利·珀森（Henry Person）手中租借。约翰大概是从莱斯特或哈伯勒的一位香料商那里购买的香料。（亨利·珀森在 1279 年曾是一位地产自由保有权人，但后来从村里迁出去了。）

（11）威廉·布朗，拥有一所含住宅和园地的宅院，租金为 1 便士。威廉是罗伯特·布朗的儿子，他是一位自由民，只租有少量田地但自己并不拥有土地。可以肯定的是，他租用了一位邻居在公田中的一些条田。布朗家族在凯伯沃斯的历史从 13 世纪中叶一直延续到都铎王朝时代，家族有一个分支成为考文垂的布料商，最终搬到了伦敦（参见本书第 330-336 页）。

167

（12）爱丽丝和玛蒂尔达·斯特雷（Alice and Matilda Sterre）。她们很可能是单身或寡居的两姐妹，后来没有出现拥有这个姓名的孩子，这个家庭从村子里消失了。

这些都是自由佃户，总共拥有 15.5 威尔格田地，计 11 份地产，超过 450 英亩，遍及三大地块。按照法律，自由佃户和子女可以自由流动，但必须为租用的住房、园地、配给物以及公田中的条田向土地所有人支付租金。

此外，调查表中还登记了另外 27 位常年佃农或隶农的姓名，这些人很可能居住在缅因街北侧。他们包括波尔家族、西比尔家族和海因斯家族中的几个分支，以及格代尔家族（the Godyers）、戈德温家族、卡特家族和地方官拉多夫（Radulf）。作为其中一位常年佃农，休·哈考特可能是用了主人的名字，也可能是一户有名家族的次要分支而留下的穷亲戚。哈考特是村子里一个长期存在的农民姓氏。15世纪早期，哈考特家献身于信仰的玛丽和玛格丽特姐妹在凯伯沃斯仍然拥有土地。

此外，还有一些历史悠久的隶农家庭，其中诞生了休·西尔维斯特（Hugh Silvester）和艾玛·吉尔伯特（Emma Gilbert），他们两人的后代在 15 世纪罗拉德派兴起的过程中扮演了引人注目的角色。艾玛拥有半威尔格田地，但她并非唯一的女性隶农，其他还包括比阿特丽斯·西比尔（Beatrice Sibil），正是前面提到过其家族情况的那一位，以及一位人称"斯科拉特寡妇"的女族长。女族长的儿子和后代子孙都把她的名字当作自己的姓氏，我们将会看到，她在这个村庄的

默顿的沃尔特在 1280 年对凯伯沃斯－哈考特所作的人口调查表，包括磨坊主米勒和洗衣妇爱丽丝

故事中留下了特殊的印记。

调查表的最后是 12 名农夫。农夫居住于盖在庄园主土地上的农舍里，这种屋子往往是用泥巴和茅草搭建而成的，十分简易，位于缅因街南侧，每年要缴纳 2 先令租金。这份调查表之所以特别引人关注，是因为它首次给我们提供了村子里不同的职业类型，其中包括一名皮革商和一名牧羊人。此外还有一位名叫罗伯特的打谷者（triturator），很显然，他为不能自行脱粒的人加工粮食。爱丽丝·戈德温，像村里的许多女人一样，她可能是名酿酒师。罗伯特和威廉，被称为经纪人（brochars），可能是村里的羊毛经销商——绵羊在当地非常贵重。虽然"经纪人"这个词也意味着"酒保"，但在 14 世纪，它经常被用作指代店主、中间商或掮客。诗人朗格兰（Langland）就曾用这个词写下隐喻："一个搬弄是非的中间人，一个挑拨离间的掮客。"由此看来，罗伯特和威廉可能是在地方市场上购入商品，再拿到凯伯沃斯销售赚取微利的经销商。14 世纪时，凯伯沃斯有好几个这样的人，包括几个从卢特沃斯集市倒卖马匹和其他牲畜、从哈勒顿和哈伯勒等市场倒卖各种商品的中间商。

在这份名单的末尾还有磨坊主罗杰、洗衣妇爱丽丝（在公用泉水边洗衣服的女人），以及最令人瞩目的医生罗伯特。在这样一个社会里，疾病对于人类和动物而言都是无可避免的。医生是这里的重要人物。他们出现在 12 世纪的东盎格利亚村庄，但毫无疑问，早在盎格鲁-撒克逊时期医生就已存在于乡村。罗伯特曾是农奴，几年前才获自由，他可能是名村里的医学专家，同时身兼兽医一职。

村里的女人们

凯伯沃斯的法庭记录显示，大多数妇女都参与粮食生产，许多已婚妇女还被称为酿酒师——麦芽酒是中世纪日常饮食中的重要组成部分。作为一名酿酒师，伊索达·奥斯伯恩（Isolda Osbern）就拥有从1320年至1359年的长达40年的职业生涯。不过因为拖欠邻居债务，奥斯伯恩涉及大量诉讼案件，还因大开嗓门的故意哭喊以及顺手牵羊、贪图便宜（特别是酿酒用的粮食）的坏习惯而名声在外。

凯伯沃斯的大部分已婚妇女都会协助丈夫下地干活。单身或未婚的女子则往往耕种自己的田地，或许会有亲戚或邻家男孩的帮助。但是，女性通常无法像男人那样操犁耕地。除了自由拥有田产的斯特雷姐妹、隶农"斯科拉特寡妇"、比阿特丽斯·西比尔和艾玛·吉尔伯特，还有3名人称条田转租人的女性，她们是爱丽丝·海因斯、艾玛比尔·海因斯（Amabil Heynes）和玛蒂尔达·邦德（Matilda Bonde）。作为农民，想必她们平时与村子里的男人并肩劳作。

在凯伯沃斯的早期文件中浮现出的是一群有趣的妇女形象，其中有两人的姓名在其亲属群体中延续的年代尤其久远。很显然，从某种程度上说，她们应是当地农民社会中的重要女性。可惜她们生活在翔实记载出现之前，我们无法确切地知晓唯独她们两人的姓氏延续下来的缘由。其中一个亲属群体的姓氏来源于一位名叫西比尔的寡妇。这个女人很可能是亨利·瑟德（Henry Thurd）的妻子西比尔，亨利本人曾在1252年的一个诉讼案件中出现过。但如果是这样的话，那么继承自女性的姓氏就只是个别现象，而西比尔在13世纪60年代末之前就已经死了，重要的默顿学院档案尚未开始记载。不过，在最早的租金收入记录中，她的名字是作为其子伊沃（Ivo）的别名显露出来的。伊沃是个拥有半威尔格田地的农奴，记录中登记的是"西比尔之子"。1280 年的法庭案卷中有一份记录，显示西比尔的另一个儿子约翰状告尼古拉斯·波尔对他进行人身攻击。到了 13 世纪 90 年代，西比尔已经是个代代相传的姓氏了：伊沃，即"伊沃·西比尔"，在 1291 年被推选为凯伯沃斯－哈考特庄园的主要担保人之一，并几乎在同时被指定为麦芽酒品酒师。这个时期，西比尔宗族已经是人丁兴旺。作为反映乡村社会历史的至关重要的文档，有一份当时的什一税清单登记了村里 140 多位年龄超过 12 岁的男子姓名，姓西比尔的有罗伯特·西比尔及其子罗杰和威廉，伊沃·西比尔，威廉·西比尔和亚历山大·西比尔等。其中，罗伯特频繁地出现在 1280 年到 1291 年之间的法庭案卷中，他拥有 1 威尔格租期不定的田地，也出现在了默顿学院对于凯伯沃斯最初的调查表中。罗伯特·西比尔曾于 1287 年担任过地方官。伊沃有一个女儿叫玛蒂尔达，从 1281 年到 1298 年是一名酿酒师，人们经常叫她玛蒂尔达·西比尔，但也叫她"伊沃·西比尔之女玛蒂尔达"。

从凯伯沃斯法庭案卷所提取的小部分细节中，可以观察到一个家族是如何在乡村社会中崛起的。到了 13 世纪的最后 10 年，西比尔家族在老、小罗伯特的带领下，已在村里具有了强大的影响力。老罗伯特此时担任"学院监管人"（aulae et curiae）的重要职务，小罗伯特则做起了主要担保人。这是一个受人尊重的角色，在此后几十年里，村子里有多个家族的成员担当这一角色。成为担保人意味着可以在庄园法庭为其他村民的各种情况进行担保，无论是事关债务还是非法侵入，又或是涉及新的租约或证明某人具有良好的品行。这些惯常性的责任担保往往要持续相当长的时间，比如为他人维持田地的租期做担保。就像被村里推举出来的其他无偿职位，为人作保不仅是获取地位和"象征性资本"的一种途径，也被看作体现本地互惠原则的一个重要侧面。

西比尔家族在 14 世纪继续兴旺。在 14 世纪三四十年代的案卷中，康斯坦丝、艾格尼丝、艾玛和琼等西比尔家族的一批女性尤显卓著，但家族中也不乏害群之马：亚历山大·西比尔的儿子威廉分别因为 1349 年（黑死病暴发那年）入室行窃和 1352 年伤害他人而遭到指控。不过这个家族在 14 世纪时最著名的成员是亚当·西比尔，他从 1320 年到 1348 年一直极为活跃。亚当拥有 1 威尔格田地，并在 14 世纪二三十年代常被乡亲们推选为主要担保人和麦芽酒品酒师。

从这个家族故事不多的细节来看，即使是不具备永久性田产的农民也能在乡村发挥公共职能。换一个其他家族来说吧，比如波尔家族，他们同样拥有一个庞大的亲属网络。虽然波尔家族的许多人没有自己的田产，但通过世代积累的声望，还是成了早期当地社会上最具影响力的家族。要是我们能够了解更多有关母系家族的情况就更好了，比如西比尔，她肯定生活在 13 世纪中期，并成为单身女性阶层中的典型人物。这个阶层的女性有的未婚，有的拒绝结婚，有的年纪轻轻成为寡妇，有的甚至离婚。西比尔也许年纪轻轻就成了寡妇，但她凭借坚强的人格力量在乡村社会中留下了印记。

从默顿学院的法庭案卷中选取的第二个吸引人的研究案例，来自

171

其姓氏也源于一位凯伯沃斯寡妇的家族。这位女性的名字以许多不同的形式出现，如"寡妇斯科拉斯"、斯科拉、斯科拉特和斯科拉斯蒂卡等。在 13 世纪晚期的租金收入表中，斯科拉斯蒂卡被描述为一位本地人，是依附于此庄园的不自由农民。在 1284 年的租金收入表中写着从寡妇斯科拉斯蒂卡处收到 18 便士，但在 1300 年的租金收入表中，她又是以斯科拉西亚的名字出现的。很显然，法庭书记员在拼写她的名字时遇到了很大的麻烦。在其他租金收入表和法庭案卷中出现的名字就更为含糊不清了，比如斯科拉斯、寡妇斯科拉克和寡妇斯科拉斯等，但她的名字并非是以与某男性的关系为形式出现的，除了她的儿子们。在斯科拉斯蒂卡的寡妇生涯中，她是通过名字（这种情况在乡下很不寻常）和寡妇身份（没有提及丈夫）而被人识别的。到了 13 世纪 90 年代，斯科拉斯蒂卡的儿子约翰和休被人唤为斯科斯蒂斯或斯科拉克之子；到了 14 世纪，她的名字作为家族姓氏被人发现。斯科拉斯蒂卡的孙子罗伯特在 14 世纪 30 年代成为主要担保人，罗伯特死于 1349 年发生的黑死病之后，弟弟约翰成为罗伯特的遗嘱执行人。在此之后，这个家族成了信誉良好的佃户：在 1381 年的人头税表中，约翰和妻子艾格尼丝仍然登记为当地人。

　　作为一个当地人，也作为农奴，凯伯沃斯的斯科拉斯蒂卡像西比尔一样给人们留下了许多有趣的问题。她的丈夫是否是个在村里没有土地的外地人，年纪轻轻就死掉了？她租用的田地是从她父亲那里继承下来的吗？也许是因为她没有弟兄，所以后来传给了她的儿子们？斯科拉斯蒂卡这个名字在当时并不罕见，源于圣斯科拉斯蒂卡，即努尔西亚的圣本笃的忠诚姊妹。教皇格里高利（Gregory the Great）

在《对话集》(*Dialogues*)中讲述了圣斯科拉斯蒂卡的故事，相关传说在盎格鲁－撒克逊时代广为流传。圣斯科拉斯蒂卡后来又出现在卡克斯顿(Caxton)的《金色传奇》(*Golden Legend*)中。在凯伯沃斯的斯科拉斯蒂卡本人生前(大约1270—1280年)，有本叫《南英格兰传奇》(*the South English legendary*)的书中也传扬着圣斯科拉斯蒂卡的生平故事。所以，对于如斯科拉斯蒂卡的父母那样的英格兰农民来说，这不是一个陌生的名字。2月10日的"圣徒节"是13世纪时一个广受欢迎的节日，也许这一天也是凯伯沃斯的斯科拉斯蒂卡的生日。

农民的土地市场

在13世纪90年代，西比尔和斯科拉斯蒂卡，以及医生罗伯特、洗衣女爱丽丝所处的凯伯沃斯，并不是一个封闭的地方。男男女女往往四处走动，或外出朝圣，或离家经商，或为了寻找工作，有时甚至是为了追寻爱情——当时曾有一位年轻的农妇跟随她的爱人从莱斯特一路到了法夫郡(Fife)的圣安德鲁斯。为了默顿学院的利益，凯伯沃斯的农民经常用运货马车将粮食运到莱斯特和这个郡的其他地方。在13世纪晚期，租户们可能会出于某种诉求亲自前往默顿学院请愿，或为了继承土地而外出以支付入户费。例如，约翰·赛德的儿子罗伯特曾因即将作为独立的农民开始生活而非常焦急地前往牛津，请求准许从领主那里获得半威尔格田地。

默顿学院的珍贵文档也为我们提供了13世纪八九十年代乡村商业活动的详细资料，这些资料表明，村民拥有广泛的个人自主性。其

172

中一个案例写道，"小贩"威廉向凯伯沃斯–哈考特的法庭举证说，他在离亨廷顿郡约 48 公里的亚克斯利集市上从另一个佃农那里购买物品时，丢失了 4 先令 11 便士 3 法新[1]。很明显，威廉是代表村庄外出采购的一位小商人，也许就是默顿学院文档中所描述的"中间商"。约翰·沃尔特和他的弟弟将钱交予"中间商"威廉代购商品，威廉却在 11 公里外的迈德波恩市场上把钱给花掉了。法庭案卷中的另一个案例与海因斯家和波顿家有关，涉及一匹马。这两家中有一位亚当，他通过一个名叫威廉·弗克纳（William Fauconer）的中间商（此人是斯密顿的自由民），将这匹马以 10 先令的价钱在卢特沃斯的市场上卖掉了。这说明，显然早在 13 世纪，村子里的男人就可以做小商人或中间商了。在 1290 年的一份因酿制劣质啤酒而被罚款的名单中，凯伯沃斯的伊泽贝尔也被描述为"商人"伊沃的妻子。

173　　　当时的人们四处出行。从 1100 年到 1300 年，随着人口数量的急剧增长，英格兰马路上的情况就像 17 世纪一样，到处人满为患。在默顿学院于 1270 年左右买下哈考特时，村民们已与外界有了广泛的联系，凯伯沃斯人纷纷向城镇迁移。在接下来的几十年中，来自莱斯特同业公会的记录显示，凯伯沃斯人在莱斯特做制革匠、布料商、皮革商和石板瓦工的大有人在。比如凯伯沃斯的理查德，1359 年时他还是一个租地的佃农，后来成了一位布料商，并于 1362 年进入商人行会。他自称既是凯伯沃斯人又是莱斯特人。还有凯伯沃斯的罗伯

---

[1] Farthing，英国旧铜币单位。

特，一位靴鞋匠，他在城里出售自己制作的产品。凯伯沃斯的罗杰，这是一位五金商人，在莱斯特市场上租了一家店铺。这些人都把他们的技能从乡下带到了城里。

　　为了工作，其他人也在乡村各地流动。黑死病暴发之后情况尤其如此。早在 13 世纪就有外来者流入凯伯沃斯了，凯伯沃斯则有人外迁。一些人是为了谋求婚姻，比如凯伯沃斯的约翰·曼（John Man of Kibworth）的女儿艾格尼丝·曼，她嫁给了香格顿（Shangton）的沃尔特·格雷瑟姆（Walter Gretham），为了跟丈夫一起生活，她向默顿学院方面支付了 2 先令的许可费后便搬走了。相反，当沃尔特·普雷切尔（Walter Prechour）从威斯托入赘威廉·波尔家，娶爱丽丝·波尔时，由于爱丽丝是当地人（也可能是依附性农民），他需要到默顿学院的庄园法庭上对地主表示忠诚，随后才被允许搬来生活。而对于凯伯沃斯–比彻姆的约翰·阿斯特恩（John Asteyn）来说，由于他属于当地一个非常古老的家族，当他娶凯伯沃斯–哈考特的艾格尼丝·史密斯为妻，并想要搬去与女方同住时，必须每年缴纳一笔类似人头税的钱方可在女方处居住；同时，改而隶属默顿学院庄园——以不自由的身份作为代价换取艾格尼丝的爱情！这就是中世纪庄园世界里具有约束力的附属性条文。

　　在这些婚姻中，双方住址只不过相隔四五公里，有些人的迁移距离就遥远得多了。凯伯沃斯有位名叫罗伯特的人，他是哈考特的一名自由民，他的故事并未在默顿学院的档案馆中得到保存，但我们在莱斯特著名的维杰斯顿医院（the Wyggeston Hospital）的档案室中意外发现了与他相关的原始抵押文件：13 世纪时原本属于罗伯特的土地在都铎王朝时期成了医院的地产。文件讲述的虽然是例行公事性的、无关紧要的日常生活，但却能透露出某种有意思的信息。在 13 世纪 90 年代的某个时候，凯伯沃斯的罗伯特从凯伯沃斯迁移到了巴克斯顿（Barkeston，今天的巴克斯顿是巴克斯顿、普莱加［Plungar］和列米尔［Redmile］组成的教区）。罗伯特可能在那里娶妻成家，并成了一名地主。从 1299 年起，他进行了一系列小块土地的交易活动，后来自称为"凯伯沃斯和巴克斯顿的罗伯特"。从罗伯特的这些生意交往中，可以看出他与村子里那些值得信赖的"起过誓"的朋友和熟人们之间的关系。1311 年 4 月 21 日，罗伯特将一些土地租给了染色工哈伯勒的托马斯·德克斯特（Thomas Dexter）及其妻子艾维斯（Avice）、其子杰弗里（Geoffrey）。斯密顿一个名叫理查德的人和哈伯勒一个名叫杰弗里的佛拉芒人见证了罗伯特在巴克斯顿的这笔租赁。马基特–哈伯勒是 12 世纪商业繁荣时期兴起的许多新城镇之一，13 世纪时它成了一个欣欣向荣的市场，虽然规模不大，但商业生活十分活跃，聚集着数十位工匠和手工艺人、少数所谓的"商人"，还有一些饮食店主、众多仆从和体力劳动者。从凯伯沃斯的罗伯特的特殊业务关系的线索中，我们可以发现，他的朋友还包括哈伯勒的染色工和佛拉芒人等。佛拉芒人在蓬勃发展的纺织业中表现突出，政府便对纺织业进行了立法，并对羊毛征收出口税。像德克斯特这样的染色工，会从茜草、菘蓝和黄色植物中提取用于绘制中世纪手稿中所见到的深红、蓝色和黄色等染料。在染色工的作坊外，晾晒着一捆捆黄色染料植物以及大量地衣红、红花、五倍子和茜草根等植物。其他用于布料染色的颜料，如番红花根和地中海紫贝壳等，则属于稀有商品，需要通过专门的经销商进口而来。

1311 年 11 月，罗伯特以"施洗者约翰诞生时送的一朵玫瑰花"作为交换，赎回了巴克斯顿田地的终身财产所有权。这一次，为他作证的又是斯密顿的理查德，还有一位证人是来自哈伯勒的亚当·安德鲁斯（Adam Andrews）。亚当的家人后来成为有名的香料商，多进口草类和植物类天然染料。虽然罗伯特此时居住在这个郡边远的北部，即延伸到诺丁汉郡的小海角上，但他的交往圈遍及整个郡，包括染色工、织布工以及这个郡北部的哈伯勒的染料和香料进口商。证人中的那位斯密顿人大概是罗伯特早年在凯伯沃斯时就认识的。

175

这一系列生意中的最后一笔发生在 1317 年 4 月 25 日。罗伯特从哈伯勒的染色工手中收回了一些田地，然后租给了巴克比的威廉·格兰特（William Grant of Barkby）。此时，罗伯特开始称自己为罗伯特·劳德（Robert Lound）。他是否接纳了妻子的家人，成为"新人"？他是不是找到了新的居住地？（Lound 也是一个地名，位于斯坦福德郡的东部边界。）

罗伯特与一位佛拉芒人、一位布料商和一位染色工交情不错，说明他很可能涉及纺织品行业，或许他是一位羊毛经销商或养羊人。罗伯特经营的田地遍及整个郡，从北部的巴克斯顿到其家乡凯伯沃斯附近的斯密顿，再到北安普敦郡边界南部的哈伯勒。作为一个小小的经营者，凯伯沃斯的罗伯特是 13 世纪后期整个自由民阶层的典型：他四处迁移，买进卖出，精明能干、善于经营。他在土地市场上显露出来的活跃的农民首创精神说明他运用了书面条款和专业知识，而这些只是冰山一角。

虽然有关罗伯特的资料在历史发展过程中并无多大意义，它们只不过是偶然幸存下来的，无非是事关 1300 年前后一位小商人的生活片段，但罗伯特的故事却反映了 13 世纪许多自由英格兰人的生活。它同时也为我们提供了 1300 年前后人的身份以及姓名多变的有关线索。正是在这段时间，英格兰人的姓氏开始固定下来。其中一方面的原因是，随着证明文件的不断增多，政府迫切需要更加有效地把人们加以区分；而另一方面无疑是因为男性名字的相似性实在令人感到晕头转向。

实际上，凯伯沃斯人的姓氏直到 13 世纪晚期才开始出现，这是一种英格兰、斯堪的纳维亚和诺曼名字的混合体。14 世纪的一份人头税税单记录了凯伯沃斯 3 个村落的 85 位女性在受洗时所取的名字，其中一半以上无外乎以下 4 个名字：艾格尼丝（出现 13 次），爱丽丝（14 次），艾米斯（10 次），琼（10 次）。除此之外当然也有相当多的其他女性名字，比如艾玛、米丽森特、玛蒂尔达、艾伦、罗拉、比阿特丽斯、伊索尔达、迪奥尼西娅、朱莉安娜、菲莉西亚、罗丝、萨拉和伊泽贝尔等。但父母给男孩取名时却显得非常缺乏想象力。当时，古老的英格兰名字变得不时髦了，加上眼下的统治者和管理人都讲法语，要是想在莱斯特和考文垂等地的新兴工艺和商业行会中谋得一席之地，最好是取个诺曼名字。于是有将近一半的凯伯沃斯男人名叫约翰，排在其后的是罗伯特、理查德和威廉等。在这个村子里，男性的名字并不像女性的名字那样丰富多彩。到了 14 世纪初，古英语名字留下的痕迹已经很少了。只有极少几个大约在 14 世纪 20 年代成型，并在 14 世纪 70 年代固定下来的姓氏，还能让人联想到较为古老的乡村历史，比如比彻姆的斯旺（the Swans）和阿斯特恩（the Asteyns），哈考特的瑟德（the Thords）、格代尔（the Godyers）和戈德温（the Godwins），以及描述职业的卡特（the Carters）、查普曼（the Chapmans）和沃达尔德（the Wodards）等。如今，只有搬来此地的外地人的名字最为醒目，比如来自北安普敦郡的男人纳斯比（Naseby）和西布托夫特（Sibbertoft）。1381年的比彻姆来过一个农夫，人称威尔士的格里高利（Gregory），还有一个叫亚当·奥奈尔（Adam Onele）的。亚当会不会是爱尔兰人？在14世纪的凯伯沃斯，这并非不可能。

奇怪的预兆：漫天的乌云

在默顿学院的文档中，我们发现了一幅展现凯伯沃斯的社会生活乃至实体布局的图画。同一时期的文档还为我们提供了斯密顿的3个自由家族的名字（斯旺家族、阿斯廷家族和哈姆家族，他们的祖先始于维京时代），以及50位从属性农民、隶农和农奴的名单，后一群体和家人构成了比彻姆的劳动力。考虑到遗漏的因素后，文档还显示出，1300年前后的比彻姆的人口可能超过250人，整个凯伯沃斯教区的人口大概为800人。这个数字几乎是1086年的三倍，这样的人口数量肯定增加了土地、住房和就业等方面的压力。这里正处于蓬勃发展时期，可供耕种的土地比维多利亚时代还要多，但也出现了一些预兆性的信号，包括物价上涨、通货膨胀以及小块田地继续细分的问题，因为每个自由家族都试图在越来越拥挤的乡村为孩子提供可维持

生活的土地。全国各地的法庭文书显示，这个时期有越来越多的年轻
人四处奔波以寻找工作，寻找不同领主管辖下的新村庄。从社区意义
上而言，这时的凯伯沃斯是一个拥有小镇级别人口的区域，称得上是
多元化经济的市场。但在 13 世纪 90 年代，连年的恶劣冬季和干旱夏
季预示将出现持久性的破坏性气候。起初人们不以为然，但在现在看
来——或许不只是后见之明—— 一种最终导致饥荒、瘟疫和整个社
会崩溃的灾难性气候类型开始出现。

　　这种自然现象出现之前有迹象和预兆。这是一个完全相信超自然
力量的时代，人们当真认为不祥的迹象是一种黑暗力量的前兆，威胁
着已处于风雨飘摇之中的生活平衡，并将使社会陷入长期贫困与无休
止的混乱境地。在公元 1300 年前后的手稿和最早的社会诗歌、政治
歌谣中，在劳动阶层对于富人无节制生活的抱怨声中，人们对梦想和
古老预言的兴趣被重新激起。在一份预言天气的手抄本中，人们借
"希腊大师梅洛厄斯"（Master Meloaus, the Greek）之名预言了 1302
年的可怕天气。预言朝着"所有的基督徒"发出：地震、饥荒、战争
以及领土和民族的分裂，巨大的灾难即将来临，时间开始于 9 月的某
一天。在预言的底部，还有一条法语警示："预言之事必将发生！"

　　在被诺曼人征服 200 年后，英格兰和乡村进入了下一个历史阶
段。这是一个令人难以置信的急剧变化时期，我们将通过诸如发生在
波尔、布朗和西比尔等家族中的真实故事来讲述。这些人所处的群落
经历过黑暗时代和维京时代，如今已被 10 世纪的盎格鲁－撒克逊国
王们彻底改变了。他们忍受了诺曼人的统治，然后在 13 世纪 60 年代
的制宪事变中找到了自己的声音。人们发展了从百户邑法庭到田间陪

177

审团的磋商机制，运用宪章赋予的权利购置财产，有时甚至前往国王的法庭争取利益。在乡村，尽管佃农处处受到歧视，隶农和农奴往往只能在微不足道的土地上艰难挣扎，但村庄毕竟是一个有着公共权利、义务，并需要付出劳动实践的社区。此时的市场遍布各地，让人们可以卖掉剩余的东西。在凯伯沃斯，甚至买得到丝绸或辣椒。10世纪以来，法律具有支配生与死的权力，每一个庄园都配有绞刑架，但这个村庄已显示出英国历史从封建秩序到资本主义的根本性转变的迹象：从付出劳动力到付货币租金的转变。历史总在变化之中，社会发展是一种持续不断的过程。

在繁荣的 13 世纪末，正如英格兰的整体人口情况，乡村人口已增长到 1800 年以前的最高水平。边际土地日趋紧张，土壤肥力不断下降。成群结队的无产者奔走于英格兰的道路上，渴望在这个日益不安的世界里寻求安全感。此时，牛津大学的一个学院已入主哈考特。无论是居住在缅因街旁的木房子里的自由民，还是住在用泥土和茅草建成的小屋里的隶农，又或是在林子里避于用柳条编织成的简陋棚屋的农奴，对他们来说，新的领主将意味什么？那些生而自由、在公共用地中拥有自己的条田的英格兰人将面临怎样的命运？他们要如何应对即将降临的灾难？

178

第十章 大饥荒和黑死病

　　1314 年的整个秋天雨一直下个不停，湿漉漉的大地上蒙上了浓重的迷雾。这个村子的状况也很糟糕。前一年，狂风刮倒了树木，毁坏了篱笆，还掀翻了房子的屋顶。严重的霜冻持续到了 4 月份，让原本温暖宜人的春天变得天寒地冻，还不时夹杂着雨雪和冰雹天气，导致"鸽子的高死亡率"。随之而来的是炎热干燥的夏天，大地被烘烤得坚硬无比，在凯伯沃斯的账目表中甚至记载有购买铁件用来修复破损犁头的额外支出。而且，还有更为令人担忧的迹象显现。由于持续的大雨，村民们虽然辛苦，收成却很差。冬耕一直持续到 10 月份，人们身穿打满补丁的外套在地里犁耕，异常艰难地将湿黏的土块和犄角旮旯的田地耕成规整的长条形。因此，农夫们需要更多的啤酒，牛马需要更多的饲料，更换新犁板需要更多的费用。这一切都被细心的地方官约翰·波尔记录在案，蛛丝般的棕色墨迹把当时的情况载入法庭案卷。乌云在斯密顿和格姆雷森林的上空堆积，看管家畜围篱的管理人和他的狗"塔尔博特"心神不宁地四处张望。（当时，人们似乎喜欢以"塔尔博特"给管理人的狗命名。）阵阵狂风裹挟着稀疏的初雪吹打在人们脸上，这将是一个恶劣的冬季。

在村庄各等级职务中，地方官波尔的职责是监督村里的风俗习惯、收取罚金，就某事与领主（默顿学院）进行交涉等。出身于一个古老隶农家族的波尔，是由所有了解与信任他的乡亲们推选出来的。家畜管理员的职责则须亲力亲为，他要监督耕地、刈草和收割，协助地方官清点并记录村子的收益状况等。中世纪的财产管理手册建议，看管家畜的管理员应由"积极而内行的早出晚归者"担任，因为从天一亮就得眼观六路。管理员的脖子上挂着一个喇叭，午休时他会吹响喇叭，到了休工时间他也会吹响喇叭，这时，隶农和孩子们便可牵着牛群离开田头回家了。在管理员的挎包里，也许有一本随身携带的用羊皮纸装订的小型历书，已经有些皱了，上面画着简易图画和图表，是着色的星象图、日食图，写着气象谚语，并用红色凸显圣人节日，即所谓的"黄道吉日"。这种小册子将一年中重要的农耕日用歌谣的形式呈现出来，甚至还罗列了各种面包的价格，包括杂粮面包、精粉面包以及最粗糙、最便宜的豆子制成的"马面包"（horsebread）等，图文并茂地展示了民间智慧。它还用垂头丧气的小麦、病恹恹的或卧床不起的耕种者的图片来预言雷雨天气和收成情况。小册子中有一页画

180

了幅凶兆图景，上面是一捆捆湿漉漉的玉米，还有形状仿佛恶魔的云朵，口中喷着像箭一样的风和雨。画面上方有一首顺口溜写道："夏天若狂风暴雨，秋季必泥泞潮湿，不分老老少少，厄运在所难逃。"

　　由于熟悉气象知识，能够预测收成，并知晓日月运动规律，诸如地方官和家畜管理员这样务实忙碌又略有文化的人物，得到了村民的信任而被委以重任，来维持公田系统和农耕例行程序的平稳运行。他们是社区的看护人。但从根本上来说，地方官和家畜管理员所掌握的所有知识与技能，与村民们付出的全部劳动的目的是相同的，都是为了生产粮食以养家糊口。历书的最后一页描画着人们最大的恐惧，那就是"死亡"（derthe）的可怕象征：一张空桌子上放着一把金色小刀。

　　即将到来的灾难在过去的 20 年里已经有迹象显现。从 13 世纪90 年代末开始，粮食价格上涨，劳动报酬下降，地主和王室加重了税收，以满足朝廷的需求和国王的军队在国内外战争中所需的军费。就连年收入只有 7 便士的隶农也发现，自己在 1307 年缴纳全国人头税时数额增加了。此时，英格兰的人口达到了 18 世纪之前的最高值，有六七百万之多。单位耕地面积上承载了过多人口，让这个国家变得处处捉襟见肘。1300 年前后的一首民谣唱出了人口太多而生存艰难的时世："我听见人们在各地悲叹呻吟……对生活厌烦无比……丰裕的好年成早已成为往事。"这也表达了凯伯沃斯人的情绪：此时的凯伯沃斯挤满了额外人口（adventitii），他们是没有土地的新来者，在公共用地上搭建简陋的茅舍，为了混口饭吃、寻求保护，或仅仅是为了生存下去，只能依附于较为富裕的农民。

　　所有这一切的背后，是一场较为深刻而持久的危机，它源自我们现在所知的气候变化。令人不安的气候模式已经开始破坏农耕、播种和收割的日常程序，扰乱这个主要依赖于农业的社会。14 世纪初的世界正在进入一个小冰河期，但在当时这些迹象几乎不可能被人理解为即将到来的长期现象。只有在事后回头审视村庄的记录、无数的法庭案卷，以及影响中世纪大多数英国人生活的详细损益账目时，这种气候模式才可能被我们认识到。

就斯密顿山丘而言，如今这里的地形与 1314 年时已经大不相同，几乎所有的耕地都已消失，取而代之的是伸展到远方的草地，只剩某些地方仍保留着起伏山脊的痕迹，以及中世纪农夫留下的犁沟。而在 1314 年，这里曾是一片开放的、光秃秃的褐色山丘，几乎没有什么树木，也没有栅栏或篱笆，并非人们想象中英格兰的绿色而宜人的土地，而是我们称之为产业化农业技术所形成的组织化的、管理非常有序的景观。山坡下方是斯密顿和凯伯沃斯－哈考特的田园，从西北延伸到东南的一片半圆形的土地每年都处于交替轮耕之中。每一大块耕地都被分割成数以百计的条田，就如凯伯沃斯农民用土话所说的，"从朝阳的一面一直排到背阴的一面"。这句话的意思是，从日出的方向顺时针数，条田数都数不过来。这里的"日出方向"用的是维京单词 solskift，至今仍可在东米德兰地区的农耕术语中听到。农耕时节，一排排犁地的牛队缓慢地来来往往于这些地块上，男孩们在前头用刺棒驱赶耕牛，男人们在后面操纵犁把，"农夫与牲口一道，一行行耕耘着他们的土地"。理所当然的，当时的"农夫"，即英格兰的"凡夫俗子们"，就是这个国家的"支柱"，他们因而成为 14 世纪早期日益兴盛的流行民谣和诗歌的主角。就如一位民谣作者所说，农夫肩扛

"所有土地的欢乐"。当时,"神将保佑犁得更快"(Gode spede wel the plough)既是一条格言,也是一种祈求,因为事实就是整个社会和整个国家皆有赖于此。

直到20世纪20年代,在苏塞克斯依然有农民赶着8头公牛犁地。这是自盎格鲁-撒克逊时代就流传下来并历经中世纪再到现代的务农方法。

在大饥荒前夕,假如来访者走进凯伯沃斯-哈考特,不管他是补锅匠、马贩子,还是巡回传教士,他将看到大约60座带有庭院和长条私人园地的房子,而整个村落的外围是一圈树篱和沟渠。在村落北边,有一条沿小溪而建的沟渠,在溪流的一端筑起了堤坝,围成了一个鱼塘,从中打捞的鱼可作为村民在肉类、面包、洋葱和大白菜等食物之外的重要补充。在缅因街北侧,坐落着莱斯特典型的隶农房屋,有着泥墙和茅草屋顶。由于之前的40年人口剧增,在一些园地与庭院之间的空地上添盖了房子,隶农的简陋房屋也被进一步细分。沿着地面倾斜、通往市场的街道往前走,会经过较为富有农民的居住区,他们的房子是规模较大的石砌房屋。这是14世纪兴起的一个阶层,这些人往往负担得起带有浴室、厨房、牲畜棚和猪圈等场所的大房子。

穿过地方官的住宅来到缅因街、肥猪巷（Hog Lane）、通往公田的斯兰路的三岔口，就是村里的集市了。这里地处泉水沿线，早在铁器时代就吸引了定居者的到来，是村里主要的水源所在地。这里有一口永不干涸的井，直到第二次世界大战之后开通了市政管道供水系统才停止使用。集市上有公用窑炉和马力磨坊，磨坊是一间泥砖和茅草结构的粗陋小屋，仅能用以遮盖磨石。每周四，人们在集市的摊位上出售布料、皮具、鞋子、铁锁、工具和农具等。市场上也销售海产品，比如来自斯伯丁的海鱼、来自沼泽地区的鳗鱼干、来自北极圈的腌制鲱鱼等。还有一些奢侈品，比如葡萄干、胡椒粉和丁香，以及用于调味和添色的番红花粉等。村子的小教堂就在肥猪巷附近：圣威尔弗里德教区教堂，坐落在哈考特与比彻姆之间的山脊上。村子里有两座风力磨坊，一座设在朝北通往卡尔顿的小道的山坡上，另一座设在村子西北边的罗马时期的墓地上。所有利用这两座磨坊研磨玉米的农民都必须支付费用。这两座风力磨坊在当时代表着新技术，用砖砌成塔状底座，撑起两组鹿角状的叶片，利用旷野吹来的风作为推动磨盘运转的动力。

此时的哈考特拥有 11 户自由承租家庭，其中一些是自由民的后辈，也就是来自《土地调查清册》中所称的"自由家庭"（liberi homines），包括佩克一家（the Peks）、雷尼一家、西比尔一家、布朗一家和波尔一家。有些家庭很富裕，雇得起仆人和劳工——这些人来自生活在 14 世纪社会边缘、越来越贫穷的无地阶层。除此之外，村里的大部分人是常年佃户，也就是隶农，约三十来户，比如戈德温一家、卡特一家、邦德一家和韦德一家，以及地方官约翰·波尔一家、

凯伯沃斯的圣威尔弗里德教堂存续了很久，图中是 18 世纪绘画作品所表现的模样。教堂高高的尖塔尚未倒塌时，曾是当时英格兰最高的建筑物之一。

罗杰·乔伊一家和艾玛·吉尔伯特一家等。

　　最后，在默顿学院的租金登记册中还登记着六七个小佃农，即他们所谓的可怜的小农户。他们只有一间小农舍，没有土地，却要缴税。正如我们所见，在大饥荒之前的几年里，这个村子最早的职业分工就出自这类人，包括研磨工、面包师、运货马车夫、打谷者、二手商人，甚至是油漆匠（约翰·勒·佩恩图尔［John Le Peyntour]）。村里的洗衣女工爱丽丝就在沼泽边的洗衣处做活，会把洗好的衣服铺在草地上晾干。村里甚至还有一位药剂师，他曾作为一份文件的证人出现。此人采集、制作草药，并进行销售，很可能和"医生"（medicus）罗伯特（Robert）有关系。

要是认为这些人没有读写能力那就错了。即便是看管家畜的管理员哈里也得能读会算，因为这似乎是胜任此岗位不可或缺的条件。事实上，在这个纷扰的世纪里，掌握文化知识往往是一个人通向自由之路的钥匙。在管理村庄时，计算能力至关重要。虽然当时烦琐的罗马数字尚未被阿拉伯数字系统取代，不过哈里本人巧妙地采用了一种手指计数方法。而且管理员哈里随身携带的历书配有童趣盎然的图片和押韵的顺口溜，正是14世纪适合于具备初级识字能力者把握的典型读物。地方官往往更有学识。约翰·波尔十几岁的儿子罗杰继承了父亲的职业，当然也具有读写能力。罗杰曾经因为默顿学院质疑他使用经费的问题而提出申诉，这说明他在当地是个能为自己辩护的人，而且有自信。在大饥荒和黑死病期间的20年里，罗杰可能一直担任地方官之职，在他的监管下，14世纪三四十年代编制的村庄账户档案在布局和表述上都与从前大不相同，变得简明扼要，有些档案甚至可能就出自其本人之手。

由此可见，凯伯沃斯农民已习惯于书面文字，他们也懂得利用法律来维护权益。当比特灵-麦格纳的乡邻们在国王的法庭上愤怒地抗议时，捍卫自己的权利就已成为"王国的社会福祉"的组成部分了。人们明白《大宪章》、《森林法》和《牛津条款》对于自己的意义，《牛津条款》更是自诺曼人征服以来用英语颁布的、面对"祖国"发出自己声音的最早法令。西蒙·德·蒙特福特的事迹依然是怀旧诗歌和朗诵会的主题，这不仅表现在曾经支持过他的事业的贵族家庭中，在我们这个村子里，情况可能也是如此。在 13 世纪晚期和 14 世纪初期，有大量用英语创作的流行歌谣和故事涌现，这些英格兰最早的"激进"或"抗议"文学尤其表达了农民的立场，反映了"凡夫俗子为支柱"的视角。因此，在农民运动的不断激励下，四代人共同促使 14 世纪进入风云多变的时代。也许，这有助于解释为什么气候变化、经济衰退、饥荒和瘟疫的巨大冲击最终能够打破旧有的秩序。

爱德华和他的宫廷并未在意这种政治风向，但乡村最下层阶级广泛的政治参与和民间骚乱后来成为宫廷和贵族的一大忧患。国王没有预见到 1314 年迅速酝酿的经济与社会危机。1314 年春，爱德华发动了一次大规模远征，率领一支由 3000 名骑兵和 1.6 万名士兵组成的军队向北推进，打算征服苏格兰人。随行的还有一辆巨大的行李搬运车，装载了大量帐篷、家具、寝具和厨具，预备在打胜仗之后用于庆功。然而，在仲夏那天，这场在班诺克本（Bannockburn）发生的战役以耻辱而告终，英格兰步兵几乎被敌方全部歼灭。侥幸活下来的残兵败将在酷暑中向南逃窜，满身污泥的国王从丹巴（Dunbar）乘船狼狈溜走。与此同时，一场预示着英格兰陷入灾难的大雨从天而降。

对于凯伯沃斯人来说，他们先是获悉国王在北方惨败的消息，接着便是雨水毁坏了收成。农民们竭尽所能完成冬耕，千方百计做好准备，以应对即将到来的暴风雨。由于一场"几乎无休无止"的滂沱秋雨，河岸、堤防和路基被冲破，没过多久，编年史者们就像今天为报纸新闻拟标题的作者一样，不能免俗地把大雨与"诺亚的洪水"相比拟。大雨过后是一场大寒潮，到了新年，一场整整下了三周的大雪将大地裹得严严实实。在这种天寒地冻的情况下，"几乎没有人可以离开自己的住所"。到了 1315 年春天，天气依旧恶劣。在圣灵降临节前后，大雨又开始倾盆而下，灾难席卷整个北欧地区，并很快波及波罗的海和波兰边境——在那里，条顿骑士团正在进行一场针对斯拉夫人的无休止的战争。一夜之间，粮食变成抢手货，从比利时西南的图尔奈（Tournai）到苏格兰西南的博德明（Bodmin），商人们都在尽可能买进能获得的所有余粮。随着大雨绵延至 8 月份，英格兰法庭案卷中所记载的重罪犯和逃犯数目大幅飙升，偷盗食品、谷物和动物的行为都只能算是小菜一碟了。有鉴于此，沃里克伯爵在 8 月 1 日采取了非同寻常的措施。他写信给约翰·波尔以及"凯伯沃斯的自由佃户"，要求他们"一如既往地负责为默顿学院院长和学者们提供尽可能充分的服务"。这也许是默顿学院的学者们提出的要求，信件副本与他们的契据一起保存至今。社会开始动荡。

　　默顿学院的担忧在他们的账单中显示了出来。那年秋天出现饥荒后，村民的日子越来越艰难。村子里的犯罪人数不断增加，因为穷人走投无路，只能从富人那里偷吃东西来维持生命。默顿学院的账目上记载着他们的代理人前往凯伯沃斯收取租金时在路途上的花费详情，备注的用途包括：旅途津贴、马饲料钱、餐费以及在达文特里（Daventry）和北安普敦的旅店住宿费等。学院所信任的"代理人"是加德斯登的罗伯特（Robert of Gaddesden），他在暴发饥荒的第一年前往凯伯沃斯不少于 13 次，在饥荒的第二年不少于 12 次。但不久之后，默顿学院就意识到，像通常那样从凯伯沃斯收取租金已不可能了。

186

1315 年 11 月，当罗伯特从牛津骑马进入凯伯沃斯时，眼前是一幅令人心寒的景象：暴雨再次摧毁了收成，已经到一年之中这样晚的时刻，犁耕队不得不仍然在莱斯特道路沿线陡峭的土地上苦苦翻耕。在房屋背后的畜棚内，他发现腐烂的绵羊尸体四处可见，猪群都得了"麻风和疥癣病"，而某个农场里的母牛没能生下一头小牛。每次暴雨都卷起一股褐潮，沿着缅因街的"国王大道"一泻而下，在路的尽头形成了一个乡民称之为"沼泽"的死水区。村子里有人染上"弗拉克斯病"（flux），可能指伤寒，还有许多人在潮湿的屋子里卧床不起。管理员哈里那本历书中预言的可怕图景开始呈现。

1315 年 11 月 28 日，村民们在恐慌中目睹一颗彗星带着惨淡的尾巴在南部上空划过——不列颠人将此视为最坏的预兆。到了冬天，饥荒席卷整个英格兰，人们惊慌失措。12 月，大雪降临，但柴火短缺，又是一个带来一场全国性灾难的严冬。对此，凯伯沃斯和许多英格兰村庄在 1315—1318 年间的账目有着令人信服的直接描述。和发生在现代非洲的饥荒一样，小农户所受到的打击最为严重。贫穷的佃户放弃了他们的条田，卖掉了园地甚至是村舍，导致放弃租用田地的户数从平均每年的 6 户上升到 40 户。那时与现在一样，种田人可以出售变现的最后一点救命稻草，就是牲畜和农具了。这正是当时全国各地许多贫穷的佃户在穷困潦倒时的命运，他们一贫如洗，生生等待着死亡的来临。在凯伯沃斯的账目文件中出现了大量欠款记录，有备注对终止租期的简要说明是："无力支付遗产税，因为他已一无所有。"那年有一份农场日志具体记述了人们当时看到的一些凄凉场景："蓟草丛生"，"豌豆喂猪"，"鸽子大量死亡……雪花纷飞"，"玫瑰延迟开放"。

在伦敦，政府直到此时才对这场灾难的程度有所认识，于是征用商船从法国南部的加斯科尼（Gascony）、西班牙西北部的加利西亚（Galicia），甚至是从英格兰西南部的康沃尔（Cornwall，此地避过了最严重的饥荒）等地引进粮食。1316 年，坎特伯雷大主教要求神职人员列队上街庄严游行。他们一路敲响铃铛，口中不停地念诵特定而冗长的祷文：人类要为自己赎罪，平息上帝的愤怒。富人祈祷、斋戒，施舍穷人。人们前往英格兰的各个圣殿大肆朝拜，祈求圣人们在上帝面前求情。在全国各地的乡村教堂里，到处都是祷告者。

在这样的情况下，还是有人企图发灾难财。林肯的商人听说剑桥和亨丁顿的粮食有富余，于是马上抓紧机会跑到那里；来自约克和赫尔的经销商则在主教门（Bishopsgate）和阿尔德盖特（Aldgate）的客栈中四处寻找落脚的粮商；一些伦敦商人甚至到海外寻找能大宗托运的粮食，好借机大发横财。一时粮价飞涨，达到前所未有的极限。莱斯特的粮价甚至暴涨 40 倍，达到每夸特（quarter，约 28 磅）40 先令，于是政府也加大力度，试图在国际市场上采购粮食。到了 1316 年，正如《伦敦编年史》中所描述的，王室发出公告，要求食品定价必须取消："有关禽畜类和蛋类的法令不应该成立，因为几乎没有人可以在大闹饥荒的日子里找到这些东西。"此时连关于面包的法令也是多余的，因为要是每夸特小麦都要花 40 先令，谁还吃得起"一丁点儿最好的白面包"呢？能吃到管理员哈里的历书中写的粗糙"马面包"已经算是有福了。

1316 年，约翰·西比尔 14 岁，因为父亲尼克死于闹饥荒的第一

个冬季，他继承了父亲的条田。但因为约翰尚未成年，他继承土地的
第一年由默顿学院监管。在一个湿泞的春季，根据地方官的账册记
录，约翰在条田里播种了"价值 7 便士的燕麦、价值 18 便士的小麦、
价值 4 先令的豌豆和 4 先令 6 便士的大麦"。在凯伯沃斯的重黏土上，
允许每英亩所用的种子为两蒲式耳（bushel，每蒲式耳约为 35.2 千
克），得到的收成十分微薄。而此时的约翰已被迫成了养家糊口的主
心骨，要承担养活寡母和弟弟妹妹的生活重任。他的处境已经很糟糕
了，但祸不单行，耕牛中出现了一种致命疾病，使情况变得更糟。这
一年，一场源于欧洲中部的恶性牛疫大肆蔓延到德文郡和苏格兰。无
论是在经济层面还是心理层面，这种可怕的状况都对人们造成了极大
的影响，有一份资料记述了当时那种令人难受的情形：

> 那时候，世上出现了大饥荒和瘟疫，特别是在穷人中间。
> 家畜的死亡率前所未闻，而且持续了好几年。到处都是站在那
> 里呆滞不动的可怜动物，仿佛绝望地对着旁观的人们哀鸣流泪，
> 因为它们体内正在经受着痛苦的折磨……然后，倒下，死去。

若与最近发生的疯牛病和口蹄疫等家畜瘟疫做比较，就会发现大
饥荒时期的传染病与现代暴发的牛瘟病毒有着惊人的相似之处。当
时，英格兰畜群的死亡率大致在 60% 左右，在一些地方甚至可能全
部死亡。对于已经备受饥饿折磨的人们来说，这是一个可怕的打击。
凯伯沃斯的村民至少拥有 20 支犁耕队，可能有多达 200 头公牛，此
外还有更多奶牛和牛犊。在 1316 年的秋冬，这些牛群必定遭受了灭

顶之灾。

在 1316 年和 1317 年，饥荒和瘟疫再加上肠道痢疾和伤寒暴发，情况雪上加霜，导致成千上万人死亡。莱斯特的亨利·奈顿（Henry Knighton）描述了当时的状况：

> 可怕的死亡和动物之间蔓延的瘟疫遍及整个英格兰王国。情况极为恶劣，幸存者没有本钱耕种土地，每天都在简易的墓地里尽可能多地埋葬尸体……一场巨大的灾难正在吞噬英格兰人民的性命。

人们仍然可以借由饥荒年代的抗议诗歌感受到那种惊慌失措的民间反应。"灾难笼罩着我们整个国家，"一首民谣的作者写道，"它让所有穷人都处于悲哀与恐惧之中……让不幸赶快离开英格兰吧，千万不要让人们再担惊受怕了……"在 1315 年到 1318 年之间，大约有十分之一英格兰人死去，死亡人口在 50 万到 75 万之间。

大饥荒于 1318 年宣告结束，当时伦敦的一位编年史家回忆道："粮食便宜了，好日子又回来了。"在整个大饥荒期间，最苦的必定是穷人。大饥荒给人们带来的痛苦记忆甚至比那个世纪后期的瘟疫还要强烈，因为它留下的是更深层次的心理创伤。商人们照样可以钻营赚钱，而假如政府能够快速有效地调配粮食，灾难本有缓解的可能。就像当时的歌谣中描写的，对于富人来说，游戏规则在于"权势就是法律，上帝也无能为力"。饥荒虽然是一种自然灾害，但同时也是政府的失败和对富人的控诉。在随后几年间，民谣作者在集市上和节日里吟唱的主题仍然没有离开"爱德华二世的邪恶时代",以及社会崩溃所导致的潜在而深远的后果。也许,这也是如今这个时代的一面遥远的镜子。

尽管乡村生活在 14 世纪最初 20 年间遭受重创,但到了 14 世纪 30 年代有所恢复。政府的人头税清单为我们提供了一种社区重新开始繁荣的景象,正像英国诗人威廉·朗格兰(William Langland)所说的,"晴朗的天空下又是人丁兴旺"。但事实证明,这是一场残酷的幻觉,更糟糕的事情还在后头。1347 年,从克里米亚的卡法(Kaffa)出发的意大利商船一路携带着感染了瘟疫的老鼠,穿过黑海到达君士坦丁堡以及地中海的各个港口。一种新的起源于里海与克里米亚半岛之间的瘟疫由此肆虐于欧亚大陆。莱斯特的亨利·奈顿当时还是个孩子,长大后的他对这种风驰电掣般势不可当地登陆不列颠的鼠疫进行了最为形象逼真的描述。"它起事于鞑靼,"他写道,"并以迅雷不及掩耳之势攻入阿拉伯人的国土,然后占领希腊人的土地,最后进入基督徒的国家。在耶稣纪元一千三百四十八年……它首先登陆英格兰……这是一场骇人听闻、前所未有的磨难……"

1348—1361 年间的黑死病

1348 年春,村子里平静无事,法庭记事中的内容也只是些通常运作的当地事务,比如默顿学院的主管西蒙·帕克曼(Simon Pakeman)批准了新的田地租赁;有人出于侵占条田、在公共街道上

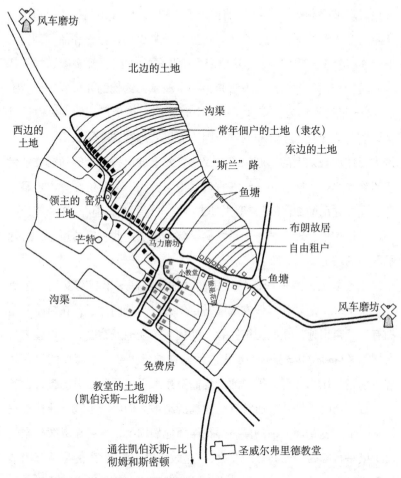

风车磨坊

北边的土地

沟渠

常年佃户的土地（隶农）

西边的
土地

东边的土地

"斯兰"路

领主的 窑炉
土地

鱼塘

芒特

马力磨坊

布朗故居

自由租户

小教堂

鱼塘

沟渠

风车磨坊

免费房

教堂的土地
（凯伯沃斯-比彻姆）

通往凯伯沃斯-比
彻姆和斯密顿

圣威尔弗里德教堂

黑死病暴发前的凯伯沃斯－哈考特地图，其人口正处于 19 世纪前的最高值。

倾倒垃圾或是制造劣质啤酒等原因而被庄园法庭开出罚款。村里德高望重的老人亚当·西比尔亡故，他生前经常出任担保人和品酒师，可能像 14 世纪三四十年代时几位令人敬畏的女性酿酒师亲戚那样发挥过有益的作用。此时的地方官是另一个波尔：约翰的儿子罗杰。罗杰于 1326 年被推选为治安官。在这个时常让人头晕目眩的农民政治社会，监管法律与秩序并非易事，因为邻里之间往往会因条田的一丁点侵占、住房规则上的小摩擦或仅仅是感知上的语言冒犯等随时突然发怒而陷入纷争。能够担任治安官显然说明罗杰不但足够强悍，也足够精明。在之前的 20 年里，罗杰处事一直牢靠妥当，但在 1348 年，一些邻居指控他管理不善，于是默顿学院采纳了这些村民的意见，解除了罗杰的职务。

那年夏天，凯伯沃斯的村民们参加了威廉·卡特与艾玛·考克（Emma Cok）的婚礼。佃农威廉是拉尔夫·卡特的孙子，在村庄北边拥有 7 英亩田地，在缅因街拥有一处狭小的住宅及菜园。艾玛是来自大格伦（Great Glen）的外乡人。他们在教堂里举行了简单的仪式并许下承诺，比如艾玛必须说的"我们至死永不分开"之类的誓言，随后举行了当时的婚礼上通常有的庆祝活动：人们给新娘戴上迷迭香花枝和一个小麦花环，一路播撒鲜花伴随他们回家，然后在威廉父亲的房子里举行筵席。席间热闹非常，"盆鼓之声喧天"，人们尽情享用结婚蛋糕和麦芽酒。威廉的母亲爱丽丝按照传统送给新婚夫妇礼物：一只鹅、一个烧饭锅，甚至可能还有一本通俗读物（假如艾玛识字）。随后，新人便在母亲的住处旁边租了一间小屋住下。然而，婚礼过后的日子虽然晴朗，不祥的传言却从南部海岸开始不胫而走——一种可怕的新瘟疫来了。首先将此传闻带进村子的可能是来自萨里和牛津郡的默顿学院执行官。

据当时的证言，这种瘟疫最初是由一个受到感染的法国加斯科尼水手带来的，他是在韦茅斯海湾的梅尔科姆－雷吉斯（Melcombe Regis）小港口上的岸。根据《方济各会编年史》（The Grey Friars Chronicle）的记载，这一天是 1348 年夏至，正好是施洗者圣约翰日（6 月 24 日）的前夜。切斯特的拉诺夫·希格登（Ranulf Higden）听到了同样的传闻，埃夫伯里的罗伯特（Robert of Avebury）获悉传闻的时间是在 6 月 27 日，生活在威尔特郡的马姆斯伯里（Malmesbury）的人们则是在 7 月 7 日听到风声。这些先后不一的日期不是鼠疫最早发生的日子，而是鼠疫感染人类后其最初迹象引起人们注意的时间，反映了鼠疫在整个乡村蔓延的过程。考虑到鼠疫有 6 到 7 周的潜伏期，这表明，这条致命的小船是在约 1348 年 5 月 8 日进入韦茅斯海湾的。从那时起它便以惊人的速度四处传播，到了第二年年底，整个英格兰都陷入了这场灾难性的瘟疫——500 天的时间，覆盖了 800 公里。鼠疫的传播速度之所以会如此迅速，部分原因在于英格兰社会新的流动性，毕竟就连凯伯沃斯村民都会长途外出倒腾买卖。1348 年，即使是在乡间，英格兰社会的商业化也得到了良好的发展，以致潜藏在补锅匠的修理包、商人的货包以及呢绒商的货车里的鼠疫病原体，能够以每天约 1.6 公里的速度在全国范围内传播。

这样可怕的传播速度对于时人而言想必是不可思议的，然而当时的人们并不知道，来自黑鼠身上的跳蚤的叮咬会是引起鼠疫传染的关键所在。农民几乎每天都与跳蚤打交道，一旦被叮咬，除了使劲抓痒之外也就不再当回事了。但过不了多久，在腹股沟和腋窝等处便开始出现令人痛苦难忍的淋巴结。"这些肿块是最初的迹象，"一位目击者写道，"肿块会生长至鸡蛋或苹果的大小，致命的折磨随之弥漫全身。"当时，尽管幸存者不乏其人，但感染者通常在3周内就会死亡。"这些长在大腿上或腋下的疖子和脓疮就是死亡之源，"一名爱尔兰修道士写道，"有的人因头部剧痛而死，有的人则因咯血或吐血而亡。"

到了1348年末，鼠疫肆虐于伦敦这座当时约有8万人口的欧洲最大的城市。"在一些虔诚市民的援助下"，整个城市和近郊采取了紧急措施，以妥善处理"不计其数的尸体"。这座城市最大的埋尸坑位于今天的卡尔特修道院广场（Charterhouse Square）地下，据信至少掩埋了1万具尸体，但传闻中实际的尸体数量应是这个数字的5倍之多。最近，经过首次科学调查，在史密斯菲尔德（Smithfield）东边的一处黑死病墓地发现了750余具骸骨，但令人惊讶的是，死者中没有老人，约有40%是孩童，其余大部分是青壮年。说来也奇怪，这与2009年的猪流感流行时的死亡情况相同。

一旦伦敦陷入鼠疫的魔爪，这种传染病便由首都向四面八方蔓延，并很快如洪水一般在各地泛滥成灾。到了1348年底，它已传遍康沃尔半岛（the Cornish peninsula），并经由布里斯托尔海峡（the Bristol Channel）进入威尔士边界地区和科茨沃德地区（the Cotswolds）。在那里，格洛斯特的市民试图通过用木条等封堵门窗的方式将鼠疫拒之门外，但结果尽是徒然。鼠疫绕过南部海岸夺路东盎格利亚，并随商船进入斯陶尔（the Stour）、德本（the Deben）和奥

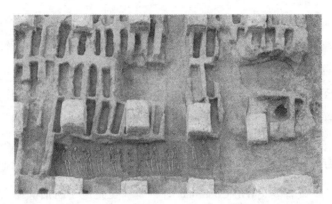

黑死病时代的死人坑，伦敦。在凯伯沃斯－哈考特，共有 47 人死于第一次大暴发，是村里人口的三分之一。据说村里的死人坑在东南方 A6 公路旁。

威尔（the Orwell）等羊毛贸易港口。1349 年伊始的严寒天气并未阻挡鼠疫前进的脚步，它仍然经由河流进入了萨德伯里及其周边庄园。这条行进路径可在当地的法庭记录以及科尔恩伯爵（Earls Colne）和小科纳尔－帕尔瓦（little Cornard Parva）的租金册上寻到踪迹，其中，在小科纳尔－帕尔瓦有 6 名男子和 3 名妇女死亡，是村子人口的一半。鼠疫就这样所向披靡、一路挺进，以至于在一些人看来，人类仿佛正在遭遇什么残忍无情的无形怪物的追杀，就像传说中的恶魔贝比怀恩（Babewynnes），它长着虫子眼睛、蹼状爪子和爬虫似的尾巴，栖息在暗示着它们的内心世界脆弱性的圣典旁。用 14 世纪的人类思维来理解的话，世界确实是由幽灵生物所构成的。看不见的东西变得可感可知，威逼着突破人类的内在防线，恐吓人类的生存，咀嚼人类的心灵，并把人类推入万劫不复的万丈深渊。

到了 1348 年的圣诞节，所有凯伯沃斯人都知道，有一头巨兽正张开血盆大口朝着英格兰中部地区的开阔村庄凶猛来袭。像所有的大型定居点一样，凯伯沃斯也被一道沟渠和树篱围护，但这只是针对狼群的屏障，也只能防御偷盗牲畜或是在夜间为非作歹的恶人。入夜后，治安官和守夜人分别拴好村庄各条通道的出入口，阻断通往莱斯特城的"国王大道"和通向斯密顿及格姆雷的南面小道。一如其他地方所做的那样，凯伯沃斯人也试图将鼠疫拒之门外，但他们总得让食品供应进来，总得让那些为了养家糊口而在外营生的村里人进来。比如威尔·查普曼（Will Chapman），他是一位奔波于凯伯沃斯、哈伯勒和迈德波恩等市场之间的旅行小生意人；又如亚当·博顿（Adam Boton），他和马贩子兼中间商威廉·弗克纳（William Fauconer）一道在卢特沃斯集市上做生意；再如布朗，他是一位布料商人，需要从考文垂购入一捆捆布料。当时，那位前往凯伯沃斯的学院执行官肯定还带来了令人惊恐的消息，因为就在那年冬天，鼠疫肆虐了位于牛津郡库克斯汉姆（Cuxham）的默顿庄园，并造成大概一半佃户死亡的惨重损失。库克斯汉姆离凯伯沃斯仅有 3 天的骑马路程，而且在 12 月中旬还有凯伯沃斯人前往牛津。在管理员哈里的预兆手册中，1 月份的页面上显示的是戴着黑色兜帽的人正在喷出毒箭，旁边配着这样的韵文：箭头已经出弓，正在使人发疯……

　　1349 年伊始，黑死病似乎已经进村。那是一个阴冷的新年，农户们不得不花更多的时间在户外的雨雪天气中清除蓟草，并用麦芽渣滓和一些豌豆来喂养挨饿的猪。罗杰·波尔的亲戚威廉很可能是第一例染病的死者：他是 12 月中旬圣露西节（St Lucy）那天记载于法庭登记册上的唯一一名死者，"由于他一无所有"，所以也不存在遗产税问题。次年 3 月，凯伯沃斯－比彻姆记录了首个确定因鼠疫而致死的案例。从最初感染病毒到出现症状，再到患病和死亡的整个过程需要10—15 周，以此推断，最早的传染性跳蚤进入凯伯沃斯的时间应该是在 1348 年圣诞节期间。随着外出的村民回家过节，他们身上的衣服、打包的布匹或马鞍袋中也许就携带了这些跳蚤。或者，这些跳蚤甚至可能是被年轻的罗伯特·丘奇带回村的——他曾为了给自己争取几英亩田地的租用权，于 12 月前往牛津向学院方面提出申诉。不管怎么样，在次年 4 月份，登记在册的凯伯沃斯－比彻姆的死亡农户为14 人。在凯伯沃斯－哈考特，尽管 4 月 23 日圣乔治节那天召集村庄法庭会议之前，尚未出现最早的死亡名单，但村庄显然已经陷入噩梦之中。我们想象得到，在街上和院子里随处都可见到死老鼠和染上鼠疫的村民，他们一身肿块与脓疱，痛苦万状。而肺部感染的患者正在从嘴里向外喷血，年幼的孩子陆续死去，绝望的神父约翰·西比尔在明知自己也快要死掉的情况下还挣扎着在安抚他的教友们。在缅因街旁的一户人家，村庄助产士可能帮助罗伯特·波尔新寡的妻子爱丽丝产下了一个男婴。

　　由新任地方官罗伯特·丘奇主持的法庭会议在开阔的露天召开，为的是避开"受到感染的空气"，因为大家相信，如果靠近散发出恶臭、浑身浮肿的鼠疫病人就可能会因吸入有毒空气而丧命。刚刚埋葬了父亲的约翰·西比尔与两位助理神父威尔·波尔和约翰·帕尔默一起，也在几周前进入了死亡名单。从新年到 4 月份，登记在册的死亡人数为 42 人。在 8 月份的村庄法庭会议的统计中，死者又增添了 2人，年内死亡人数另外增加了 4 人。死者中有许多熟悉的名字：新婚的艾玛·库克和她的婆婆玛格丽特、之前 20 多年里一直担任村子记账员的老哈尼斯先生、克拉克全家、阿洛特全家、爱丽丝·卡特、艾格尼丝·阿伦、老约翰·丘奇、艾格尼丝·波尔。还有罗伯特·波尔，由于他死时"儿子太年幼而无法继承遗产，因此他的小块田地受到监管"；尼古拉斯·波尔，"因为他是个恶棍"，所以死后其田地被没收；"戈德温"，可能就是那位避世隐居的约翰·戈德温，他曾未经许可出家 30 余年，中年时才回归村落。尽管 4 月下旬的莱斯特尽是阳光明媚的日子，但就像当时有人感受到的那样，"世界却似乎已到了末日"。

这些登记在册的死亡名单只涉及土地所有者和佃农，因此我们必须加上不能确定的妇女以及婴幼儿的数量，此外还要包括许多没有土地的男性和女性、计件劳动者、捡豆工和村落边缘的流动人口，他们居住在风力磨坊附近的简陋茅舍中。如此一来，才能对死亡总数有一个全面的估计。死者中包括神父约翰·西比尔和他的妹妹康斯坦丝。在鼠疫时期，神父的工作是最危险的，因为他们要照顾垂死者，也要给死去的人施行最后的圣礼，并尽力组织人员帮助、照料最脆弱的幸存者。神父是在全国范围内可以确定其死亡总数的少数几个职业之一，其死亡率约为 50%。

作为大瘟疫年代的一个缩影，凯伯沃斯－哈考特的故事尤把这场影响巨大的事件置于最令人瞩目的焦点上：这里有大约 70% 甚至更多人口死亡。纵观整个英格兰，在迄今为止所能调查到的所有黑死病期间的法庭案卷中，都找不到能超越这一死亡人数比例的其他地区。我们很难讲清楚凯伯沃斯－哈考特的死亡人数比例为什么会高得如此出奇。难道是因为这个村落位于莱斯特-伦敦大道旁边？难道是因为凯伯沃斯从中世纪晚期到近代早期一直是个拥有许多客栈，能让外来者乐于落脚的好地方？那么位于这个教区南面的斯密顿是怎么避开如此惨重的死亡人数的？也许说到底，只是死去的人太过倒霉而已。

那年4月，地方官和乡村法庭的官员们试图维持例行程序和正常秩序，就像人们在面对异常灾祸时经常做的那样。默顿学院的主管西蒙·帕克曼和地方官核查了死亡农户的名单，登记了空出来的田块，然后邀请幸存者继续租用这些无主田地。如果死者没有合法继承人，其亲属便享有优先权，最后再投票表决。令人惊讶的是，佃户们仍然租走了所有空置田地，一些幸存者还利用此时的优惠条件兼并了更多土地，因为在这样的情况下，他们完全具有与默顿学院方面讨价还价的有利筹码。当一个家庭中没有直系亲属幸存下来时，村民们会从竞购者和申请人中间选出新的佃户：这是村庄法庭在面对不曾出现过的情况时设计出来的新办法。更多男人渴望获得土地，寡妇们则处于再婚的压力之下：在1348年之后的10年里，有6个寡妇被迫再婚。

由于村里对于房屋的需求在减少，大量的房子被空置，还有许多被改造成农场小屋和仓库。小房产也吸引了投机性交易，例如威廉·玛恩汉姆（William Marnham）就于1351年从默顿学院以低廉的租金租下两套村舍，后来又在1354年另租了3套。威廉也许用它们来存放农产品，也可能是出租给新来者。这或许是大灾难所导致的一系列长期社会影响的最初迹象。

197   如今，在默顿图书馆那暖红色的木质多角形屋檐下，我们可以查阅凯伯沃斯账目案卷中的资产负债表（14世纪时人们称之为recknynge），它们是罗杰·波尔、村庄记账员哈尼斯以及老约翰·丘奇用潦草的笔迹所记录的。死者的名字写满了两张羊皮纸，纸张早已褶皱不堪、沾满污渍，棕色的墨迹也已褪色，由于主人死亡，这些名字被更锋利的羽毛笔和颜色更深的墨水划去。1349年登记在册的死亡人数为44人，但如果加上他们的妻子、孩子和无土地的劳工，死亡总人数就会达到大概150人到200人。倘若再加上教区内其他村落的死亡人数，比如没有留下完整账本的凯伯沃斯-比彻姆和斯密顿-韦斯特比，这个小地方的总共死亡人数就大约多达500人。在所有英格兰村庄的已知记录数据中，这个死亡数字是最高的。

至于尸体，倘若"经过敞开的死人坑，那种腐臭简直让人无法忍受"。和全国其他地方一样，新的教区神父在哈伯勒路边上购置了一块三角形地块，获得主教许可后这里成了村子的新墓地。按照村里的传统说法，凯伯沃斯的死者均埋葬于此。人们害怕死人坑，哪怕只是从旁经过也怕受到死人传染，就算见到地上掉了装满钱的钱包也不敢触碰。而这个坟堆至今仍然无人开发耕种。

一个人要怎样做才能在此刻幸存？如果1349年时村里的医生罗伯特还活着，他会做些什么呢？尽管14世纪的外科医生竭尽全力与鼠疫奋斗，其中包括著名的法国外科医生盖伊·德·沙利亚克（Guy de Chauliac），他在鼠疫中幸存下来并写了一本有关的著作，但事实上，我们的中世纪前辈根本不懂疫病是如何传播的。他们能够区分腹股沟腺炎与肺炎之间的差别，也能观察到腹股沟、大腿和腋窝等处的淋巴结肿块（这些淋巴结是抵抗侵入身体的微生物的第一道防线）。他们肯定还看到了到处都是垂死的老鼠，而且也一定注意到了老鼠死后，身上的跳蚤会转而入侵它们的人类宿主，但这些线索从未被放在一起加以分析。

解开瘟疫传播之谜的任务不得不留给 1905 年成立于孟买的印度瘟疫研究委员会（the Indian Plague Research Commission of Bombay）。当时，印度西部暴发黑死病，造成了数以百万人的死亡。由于怀疑人类的感染和鼠疫患者住房内及周边出现的死老鼠之间存在联系，英国医疗队聘请了一位著名的昆虫学家参与研究。最终，他们证明传播的媒介，即带菌者，正是老鼠身上的跳蚤。中世纪时，这种黑老鼠生活在人们身边，正像爱德华七世时生活在孟买那拥挤不堪的棚屋里。住宅、粮仓、畜棚和磨坊是它们最喜欢的栖身之处，谷物是它们最喜欢的粮食。印度瘟疫研究委员会的研究显示，感染是从老鼠到人，而不是中世纪时人们以为的人传人。老鼠身上的跳蚤是一种吸血生物，而鼠疫的病原体——与病毒有很多共同之处——是由跳蚤胃里的一种阻塞物引起的，这种阻塞物会导致跳蚤因饥饿而发狂，并使其将新鲜血液和排泄物回吐到被其叮咬的伤口上。在 50%-60%的案例中，鼠疫细菌最终会成功侵入人的淋巴系统，然后从淋巴系统进入血液系统。一旦这种情况发生，受害人只有五分之一的幸存机会。

对印度的传染病及其后果的调查研究也证实，鼠疫是从城市快速向乡村蔓延的。那些衣服上、背包里或布匹中携带着传染性老鼠

跳蚤的人往往是乡下的农民，他们外出谋生，但为了逃避城市里的
鼠疫，以为跑回家乡即可安全。毫无疑问，凯伯沃斯在 1348 年发生
的情况就是这样。就凯伯沃斯而言，有一户人家的故事非常具有代
表性。

自亨利三世时代以来，波尔家族的成员就在村里担任地方官、治
安官和品酒师等级别的职务。1349 年时的家族领军人物罗杰·波尔
曾一度担任地方官，但就在鼠疫到来之前，罗杰因为管理不善而被默
顿学院解职。罗杰此时年近五十，他逃过了大饥荒和黑死病的劫难，
安详地死于 1369 年，按照当时的标准，应该算是长寿的了。罗杰的
3 个儿子罗伯特、尼古拉斯和威廉也在 1349 年的恐怖瘟疫中幸存了
下来，罗杰一家创造了非凡的生存记录。难道说这是一个奇迹？是纯
属偶然，还是罗杰仿效最近有些农民的聪明做法收到了效果？他学着
用烟气熏蒸住宅和畜棚，并对出现在房屋附近的老鼠穷追猛打，从而
起到了防范作用。

不过，波尔家族中却有大批亲属死于鼠疫。罗杰本人的两个兄
弟罗伯特和尼古拉斯，堂弟罗伯特和表弟休，还有罗杰的女性亲戚
梅布尔（Mabel），均死于 1349 年最初的黑死病。罗杰的第三个弟弟
威廉也死于第二年鼠疫的末尾阶段。罗杰的另一个堂弟威廉和威廉
的儿子尼古拉斯死于 1361 年的鼠疫暴发期，表弟休的儿子威尔则死
于 1376 年的鼠疫暴发期。在这个家族的其他分支中，只有罗杰的兄
弟罗伯特留下了一个儿子尼古拉斯，这个孩子当时还是褓褓中的婴
儿，在 1349 年的鼠疫中幸存了下来。尼古拉斯的妻子菲莉西亚出生
在黑死病的年份，名字的意思是"幸运者"，这对夫妻一直活到了那

个世纪末。不过，并不清楚他们是否育有子女，因为无人知晓其有后人存活下来。因此，罗杰这一支系成为波尔家族在那个世纪唯一的幸存者。

波尔家族的故事代表了中世纪英格兰许多家族在当时的遭遇。他们生长、繁衍于13世纪的兴旺时期，并以古老系谱的四大分支的稳固状态进入14世纪。但最终，唯独强健的罗杰，这位曾经的地方官，成为他那一代人中的幸存者。在罗杰的3个儿子中，只有威廉和妻子艾玛育有子女，两人的后代可在这个村子里往下追踪8代人。威廉和艾玛的男性后代在17世纪断绝，波尔家族的最后一个女儿则嫁进了克拉克家族。不过，波尔家族并不是所有成员都在默顿学院的文档中留有记载。一些较为年轻的男性之所以没被记录在册，是因为他们离开村子到别处成家和谋生了。在都铎王朝时期，凯伯沃斯的波尔家族就有一位成员成为哈伯勒的皮革匠，他那一支在当地兴旺了起来。另一位波尔家族的成员娶了邻近大格伦的一位自耕农的女儿为妻，令人惊讶的是，那里至今仍然生活着一些他们的后人，包括一位近来回归祖籍凯伯沃斯的波尔后裔。

故事说回到现代的凯伯沃斯。当年地方官曾经居住过的老宅建于14世纪，中央大厅为木质框架结构，至今仍然矗立在铁矿石基座上。在起居室内的壁炉上方，一种被中世纪的木匠称为"龙尾"的装饰呈扇形展开。大厅的屋顶残留着在黑死病暴发后的日子里烟熏过的痕迹。诚然，能够说明传统的英格兰自耕农家族之坚韧性，和在这么一个乡村小地方能够如此善于经营其祖传物产的更好例子，少之又少。但我们还是可以看到，波尔家族非常忠诚于这里，这块如一位都铎王朝时代的家族成员在其遗嘱中所称的"亲爱的熟悉的地方"。从 13 世纪 60 年代到 17 世纪，波尔家族对于所有房产的处置都无非是在缅因街沿线移动个几米而已——然后再返回原地。

第十一章 反叛者和异教徒

在黑死病导致的重大灾难之后，人们看待这段历史时往往会聚焦于村民们的物质生活，并着眼于经济和劳资关系，以此解释英格兰社会正在发生的急剧变化。但在接下来的几十年，饥荒和瘟疫带来的深层次影响依然明显，我们可以看到黑死病直接导致的人们在精神、宗教和心理等方面发生变化的最初迹象，而这些变化在英格兰未来的转型过程中发挥了重要作用：英格兰从天主教国家转向了新教国家，并成为世界上第一个从封建社会秩序转向资本主义世俗社会的国家。

这种长期变化作为英格兰中世纪历史发展的深层暗流，构成了种种波澜壮阔的事件的潜在因素，这些事件包括百年战争以及断断续续但野蛮暴力的农民起义。但事件往往只是表面症状而已，紧接着饥荒和瘟疫而来的是社会、经济和宗教诸方面的深刻变迁。与往常一样，凯伯沃斯村民参与了这些变迁。来自乡村的异教传道者宣扬着革命性的信条，巡回于英格兰中部地区的各条道路。有十几个当地人被鼓动并加入了一支试图在伦敦推翻国王的叛军，最终，他们中的一些人在那里遭到刽子手的残忍处决。

一位新神父

凯伯沃斯人参与传播异教思想的非凡故事，至少是那些有案可稽的记载，差不多开始于 25 年前的 1380 年 2 月底，当时有一起农民起义，村里来了一位新神父。

那年 2 月，当托马斯·哈尔曼（Thomas Hulman）从牛津骑马前往凯伯沃斯时，他面临着诸多麻烦。乡村中正酝酿着危险的情绪，因为近来的传言警告说，无论大道小路，到处都是流窜的劫匪以及出现在村子里的武装团伙，这些人是无法无天的无地流民，借用可怕的暴力肆意杀戮掠夺。不过，到莱斯特郡的两天路程相对较短，也容易安排，远远不像通往学院的北部庄园的道路那么危险。在 14 世纪，前往位于庞蒂兰（Ponteland，泰恩河北面）的默顿庄园需要花费七八天时间，旅行者会被告知要结伴而行，并要随身携带武器。默顿学院的记载显示，他们的同人进入诺森伯兰郡时身上都携带了弩箭。牛津到莱斯特郡的路程约为 110 公里，但并非完全安全，哈尔曼在离开牛津之前，为防不测，给自己准备了一套弓箭，并为"侍者"（garcon）

配了一把短剑。

托马斯·哈尔曼出生于英格兰的西米德兰地区，具有文学硕士和神学学士学位，是一位默顿学院的学者。他自14年前的1366年入职，已经在大学里拥有稳固的职业。入职后的第二年，哈尔曼结识了另一位默顿学院的学者，即著名的后来被指控为离经叛道者的约翰·阿斯顿（John Aston）。此时的哈尔曼35岁左右，已在默顿学院做了14年的研究人员。他先是在1370年成为大学的初级学监，然后在1373—1374年间担任学院的财务主管，后来在1377年升为学院副学监。哈尔曼的职业生涯一帆风顺，作为单身神学家和法学家，享有稳当无忧的生活，甚至可能还会得到王室的青睐。此刻，他被同人们指派为凯伯沃斯的神父。

当时，整个国家时局紧张，民众惶惶不安。老国王爱德华三世在位时就已因年老而十分昏聩，死后的继承人是年轻的理查二世，他还不过是个乳臭未干的少年，国家从此进入了灾难性的政治局面。政府的不得人心反映在大量流行民谣、歌曲和小册子中，而且，农民们的不满之情在这个国家最富裕的地区表现得尤为突出，比如在东南部、埃塞克斯郡和东盎格利亚生产羊毛的村子里。14世纪也是英格兰政治诗歌，特别是以方言形式写就的政治诗歌的第一个黄金时代。"在这个邪恶的时代，英格兰已经消亡……"一位民谣歌手写道，"世界彻底上下颠倒。"有的歌谣抨击修道士及其生活的"放荡与猥亵"，普通民众以愤慨之情说起中世纪教会和教皇的特权与腐败："教会的主教们贪婪无度，神职人员傲慢自负。"正如有人所说的，"这些人只渴望现世的财富和世俗之乐"。从布拉克利（Brackley）到达文特里，

202

人们总能在驿站小酒馆里听到这类抱怨神职人员以及他们如何消费、腐败，甚至是他们的不端性行为的歌谣和议论。"假如我有一所房子，有个漂亮的女儿或妻子，"有人揶揄说，"我绝不会让花言巧语的修道士进我家门来听她们忏悔……这不是引狼入室吗！"

1380 年，在英格兰的任何一个城镇都能听到针对神职人员的怨言。而更为普遍与突出的是，劳动者在劳动争议中的不满情绪在上涨，农民之间的骚乱在不断增加。近一个世纪以来，这种阶级冲突已经极为常见，此时更是变成了组织性的行动。1377 年，法院受理了大量案件，其中不乏农民将地告上法庭的案例。对农民运动持敌对态度者抱怨道，农民的行动如此不断蔓延下去的话势必会连成一片，将给社会制度造成巨大的冲击，会让法庭丧失其阻止个人行动与遏制不满情绪的效能。从那年以来，地主争取权益的案件屡见不鲜，而有关更大的冲突、社会混乱甚至是革命的传言不胫而走。那一年又正是施行令人厌恶的人头税的第一年，一位对农民怀有敌意的伦敦人心中满是不祥的预感："怠惰的庄园主只知道睡懒觉，对民众的疯狂举动毫无防备。这会让这种具有暴力本性的愤怒不断生长。"

在阅历深厚的观察者看来，危机即将来临：

他深深惧怕当前的情势，害怕这种令人不安的麻烦在被正义或法律制止之前就会突然伤害到我们。要是无法控制以下三件事，它们必将带来无情的破坏，因其不能依靠理性或克制被消灭：一是汹涌的洪水，二是熊熊的大火，三是民众的愤怒。

这也是牛津大学领导层的担忧，因为牛津大学那些新学院的收入大部分来自其作为地主的土地租金。教会法庭也在为此担忧，因为教会和国王是英格兰最大的地主。伦敦法庭也莫不如此。哈尔曼曾作为默顿学院的初级财物主管因公去过伦敦法庭，因此，在前往凯伯沃斯的旅途中，他有很多事情需要仔细思量。学院代理人出于年度查账的目的每年要在这条路上往返三四趟，于是哈尔曼选择了一条熟悉的道路"出城"——如当时的学生和教员们所说的，他"上得了"牛津，"下得了"农村。哈尔曼在途经的乡村发现到处都是崭新的尖顶，这是黑死病之后信仰在民间高涨的迹象。他也目睹了星罗棋布的绞刑架，因为每个地方的庄园主都拥有竖起绞刑架并审判农民、反叛者、小偷和强盗的权力。在 14 世纪，长途旅行者都会看到被绞死的尸体在风中摇曳、遭到乌鸦啄食眼睛的惨状。

这段旅程需要在中途停留一个夜晚。除非出于某种原因有所耽搁，停留的这一站通常是在达文特里。根据默顿学院的账目记录，骑马旅行者通常需要的开销包括：马饲料、床位和蜡烛、面包、啤酒、鸡蛋、咸鲱鱼、鳕鱼、坚果和食盐。假如足够幸运，还能在路边客栈吃到从当地鱼塘弄到的鲜活"小鱼"。

第二天，哈尔曼和侍从骑马穿过惠特灵大道，进入古老的施行丹麦律法的村子。这些村子位于斯威夫特河（the River Swift）上游的吉比山（Gibbet Hill），然后前往东北方向，经过绵延起伏的乡村。这些村子包括比特斯比（Bittesby）、斯托姆斯沃斯（Stormsworth）、威斯特里尔（ Westrill）、纳普特夫－米斯特顿（Knaptoft Misterton）和普尔特尼（Pulteney）等。普尔特尼还曾是一个宜人的矿泉疗养地，在 14 世纪的早期是默顿学院的同人们在朝北长途旅行时的必经之处，但在黑死病浪潮之后，这些村庄均已被废弃。假如他们一早出发，上午 10 点左右便可到达凯伯沃斯西南面的几公里处的卢特沃斯。这里的市场十分热闹，位于斯威夫特河畔，是莱斯特人经常光顾的地方，而此地木料场中堆置的木材都来自沃里克郡西南部的阿登。骑马进入"教堂门"，会有一座别致的城镇映入哈尔曼的眼帘，镇上那些精美的木制房屋是当地富裕商人的家园，漂亮的圣玛丽教堂坐落在城镇中央。在这寒冷 2 月的早晨，他下马步入城中。抬头凝视圣坛拱顶时，哈尔曼可能看到了一幅巨大的彩色"末日"画面：这是幻想中的"世界末日大审判"的景象，在象征地狱的令人恶心的暗红色背景下，一群白色的鬼魂纷纷从墓穴中出动，并跌入深渊。往更高处凝望，则是另一幅画面：被深蓝色波纹隔开的上层画面表现的是耶稣端坐在祂的彩虹宝座上，周围环绕着天使。整个图景仿佛在严厉地告诫人们：地狱惩罚、福佑承诺和罪孽报应无时不在。哈尔曼祈求道："请宽恕我们所有的罪行吧。"

1380 年，时任圣玛丽教堂神父的是一位在英格兰非同一般且极具争议的人物，事实上他也闻名于整个欧洲——约翰·威克里夫（John Wycliffe）。威克里夫曾是默顿学院的一名学者，毫无疑问，哈尔曼应与其熟识。当时威克里夫正生活在政府的监视之下，消瘦而虚弱，显得过早衰老，他看起来不太像是一位震撼了整个国家和教会的人物。

威克里夫出生于北约克郡蒂斯河畔（Tees）的威克里夫村，其学术生涯十分辉煌，是牛津大学贝列尔学院（Balliol）的院长和默顿学院的学者。此时他可能只有五十多岁，不过在中世纪时，年过五十已算老人了。他的健康状况正在恶化，并在不久后因中风而局部瘫痪。在过去的数月乃至数年里，威克里夫备受中风折磨，他似乎意识到来日无多，于是不停地工作，据理反驳当时主流的神学和思潮。包括莱斯特的约翰·阿斯顿在内的一批学生，和神秘的约翰·珀维（John Purvey）都在帮威克里夫翻译、誊写和传播其著述，与他并肩作战。珀维当时和威克里夫一起生活在卢特沃斯，他还被一位怀有敌意的莱斯特编年史者称为"第四异教徒"。

205

　　威克里夫"毫无瑕疵的生活"在其学生中唤起了强烈的忠诚心与情感。"再也没有比他更让我感到亲近的人了，"他的一个学生威廉·索普（William Thorpe）说，"这是我所遇到过的最睿智、最神圣之人。因为他，我才真正懂得了基督教会的含义，又应当如何来管理与引导这种含义。"对于哈尔曼来说，那年2月也许是一个向这位深受爱戴的老前辈表达敬意的机会。

　　像牛津大学的大部分教员一样，威克里夫也喜爱丰盛的美餐和愉快的交谈，因为可以借此探讨很多事情。在漫长而多灾多难的生涯中，基于对圣经文本的深刻分析，威克里夫对他那个时代的罗马天主教会以及支撑中世纪权力意识形态的宏伟大厦——无论是精神的还是世俗的——越来越感到绝望。他感到，所有这一切已然成为人们精神上既真实又无形的枷锁。威克里夫深信经典著作才是信仰和教义的唯一来源，而罗马教皇的权力主张和历史事实并不相符。威克里夫曾说过，"《圣经》里并无罗马教皇之说"，而今，拥有巨大财富和权力的僧侣制度已经变成庞大的特权中心，它正在走向堕落并无可救药。威克里夫断言，地方神职人员的普遍腐败，使得他们的职能行为甚至圣礼完全失效。他说，简而言之，教会必须返璞归真，回到其原点，神职机构和神职人员应该像使徒时代那样回归贫穷。就威克里夫个人而言，由他引发的学术争论和学者的拉丁语裁决已成为全国性事件，对普通人的影响确实非常之大。

威克里夫并不是唯一一个如此思考者，这个时期的欧洲大陆上也出现了类似的运动，但在中世纪这仍是一条危险之路。威克里夫本人受到富有而势力强大的赞助人的庇护，比如兰开斯特伯爵冈特的约翰（John of Gaunt）等人，但 1374 年以后，疑虑重重的政府就将他放逐到了卢特沃斯，这相当于是受到监督的内部流放。威克里夫坚信自己是清廉公正的，并一如既往地发表言论抨击整个宗教体制。他在牛津大学的演讲才情横溢但语气平和，在伦敦的教堂的布道闪烁着智慧之光，来自各个阶层的人们聚集一堂，聆听"从他口中涌出的美妙词语"。如此雄辩、理性而严谨的言辞足以说服一代受过教育的学者，也就是有知识的"文人"挑战教会的态度和行为。威克里夫的这些新观念渗透到了商业和手工业阶层，浸润了如金匠、布料商、羊皮纸制造商和代书人等的意识，让他们明白完全没有必要为了听从唯利是图的神职人员对个人道德的教导，而使自己的财富落入机构臃肿的教会手中。1377 年，威克里夫因其"针对教会和国家的错误与危险的言论"而受到罗马教皇本人的谴责。在国内，教会非难他"亵渎神明，气焰嚣张，鼓吹异端邪说"。在这个时期，威克里夫在他的著述《时间尽头》（the End of Time）中，驰骋最为大胆的想象力，预想这种残缺的旧秩序结束后的未来，提出了神圣的预言，甚至模糊地预示了一种世俗的民主政治将会作为耶稣基督在人世间注定要实现的使命而到来。威克里夫所设想的是一种新型的共和国，这种理念很快就在暴力革命中以迥然不同的形式表达了出来。

这些沉重的论战足以令威克里夫疲惫不堪。坐在位于卢特沃斯古老的中世纪教区长管区的餐桌前，他"瘦骨嶙峋，几乎弱不禁风"，但依然"头脑敏捷，思路清晰，品德无暇"。像许多杰出的导师一样，威克里夫对自己的观点充满自信，与敌人针锋相对，但从不无理攻击。"在举止与行为上，他是非常天真的。"一位知情者说。这些品质引起了人们对威克里夫的广泛爱戴，"许多重要人物前来与他交换意见"。据说，"他们深爱威克里夫，记下他的语录，并追随他的生活方式"。

在2月的卢特沃斯，威克里夫仍旧不停写作和布道。事实上，他也从未如此富有创造力。在抨击教皇禁止将圣书翻译为各地语言的同时，威克里夫当前的计划是将《圣经》翻译成英文，并由其忠诚的学生约翰·珀维修订。他不懈地思考和写作，留下了数量惊人的文字——迄今为止，以现代印刷版本出版的威克里夫文集多达 30 卷。尽管威克里夫本人旅行不便，但他的思想如其设想，被一群忠诚的朋友和学生广为传播。当然，一旦他的理念在世界上传播开来，他便无法掌控了。

威克里夫的学说并不只是一种枯燥的学术论点，而且事关基督徒的生活方式，这就是为什么他的教导不仅吸引了知识分子，令他们追随其大胆而富有挑战性的逻辑思维，而且吸引了城市中的手工业和商业阶层，以及英格兰中西部地区的经济状况较好的自由农民。人们被一种净化与简化了的教会的愿景感动，在这种愿景中，个体拥有表达思想的空间，即信仰的自由。在威克里夫人生的最后几年里，他越来越相信罗马教皇与反基督者实质上是一回事，同时对整个教会和社会等级制度进行抨击。威克里夫说："教会以基督为王，为世人提供了一条通往救赎的道路。而教皇决不能说他是教会的王，他甚至不可以说自己是其中一员，除非他遵循耶稣及其使徒的生活方式。"

虽然威克里夫本人并非一位社会革命者，但毫无疑问，时人感受到了其教义中的激进力量。按照莱斯特编年史家亨利·奈顿的说法，农民起义的喉舌约翰·鲍尔（John Ball）就曾是威克里夫的弟子。（鲍尔曾做过"亚当和夏娃男耕女织之初又有谁是绅士"的著名布道。）鲍尔受到威克里夫直接或间接的影响，并从其学说中汲取了社会环境影响农民的天性的那些部分，在某些方面这的确可被理解为存在着一定的关联性，因此成为有些人对威克里夫产生强烈憎恨的一个原因。编年史家托马斯·沃尔辛厄姆（Thomas Walsingham）曾发表过一次攻击性的长篇演讲，以宣泄其对威克里夫这位老人的无比愤怒。沃尔辛厄姆称威克里夫是"魔鬼的工具、教会的敌人、社会混乱的蛊惑者、典型的伪善者、异教徒的偶像、分裂教会的肇事者、散步谎言者……一个注定要栖息于黑暗中的恶毒灵魂"。

因此，此时既是英格兰社会的危急时刻，也是这个国家的宗教传统深受考验的时期。就连托马斯·哈尔曼这样的人也预感到了即将到来的危机。当他离开卢特沃斯时，心中难免惴惴不安。哈尔曼出发后，骑马两个小时穿行于村庄纵横的小道上，先是经过比特灵－帕尔瓦（Peatling Parva）和布朗丁索普（Bruntingthorpe），然后经过通向凯伯沃斯的开阔田野，以及位于阿尼斯比的大型风力磨坊。当他来到斯密顿的山坡上，第一眼看见的就是凯伯沃斯教堂的新尖塔。它高出民房约 49 米，对于旅行者来说，俨然就是一个显著的地标。这是英

208

格兰最为精美的小型教区教堂之一，也是凯伯沃斯人长期以来引以为豪的。这既是村民们在这个郡南部各市场旅行时的熟悉的标识，也因为其修建的资源来自村民本身，这样一座属于基督的真正的天主教堂便成为令他们骄傲的象征。

1380 年的凯伯沃斯

托马斯·哈尔曼于 1380 年 2 月末到达的这个村庄，自从 1349—1350 年间的黑死病大暴发以来已经发生了许多变化。尽管 1361 年以及 1379 年（哈尔曼抵达此地仅一年之前）的鼠疫造成了进一步的巨大损失，但人口的灾难性下降已经得到遏制。在过去的几年里，村里的出生率迅速上升。当哈尔曼骑马经过斯密顿时，能看到街道上到处都是玩耍的孩子。此时，广阔的田野正在走出寒冬。尽管地头还被霜雪覆盖着，农民们已在准备农具，着手进行春耕。在斯密顿的另一边，哈尔曼穿过从属于比彻姆家族的农奴和隶农生活的村落，途经坐落在小道右侧的比彻姆家族的私有大院，那里的畜棚里有百来头耕牛正在发出相互应和的大声鸣叫。然后，沿着一座小山谷，穿过小溪，便是凯伯沃斯教堂。

村庄的教堂依然如故地坐落在一片带有一座大型墓场和一小片老紫杉树林的"开阔地高处"。中世纪的教区长管区则位于南面的地势更高处。今天，教堂已被民居包围，失去了一些原先的风貌。A6 高速公路在村落之间的山脊两旁通过，其地形仍然逐渐倾斜着向南延伸，在南端的小河床上还有一条铁道穿过。但教堂的主要结构与哈尔曼时代的状况几乎一样，只是 14 世纪晚期的尖顶已不复存在，因为它已在 19 世纪倒塌，现今其壮观的高塔重建于 1832 年。不过，有着宽阔通道、流线形窗花格和 14 世纪八角形洗礼盘的教堂中殿得以幸存，并给人以一种这个教区在中世纪鼎盛时期非常富有的感觉，时任教堂神父正是哈尔曼。而当时村子里的罗拉德派巡回神父，比如声名狼藉的沃尔特·吉尔伯特（Walter Gilbert，"凯伯沃斯的沃尔特"）等人，正在莱斯特郡和英格兰中东部地区的各个村落四处传播威克里夫的煽动性言论。

这座教堂仍然从 14 世纪的两个门廊出入，大门依旧是镶有铁钉的原始橡木门。根据村里的传统，比彻姆村民走南面的大门，而哈考特村民走北面的大门。现在，凯伯沃斯的老年人依然会告诉人们，就在不远的过去，"即便是举行婚礼或葬礼"，彼此也不会从另一扇门进出。教堂东侧的圣坛基本上保持着哈尔曼时期的模样：这座 13 世纪早期的圣坛是用当地的铁矿石砌成的，外面被漆成淡绿色，里面用石灰涂成白色（自宗教改革以来一直如此），带有一条呈犬齿造型、可供神父出入的小门道，但已经破损。哈尔曼往往由此出发离开教堂，穿过墓地前往他的教区长管区。今日教堂的结构基本上一如从前。这就是哈尔曼和他的前任们进行布道的地方，他们在此穿上无袖长袍，并准备圣餐、圣饼和葡萄酒以便举行弥撒。作为精神生活的中心和社会中心——村庄抄写员就是在教堂的门廊处签订租约和契约以及拟定特许令的——教堂是村中古老家族的生活重心所在。对于我们在故事中所描述的自 13 世纪 80 年代以来的那些古老家族而言，教堂是他们举办出生、死亡和结婚仪式的场所，也是庆祝农耕节庆的所在。

教堂的内部装饰非常华丽，毕竟其所属的村庄拥有庞大的人口，且直到 1380 年都很富裕。在这座教堂举行节庆活动的起始时间并不确定，但也许是在某个收获的季节，就像后来那样，中殿装点着一捆捆稻谷，柱子上扎满了树枝和花束，整个教堂熏香缭绕。对于经历了数周艰苦劳作的农民来说，走进教堂仿佛进入一个神奇的空间。这种色彩斑斓、鲜活有趣、近乎过分花哨的中世纪的虔诚之地，在都铎王朝时期的宗教改革中被一扫而空，只留一些结构特征还能让人联想到中世纪村落社会的生动景象。当然，英格兰所有教堂的中殿最初都是敞开的。尼克·波尔、艾玛·吉尔伯特、亚当·布朗以及有关这个村庄的故事中的所有人物——他们或站或跪，或俯卧在冰冷的石铺地面上，虔诚地敬拜圣人。残存的碎片暗示着周围装饰的精巧与艳丽：色彩斑斓的壁画和着色的圣人面板等一定在冬日夜晚的弥撒期间的灯光下光彩夺目。在 14 世纪，圣坛拱顶处有一个两层的十字架阁楼，南侧有楼梯通往阁楼的走廊，在复活节盛会时，此处是乐手和参与者的容身之地。阁楼上方悬挂着一个恐怖的、昭示着耶稣受难的大型木制着色十字架。这个高悬于圣坛拱顶的"圣十字架"很可能是由一位当地木匠制作的，墙壁上方表现天堂和地狱的彩画也可能是由当地人绘制的，也许是由出现在默顿学院文档中的那位名为约翰·勒·佩因特的凯伯沃斯人完成的。

在教士和教堂执事们的协助下，哈尔曼就站在耶稣受难十字架下布道、吟诵弥撒并主持圣礼。在盛大的节日里，当所有的灯光都被点亮时，他会举起双臂吟唱《荣归主颂》(the Gloria)，这是一种安抚人心的熟悉仪式，尽管是用拉丁文吟唱的，但所有的村民都能理解，甚至是未受教育者。在哈尔曼的身后是一扇精致且闪闪发亮的橡木屏风，用于将圣坛与中殿隔开。这扇屏风历经维多利亚时代的修缮与复原，但仍在某种程度上保持着 14 世纪晚期的原样，顶部仍为深红色的装饰图案，历经几个世纪的洗礼依然闪闪发光。在哈尔曼的时代，屏风是开放式框架，面板上用明亮的颜色以及金色的光环绘制出了圣人的形象。费用可能是由诸如波尔、海因斯和查普曼等富裕的当地农民家族捐赠提供的，他们已在过去的几年里为当地的小教堂捐赠了自己的小块土地。屏风的画面会令教堂里的会众联想起远及诺曼人征服之前让英格兰人改教的圣奥古斯丁，以及圣威尔弗里德和威斯托的圣威斯坦（St Wistan of Wistow）等当地圣人的古老故事。跟中世纪英格兰的其他地方一样，这里对圣母玛利亚的崇拜也非常狂热，当地有专属圣母玛利亚的神殿，玛利亚被称为"我们凯伯沃斯人的圣母"。而她之所以会被教区居民铭记在心，也许是因为她在此地拥有一种本地式的"神迹故事"。最近，金属探测器爱好者在凯伯沃斯发现了锡制的朝圣者徽章，上面绘有带百合花的玛利亚的模糊图像。这些徽章或许是由当时前往位于沃尔辛厄姆的圣殿朝拜的村民带回来的。在沃尔辛厄姆的圣殿里，玛利亚端坐在智慧宝座上，左手怀抱着婴儿耶稣，右手紧握着百合花权杖。尽管威克里夫及其追随者将这种"小玩意儿"（toyes）斥为偶像崇拜，但传统的基督徒故事仍在乡村社会大多数人的心灵中根深蒂固。他们的文化和精神指向就是这些英格兰基督教故事：坎特伯雷的托马斯、圣乔治大战恶龙、圣赫勒拿和圣十字架等。故事中的庆典标志着他们的一年又一年，这些作为典范的男女英雄永驻于英格兰人的生命之中。

211

传统与争议

威克里夫的追随者们强烈反对诸如图像、雕塑、绘画、圣坛拱顶上方的大型木质十字架、从地狱门口闪现的赤裸灵魂的图画之类的事物。他们认为，崇拜木制的雕像或某种遗迹是荒唐可笑的，实际上还是在亵渎神明："要是基督十字架、指甲、长矛、荆棘王冠等物品都值得崇敬的话，为什么犹大的嘴唇就不值得崇敬，只要它们能被找到？"赎罪、忏悔、苦修和祈祷等行为也被视为当今之腐败，因为其中涉及神父对于祷告者和请求宽恕者的金钱索取。神职人员无非是利用"虚情假意"从单纯的信众身上勒索钱财，"以便维持游手好闲的奢侈生活"。

在黑死病暴发之后，这种心态成为当时民间情绪的组成部分。人们对于教堂捐赠制度以及可借以接近上帝的那些仪式有了更多的思考。在将近30年前，一些村民在凯伯沃斯-哈考特成立了一个祈祷会，并设立了一个信托基金，其资金可以支付小教堂神父为死者做祈祷所需的费用。村民们自发地在凯伯沃斯和斯密顿建造了许多不受约束的小教堂，由各个乡村家庭的成员来担任神父。由此可见，在村民的内心深处普遍存在着一种强烈的虔诚情感。民间的忧虑在各种文学形式中得到广泛的表现，这一时期涌现出许多表达虔诚的祈祷者之苦难的诗歌，还有描述人们的悲惨处境的歌曲和民谣，耶稣抚慰其极度忧伤的母亲的摇篮曲，以及用鲜活质朴的方言向忠心的英格兰人倾诉自己困苦的故事：

212

> 我亲爱的老乡们啊，现请你们回答我，
>
> 我到底犯了什么罪，生活会如此凄惨？

我已竭尽所能了，还能让我怎么办啊？

在 14 世纪晚期，伴随着政治上的风潮，具有中古英格兰祈祷诗的深远根源的祈祷书、男女隐士指南、宗教手册、流行歌曲和通俗圣灵诗歌大行其道。耶稣受难是这一切的核心形象：

> 耶稣啊，我们的至爱，
>
> 我们竭尽全力为你而祈祷，
>
> 因为你的受难就是我们的苦海。

这种虔诚的激情与强烈的心理认同表现为民众大规模的朝圣行为，以及对于传统节日和教堂重要礼拜仪式的热衷。从大饥荒到宗教改革的这段时期是英格兰传统基督信仰的全盛时期，像圣烛节（Candlemas，2月 2 日纪念圣母玛利亚行洁净礼的基督教节日）和基督圣体节（Corpus Christi）这样的重大节日，以及朝圣活动和圣灵降临节游行，越来越受到大众的欢迎。这就是哈尔曼来到这个村庄时的世界，一个普遍虔诚的世界，一个充满想象的世界，但也是一个受到过多具体的清规戒律束缚的世界，包括什一税、罚金以及贫穷村民要向林肯圣母教堂捐献钱财等。在林肯大教堂的木质图书馆里，至今还保留着一些捐赠记录册，上面记载了所有来自凯伯沃斯等教区的捐款。人们可以看到，一直到宗教改革时期，在像波尔、卡特和科尔曼这样的古老乡村家族的遗嘱中，都会"以圣母玛利亚和整个幸福天堂的名义"留出几个便士捐给林肯的玛利亚（圣母）教堂和他们当地的圣威尔弗里德教堂。

213

但在经历了黑死病之后，人们对这一切产生了新的普遍的质疑。抱怨的文学作品也越来越多，普通民众的法律意识以及运用法律的能力正在日益增长。这一时期的方言诗歌触及"爱德华二世国王的邪恶时代"、传道士的堕落和富人的虚伪这些主题。世界正在发生变化。这些都是威克里夫思索与宣扬并赋予其理性光辉的主题。与此同时，威克里夫还拥护将方言运用到宗教领域，以便消弭在使用英语者、使用法语者或拉丁语者之间的隔阂。而在一个世纪之前，莱斯特大修道院的神职人员还曾讥笑凯伯沃斯附近的斯托顿农民是"世界上最愚蠢的人"，罗列村民粗俗的名字，讽刺他们的女人。在一首拉丁文诗歌中，作者用通俗英语嘲笑"愚笨的乡巴佬"（senseless rustics）的方言发音，诗歌还以铿锵的法语结尾，声称这种现状永远不会改变。现在，英语的使用范围正在不断扩大。尽管大多数英格兰人对教堂的传统有着深厚的情感，包括对故事、习俗和礼拜仪式美感的依恋，但与所有的劳动人民一样，生活质量最终得取决于辛苦挣来的钱，取决于什一税等税赋和劳资关系，取决于随着文化的迅速传播而激发的自主性。正是在这个时候，哈尔曼这位曾经的默顿学院的学者开始了漫长的乡村生活。在这个村子里，所有这些政治上、宗教上和心理上的冲突都将在接下来的40年里浮出水面。

农民起义

　　1380年春，哈尔曼就任凯伯沃斯教区的神父。他立刻发现村民们正在激烈抗拒政府。就在一年前，政府开始向村民们征收不得人心的人头税。1380年，另一个税项被提高了5便士，不管是富人还是穷人。时隔不久，政府又在1381年发布了第三个税项。在怨声载道的气氛中，来自农民组织呼吁采取一致行动的信件四处流传。就在哈尔曼履职一年之后，农民的抗议行动进入高潮，最终演变成一场大规模的叛乱——农民起义。

这场农民起义是在黑死病之后宏大的社会和经济背景下发生的。人口的大幅下降使劳动力变得非常珍贵。诸如默顿学院和凯伯沃斯的比彻姆家族这样的土地所有者面临着要么增加劳工工资和争夺劳动力，要么让地块和房屋空置的两难选择。黑死病过后，劳动力价格必然高涨。随着生产成本的增加，经济在整体上出现了通货膨胀。土地所有者突然发现自己在劳动力市场上举步维艰。这种状况在社会精英中激起了普遍的愤怒和阶级仇恨，诗人约翰·高尔（John Gower）在作品中对劳动者及其态度作了如今看来非常现代的评论："他们成为稀缺资源，他们消极怠工，他们贪心不足。他们付出很少，却要求最高额的回报。"政府试图阻止起义发生，于是在瘟疫暴发的第一年（1349年）首次颁布了《劳工条例》（Ordinance of Labourers）。这项值得纪念的条例实际上标志着英国劳工法和劳工条例的开端，其本身直到1863年才被废除。1351年，国王爱德华三世又召集议会通过了《劳工法》（the Statute of Labourers），试图通过将劳动报酬固定在瘟疫之前的水平并限制劳动力的流动性，来抑制农民对更好雇佣条件的要求。《劳工法》还要求所有身强力壮的男性和女性都得工作，并对长期懒惰闲混的人实施处罚。因此，政府是在全国范围的劳资关系日益不公正的情况下，强行于1377—1381年间征收人头税的。

农民起义在1381年5月31日于埃塞克斯的弗宾村（the village

of Fobbing）爆发，导火索是地方绅士和自由民拒绝纳税。从那时起，类似事件便以惊人的速度蔓延开来，并在各地之间出现明显的相互联系。6 月 12 日，肯特的起义者抵达伦敦郊外的布莱克希斯（Blackheath）。两天后，他们见到了年轻的国王和幕僚们，并要求国王开除这些不受欢迎的幕僚、废除农奴制度。但让人捉摸不透的是，起义者宣称，"在这个王国内，我们只认可《温彻斯特法令》"。这里指的应该是 1285 年的《温彻斯特法令》（the Statute of Winchester），但农民领袖们更可能是在指代阿尔弗雷德大帝及其继任者的黄金时代，那是深为 14 世纪的英格兰人民眷恋怀念的时代。然而，在乔叟的朋友约翰·高尔看来，农民致力于的是反基督行为："根据他们的愚蠢观念，未来不再有上帝，只有国王和农民。"

215

英格兰的东南部地区骚动不安，政府处于风雨飘摇之中，莱斯特的亨利·奈顿生动地传达了笼罩在他所处城镇中的那种近乎歇斯底里的情绪。在人们惊悉叛军进入伦敦的消息之后，也许英格兰大部分地区的情况莫不如此。随着埃塞克斯反叛者在麦尔安德（Mile End）不断聚集，肯特的武装力量跨过伦敦桥，攻占了伦敦塔，斩下了大主教和首相的头颅。国王本人的命运也处于危急之中，布道者们口中的"由上帝认可并规划的"秩序似乎即将崩溃。

伦敦的局势安危未定之时，一名信使骑马北上穿过凯伯沃斯赶往莱斯特向市长报告：中部地区的叛军正在逼近，而且这股武装力量已经到达马基特-哈伯勒。"一群骄横不虔的暴民正从伦敦前来，"奈顿写道，"将在第二天一大早抵达莱斯特。据说市长在得知消息后极为惊恐不安，并为应该采取何种行动应对而陷于窘境。假如他决定与暴民为敌，可能会一败涂地，包括随从在内性命难保。假如他试图和平地接受这伙人，日后就可能会被判定为暴民的同谋。"那天晚上，市长在城墙内召集了一场由"身边的人员、陪审员以及其他精明人士"参加的会议，最后决定竭尽全力捍卫城市。根据奈顿的描述，1200名全副武装的市民组成了一支力量防守于城外，有两天时间都在严阵以待，等候叛军来临。与此同时，还派遣童子军骑马穿过凯伯沃斯进入威兰，试图收集有关叛军的情报。

216

但叛军并未到达莱斯特，而是停在了哈伯勒与凯伯沃斯之间的某个地方。也许就是在那里，叛军听到了从伦敦传来的令人震惊的消息："农民的宠儿"瓦特·泰勒（Wat Tyler）在史密斯菲尔德与国王进行正式的谈判时被伦敦市长杀害。农民军失去了领袖，同时还面临着一支急速征募而来的 7000 人的政府军，他们先是退却，最终化作一盘散沙。随后，谋反的地方组织便遭受了政府的报复。6 月 23 日，东盎格利亚的起义军在诺福克郡的北沃尔沙姆（North Walsham）遭遇了最后的惨败。当局很快开始进行清洗，等待主谋者的将是可怕的命运。在国王的见证下，神父约翰·鲍尔于考文垂被处以绞刑后遭到分尸。奈顿认为，鲍尔正是威克里夫的门徒。

编年史中少不了记载痛苦余波的歌谣，其中有一段描述"凳子"（刽子手的砧板）的小诗：

> 人非物品，人非傻子；
> 想一想这斧头，想一想这凳子！

这场起义显示了尖锐的阶级对立，暴露了统治者与被统治者之间的深层分歧。撇开隶属王室的编年史作家笔下的偏见，这次农民运动是有组织的、有文化的，利用了真实的不满情绪，可能还涉及一个现实的方案。凯伯沃斯的比彻姆、哈考特以及斯密顿-韦斯特比似乎躲过了这场暴力。我们不清楚到达马基特-哈伯勒的起义军成员是否与凯伯沃斯的陪审员以及其他"精明人士"有所接触，但对于这几个村落来说，加入这场举事也许并无任何好处。比起在盛怒之下揭竿起义的埃塞克斯、温彻斯特或圣奥尔本斯庄园的那些农民，这里的处境要好些。在默顿学院庄园的上上下下都没有出现强烈要求销毁农奴身份记录（法庭的租金案卷和账簿）的暴力行为。一个世纪以来，凯伯沃斯-哈考特的农民已习惯了与学院代理人以及前来调查和商谈的执行官打交道。而且，随着事态的发展，他们还可能走上了一条通往经济解放和个人自由的不同道路。

和所有大事件一样，这场农民起义也带来了许多后续变化，其中 217
一些变化出人意料，而最有趣的是威克里夫的思想对于凯伯沃斯那些古老家族产生的影响。我们首次发现，有非常详细的证据可以表明，在起义后的几年里，英格兰普通百姓在良知与个人信仰方面发生了变化，而令人瞩目的一些证据就来自凯伯沃斯。

"我在风中闻到了罗拉德的气息"

在这场短暂的农民起义引起的暴力动乱中，凯伯沃斯似乎未受惊扰。6月份，村庄法庭召集了一次会议以处理日常事务，例如签订新的田地租赁契约、处罚侵占他人土地者和酿制劣酒者、更新逃离者名单等。但在接下来的30年里，村中其实时有发生其他形式的抗议和抵制行动。事实上，受到这次农民起义的影响，在起义前后的几个月里，一个用以描述传播异教思想者的新名称开始出现，其代指的那批人创造了英国历史上的一种新思潮，这就是罗拉德派信徒（Lollards），即威克里夫的追随者。后来，许多凯伯沃斯人信奉了这种教派。

这个名称在1382年始于牛津大学。起用这个术语的第一人似乎是位名叫亨利·克鲁普（Henry Crumpe）的英格兰-爱尔兰神父，曾因妨害治安而被停职。"罗拉德"这个术语一经诞生便几乎立刻产生了禁忌字眼所具有的力量，而且经久不衰。在当权者的心目中，"罗拉德"逐渐涵盖了英格兰的所有异端邪说。1387年，伍斯特主教用这一术语来指称一般的异教徒，即"反基督的门徒和穆罕默德的追随者"。大概与此同时，亨利·奈顿用罗拉德指代威克里夫的追随者们。罗拉德一词是当时的新术语，还是虽然未经记录但已暗地里流传了一些时间，我们不得而知。这个词的含义从未有过明确的界定，不过在中世纪佛拉芒语（比利时北部地区的一种语言）或荷兰语中，罗拉德的意思是"说话嘟嘟囔囔"，似乎显示了17世纪被称为"喧嚣派"（Ranters）的激进分子的某些含义。罗拉德派将在整个英格兰以及教会中引发一场令世人永难忘怀的危机，英格兰政府则会由于害怕权力大厦被动摇而投入巨大的能量侦查异端分子，甚至不惜雇用"间谍"和告密者。诗人乔叟似乎对罗拉德教派抱有同情，正如他所说的，"我在风中闻到了罗拉德的气息"（I smelle a Lollere in the wynd）。

在农民起义后，巡回传教士一如他们想象中的早期使徒和基督传教士那样，穿起了红色羊毛斗篷，手持木杖，有人甚至光脚行走，就这样在英格兰中部和东盎格利亚一带散布各种奇怪的谣言。他们在小酒馆和私人住宅里布道，宣扬威克里夫那种"瘟疫般的教义"。根据当局的说法，这很快就导致"民众怨声载道"，即中世纪学者们所说的"村庄中出现不安与骚乱"。伦敦街头戒备森严，1382 年 5 月，新任坎特伯雷大主教召集了一次会议，目的在于追查日益令人担忧的"英格兰异端分子"。事实上，在这场农民起义之后，异端分子已受到了非常严厉的处置。威克里夫的教义被公然谴责为扰乱了社会治安，还有三位"威克里夫教派"领导人遭到拘留，其中一位名叫约翰·阿斯顿，是默顿学院的学者，曾在莱斯特一带传教。那个夏天，在坎特伯雷，新任大主教威廉·考特尼（William Courtney）"以全英格兰的首领、罗马教皇使者的身份"着手调查这些"该永受诅咒的教义、疯狂思想的产物……在学校内外进行教唆的学说……用轻蔑的诡辩来蒙蔽人们的双眼的异端"在英格兰少数神职人员中的传播。在莱斯特一带有几位威克里夫的学生在传教，其中包括教士菲利普·雷宾顿（Philip Repyngdon）和尼古拉斯·赫里福德（Nicholas Hereford），以及默顿学院的学者约翰·阿斯顿和劳伦斯·伯德曼（Laurence Bedeman），他们均为"重要的异端怀疑对象"。6 月份，有人说，在伦敦的兰贝斯区有一个"阴谋集团和联盟"，即整个英格兰的罗拉德派网络。

据说，未经许可的传道者正在英格兰各地传播威克里夫的教义，当局采取的防范措施还包括禁止在牛津大学内教授或讨论威克里夫的学说，因为牛津大学是同情罗拉德派的中心。当局还编辑了一份 24 条被认定为有罪的教义清单，涉嫌宣扬起义或有起义意识形态色彩的教义都要受到审查。受到传唤的人包括凯伯沃斯的神父托马斯·哈尔曼。

在坎特伯雷接受审讯

在这种白热化的氛围中，哈尔曼从凯伯沃斯骑马南下坎特伯雷，以阿斯顿的一名助手的身份接受审讯。当局大概希望他作为对阿斯顿不利的证人出场。很明显，审讯者知道他们两人认识，而且哈尔曼本人对于异端学说也有所接触。6月27日，阿斯顿的听证会在大主教位于肯特庄园的小教堂里举行，审讯者包括10名神学家和6名"民法博士"，或者说我们所谓的律师。对于阿斯顿的关键性指控是，他拒绝相信在弥撒期间基督圣体的存在。据说，阿斯顿指着他身旁的一位漂亮女子说，他更能在女子的脸上而不是此处的审讯者们身上看到上帝之美与弥撒的象征。这个议题是威克里夫在其1379年的著述中所论及的，他在其中明确表示与天主教会分道扬镳。听证会的记录手稿显示，阿斯顿就针对自己的指控据理力辩，让审讯者们哑口无言：

> 当我不得不回答对这个命题，也就是对"圣餐仪式中的面包和酒会转变为耶稣的躯体和血液"的看法时，我声明，我既不教唆也不鼓吹，因为我知道，对这个问题的思考远非我的理解力所能及。

随后，哈尔曼就阿斯顿的观点接受询问。在议论的过程中，他似乎也对阿斯顿关于威克里夫的思想的态度表示赞同。因此，哈尔曼必须在接下来的会议上澄清自己的立场。7月1日，在坎特伯雷大教堂的神父会礼堂召开了一场审查会，对于这位凯伯沃斯的神父来说，这是一次漫长而难熬的经历。审查人员包括9位神学家和2位世俗法官，会议"从早上9点一直持续到晚餐后的第2个小时……哈尔曼神父在会上受到质审……"。在大主教编写的有关异端分子的卷宗中，可以看出哈尔曼最后改变了自己的态度：

> 在坎特伯雷主教大人的教诲以及其他神职人员的一致忠告下，现在，我宣告，所有这些被认定为有罪的教义都应被诅咒，都是异端和错误。正如坎特伯雷主教大人、神学博士、教会法规和民法专家以及神职人员委员会所指出的，我身上的这些异端与错误思想是该诅咒的。我对此表示悔改，并保证与有罪的教义划清界限，至死不渝。

面对大主教以及全体神学家，哈尔曼退却了。这也许是没有必要拿生命来冒险的时刻。而另外一方面，莱斯特圣玛利亚教堂的定期神父雷宾顿和赫里福德拒绝让步或签署改变原先观点的协议。他们被宣告为"顽固不化者"，并在坎特伯雷的第五次会议上被重审。在这次会议上，哈尔曼本人被迫公开谴责24项被认定为有罪的教义。于是他被允许回到村里，及时赶上了"收获节"（Lammas）以及8月的收获季。

220

回到凯伯沃斯

村民们已在多大程度上接受了这些革命性思想？莱斯特南部的自由民为什么会成为罗拉德派异教思想的肥沃土壤？或许哈尔曼在村里的作用永远无法恢复，但我们猜得到，在接下来的 30 年里，支持异端的村民大有人在。而尽管哈尔曼得以继续在此履行职务，但在不遗余力追踪罗拉德派的大主教和林肯教区主教约翰·白金汉（John Buckingham）眼里，哈尔曼是有污点的。哈尔曼在凯伯沃斯待到 1385 年 12 月，然后辞职。当时，也许是迫于上方的压力，默顿学院安排了一名反威克里夫思想的神父进驻了这个村庄。不过，哈尔曼于 1387 年 11 月又回到了凯伯沃斯，并在那里度过了两年多的时光，最后于 1389 年圣诞节离开——也可能是因为他已永别人世。

1384 年 12 月 28 日，威克里夫本人在卢特沃斯教堂主持一场弥撒时死于中风。毫不奇怪，他的敌人们将之视为来自上帝的启示，预示着形势将要发生转折。威克里夫在 56 岁那年的最后一天去世。这无疑让威斯敏斯特和坎特伯雷的政府当局如释重负。对于许多人来说，威克里夫的死必定意味着这场运动将告终结，但在他死后，情况却朝着令人意想不到的方向发展。从 14 世纪 80 年代末到 90 年代，再到 15 世纪初的几十年里，威克里夫的思想不再主要通过包括默顿学院在内的学者进行传播，普通人成了传播的媒介。在我们这本书的故事里，凯伯沃斯的村民扮演了引人注目的角色。凯伯沃斯的农民家族，如布朗家族、吉尔伯特家族、波尔家族、卡特家族、德克斯特家族和瓦伦丁家族等，他们的家族成员均被当作积极的异教传播者或支持者而受到政府的调查。

罗拉德派的思想越来越朝着反教会权力和反罗马教皇权力的方向发展。在他们的布道中，一些人声称罗马教皇是反基督者，教皇完成了将基督本身转变成异教徒的壮举。许多人认为，这些神学上的争论直接影响了我们所谓的英格兰的政治秩序——"王国共同体"的概念。1384年，一位名叫约翰·科林汉姆（John Corringham）的默顿学者未经当局许可在亨廷顿郡布道。除了讲解罗拉德派有关弥撒中基督真身的教义之外，科林汉姆还明确表达了他的和平主义理念，认为对于基督徒来说，即便是出于自卫而杀人也是不合法的。他同时反对政府征税用以资助王国以外的战争。这些激进的想法即使在今天仍能引起强烈的共鸣。

这场宗教危机发生在农民起义之后并非巧合。罗拉德派教义及信仰往往被描述为学术论战的直接结果，这毋庸置疑，但异教信仰也是英格兰人民反抗统治阶级的一种方式。人们很容易忽视这其实是英格兰人生活中的一种常态，实际上有多达 8 位中世纪英格兰国王都是因农民起义被推翻的。在一个多世纪里，英格兰的基层社会一直处于动荡不安之中。150 年以来，农民常常在手工业阶级的支持下基于法律对领主的要求提出异议。15 世纪 20 年代，在东盎格利亚地区的罗拉德派反叛行动中，参与者就包括磨坊主、羊皮纸制造商、手套制造商、皮革商、裁缝和木匠等，当然还有少数神职人员。当时，罗拉德派的思想对英格兰社会中具备一定地位、受过教育的人颇有感召力。

至于较为古老通俗的英格兰宗教传统与信仰是否也在其中发挥作用，这是一个令人关注的问题。毫无疑问，这场论战因威克里夫而引发，但即便世上没有威克里夫这个人，罗拉德派的一些信念可能还是

222

会出现，因为它们是英格兰文化中较为古老的民间普遍思潮的组成部分。比如，对于威克里夫及其追随者来说，《圣经》的重要性不言而喻，所以他们认为《圣经》就应该适用于所有使用英语者。凯伯沃斯农民都懂一点拉丁文，能用拉丁文念诵《主祷文》和《使徒信经》，但在日常表述中会用母语来表达至理名言和福音格言。把《福音书》转化为方言毕竟是英格兰的传统。在盎格鲁－撒克逊时期，英格兰人就完成了一些最早的译本，存世的手稿（迟至 12 世纪）显示，这些文本一直以英语的形式用于教堂中。诸如"努力寻求才会有所收获"（'seceath and ye hit findath'）、"海峡即是门户"（'that geat is swythe wid'）、"你就是高尚的人"（'ye sind eorthan sealt'）等著名的圣经箴言以英语的形式为 14 世纪的凯伯沃斯农民熟知，但其实它们的历史更为久远。几个世纪以来，古英语版本的主祷文一直是英语这门语言的一部分："我们在天的父！愿你的名被尊为圣……"（'Faeder ure thu the eart on heofonum, si thin nama gehalgod...'）至于威克里夫的英文版《圣经》，它是在凯伯沃斯附近的私人住宅中以手抄的形式完成的。可以说，用英语和方言来传达基督教精神的思潮源远流长。

　　然而，在罗拉德派引起争议的问题中，使用方言并非关键因素。例如，尽管莱斯特的亨利·奈顿极力反对翻译圣书，认为"盎格鲁人的语言不是天使的语言"，但他却把比德关于圣格里高利的著名故事翻译成了英语。正如我们所见，罗拉德派的学说之所以富有感召力，更多的是因为教会的腐败、物欲和拥有的财富，以及教会对世俗权力的介入。而且，一些主要的神学教义有悖于古老习俗。其中的变体论尤存争议。尽管关于基督的血液和肉体在弥撒中真实呈现的信念在今天依然是天主教的重要信仰之一，但这种信念直到 12 世纪才由罗马教廷构想出来，在此之前，弥撒的神秘性似乎只可被隐喻性地加以理解，而盎格鲁－撒克逊人历来通过意会去接受。因此，基督教正统并不是一种长期存在、一以贯之的教义传统，14 世纪的激进派信仰也不是凭空而来的。16 世纪宗教改革以后，农民们难免会天真地怀念从前"做弥撒时能够分享到造物主肉身"的年代，但在 14 世纪，这些还都是相对较新的教义，而且，教会在教导人们的过程中遭遇了各种各样的古老习俗与信仰的碰撞。

这一切都将取决于神父的权威：谁可以成为神父？为什么必须得到教会的许可才能传道？一些罗拉德派信徒宣称，"不论男女，任何行善者都可以成为神父"。林肯郡的一名罗拉德派铁匠的声明更是令人难忘：他说，"在铁砧之间主持的圣礼与神父在圣坛前主持的圣礼一样美妙"。从某种意义上说，当时的教义危机似乎来自一种尽管鲜为人知却潜藏于人们心灵深处的源流，而异教学说激活了这种英格兰本土源流。

威廉·斯温德比

在农民起义之后的几年里，罗拉德教派的理念通过激进的地方传教士传播到了英格兰的中东部地区。14 世纪 80 年代初，凯伯沃斯以及附近的村庄开始接触到一种新型的巡回传教士。威克里夫曾经希望废除现有的教会等级制度，转而启用生活在贫困之中的"穷苦神父"；这种神父不受誓约束缚，也无须接受正式的祝圣仪式，愿意为民众传播福音。在他死后，这种情况果真出现了。这些传教士四处流动，传

224

播威克里夫的教义。他们两两结伴，身穿深红色长袍，手持象征神父使命的木杖，从一个地方辗转到另一个地方，宣讲"上帝的主权"。

这些人中包括受过正规教育的学者，比如默顿学院的约翰·阿斯顿，但其中的关键人物是当地人，比如自学成才的铁匠威廉·史密斯，稍晚时在凯伯沃斯巡回传教的威廉·布朗和沃尔特·吉尔伯特等，后者在诺丁汉郡和德比郡以"凯伯沃斯的沃尔特"为人所知。巡回传教士的支持者中不乏女性，其中包括女隐士安娜（Anna）和莫德（Maud），莫德可能就是死于1407年前后的圣妇莫德·波尔。著名的神秘女隐士玛杰丽·肯普（Margery Kempe）在旅行经过这个区域的时候，也因为被怀疑传播罗拉德派学说而受到莱斯特当局的质询。

最为重要的当地人似乎是一位名叫威廉·斯温德比（William Swinderby）的魅力超凡的传道者。斯温德比一直隐居于莱斯特西部边缘的一处树林里，这里有个洞穴至今仍被称为"罗拉德洞穴"。人们叫他"隐士威廉"（William the Hermit）。斯温德比是一位典型的遁世修行者：他布道反对来自女人的诱惑，反对傲慢、对装饰品的追求和放纵的生活，并赢得了圣德的名声。富裕的市民们拜访他，并为他提供食物。最后，斯温德比得到了势力强大的兰开斯特公爵冈特的约翰的帮助。公爵十分钟爱古怪的圣人，在他的帮助下，斯温德比搬到城里，安顿在一间与莱斯特修道院毗邻的单人小间内。

斯温德比一开始是从莱斯特出发在乡间传教的，他往北经过拉夫伯勒（Loughborough）和梅尔顿－莫布雷，再沿着马基特－哈伯勒路往南经过凯伯沃斯到达哈勒顿。在他讲道之处，往往听众云集。1382年，在圣枝主日和耶稣受难日，他在位于城墙外的麻风病医院附近的圣约翰教堂向大批人群布道。这是一场非国教教派的大集会，斯温德比在此阐述了"异端思想"。这次集会可能是罗拉德派成为一种教派的开端。斯温德比对教会的整个体系进行了抨击。从他的布道内容中听得出在接下来的 30 年里影响了凯伯沃斯两代村民的激进思想。在他看来，偶像崇拜即是盲目崇拜，集体祈祷只是"用嘴唇在唠唠叨叨"。花钱请人来吟诵圣经的诗篇或做弥撒毫无价值，一个人只有过虔诚的生活才可能会有价值："这种过虔诚的生活就是用心祈祷。""因忏悔而施舍"是要受诅咒的："不应施舍给邪恶或腐败的人，神职人员不应享有衣食必需品之外的任何物质。"教会没有权力操控婚姻（或对其索价），因为"两颗心的结合"天经地义。至于布道，"凡行善者，不论男女"皆可成为神父。斯温德比变得越来越自信，他承诺将通过自己的教义来感化民众，并宣称可以在莱斯特的任何教堂里讲道而无须得到林肯主教的许可。

这些都是危险的理念，因为它们不仅质疑了天主教的制度，也质疑了 14 世纪英格兰的权力结构。这正是异教或异议接近于煽动反英格兰政府行为或言论之处：斯温德比不但抨击腐败与伪善的神职人员，而且宣称，"假如世俗上议院的议员是邪恶的，却不悔改，民众便可对他们加以纠正"。在农民起义之后，愤怒的农民关于"纠正"腐败的上议院议员的呼声越来越大，哈伯勒、哈勒顿和凯伯沃斯等地的村民受到传教士的大力鼓动，至少已经触到了当局的痛处。正像比特灵的农民呼吁"这个王国共同体之福祉"那样，斯温德比的话题屡次触及"这个国家的法律"。毕竟，自从莱斯特的神父嘲笑斯托顿农民的愿望，并将他们定位为应该明白自己地位的"纯粹农奴"以来，时代已经不同了。

不久，罗拉德派教徒开始在私下聚会，在凯伯沃斯出现非正式的小规模组织也是自然的事情。人们参加小组讨论，讲解宣传资料，认真研读手稿。在莱斯特郡的这个地区，有关其中一个由平民构成的组织的描述给人们留下了生动的印象：这个聚会场所，或者说"学派"，是由无师自通的莱斯特铁匠威廉·史密斯创立的。敌对者大肆丑化史密斯和同伴们，就像以前描述斯温德比性情反复无常、做事鬼鬼祟祟一样，他们形容史密斯精神状态不稳定，甚至说其疯疯癫癫、模样"奇丑无比"。按照亨利·奈顿的回忆，史密斯因被一名他所爱慕的年轻女子拒绝而过起了一种古怪的宗教生活。据说，史密斯宣布弃绝爱情，拒绝吃肉、饮酒，成了赤脚的素食主义者。以一名 14 世纪的修道士而言，拒绝饮酒是其精神状态明显不稳定的迹象。[1] 但是，史密斯不但自学阅读和书写，后来还发现他曾用方言的形式抄写收集的经书。有一则关于他的故事很出名，说有一次史密斯在单人小屋煮卷心菜时将一个圣凯瑟琳的木制雕像砸碎用来当柴火，并称之为"圣凯瑟琳的新殉难"。

总体而言，这些人可以说是 17 世纪"英国革命"时期的"亚当派"（Adamites）、"求索派"（Seekers）和"爱之家派"（Familists of Love）等奇特边缘教派的先行者。当然，极端的修行者往往心智偏激，死板地坚持他们认定的某种确定性。而透过奈顿的嘲讽性谴责，看得出史密斯是黑死病浪潮后出现的典型的新信徒。尽管讨厌史密斯的人用充满敌意、耸人听闻的形容来描述他，但他的确是一位来自劳动阶层的有趣的英格兰人，在凯伯沃斯就能找到这样的人：他们偏激

---

[1] 对中世纪修道士来说，饮酒是神圣的行为，酒还是斋戒期间摄取营养的重要途径。

固执、吹毛求疵，但渴望通过自学掌握文化知识充实精神生活，同时也希望帮助他人共同进入这种精神生活。史密斯阅读英文经书，好辩论，拒绝外在奉献，寻求他所认为的基督教信仰的真正核心，回归原始教会的简朴。在许多人看来，史密斯在反对富人和世俗神职人员方面树立了一个具有吸引力的榜样。

罗杰和爱丽丝·德克斯特的赎罪

到了 1384 年，经由斯温德比和史密斯等人的传播，异教思想从林肯大教区蔓延到东盎格利亚，以及考文垂和伦敦等城市。收藏于林肯大教堂的中世纪图书馆的主教记事本记载了大量听证会，相关的描述表明，从 14 世纪 90 年代到 15 世纪初的 10 年，异教气氛弥漫于莱斯特与北安普敦之间的各个村庄，马基特－哈伯勒、凯伯沃斯和斯密顿全都成了罗拉德派信仰的中心。教会的担忧与日俱增。1401 年，罗拉德派思想遭到了全面的谴责。1408 年，一条法令重申：将福音书翻译成英语的行为以异端论处。1415 年，罗马教皇责难去世已久的威克里夫为"顽固不化的异教徒"，他的著述被定为禁书，所有追随者一并受到谴责。

227

然而，一切都已为时太晚：异教的精灵已从魔瓶里跑出来了。尽管斯温德比在受到多次审讯之后销声匿迹（听说他最后出现在威尔士边界地区），但其他人仍在继续传播异教。托马斯·哈尔曼又回到了凯伯沃斯。不久之后，这个地区就出现了强烈支持威克里夫理念的普通人。1389 年 10 月 13 日，林肯主教列出了一批新的嫌犯名单，其中包括威廉·史密斯的亲密伙伴威廉·哈里（William Harry）和一对已婚夫妇，罗杰和爱丽丝·德克斯特（Alice Dexter）。德克斯特夫妇当时居住在莱斯特，但他们的名字是在事发后转而前往生活的凯伯沃斯被发现的。嫌犯名单中还包括史密斯和一位专职教士理查德·威斯塔斯（Richard Waystathe），此人曾是斯温德比的伙伴。此外还有许多中等阶层者：一位公证人，一位羊皮纸制造商（此人是众多与图书有关的罗拉德派教徒之一），一位金匠和一位裁缝。他们因散布反对赎罪券、反对忏悔和偶像崇拜的思想以及宣扬拒绝支付什一税而被控有罪，并被告知要在 1389 年 11 月 1 日万圣节那天到大主教坐镇的莱斯特大修道院受审。但这些人都藏了起来，"宁愿在黑暗中而不是在光亮中说话"。主持了大弥撒之后，主教考特尼（Courtney）宣布，所有相信异端邪说者都将被逐出教会，尔后在一些正统市民的要求下宣读了 8 名嫌犯的名字。

由于市长尚未逮捕这 8 个人，主教便强令拘捕。10 天后，史密斯和两位同伴被拘留，并被带到了主教面前。关于史密斯被指控把圣凯瑟琳的木头雕像当成柴火烧的故事便由此而来。另据说，他还涉及损毁两尊著名的圣母玛利亚雕像——这是最受莱斯特一带村民们喜爱的敬拜对象——都被当成"林肯人的女巫和沃尔辛厄姆人的女巫"给烧掉了。史密斯的两名同伴即是已婚夫妇罗杰和爱丽丝·德克斯特。据教友说，罗杰拒绝遵奉十字架上的耶稣——这是一种常见的罗拉德派信徒反对他们所认定的"偶像崇拜"的态度。

史密斯和德克斯特夫妇在巨大的压力之下表示悔改，主教判处他们以适当的苦行来为自己的行为赎罪，三个人都要赤脚在纽瓦克市圣玛利亚教堂周围游街示众。史密斯和罗杰只能身着贴身内衣和短裤，爱丽丝只能裹一条床单，都不准戴帽子。游行时，史密斯手捧圣凯瑟琳的雕像，罗杰和爱丽丝分别右手拿着耶稣受难像，左手拿着点亮的悔罪小蜡烛。在这个过程中，他们三次"停顿下来亲吻雕像，为了敬奉受难的耶稣、铭记祂的爱，为了敬奉圣凯瑟琳"，每次都要双脚跪地。然后，三人参加了在教堂举行的弥撒。在接下来的周六，他们在莱斯特的集市上重复了整个赎罪仪式。周日，他们又在自己的教区教堂再次进行赎罪仪式。史密斯还背诵了一首赞美诗，并向特别受其"侮辱、诽谤和亵渎"的圣凯瑟琳捐了钱。罗杰和爱丽丝可能不识字，只背诵了拉丁文的主祷文《我们的天父》和《万福玛利亚》。天气格外阴冷，在教堂主持仪式的大主教不免心生怜悯，于是允许他们不必脱去单薄的外衣，尽管还是得光着脚（由此可见，中世纪的教堂是多么寒冷）。

在正统市民面前公开悔罪和半裸身体游街示众之后，对于史密斯和德克斯特夫妇的羞辱与惩罚告一段落。但除此以外，史密斯还被指控"用英文编纂与抄写手稿"，包括"花费8年时间用英文抄写《使徒书》和《福音书》，编纂教父们的其他作品"。他被迫交出这些文书，并被烧毁。对于一个铁匠来说，这已是一批难得的藏品了。假如这些书得以幸存，我们就能对一位14世纪晚期自学成才的铁匠的学识有更多了解了。说到这一点，接下来就会看到出自凯伯沃斯的巡回神父们的故事了。

幸存者：1389 年—1414 年

229

正是在这一时期，我们才有可能真正地详细阐述普通英格兰人的良知与个人信仰问题。从默顿学院的档案资料和主教的记事本中可以看到一些关于罗杰和爱丽丝·德克斯特后来生活的一些记载。在

1389 年的悔罪之后，这对夫妇从莱斯特移居到凯伯沃斯，并在那里拥有一个可信而完整的家庭关系（村子的文件里有他们的名字）。有迹象表明，这对夫妇后来陷入了经济困境：一份由执行官威廉·波尔记录的账目显示，罗杰拖欠了一笔入户租房费用，或许说明他没有支付能力；屠夫老约翰·皮查德（John Pychard）则在 1409 年状告罗杰，要求他偿还 40 先令的债务。但有意思的是，1403 年，凯伯沃斯－哈考特的亚当·布朗曾送给罗杰·德克斯特一份礼物："一块位于凯伯沃斯－哈考特的宅地，附带房屋，由亚当从斯特顿－帕尔瓦的约翰·威尔考克森（John Wilcokson of Stretton Parva）手中购得。宅地长约 8.5 米、宽约 5 米，位于前述房屋与威廉·曼（William Mann）的宅邸之间。"我们会在下一章讲述亚当·布朗，此人出自凯伯沃斯一个古老的家族，1403 年时已是一个富有的布料商，有时在考文垂居住和经营。布朗家族有些成员是罗拉德教派的同情者，其中一位甚至是巡回传教士。一位根在凯伯沃斯的考文垂布料商竟然送了一座房子给德克斯特作为"礼物"，这很可能别有含意。14 年后，罗杰·德克斯特的名字最后一次在文字记录中出现，他将自己从亚当·布朗那里获赠的房屋及宅地租给了托马斯及其妻子琼·卡特（卡特家族是凯伯沃斯另一户罗拉德派同情者）。因此，直到 1417 年，德克斯特其实都在凯伯沃斯拥有财产。更为感人的是，从一位告密者那里得知，"直到死去的那一天"罗杰依然坚守罗拉德教派的信念。

德克斯特的故事是斯温德比和史密斯等巡回传教士的遗产的直接证据。默顿学院的阿斯顿这样的学者和教区神父哈尔曼（尽管只有来自凯伯沃斯的间接证据），也在罗拉德派思想的传播中发挥了作用。

到了 1390 年，这些思想已在莱斯特与北安普敦之间的村庄广为流传。　230
1392 年新上任的北安普敦市长本人也是罗拉德教派的支持者，而且，
几个月以来，这座城市几乎成了正统信仰的禁区。在北安普敦被通报
的 7 名异教头目中，女修道者安妮·帕尔默（Anne Palmer）公然宣
称，林肯教区的主教本人就是一个"反基督者"。

　　这一切到底在多大程度上产生于社会底层，一直是学者们争论的
问题。在凯伯沃斯周围，罗拉德派教徒得到了斯密顿和伊尔斯顿士
绅等中产阶层的支持。这与默顿学院的支持也是分不开的。1395 年，
默顿学院的学监和一些学者逗留在村里庆祝复活节，如果说他们会在
教堂里讲道，会与执行官、地方官和其他"发过誓的人"及其妻子一
起用餐，会探讨庄园的经营以及复活节的意义等话题，那是毫不奇怪
的。但不管怎么说，这样的交集仍然是牛津大学的学者与农民相互沟
通的非凡案例。在这种时刻，他们会谈论罗拉德派教徒所谓"真正的
基督的律法"吗？他们的私下交流会给人们带来怎样的影响呢？

奥尔德卡斯尔的反叛

　　在威克里夫死后的 30 年里，尽管罗拉德教派的影响力在不断扩
大——走进了中东部地区的士绅家庭，走进了考文垂的手工作坊，还
走进了东盎格利亚那些生产羊毛的城镇以及伦敦书籍抄写员们的家
里——罗拉德派始终未能发展出一场大规模的运动。直到 1413—1414
年间，这个教派终于登上了国家舞台，并裹挟了凯伯沃斯人。相关事
件以在凯伯沃斯地区发生的秘密骚乱为先导，并以 1414 年 1 月的奥尔

德卡斯尔反叛进入高潮。关于起先的秘密骚乱，由于政府展开了调查异端分子的行动，所以我们可以看到较为详细的事件经过。

1413 年春，在莱斯特一带实施的新一轮盘查查获了许多没有拿到许可的传道者以及违禁"英文书籍"。传道者中包括一位名叫威廉·布朗的神职人员，他是凯伯沃斯当地人，可能在缅因街附近一座小教堂担任专职神父。据说，布朗在瑟卡斯顿（Thurcaston）和索尔河畔的巴罗（Barrow）之间的乡村地区，以及威斯顿（Wigston）和凯伯沃斯等地布道。根据政府调查人员的资料，威廉大概受过教育，一直在圣思河（the River Sence）沿岸的威斯顿和凯伯沃斯 - 哈考特的小教堂宣讲异端教义。这些小教堂也许是免费设立的，也许是属于教区的。他的布道内容没有留存下来，但毫无疑问肯定是典型的罗拉德式的：谴责偶像崇拜，要求摒弃对"沃尔辛厄姆的女巫和被诅咒的托马斯·贝克特"的敬拜，抨击神职人员中那些常见的腐败行为，等等。正如斯温德比所宣扬的，"只有教会的所有世俗利益被剥夺，才会有真正的安宁……我们都知道，上帝的复仇无疑很快就会来到"。

布朗出自一个凯伯沃斯的古老家族，在默顿学院的文件中，有关其家族的相关史料可以追溯到 13 世纪中期。这个家族有一个分支在 14 世纪 80 年代至 90 年代时成为考文垂的布料商，并进入考文垂的同业公会。1412—1413 年间，布朗本人在凯伯沃斯庄园法庭上担任担保人，即"值得信赖并宣誓者"，这个角色通常在陪审团中效力，并代表村民的利益。1412 年冬天到 1413 年早春，布朗在凯伯沃斯一带的布道遍及莱斯特南部各个村庄。他于 1413 年 2 月 5 日周日——圣母洁净节之后——来到莱斯特南部的威斯顿，相关的故事在后来的教会调查中有详细的记述。可以想象，当时正处于寒风刺骨、雪花飞舞的恶劣时节。在做完教堂事奉之后，布朗向威斯顿教区神父征求意见，想知道自己是否可以向众人讲道。但很明显，这个外乡人没有拿到在此布道的许可。教区神父不同意，但布朗对教堂里的会众说："村里的神父不让我在教堂讲道，因此我将在十字路口讲道。"这个村子是莱斯特郡最富裕、人口最稠密的村庄之一，本堂教友声称站在户外太冷，受不了，希望在教堂内听布朗讲道。

讲道结束之后，这位神秘的讲道者做出了惊人的举动：他从袖子里取出 10 马克，分发给穷人。这笔钱相当于 1600 便士，差不多 7 英镑；若按今天的零售物价指数来计算，其价值超过 3000 英镑；若按平均收益来计算，其价值接近 40000 英镑。这种钱只可能来自贵族阶层中富有的同情者，比如斯密顿的领主托马斯·拉蒂默，他位于北安普敦边界处的布雷布鲁克（Braybroke）的房子成了罗拉德派教徒的一个避难所，或许还是抄写"英文经书"的地方。如果确实如此，这就是中等贵族支持这场运动的一个代表案例。同时，这个故事所提示的线索也与几年之后英格兰东部的审讯材料中的证据吻合，它们一起印证，罗拉德派的力量的发展已经超出了人们的想象：它形成了拥有教派、场所和资金的某种组织。

232

凯伯沃斯的沃尔特

这些革命性思想通过各种渠道渗透了凯伯沃斯、斯密顿、威斯顿及其相邻村庄村民们的内心，但这些越来越尖锐刺耳的激进主义的声音在 15 世纪 20 年代将罗拉德派带入水深火热之中。因为在巡回传教士的言辞中，不知不觉地展露出一种新的危险的刀锋。除了抨击教会权力，他们渐渐趋向于反对英格兰政府本身。这将导致一场与王权的灾难性对抗，以及凯伯沃斯人死于伦敦绞刑架的下场。

1413 年春，另一个来自凯伯沃斯的巡回传道者从莱斯特沿着特伦托河流域徒步，一个村庄挨着一个村庄地进入德比郡。在那里，政府报告称这个人为"凯伯沃斯的沃尔特"。此人的真名叫沃尔特·吉尔伯特，来自凯伯沃斯一个古老的佃农家族，他的祖辈艾玛在 1280 年就已是默顿学院田产的一名常年承租人。那年夏天，沃尔特身穿一件异教传道者身上常见的铁锈红斗篷，穿梭于德比郡的各个村庄，宣扬罗拉德派的教义，也许还有革命。此时，罗拉德派的力量已经涉及政治领域，并成为英格兰政府日益严重的焦虑的根源：它威胁到了国王本人和政权。当权者对于反叛者意图的判断没有错，但对于威胁的本质及其成功的可能性的判断不见得正确。

233 7 月，沃尔特到达里特欧维尔村（Littleover，现属德比郡郊区），并在那里得到了一位当地权贵的庇护。此人名叫亨利·博特（Henry Bothe），也可能是亨利·布斯（Henry Booth），是名法学家，也将因传播异端学说而遭到指控。沃尔特是一位坚定的异教徒，经常出入"私下的异教聚会"。眼下，他的布道包含了新的政治意图：1413 年，沃尔特心中萌生了推翻国王并创建一个以罗拉德派理念作为指导的新基督教共和国的想法。

凯伯沃斯与奥尔德卡斯尔的反叛

　　老国王亨利四世于 1413 年 3 月去世，此时的吉尔伯特正在德比郡的几个安全藏身处之间往返躲避。王子于 4 月 9 日在威斯敏斯特教堂被加冕为亨利五世。他身材高大，面颊红润，"乍一看，脸庞像狮子那样闪闪发光"。在亨利五世瘦长的脸上还带着因箭伤而留下的一块疤痕，那是他 16 岁时在什鲁斯伯里战役中所受的伤。在加冕仪式上，一场不合时节的大雪横空而降，在一些人看来，这是一个凶兆。对于新国王来说，开头的几周是紧张不安的：许多人一直认为老国王亨利四世是篡位者，此事在王室内部也有异议，同时对法战争的局面也悬而未决。就在这几周，国王曾经的老助手和朋友约翰·奥尔德卡斯尔（John Oldcastle）爵士正在策划一场反抗国王的行动。奥尔德卡斯尔已被指控信奉异教，并成为罗拉德派期待的焦点人物。反叛者的愿望十分不切实际：他们想要废黜亨利，奉奥尔德卡斯尔成为摄政王。如此一来，作为一个共和国，"一个没有首脑的民族"，统治者的任命将按照反叛者的意愿来安排。这个方案协调了从英格兰各地前来的"总数达到两万人"的反叛力量，各路人马于 1414 年 1 月 10 日会合于伦敦圣吉尔斯教堂周围。

　　正如前文所见，罗拉德派的理念在凯伯沃斯拥有漫长的历史：教区神父哈尔曼的存在和斯温德比、阿斯顿、史密斯等人的布道，已让诸如德克斯特夫妇及其友人那样的村民变得十分激进；布朗和吉尔伯特等巡回布道者也一直在这个地区十分活跃。领军人物沃尔特·吉尔伯特更是具有笼络人心和争取资金支持的能耐。来自凯伯沃斯、斯密

234　顿和萨丁顿的十几名农民宣布支持奥尔德卡斯尔，并决定前往伦敦参加在圣吉尔斯教堂附近集结的反叛大军。信息一定是通过某种秘密途径传递的，而且在这个村庄眼下肯定存在类似其他地方也提到的那种"异端组织"。这十几名来自凯伯沃斯以及邻村的反叛人员背后的支持者，不仅有他们的家族成员，还有大量村民，他们为参战者提供了饮食住宿所需的资金。在当地士绅中，诸如托马斯·诺威雷（Thomas Noveray，居住在凯伯沃斯旁边的伊尔斯顿），有些人在拿起武器之前已经卖掉了自己的货物，并留下了遗嘱。

　　在这些反叛者中有 6 个是凯伯沃斯–哈考特人，他们开始了前往南方的冒险之旅。政府文件记录了他们的名字，不过出于显而易见的原因，他们有时使用化名。首先是西蒙·波尔，其化名为卡特，这个姓氏也许是他母亲的——波尔和卡特这两个凯伯沃斯家族有着长期的关系。在前面讲述的故事里，我们已对波尔家族有所了解，西蒙·波尔是默顿学院田产的一位长期承租人。接着是亨利·瓦伦丁（Henry Valentine）。他来自另一个古老的家族，根据默顿学院的卷宗记录，自 13 世纪 80 年代以来这个家族一直是学院田产的佃户，并在 14 世纪诞生了几个乡村抄写员。然后是亨利·布莱克威尔（John Blakwell），他的化名很怪异，叫"兰开夏的约翰·泰勒"，泰勒家族是凯伯沃斯的另一户人家。还有约翰·巴伦（John Barun），他的化名时为图古德（Toogood），时为斯克里夫纳（Scrivener，意为公证人），也许暗示着他的职业。巴伦提供的是一个香格顿的地址，但从他的名字来看，他也属于凯伯沃斯–哈考特的一个古老家族，这个家族自 13 世纪以来便是自由民。第六个人是约翰·厄普顿（John Upton），他声称自己是一名斯密顿的体力劳动者。

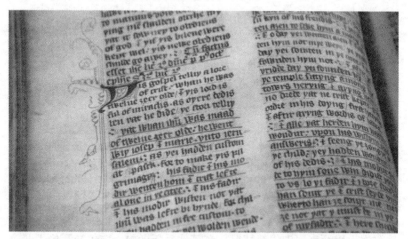

一份15世纪时在莱斯特传播的罗拉德派英文布道书手抄本。布道书由约翰·巴伦这类人悄悄在凯伯沃斯村民当中分发。

因此，这组人员中有4个来自大家已经在这个凯伯沃斯故事中熟知的古老家族。不过，最出名的还是神父沃尔特·吉尔伯特，据说他曾向村民提供20先令以诱惑他们参与反叛，尽管这笔钱可能不是贿赂，而是一笔费用。这些钱是否来自默顿学院的某些"祝福者"？还是说来自像亚当·布朗这样富有的家族成员？或者，这笔钱是来自如拉蒂默或诺威雷这样的当地土地所有者？政府调查人员没能找到答案。

与沃尔特一起的还有他的弟弟尼古拉斯。吉尔伯特一家是一个存在已久的乡村家族，系13世纪80年代的常年佃户艾玛的后代。两兄弟的外祖父尼古拉斯的名字已出现在默顿学院的卷宗中，记载着尼

235

古拉斯供养母亲艾格尼丝。艾格尼丝在黑死病后再婚，她的另一个儿子罗伯特和身为"商人"的儿媳艾玛出现在 1381 年的人头税清单中。那一年，罗伯特和艾玛的孩子威廉和爱丽丝曾以仆人的身份缴纳过税款，沃尔特和尼古拉斯可能是威廉与爱丽丝较小的两个儿子。

尼古拉斯与默顿学院存在有趣的关系。他自 14 世纪 80 年代成为学院田产的一名承租人。1394—1395 年间，尼古拉斯的儿子约翰曾在学院学监威林汉姆（Whelpingham）的嘱托下将信件从凯伯沃斯送往牛津大学。到了 1396 年，尼古拉斯在凯伯沃斯混到了一官半职，成为村庄与学院之间经常联系的纽带。他是学院庄园中的 6 名骨干之一，是一位"土地和房产的监管者"，负责在庄园法庭上记录土地流转与侵占以及房屋破损等情况。在其他反叛者中，波尔与瓦伦丁两家人是老朋友关系。

当然，村子里有些人不同意他们的做法，罗伯特·吉尔伯特就反对两个弟弟的行为。异教信仰似乎也让波尔家族内部产生了分裂。在那些看似安静的缅因街住户紧锁的房门后，也许有着激烈的争执。但毫无疑问，抱同情态度的支持者同样大有人在，尽管这些人并未迈出奔赴伦敦对抗国王的关键一步。

以中等速度骑马前往伦敦大约花费 3 天时间，需要经过北安普敦郡，先到圣奥尔本斯城，再到史密斯菲尔德城的北缘；这里曾是 30 年前瓦特·泰勒领导的农民大军聚集的地点。都铎王朝时期的地图册可以很好地帮助我们理解当时的反叛者所看到的一切（尽管这座城市在 16 世纪中叶都铎王朝时期的人口略小于 1300 年高峰期时的 8 万人规模），就像现代的反战运动一样，各路人马从四面八方奔向伦敦：40 名来自布里斯托尔的织布工和工匠；一队从伍斯特来的人马；一个由伍德斯托克的一位手套制造商率领的队伍，成员来自汉斯布鲁（Handbrough）、班登（Baldon）、基德灵顿（Kidlington）和上黑福特（Upper Heyford）等地。队伍里有漂洗工、裁缝、制帽商、木匠、磨坊主和泥瓦匠，人们一路高歌，勇往直前。15 世纪时，这座城市的版图已扩展到此刻的城墙之外，远及克勒肯威尔（Clerkenwell）外的开阔田野，那里有可供牲畜车辆通行的宽阔道路。来自莱斯特的"香槟"地带以及中部地区的肉类和畜类产品就是经由这条道路源源不断地运进首都，以满足城内永无止境的贪婪胃口。

236

凯伯沃斯反叛者的集合地点就在城市扩展地带的北部边缘。在那里的一条乡间小路（今图恩米尔街［Turnmill Street］）的尽头，耸立着一座雄伟的哥特式圣保罗大教堂，教堂巨大的尖塔是欧洲最高的。在克勒肯威尔外的原野，有一家带有院子和马厩的大型客栈，名叫"铁环上的摔跤手"，长途跋涉的货运者和商人经常羁留于此，可以把马匹和货物暂存于这个面对臭气熏天的弗利特河（Fleet stream）的大畜棚。畜棚就位于克勒肯威尔附近，那里的石头井口仍保留在一家现代铺面的背后。在图恩米尔街和"奶牛十字路口"沿路也有多家可供牲畜贩子和商人落脚的客栈，其中包括"公鸡"客栈（Cock Inn）——这是伦敦有案可查的历史最悠久的旅店之一。此处还有一个罗拉德派教徒的藏身处，与一条穿过田野和小块菜地通往圣约翰城门的小路相连。邻近这一带都是罗拉德派抄写经书的秘密据点。按照计划，农民武装将绕过郊区，然后穿过田园前往圣吉尔斯教堂附近会合。

政府已经得到密探的报告，正在全副武装等待着他们的行动。年轻的国王虽然未曾参加过残酷的法国阿金库尔战役，却经历过 10 年前什鲁斯伯里战役的血腥战斗。他勇敢果断，懂得如何调动兵力，特别是知道怎么对付杂乱无章又装备不良的农民。这场农民武装暴动完全不切实际，加上目标混乱，注定要以失败告终。罗拉德派领导人曾向 2 万名武装人员发出号召，但集合到场的远不及这个人数。说是上千人，实际只有上百人。在反叛行动遭人出卖之后，那些冒险来到伦敦的农民不是逃跑就是被捕。包括凯伯沃斯两兄弟在内的头目则被关进了伦敦的纽盖特监狱，等待亨利国王开恩。

一开始，年轻的国王并未对普通参与者施加残酷的惩罚手段，只想将曾经的老朋友奥尔德卡斯尔置于死地。他原本只是杀一儆百，不想采取严厉的报复措施，而且绝大部分囚犯得到了赦免。就凯伯沃斯这批人来说，约翰·巴伦在 5 月份被赦免；瓦伦丁和波尔被拘留到了夏天。亨利及其幕僚一度为了显示宽大仁慈，表示只要反叛者在公共场合表示忏悔就给予赦免。但在接下来的一周内，有 40 多人被处以绞刑，其中包括一些公开宣布放弃异教信仰的人。从此，等待异教徒的将是十分可怕的命运——或是被处以绞刑，或是被处以火刑。在这些被处死者中，包括沃尔特和尼古拉斯·吉尔伯特。

奥尔德卡斯尔本人离开了藏身的图恩米尔街"公鸡"客栈，往西逃到威尔士边界地区，在那里东躲西藏了两年时间。当时亨利国王正在以阿金库尔战役为高潮的对抗法国的战争中建立声望，但对奥尔德卡斯尔的追杀从未停止，最终还是在威尔士边界地区抓到了他。奥尔德卡斯尔在受审后，于 1417 年 12 月在圣吉尔斯教堂附近的田野

约翰·奥尔德卡斯尔爵士在 1417 年被处以火刑，圣吉尔斯。数名凯伯沃斯村民曾经支持他的反叛行动，沃尔特和尼古拉斯·吉尔伯特也在此地被处刑。

里——也是吉尔伯特被处死的地方——被处以火刑。这一遗址就位于现今多米尼剧院（Dominion Theatre）附近丹麦街的尽头处。在圣吉尔斯教堂，奥尔德卡斯尔的名字仍然受人纪念；在史密斯菲尔德市场旁边的弗利特老街上，有一家客栈仍以他的名字来命名。在都铎王朝时代，奥尔德卡斯尔被视为新教殉道者。在莎士比亚的剧作《亨利四世》中，有个角色原本叫奥尔德卡斯尔，不料引得新教强硬派勃然大怒，并遭到了官方谴责，莎士比亚在紧张之余，不得不将角色改名为约翰·福斯塔夫爵士（Sir John Falstaff），并发表了一篇作者的免责声明。即便到了他那个时代，罗拉德派教义和信仰仍然带着一定的危险性。至于吉尔伯特兄弟及其友人，世上就没有人记得起他们了。

　　然而，罗拉德派并未因此销声匿迹。在 15 世纪 20 年代和 30 年代，出现了更多起义、审判和处决。1431 年在考文垂的一次起事成为最后一场大灾难，但罗拉德信仰还是在英格兰中部地区、东盎格利亚以及各大城市中存活了下来。16 世纪 20 年代，当埃塞克斯人抗议游行的脚步迈向伦敦时，他们被说服换掉已经翻烂了的手抄威克里夫文本，改用修改过的新版廷代尔新约译本（Tyndale testament）。到这个时候，新教改革的曙光已在地平线上出现。

从罗拉德派到不信奉国教者?

　　凯伯沃斯再次以直接的方式与这个国家的叙事相呼应。就像在英格兰南部地区的许多地方，这个村子里的异教信仰也使家庭之间产生了分裂。后来，其中一些人被禁止担任公职。但我们从法庭文件中得到的印象是，在这样的社区，总的来说，大家还是会以一定程度的宽容性勉强相处，因为生活毕竟受到田地运作和粮食生产的制约。

　　不过，罗拉德派的反叛行动有其深刻的文化与心理根源。对于正统的基督教信徒来说，圣人的画像是未受教育者的圣书，圣人的故事则是一种深深的爱与慰藉的来源。正因如此，当某种文化在像凯伯沃斯这样一种农民社区传播时，就像 14 世纪时发生的，人们对于基本的宗教习俗与实践的质疑是不可避免的，尤其是当威克里夫这样的人所持有的学术思想渗透到门徒、追随者甚至是神父身上的时候。对于罗拉德派来说，他们只认准一本书——《圣经》:《圣经》里并不存在教皇；耶稣也根本没有赋予神父圣职。"重要的是个体的良知，以及个体通过《圣经》和自己的祈祷去接近上帝。在罗拉德派看来，所有的弥撒、所有的偶像朝拜和所有的朝圣之旅，无非都是达到这个目标的不同途径而已。

尽管罗拉德派的激进事业惨遭失败，但从个体层面上来说，这种纯粹的宗教信仰不仅继续存在，而且成为许多英格兰人根深蒂固的现实宗教情感的一部分。它之所以能在凯伯沃斯这种村庄的草根阶层中延续下来，从很大程度上来说是因为在 16 世纪的宗教迫害出现之前一直没有引起政府的注意。在这种人际关系密切的偏远社区，人们总能相互理解、克制和宽容，并拥有一种"自己活也让别人活"的精神，这也有助于解释为什么在后来的岁月里没有发生相互迫害。当祸患重新抬头的时候，同样的精神将迫害降到了最低限度。我们只能对当时的状况做这样的推测，毕竟 15 世纪的历史学家不可能在波尔家、佩克家和布朗家等紧闭大门后窃听屋内发生的争执。但如果没有这样的假设，人们就难以理解后来发生的自上而下的宗教改革运动所带来的根本性剧变，也无法解释在这个国家的部分地区，尤其是在东盎格利亚和中东部地区，改革运动怎么会如此迅速地被人接受。

在有关凯伯沃斯的罗拉德派信徒的故事中，我们对于普通农民参与宗教争论有了最初的认知。英格兰社会的平民阶层接受了这些思想，并产生了布朗和吉尔伯特这样的传道者，以及罗杰和爱丽丝·德克斯特这样的支持者，这并不奇怪。这些人所属的拥有多元文化取向的乡村社区并不是在得到当权者的许可之后形成的，甚至不是在当权者的制约下形成的。为了生存，这种社区的人们首先体会到的是合作

239

的必要性，随着视野的扩展，其志向也在发展，直至不同未来的可能性在眼前展开。罗拉德派的理念通过 16 世纪的各种宗教激进分子，17 世纪的贵格会信徒（Quakers）和公理会信徒（Congregationalists）以及其他异见者（他们在村子里建立了一所学院），以及现代的卫理公会信徒（Methodists）和不信奉国教者（Nonconformists），显示出了持久延续的可能性。从"英国革命"之后到 18 世纪，强力支持罗拉德派的莱斯特郡，具体来说是芒特索雷尔和凯伯沃斯一带，会成为不信奉国教者的摇篮，这难道是一个巧合吗？贵格会创始人乔治·福克斯（George Fox）是来自德雷顿沼泽地带（Fenny Drayton）一个村庄的织布工，那里离凯伯沃斯不远，他与布朗家族和吉尔伯特家族属于同一阶层。在凯伯沃斯教区，尤其是在 17 世纪晚期，斯密顿成为贵格会的一个重要中心，甚至令政府在 17 世纪 60 年代使用武力对其进行镇压。与此同时，公理会对凯伯沃斯-哈考特影响颇深：1721年，一个持异见者学院在此成立。19 世纪 80 年代，热情洋溢的埃德蒙·诺克斯（Edmund Knox）——另一位默顿学院的学者——作为教区神父来到凯伯沃斯。诺克斯对这个村庄令人着迷与错综复杂的宗教历史渐渐有了深入的了解，后来以一种苦涩的幽默讲述了一位新教友的故事：这位新教友用讲解历史的形式迎接诺克斯，并直截了当地告诉他，假如诺克斯有自己的想法，尽可以"炸毁教堂"。

在这个前不久刚宣称自己是世界上宗教成分最少的社会的国家，我们必须谨记，今天的世俗民主制度背后仍然存在各种冲突，这种制度在很大程度上是由普通英格兰民众赢得的，但他们当年的动力与如今的我们有所不同，是受上帝驱动的。

第十二章　从隶农到自耕农

英格兰是世界上最早进入工业化的社会，从马克思和恩格斯到韦伯、R. H. 陶尼（R. H. Tawney），再到其他历史学家，学者们长期以来一直在争论带来这一发展的社会动力问题。要从 14 世纪社区性组织的农业社会发展成为 19 世纪的工业社会，其工作、阶层、家庭、婚姻、劳动关系等层面的条件是什么？

可以看到，黑死病时期的凯伯沃斯处于封建秩序之下，大部分人口仍以耕种土地为生，农民及其劳动和剩余价值从属于小部分社会精英。那么，当时怎么会发生从封建秩序向资本主义秩序的转变呢？是如何从一个自给自足、关系紧密的农民构成的农耕社会转向了由大量无土地、依靠工薪生活的最下层阶级构成的工业化社会？英格兰乡村社会是怎样变成由商业化的农民、手工艺人和没有土地的劳动者支撑起来的多元化、以地域为导向、工业化的城市社会的？

当然，从德文郡的山区定居点到诺森伯兰郡的矿业城镇，中世纪英格兰各个地区的社会状况是不同的。也要考虑到，自 1086 年后，英格兰中部地区存在着相当比例的拥有小块田地的自由民。但在中世纪后期，从南部海岸到切维厄特（the Cheviots）丘陵地区，在所有实行公耕制的村中显露出了一种英格兰历史的广义模式。封建秩序背后的核心概念是，掌握土地和权势者有权享有并可强制拥有大部分人口的劳动和剩余产品。然而，自 14 世纪以来，废除劳役、转而为挣钱而劳动的驱动力越来越强。但农奴制的最终废除要经历一场持久的战争。古老的体制已在许多庄园里承袭了好几个世纪，贪婪的地主必然反对损害他们利益的变革。正如在后来的 1549 年，由罗伯特·凯特（Robert Kett）领导的诺福克叛军在请愿书中主张的，"所有的奴隶都要获得自由，因为上帝洒下他的宝血就是为了让所有人得到自由"。当然，资本主义制度也是一种可让富人和权贵从中获取部分劳动力剩余价值的组织系统，可以说，对于 21 世纪的大多数人而言仍然面临这种局面。但是，英格兰从中世纪晚期到近代早期的总体历史还是基本体现为一个普通百姓从劳役中解放出来，个人和政治自由不断增长的历程。

凯伯沃斯的故事是这场伟大的民族运动的缩影。这个村庄的记录非常详尽，以至于我们可以将个体家庭的故事作为整体叙事的例证。凯伯沃斯有一个具体案例就反映了这个家族自我提升的历程：13 世纪时他们还是贫穷的农奴，15世纪时转变为工匠和布料商，家族中更有人一跃成为莱斯特和考文垂的市参议员以及城市同业公会成员，甚至有一个支系在伦敦发家致富。这种革命性变化的踪迹肇始于黑死病之后，其实现有赖于文化教育的发展，有赖于个人意识的提升，也有赖于人口的流动性、金钱的效用性和工作模式的转换。

鼠疫之后

在凯伯沃斯，黑死病摧毁了一些存在已久的公耕地承租大户。有些家族从此一蹶不振，比如波尔家族，14世纪末时他们已失去了4个支系中的3支。至此，拥有大片田地的小户家庭想要维持1349年前的耕地水平既困难又没有必要，于是在这个村子里开始出现土地资源的新用途，以及有关劳动和劳动关系的新观念。

在村子里，如果家族的基因库能够得以维持，对于幸存者来说生存机会就会大为增加。默顿学院文件中有关凯伯沃斯-哈考特的资料，让我们得以近距离看到这些变化是如何发生的。在1349—1350年最初的灾难发生之后，尽管当地人口丧失了三分之二，地方官小约翰·丘奇（John Church junior）和其他地方官还是设法将所有腾空出来的耕地租了出去。然而，在接下来的两三代人时间里，瘟疫继续频繁暴发，这必然引起了整个社区深切而痛苦的焦虑。1361年，死亡的佃农多达20人，这些人的姓名早已在什一税清单上褪去颜色，如今被新鲜的黑墨水一行一行删去。后来的凯伯沃斯法庭记录显示，这种威胁延续了几十年。1375年，死亡的佃农增加了6位。1378—

1379 年间，死者更多。从 1389 年到 1393 年，死于鼠疫的佃农为 9 人。1395 年，死者有所增多。1412 年，鼠疫最后一次暴发。因此，1349 年之后的三代人始终生活在瘟疫回头的恐惧之中。保存于默顿学院的法庭案卷有许多迹象表明，村民们的生活日益艰难，田地荒废，最终无人承租。这也意味着租金收入不断下降，而拖欠租金的佃户变得越来越多，更让学院的管理者们奈何不得。

不像波尔家族，布朗一家好不容易才渡过难关。这是村子里的一个古老家族，名字来自盎格鲁－撒克逊人，老罗伯特·布朗是 1270 年最早出现在默顿学院文档记录中的一名家族成员。我们发现，到了 13 世纪 80 年代，这个家族的三个分支均拥有各自的财产和住宅。家族中有三位男性家长被描述为隶农。一位是罗伯特，在"国王大道"，即如今的缅因街附近拥有一处带花园的房子，另外在公耕地拥有大约 15 英亩的田地。一位是罗伯特的儿子威廉，他拥有一所房子，在公耕地拥有大约 30 英亩的条田。另一位是亨利，也有房子和田地。在 13 世纪 80 年代，罗伯特的儿子威廉还是令人垂涎的"免费"房客之一，他租了"一座宅子，租金只要一便士"。这个家族令人惊奇的发迹故事由此开始。

在凯伯沃斯，有一半以上的土地持有者死于 1349 年到 1374 年的 25 年间，但是村庄本身延续了下来。在这前后 30 年中，1377 年和 1381 年的纳税清单为我们提供了关于村民的图景，以及自瘟疫之后出生的两代孩子的状况。尽管在 1351 年、1361 年和 1375 年又发生了瘟疫的余波，但小罗伯特·布朗幸免于黑死病之大难，并继续持有所有土地。作为幸存者，他的家庭就成了整个家族确保血脉流传并代

243

代保有田产的希望和寄托。1377 年的人头税清单显示，人口出现了惊人的局部性复苏，而且有强有力的迹象证明，经济整体上在朝着多样化的方向发展——其实这个迹象在瘟疫暴发前就已出现。事实上，有关文档中出现了更加多样化的职业描述：村里出现了布料商和行商等，在莱斯特谋生的凯伯沃斯人中则有五金商、石板瓦匠、皮革商和布料商等。作为这个时期的一个标志，极为普通的家庭也开始雇用帮工。在凯伯沃斯，甚至出现一个家庭雇用 25 名帮工的记录。

流动、自由和财富

黑死病似乎也标志着乡村生活在家庭流动性方面的分水岭。正如我们所看到的，英格兰人在诺曼人征服之前就有过流动。自 13 世纪以来，村民们也有流动，但有的是非法的，有的是令人意想不到的，比如，有位未婚女孩离开默顿学院位于巴克比（Barkby）的庄园，跟随爱德华一世的军队前往法夫郡的圣安德鲁斯——似乎不是为了谋生，而是追随她生命中的男人。

但在黑死病之后，自古以来的种种约束似乎突然开始松绑。随着识字率的提高、政治觉悟的觉醒和个人商业意识的增强，人们外出寻找工作机会的情况比瘟疫暴发之前大幅增多。格代尔家族（the Godyers）、库珀家族（the Coupers）和威尔默特家族（the Wylmots）等凯伯沃斯古老家族中的一些成员，跟随村里的许多工匠、手艺人以及妇女前往莱斯特，这些人在莱斯特的行会名册和纳税名单中均以"凯伯沃斯人"的面目出现。包括海因斯家族和格代尔家族中另一支系的其他一些人则去了考文垂。理论上来说，土地所有者名册的存在使得没有自由的隶农未经许可不得离开村庄，而且这种规定在早期一直是被严格遵守的，但到了 1363 年，城市的吸引力实在太大了，学院方面只好逐渐放弃控制外出寻找新工作和新生活的人员：在日常现实面前，禁令不得不被抛弃。大多数人寻找工作的范围似乎都在这个村庄的方圆 8 公里范围内。在黑死病发生之后，罗杰和约翰·曼（Roger and John Man）两兄弟迁移到了香格顿，他们可能是有案可稽的所有家庭中流动最频繁的人。兄弟二人可能是为了寻求最好的劳动收益，他们在不到 30 年的时间里流经 10 处，或是作为体力劳动者和帮工在这个区域周边的不同村庄从事季节性劳动，或是在其他村庄以契约的形式出卖劳动力——这是一种在英格兰农村延续至今的用工形式。20 世纪的乡村女孩罗斯·霍利亚克（Rose Holyoak）曾在其回忆录中描述了自己在第二次世界大战期间及之后的十多年里于英格兰中部地区十多个村庄的 15 个不同农庄里干活的经历。14 世纪 80 年代的故事也类似于此，约翰·曼曾先后在凯伯沃斯的两个村落以及萨丁顿、斯通顿-威维尔（Stonton Wyville）等村庄出卖劳动力，作为一个简单的劳动力，他还可能在弗莱克尼纳税。在 15 世纪早期，我们可以说约翰·曼兄弟俩是农业劳动者，但到了都铎王朝时期，其家族地位有所上升，他们的一位后人仍然生活在凯伯沃斯附近，但由于拥有 18 英镑家产，已进入拥有法定所有权土地的中等农民阶层，成了一个英格兰自耕农。

那么，除了金钱因素之外，像罗杰和约翰·曼这样的人为什么一心想要离开家人，舍弃邻居的支持和家乡的舒适环境呢？没有中世纪

244

农民的自述流传下来，我们无法知道其中的原因，但毫无疑问，心理上的顾虑也是一定的因素，促使像罗杰和约翰·曼这样的年轻人甘愿放弃自己村子的传统田地的安全性，作为外来者闯入另一个社区，过不确定性的生活，有时还要冒不被信任的风险。也许是因为他们更愿意选择可以获得现金的营生，也许他们是想要在外面讨个老婆，也许他们是为中世纪最底层社会难能可贵的多样性生活和自由感所诱使。不过他们的邻居布朗家族的地位改善可不是通过在周边区域到处乱跑碰运气实现的，而是通过有条不紊的商贸活动、理想的婚姻和最终永久搬离凯伯沃斯达成的。从某种程度上来说，布朗家族的历程是经典的英格兰人的故事。1381 年，亚当·布朗在凯伯沃斯的公耕地里仍然拥有条田，但他雇用帮工来耕地，他在城里的生活状况比邻居们都要好。

245

城市里的自由

自 12 世纪以来，英格兰的城市生活开始繁荣，到了 1400 年，许多城镇拥有了万人以上的居民。伦敦的人口至少有 5 万或 6 万，有人甚至认为实际人口是这个数字的两倍。然而，莱斯特城才是具有手工技能的凯伯沃斯人的首选之地。14 世纪的公会名册和纳税清单显示，不论男女，许多凯伯沃斯人作为绸缎商、五金商、皮革商、石板瓦工、布料商和手套制造商等加入了莱斯特的不同行业公会。这些人虽然居住在莱斯特，但仍然认为自己是凯伯沃斯人。公会名册和纳税清单显示，这些人在黑死病之后特别富有，好像幸存者都在更加积极地于村外寻找机会。在14世纪50年代中期，"凯伯沃斯的约翰"在莱斯特被登记为石板瓦工。在莱斯特1359—1360年间的纳税清单中，"凯伯沃斯的理查德"称自己既是凯伯沃斯人又是莱斯特人，并在1362年的莱斯特商人公会名册上再次出现。"凯伯沃斯的罗伯特"在莱斯特被登记为五金商，另一位凯伯沃斯人在公会名册中登记为铁贩子，1375年时还在莱斯特市场上租有一家门店。因此，尽管只是一个规模相对较小的城市，但莱斯特可以为一些有技能的人才提供就业机会。而且，从相关记录也可以清楚地看到，外流到莱斯特谋生的人仍然与其生活在凯伯沃斯的亲属保持着联系。布朗家族是当时城市化现象的一个非常真实的写照，他们在14世纪晚期的繁荣年代于考文垂找到了致富之道。

考文垂距离凯伯沃斯约37公里，骑马沿一条老路向西南方向经过阿尼斯比（Arnesby）前进，一天时间即可到达。沿线长长山脊上高耸的风车磨坊，是方圆几公里开阔乡村的地标。这条道路会带着旅行者经过卢特沃斯，穿过惠特灵大道，进入沃里克郡的布林克洛（Brinklow）。14世纪的求职者可以在布林克洛看到考文垂宏大的中世纪教堂的新尖顶。

考文垂是英格兰的第五大城市，并在短短几十年内规模翻倍。它的快速膨胀与雄心勃勃、信心十足的市议会的极力推动分不开：市议会大力筹措资金发展大型建筑项目，资金则来源于快速扩张的羊毛和布料贸易。在14世纪晚期的鼎盛时期，考文垂的城市面貌发生了引人注目的改变，并远远超越了诸如莱斯特等中部地区的老城镇。在市议会和各个行业公会的赞助下，一座拥有大型建设项目的新城的崛起见证了黑死病灾难之后的能量和乐观主义精神的大暴发。在 1355 年之后的几年里，考文垂人用新采的红色砂岩建造了约 4 公里长的城墙，高约 3.7 米，厚约 2.4 米，带有 12 个城门和 32 座塔台。在城市内部，林立的教堂尖塔直指云霄，惹人注目，包括三位一体教堂尖塔、圣约翰教堂尖塔，还有建造于 1342 年的雄伟的本笃会修道院尖塔，完成于 1350 年的方济各会修道院尖塔，以及圣米迦勒教堂大约 90 米高的尖塔等等。最后这一座始建于 1371 年，没能在亚当·布朗的有生之年完工，建成后它高耸入云，从上面可以俯瞰城墙内的房屋、庭院、花园和果园。这是一座象征着金钱、地位和机会的城市，一座正在崛起并创造了新的市民仪式的城市，一座拥有市长和市参议员，也拥有工匠和商人公会，拥有神秘剧和仲夏游行的城市。

一个自由民，特别是有亲属已经成为行业公会成员的自由民，其农民身份在这样一个地方是有可能得到提升的。商人公会成立于 1340 年，其会馆是圣玛丽教堂的大厅。这是一座用红色砂岩柱基支撑起来的宏伟建筑，就在圣米迦勒教堂大尖塔附近，高高的屋顶上雕刻着天使、独角兽和天鹅等图案。随后，为了满足商人和手工艺人队伍不断壮大的需要，另有 3 个公会相继成立。在黑死病浪潮结束之后，这座城市吸引了好几位凯伯沃斯人前来寻找财富。默顿学院的案卷让我们了解到了不列颠历史上这一伟大的现在仍在进行的运动的开端——人口从乡村向城市转移、从农业向商业转移。

布朗家族的崛起

在第二次鼠疫大暴发之后的 1363 年，有记录显示，罗伯特·格代尔（Robert Godyer）和约翰·海因斯两人都从凯伯沃斯来到了考文垂。两年后，罗伯特·格代尔的儿子罗杰也来到这里，并与拉丝工亚瑟住在一起。拉丝工的工作是在长凳上手工拉出金属线然后供给珠宝商，罗杰可能是亚瑟的徒弟。不过在可以追溯其崛起轨迹的凯伯沃斯人中，资料最为详细的非布朗家族成员莫属。

若要讲述亚当·布朗的故事，我们需要回到 14 世纪 80 年代一处位于凯伯沃斯-哈考特的缅因街的住所——很久以后，在默顿学院的卷宗中这里被称为"布朗故居"。令人惊讶的是，这样的一处农家住宅竟然能够幸存下来。这座存留至今的老房子先是作为 15、16 世纪的执行官的住所使用，后来由自耕农居住。它被称为"庄园主宅邸"，尽管事实上从来没有什么庄园主曾在此居住过。早在盎格鲁-撒克逊时代，这座住宅的原址上就有房子。根据最近的树木年代学调查得知，现存这栋房子的历史最悠久的一部分大致建于 1320 年到 1350 年之间。1385 年，亚当·布朗和妻子乔安娜添加了一个用巨大橡树木材建造的开放式大厅。木材按照订货要求砍伐，施工者用的是生材，因此树木学家可以从某根门厅横梁中提取完好的木芯样本，从而准确地认定建筑的年代。尽管关于 1385 年房屋施工的资料没有留存下来，但 15 世纪中期默顿学院的账本记载了对这座房子进行扩建的情况。扩建可能是沿街进行的，是一排中世纪后期风格的建筑，其转角房顶部的"承托脊橡梁"依然完好，但没有找到理想的树木年轮样本。不过有鉴于此，我们还是对 1385 年的房屋建造情况大致有所了解：建地基用的石头来自迈德波恩；板石来自科比（Kirby）；石灰和石膏来自索尔河畔的巴罗；主要的框架木料来自罗特莱神庙（Temple Rothley）的园林；用作托梁和板条的次要木料来自卢特沃斯的木材市场；瓷砖和钉子可能来自莱斯特——那里有位出自凯伯沃斯的著名五金商。

1385 年对门厅进行的扩建看起来像是对老房子的翻新，反映了布朗家族在村里的社会地位不断有所提升。仅在农民起义像乌云一样向马基特－哈伯勒滚滚而来的 4 年之后，世界已经前进了，亚当·布朗也对许多事情感到满意。他能够回忆起家族几代人的故事，回忆起祖先罗伯特生活在 13 世纪 70 年代爱德华一世统治时期的日子。年轻时的亚当在农民起义期间娶乔安娜为妻，并生儿育女。他显然是一个精力充沛、积极进取的人：在鼠疫暴发后的 20 年里，他把注意力转移到了其他行业，在 1381 年的纳税申报单中已被登记为一位布料商，当时 30 岁左右。亚当·布朗已经比较富裕了，拥有一份应缴纳税款的收入，而且开始施展更大的商业抱负。他最初的生意做到了位于凯伯沃斯南边 8 公里外的哈伯勒当地市场，并在那里接触了其他布料商、香料商以及有业务联系的染料商。经商往来拓展了亚当的视野并促使他进入考文垂——那里是进口羊毛织物和出口高端印花面料的市场。考文垂的蓝布又名"永不褪色的蓝布"，因其明亮的纯净度与色泽的耐久性深受欧洲各地青睐，考文垂因而也成为许多布料商、绸缎商和染料商的安家之所。亚当和乔安娜在那里发家致富，他们从 1280 年以 1 便士租金租房子的自由佃户摇身一变成为生意遍及汉萨

248

同盟各大口岸的市民。

亚当的发迹并非偶然，就像生活中常有的类似事例，它是通过交往、友谊和婚姻得以实现的。我们发现了他最早在 14 世纪 90 年代的这种人脉关系。亚当在凯伯沃斯时就与邻居们，包括村里的斯旺、佩克、波尔和帕克等古老家族，在诸如条田买卖和庄园法庭的商议上等公耕地日常事务中有所交往。不过，亚当的发迹得益于他在马基特－哈伯勒的生意往来中结交的更广泛的朋友圈。1398 年 2 月 4 日，亚当在哈伯勒结识了包括哈伯勒的罗伯特·米歇尔（Robert Michell）和香料商威尔·安德鲁斯（Will Andrews）在内的一些朋友。亚当的 4 位凯伯沃斯朋友——约翰·佩克、威尔·波尔、威尔·帕克和罗伯·斯旺——见证了他们之间的交往。米歇尔家族是哈伯勒和考文垂的一个重要家族，14 世纪时有好几位考文垂市长就诞生于这个家族。安德鲁斯家族在哈伯勒拥有 80 年的历史，前面也提到过，这个家族在 1299—1317 年间就与凯伯沃斯的罗伯特有生意上的往来，所以也许和亚当之间也早有交往。这告诉我们，那时亚当·布朗就已出入考文垂并和当地朋友有所来往，而这些朋友中不乏积极进取之人、市议会成员、商人、染料商、布料商和绸缎商等。他们或是经常出入行业公会的晚宴，或是可以身穿貂皮服饰参加基督圣体节的游行队伍。

到了 1405 年，亚当已被默顿学院的文件描述为"凯伯沃斯商人亚当·布朗"，我们在其中一份文件中还得知，他购买了一处房产（此事由其凯伯沃斯友人见证），他的儿子威廉已娶考文垂的理查德·多登霍尔（Richard Dodenhall）之女艾格尼丝为妻。从同一时期的考文垂行业公会记录中还发现，"凯伯沃斯的亚当和乔安娜·布朗"都已加入"三位一体公会",跻身于这个城市中卓越的社会团体"兄弟会"和"姐妹会"。公会的成员资格固然是亚当和妻子的地位的真实标志,但更重要的是,它赋予夫妻二人进行贸易的权利,如果他们愿意,公会甚至可以给予他们在布里斯托尔港口的"码头权"(quayage)。至此,亚当夫妻可以生产与销售羊毛布料——羊毛来自凯伯沃斯人养殖的绵羊,花色由考文垂染色工完成——并出口到欧洲甚至波罗的海各大港口。考文垂的行业公会记录也显示了亚当儿媳妇的身份(艾格尼丝的父亲理查德·多登霍尔曾于 1383 年担任考文垂市长)。对于黑死病发生之前的凯伯沃斯的布朗家族来说,这种婚配是无法想象的。至此,凯伯沃斯的布朗家族已进入考文垂的市民生活圈,并通过在英格兰宗教改革前发挥着重要作用的城市公会和有组织的慈善机构,建立了庞大的人脉网络。

年轻的威廉和他的新婚妻子艾格尼丝·布朗把家安在了埃尔街(Erle Street),位置就在考文垂市中心的教堂群附近,与圣玛利亚教堂的商人公会建筑只有几码的距离;教堂富丽堂皇的大厅完工于 14 世纪 90 年代。整个区域临近大教堂,街巷宽阔,满是悬挑式房屋,其中位于贝利巷的一个小角落至今依然幸存,为后来都铎王朝时期旅行者所描述的"许多漂亮的两旁林立着木质房屋的街道"提供了一点线索。埃尔街一直存续到第二次世界大战后。沿着街,在"古老皇宫庭院"里建有一批精美的中世纪建筑,一部分在 1940 年纳粹发动的空袭中被摧毁,另一部分的消逝更加不可原谅,是在 20 世纪 50 年代为规划者和开发商所毁。布朗一家在此地发财致富,最终又搬了家。威廉·布朗作为一名布料商曾出现在考文垂 1424 年的纳税清单中,

250

当时的家庭住址登记在马奇 – 帕尔克大街（Much-Parke Street），他所
缴纳的"国王战时公债"金额为 6 先令 8 便士。不久，威廉与艾格尼
丝生下了一个儿子，孩子以威廉父亲的名字被命名为亚当。

摄于 1940 年纳粹德国对英国发动大规模空袭前的一张照片，拍摄的是位于
考文垂埃尔街贝利巷角落的一处建筑群，建于 15 世纪和 16 世纪。凯伯沃斯
的亚当·布朗的儿子和儿媳曾在此居住。布朗家族是罗拉德派的秘密支持者。

  然而，威廉没有割断与凯伯沃斯之间的联系：他在村里仍然保留
了一所房子和田地，条田被租了出去，其他田地雇用帮工或年纪较
小的亲戚来打理。1434 年，威廉把在凯伯沃斯的一些小块田地分别
赠送给了考文垂的威廉·怀蒙德斯沃尔德（William Wymondeswold），
和他在凯伯沃斯的亲戚托马斯·布朗。此时，威廉的身份是"考文垂
和凯伯沃斯的威廉·布朗"，当然，家族的图景首先在考文垂展开。
在证明威廉此时的社会地位的相关文件中，见证人除了凯伯沃斯的
4 位朋友之外，还包括当年考文垂的市长约翰·米歇尔、执行官罗伯
特·萨瑟恩（Robert Southern）、执行官威廉·多宁顿。多宁顿曾在 15

世纪 30 年代和 40 年代期间担任考文垂记录官近 15 年，原本也是一个莱斯特郡人，由此可见，地方人脉关系可能还在发挥作用。这也说明，到目前为止，中世纪的村庄已与外界有了很多的联系。

我们无法得知亚当是否还与家族的其他支系保持着联系，但他很可能会这样做的，有一个故事可以说明这一点。正如前文提及的，亚当有一个名叫威廉·布朗的凯伯沃斯亲戚，此人是罗拉德派信徒，曾在 1413 年起义之前扮演巡回传教士的角色。最近，对考文垂的商业精英的研究表明，从这个时期到 1431 年考文垂罗拉德派起义，这座城市里有许多罗拉德派的支持者：布朗家族在埃尔街的富有的邻居拉尔夫·加顿（Ralph Garton）就是其中之一，他的妻子在事后被处决。加顿曾为从其他城镇来此避难的穷困潦倒的罗拉德派人士提供经济上的援助。关于这一点，默顿学院的文件可能还透露了亚当·布朗对罗拉德派的同情。在本书所讲述的上一章故事中，1400 年，为了支持罗杰·德克斯特，正是这位亚当·布朗赠送了一栋凯伯沃斯的房子给他。德克斯特是著名的罗拉德派人物，他和妻子爱丽丝在被逼无奈的情况下，于 1389 年在莱斯特进行了当众悔罪。可以说，亚当·布朗，这个在考文垂社区依靠自己的能力获得成功而成为中坚力量的人，与凯伯沃斯那些"终身恪守异教思想"的罗拉德派人士保持着某种联系。尽管亚当可能已经出人头地了，但他并未忘记他的根以及他在凯伯沃斯的朋友，而且，凯伯沃斯的罗拉德派亲戚威廉·布朗，很可能从富有的、已跻身考文垂三位一体公会的亚当这里得到了经济上的支持。

官方资料中隐藏着男人们的交谈内容，正如一位罗拉德派教徒所说的，他们"坐在小酒馆餐桌前的谈话"，尽在格式枯燥的中世纪法庭记录书空白处的无言之中。不过，亚当·布朗的直系亲属从未触犯过法律，而且，黑死病发生后的家族第三代人正在一个日益繁荣的英格兰城市享有稳固的"寡头政治地位"。他们在凯伯沃斯拥有房产和地产并执着地持有祖上在村里公耕地中的条田，他们也在考文垂拥有一所房子，他们从属于这两个地方，在两地均有朋友和生意伙伴。所有这些都显示出，一个中世纪村庄的视野是如何在 14 世纪晚期扩大的，虽然在最初也并不狭隘。威廉送人的田地最终回到了"专职教士亚当·布朗"手中，后者将其赠予凯伯沃斯的教区神父，后又于 1477 年转给默顿学院。自此，布朗家族作为凯伯沃斯的佃户终于在默顿学院 1484 年的记载中消失了，但在 16 世纪，布朗家族的老宅仍被称为"布朗故居"，其昔日房屋主人在缅因街的影响力仿佛还未消逝。

伦敦

这是一个在考文垂的社会地位步步高升，并拥有美满婚姻和宽敞住宅的凯伯沃斯农民家庭，但他们特殊的家族故事并没到此结束。在圣玛利亚大厅灯光闪耀的市民宴会上，凯伯沃斯的布朗家族与其他公会成员之间推杯换盏的时光也并未到此为止。事实上，亚当的两个儿子，威廉和弟弟约翰，他们都成了市议员。作为布料商的威廉十分富有，还被授予镇长之责。兄弟两人都拥有选举权，都被选入市议会。

他们还都是富人的典范，曾借给沃里克伯爵一百马克，以资助其应对15世纪20年代在法国的战争。威廉的次子名叫托马斯，若从凯伯沃斯的布料商亚当算起为第三代，若从1280年的文件中所提到的自由佃户威廉算起为第九代，这个孩子是一位织布者和布料商。托马斯极为富有，甚至为1449年夏天发生在诺曼底的战斗捐赠了英军所需的布料（那年10月，英军在鲁昂战役中失败，第二年，英格兰人被永远地赶出了诺曼底）。1451年，托马斯被描述为"亚麻布料商"。在玫瑰战争前夕，他作为这座城市的重要人物之一参与考察了城市的防御工事。布朗家族第四代中的尼古拉斯于1478年成为这座城市的监察员和市议员，并参加了1483—1484年间的市长竞选。大约就在这个时候，这个凯伯沃斯的佃户家族从默顿学院的记载中消失了，凯伯沃斯只留下了他们的一个亲属支系，这个支系是领薪的劳动者，居住在一间租用的村舍里。

不过，1485年时又出现了一条事关布朗家族机遇的线索。那一年，考文垂的记录官职位出现了空缺，市长准备将这一职位授予约翰·布朗，可能是尼古拉斯的儿子或他的弟弟。起因是一位名叫托马斯·凯贝尔（Thomas Kebell）的人不接受这一职位。凯贝尔是伦敦人，也曾在凯伯沃斯区域拥有土地，很可能是布朗家族的老朋友、圈中人。市长的推举信仍幸存于考文垂的"民事法庭记录书"中，这种记录书是中世纪英格兰城镇最重要的市民文档之一。当时的市长是罗伯特·奥莱（Robert Only），推举信的落款时间为1486年1月。

然而，遗憾的是，约翰·布朗拒绝了市长的推举。他的回信也保留在记录书中，以15世纪的风格写就：

　　我尊敬的先生，向您致以敬意，虔诚地感谢您的来信。您
能记得我是我的荣幸，是我的尊荣。

　　然而约翰·布朗笔锋一转，接着写道："我深信，这是我的机遇，
但我觉得自己完全不能胜任。"他说自己长时间生活在伦敦，除了罗
伯特·奥莱本人和曾于1477年担任市长的西蒙兹先生之外，已不认
得任何考文垂人了，所以只能让贤。约翰的复信也被保存于"民事法
庭记录书"中。尽管这不是第一封中世纪时期出自凯伯沃斯人之手的
信件，但它包含了一个引人入胜的故事。到了1485年，也就是爆发
博斯沃斯原野战役的那一年，约翰·布朗已经是一个伦敦人了，事实
上，他还会晋升为市议员和骑士——这是一个和许多普通英格兰人一
样，于几个世纪中所经历的从乡村到城市，再到首都的历程。作为英
格兰自耕农家族不断攀升的案例，这个故事实在再典型不过。

　　但这个把我们从13世纪的莱斯特乡村带到首都伦敦的故事，尚
未最终结束。亚当·布朗家族最后一次出现在考文垂是在1497年，
但到了15世纪90年代最末亨利七世统治时期，他们从这个城市的记
载中消失了。考文垂当时陷入了严重的经济衰退，它的种种麻烦成了
街头民歌和流行民谣的主题。也许正是在这个时候，布朗家族离开了
考文垂，转而到其他地方寻找新的发展空间。这一时间节点也表明，
254　布朗家族深谙如何保护家族的奋斗成果，也知道应该何时离开原地。
正如在15世纪早期经济不景气时离开凯伯沃斯——当时村里几乎没
有发展的机会——并通过有利的婚姻逐渐提升为考文垂的一个显要家
族，到了15世纪末，布朗家族同样通过攀亲进入伦敦进而一展身手。

约翰·布朗的儿子威廉·布朗作为绸缎商，也作为与法国加莱进行大宗商品贸易的商人，成了布料市场上的一位后起之秀，同时也是一位骑士、一位伦敦市议员，并娶了富有的女继承人凯瑟琳为妻；凯瑟琳是骑士埃德蒙·沙（Edmund Shaa）和妻子朱莉安娜（Juliana）之女。难道这个约翰就是我们这个故事在前面提到的那位写信给市长的考文垂布料商约翰吗？那位约翰的祖辈来自莱斯特乡村，远房亲戚仍在凯伯沃斯-哈考特的黑黏土条田中从事季节性劳作赚取报酬维生。我们对此并不十分确定，毕竟约翰是一个常见的名字，但是其具体状况以及时间节点却完全契合，而且也几乎很难找出另一个更完美的普通英格兰家族在中世纪后期不断崛起的故事了。

第十三章 旧秩序的终结

到了 15 世纪初，凯伯沃斯的地方官威廉·波尔，就像邻居布朗家族、西比尔家族和波顿家族的子孙，也可以在追溯其家族五六代人的成功时将时间追溯到亨利三世时代和永久改变了村庄面貌的 13 世纪"可怕的内战"时期。村民们懂得法律可以让自己受益，因此效忠于作为英格兰象征和法律源泉的国王本人，但他们对政府和下议院有着不同的看法。在有关英格兰历史的民众集体记忆中，亨利的儿子爱德华一世所统治的时代，也就是默顿学院成为凯伯沃斯人的土地所有者的那段时间，曾是一段"重现和平，武器被搁置在一边，乌云消散、阳光灿烂"的时期。在威廉·波尔看来，当然也许是因为他从祖父亨利那里听过一些故事，家族记忆很容易回到 1300 年之前爱德华统治的年代。那是大饥荒之前的全盛时期，"英格兰令人欢欣鼓舞"，而接下来就进入了"爱德华二世的邪恶统治"时期以及对黑死病的恐惧之中。

自从威廉的祖父在饥荒前夕被安葬于圣威尔弗里德的教堂墓地之后，情况发生了极大的变化。威廉仍与妻子艾玛一起生活，至此他担任地方官已经 14 年了（其父罗杰在 1348 年去世前曾担任地方官达 20 来年）。威廉还曾同时承担过治安官和品酒师的职务。父子均长期在村里担任要职是足以令整个家族引以为豪的事，就像威廉在任时他的儿子罗伯特以此为荣一样。但是，连年的饥荒与瘟疫让威廉的许多亲属遭受灾难。半个世纪以来，鼠疫似乎长久地缠住了这个村庄。1349 年，村子里死了三分之二的人，但死亡还会更频繁地出现在接下来的 50 年里，并在 1412 年的凶猛暴发中达到最终的顶点。农村的劳动力因此消失殆尽，社区的精神面貌一片颓败。作为一个脑海里装着这段历史的人，也作为地方官，威廉对村庄人口和各个亲族交织状态的详细图景非常清楚。在这个时代，在威廉自己家族的 4 个支系中就有 7 个男性成员的名字已从佃户名录上被删除了，更别说还有许多女性亲属和儿童，他们都是鼠疫的受害者。

15 世纪初，全国上下都在抱怨亨利四世政府的失败和暴行。人们窃窃私语道，亨利非法推翻理查二世，是不祥的篡位者。"此时，这个国家的人们开始对亨利国王心怀不满、怨声载道，因为他只知道横征暴敛，不在乎民众疾苦。人们渴望再次拥戴理查为王。"在到处奔走的掮客中间甚至大肆流传着理查没有死的消息，这"多么令人高兴

256

啊……"地方当局滥用权力则致使人们重新谈论《大宪章》:"没有经过法律的正当程序,任何人都不应被逮捕或监禁……这是历届议会重申的《大宪章》中的原则。"

当时的国民情绪是极为悲观的,首先是由于普遍的经济衰退,这在凯伯沃斯的庄园卷宗中显露得淋漓尽致。在黑死病发生之前,全国范围内的经济形势正在发生巨大的变化,比如在 14 世纪 20 年代的大饥荒之后凯伯沃斯出现了大量佃户拖欠租金的现象。鼠疫又加剧了这一切的变化,而且对于幸存者来说,不管是迁移还是留在村子里,结果都差不多。就拿威廉·波尔和亲戚们来说,鼠疫给这个家族带来了严重的打击,夺取了家族中许多男性成员的性命。波尔家族最古老的支系现以威廉的堂兄尼古拉斯和妻子菲莉西亚为支柱,他们是罗伯特(记载于 1279 年的百户邑卷宗中的一位自由民)的第五代后人,没有孩子活到成年。威廉的同名堂兄死于鼠疫,没有留下男性继承人。另一个堂兄尼古拉斯也是一样。鼠疫还杀死了第三个支系中的三位堂兄弟——罗杰、威尔和罗伯特,仅剩下了他们的妹妹爱丽丝。所以,只有我们这位威廉·波尔逃过了黑死病的劫难,尽享漫长的一生,直到 1406 年去世。最令人震惊的是,威廉和他的儿子罗伯特两人相继担任地方官这一重要职务总共长达 56 年之久。尽管村里也有诸如坏脾气的屠夫约翰·皮查德这样随时会惹是生非的人,邻居之间的是非纠纷难以避免,但很显然,波尔家族的人总体来说还是深受乡亲们的尊重与信任的。

由于几十年来拖欠租金的账目都是由威廉登记的,他对这个村庄的衰落状况了如指掌。亚当·布朗虽然每年都有部分时间在考文垂开心地做生意，但却可能因其于 1385 年在缅因街建造的精美新房而引起乡邻们侧目。古老家族的免费租户们保留了好房子，但许多普通村民的居住条件越来越糟糕，更不用说当时仍有少量存在的农奴的情况了。1349 年，村民中死者无数，后来鼠疫又轮番发作，留出了大量可出租的房屋、谷仓、棚屋和农舍。在当时的法庭案卷中，许多建筑物被描述为"空置的"，或是"有待维修的"和"被遗弃的"，甚至是"破败不堪的"。在接下来的两代人时间里，境况较好的幸存者中有不少人以低廉的租金囤积了较多房产和土地，然后将房屋租给其他村民，土地由季节性劳动力或他们自己的仆人来耕种。但毋庸置疑，他们不再希望保留通常庄园房屋租用条件的每一个条款，尤其是房东负有维修义务的条款。

14 世纪的最后几年是经济困难、物价上涨和社会动荡的一段时期，黑死病真正的长期效应开始显现。1401 年，一场对抗在凯伯沃斯-哈考特发展到了非常危险的程度。威廉担任地方官时所登记的拖欠租金已接近 15 英镑，达到了自 1361 年鼠疫以来的最高水平。由于这种情况不断持续，默顿学院方面便威胁 12 位租户，如果他们不维修租用的房子就将遭受高额罚款。由于鼠疫造成房屋空置，有人趁机囤积，这些租户中大部分人的手头拥有两套甚至更多的房产，而他们认为学院的要求既不公平也不合理，所以拒绝了。与此同时，另有其他 13 位佃户采取了一场联合性抗议行动，声称要放弃所持有的田地。很明显，威廉对此表示同情，因为他未将这些人拖欠租金的情况登记在册。

从农民起义到 15 世纪中期这段历史时期，法庭卷宗中始终能看到对于整个制度表示不满的情绪，这也是全国各地普遍出现的情况。当时的诗人和民谣歌手用英语表达普通人的心声，其中一个共同的创作主题是："这个世界就像虚假的情人，只有表面看上去美丽动人……上帝让统治者公正地治理国家……每个国王口头上信誓旦旦，却没有真正善待上帝的子民。"1401 年，一位诗人写道，"王国的财富不仅是国王以及骑士精神、商人富裕和僧侣博学的外在显示，也是'粮食充足'和'百姓富庶'的内在标志。没有百姓的国王，不成其为国王"：

> 不靠攫取税金的国王，
> 他的财富将来自何方？
> 是平民百姓，支撑起贵族的荣耀、神圣的教堂与信仰，
> 因为平民百姓才是上帝装点在世间皇冠上的最美花朵。

这一时期的经济萧条和频发的鼠疫带来的一个重大副作用是出生率的下降，整个国家的人口保持在一个低水平。事实上，当 1558 年伊丽莎白一世登基时，全国人口仍然只有 250 万—300 万，仅为 1300 年的一半。凯伯沃斯的状况就是这一现象的真实写照。在这个村庄里，人们的结婚年龄向后延迟，家庭趋向小型化。实际上有些人根本无法结婚。对于任何传统的乡村社会来说这都是异乎寻常的事实，因为乡村的繁衍生息总是需要后人来延续。就拿威廉的家族来说吧，他的堂兄尼古拉斯在 1396 年死于中年，没有留下后嗣。威廉的叔叔尼古拉斯一直独身，这对于一个中世纪农民来说是极不寻常的，他死于

14世纪80年代。威廉的3个堂兄弟总共只生育了1个女儿。可见，这个家族的生育力在急剧降低。因此，到了15世纪，整个家族的土地都集中到了一个支系，即地方官威廉的后代手中。

正是在这个时期，我们开始看到这种现象：在一个村子里由好几个支系构成的传统的扩展型农民家族群，在向一种明显小型化的核心家庭转化。人们对于婚姻的态度趋于谨慎，男人和女人的婚龄延后到25-29岁，家庭规模也相对较小。这是慎重对待婚姻和有效地管理祖传财产的英国模式，被称为"占有性个人主义"，现在的历史学家将其视为资本主义崛起过程中一个至关重要的社会变迁 。不过这种模式有时也会被打破，威廉的曾孙约翰——亨利八世时代一位富有的村庄执行官——就改变了原有的家产继承策略，把家族田地切块分给了4个儿子。

虽然15世纪的英格兰经济处于长期停滞状态，但整个国家的劳资关系还是发生了巨大的变化。其结果是从封建秩序到资本主义的转变，即从依附于土地的、社区化组织的、关联紧密且自给自足的农民社会，转变为一个由商业化农民、手工艺人、没有土地而靠赚取报酬的劳动者所构成的多元化的、以区域为导向且越来越倾向于城市化和商业化意识的社会。默顿学院档案馆中保存的资料极为翔实地揭示了在凯伯沃斯发生的一切。正如我们所见，在农民起义爆发的那个血腥夏季，默顿学院的卷宗中没有显露出任何凯伯沃斯政治动荡的迹象，除了1381年的地方官尼古拉斯·吉尔伯特在那年夏天巧妙地悄悄免除了租户们拖欠的租金。事实上，村民们已经着手制订针对土地所有者与佃户之间关系的改革计划。就此而言，他们最终会取得成功，这需要时间，但不一定需要流血。

1401 年，农民们与默顿学院之间的对抗成为这种趋势的第一步。这次的行动是有组织的，主要针对房屋维护条款。作为联合性抗议，13 位佃户准备放弃持有的田地，但这只是象征性的，因为实际上他们会继续持有土地，学院方面也会继续向他们收取租金。不过，这一切也只不过是全村集体行动的最后彩排。在接下来的几年里，默顿学院的档案资料中记载了更多村民们拒绝庄园习俗的案例。举例来说，自从默顿学院取得凯伯沃斯-哈考特的土地使用权，村庄法庭就要求记录与追究逃离者（fugitivi），即未经学院方面许可离开领主的土地、从村子逃走的人。但正如我们所见，这种迁移在鼠疫发生之后有所增加，许多村民外出寻找工作，他们成为赚取报酬的劳动力，甚至在莱斯特或考文垂等城市定居了下来。1407 年，佃户们拒绝向默顿学院提交未经领主许可而逃离村庄者的名单。1409 年之后，新的地方官罗伯特·波尔（老地方官威廉的儿子），把潜逃者和缺席者的名单一并给抛弃了。这一时期的默顿学院文件显示，学院还就一些佃户的法律地位问题进行了论证，有一大捆关于波尔家族的佃农地位问题的冗长调查记录，一直追踪到学院于 1270 年购置这个村庄时波尔家族的祖先，当时这个家族中有人是自由民，有人是农奴。

陈旧的"隶农制"变得不可行，不仅是因为时代和条件的变迁，更主要是因为农民们拒绝被强制干活。让事态变得更为严峻的是，正如我们所看到的，1413 和 1414 年期间罗拉德派的异教思想开始酝酿发酵，这种暗流流淌于乡村生活已有 30 年。另一方面，默顿学院的学者也起到了推波助澜的作用，因为长期以来在他们和威克里夫的学说之间就存在着千丝万缕的关联。在凯伯沃斯地区那些宣布效忠于罗拉德派领袖奥尔德卡斯尔的农民中，有些人出自古老的家族，如布朗家族、波尔家族和瓦伦丁家族等，他们拥有广泛的亲属关系网，并实实在在地担任过村里的管理性职务。反叛主谋尼古拉斯是沃尔特·吉尔伯特的兄弟，就是一位德高望重的人物，曾长期担任默顿学院在这个村子的代理人。在反叛行动发生的一周后，两人均被绞死，并焚尸于圣吉尔斯教堂附近的田野里。一直以来，默顿学院的学者都因其同情罗拉德派而备受政府和教会的怀疑，所以说，事实上在这个村子里充满自由的思想。

事态还在继续恶化。1422 年，当亨利五世率军离开英格兰去应对两个法国战场时，国内的许多耕地流于荒废，民不聊生。这时，村子的领主沃里克伯爵要从他在凯伯沃斯-哈考特的领地收取 16 英镑的军费，也就是向所有佃户索要战争税。对于地方官罗伯特·波尔来说，这是让人无法忍受的最后一击。到了这一年年底，他手头登记着 16 套空置房屋，也就是说，庄园有三分之一的房子没有租户。为了促进收支平衡，罗伯特在庄园法庭上竭尽全力将一小部分耕地以低廉的租金租了出去，但在接下来的 10 来年中，学院方面的租金损失高达 95 英镑。这在当时是一笔不小的数目了，相当于今天的 50000 英镑。不用说，佃户们深感委屈，于是他们作为一个整体坚决抵制所要缴纳的各项例定规费。除了国家赋税和战争援助金之外，工役制和租金涨幅的双重约束，加上领主要收取的额外费用，已经压榨得农民们实在喘不过气来了。也或者，如他们自身所认识到的，不能继续忍受这种强制性的劳作了。农民向地方官和学院主管摊牌，明确提出传统

261

工役制需要转变为全面规范的直接金钱交易。最后，学院方面做出了让步。

1427 年，学院方面同意，从此以后 18 位常年隶农租户全部不必再遵行工役制（bondagio），而是可以"根据领主的意图"自愿从事劳动。换句话说，一种建立在协商合同基础上、以现金作为报酬的劳资关系出现了。于是，是否常年租种土地的身份不再成为劳动法中的决定性因素。与此同时，学院方面还同意，每威尔格土地每年减少 3 先令 4 便士的租金，这个金额固定了下来并一直保留到 18 世纪。鉴于这一系列的变化，与之相关的方面就需要进行大量制度改组。从村庄的法庭卷宗来看，磋商与调整在之后的 10 多年里从未间断，直到 1439 年。不妨说，这一次重组的程度不亚于 1779 年圈地运动所带来的土地变化，或许影响还要更大，因为它实际上标志着封建秩序在凯伯沃斯的终结。

接下来的几年里，在民选地方官的带领下，农民们通过庄园法庭与默顿学院和定期前来拜访租户的学院代理人协商了新的雇佣条件。最后，在 1439 年 10 月，凯伯沃斯举行了由执行官和地方官主持的一次专门的"法庭认定"的会议，最终确认并签署了学院与租户双方都认同的新土地持有协议。从 14 世纪晚期到 15 世纪，英格兰各地都在发生类似情况，只是难以见到如我们在这里所列出的微小细节。

有关公文从牛皮纸质地变成普通纸张本身就是一个时代的标志。公文顶部还标明："圣狄俄尼索斯节后的周日，凯伯沃斯的常年租户与牛津大学默顿学院的双方法庭认定。"标题下是全部的 18 位常年租户的名单，抄写员在每个名字的边缘注明"自愿选择"。名单上都是一些熟悉的名字：罗伯特的表亲西蒙·波尔，约翰·查普曼，考文垂布料商布朗的表亲罗伯特·布朗，汤姆·桑德斯，屠夫约翰·皮查德，还有如海因斯家族、佩克家族和斯旺家族等村里古老家族的其他成员。在默顿学院拥有产权的 170 多年里，这个乡村社区始终是由相同家族经营的连贯性集群。

在中世纪的英格兰法律之下，个人身份作为具有记录前例的法律定义代表了一切。它决定一个人自由与否，以及他的职业、教育和流动情况。曾有早期作家斥责道："允许农奴接受教育的人是多么愚蠢！"回望那可悲的旧时代，在凯伯沃斯附近的斯托顿曾有一桩法律案件，法庭最终做出了正如一位扬扬得意的地主所叫嚣的结论："一日为奴终身为奴。"为了核实波尔家族古老的农奴地位，默顿学院曾对这个家族在 15 世纪的农奴身份进行了调查，并形成了一份完整的家族历史的描述材料，尽管罗伯特·波尔早在 1279 年百户邑卷宗中就已被描述为自由民（罗伯特是我们前面所说的在 1406—1443 年间担任地方官职务的罗伯特的高曾祖父），而波尔家族另一个支系的一家之长尼古拉斯在 1280 年也已经是一个自由佃户。其他人是"常年租户"或农奴。1439 年的法庭认定意味着废除了农奴制，并在事实上采用长子继承制，认可产业租赁权、契约和转让权。换句话说，大多数村民终于拥有了个人和经济自由。与此同时，"奴隶"的法律范畴以及某些所谓的"奴隶地"也被废止。过去，如果一个人被永久地束缚在土地上，他就可能成为奴隶，而现在，依附于"奴隶地"的工役不再存在，取而代之的是，租户只要交付地主不得任意提价的固定租金就可以了。

1439 年的法庭认定对凯伯沃斯的农业实践和公耕地结构也产生

了长期影响。它允许合并传统的以家庭为单位所持有的小块田地。这
意味着租户可以在三大公耕地里持有数量不等的田地，而且可以在草
地上饲养两倍甚至是更多数量的牲畜。因此，如何管理农耕循环就不
263　得不更加灵活多变，相关的规章于是应运而生。其实拐弯抹角的规章
引用在卷宗中很常见，最早的正式规章于 1430 年开始出现，先是以
拉丁语的形式，后来是以英语的形式。这一过程一直在继续，其结果
是，到了 17 世纪，诸如海因斯家族和莱斯家族等富裕的自耕农家族
在公耕地中合并了大量其他人的份额，也就是说条田被不断兼并，凯
伯沃斯的公耕地大为减少。也许正是出于这个原因，在 18 世纪的农
业革命期间，圈地运动在 1779 年进入凯伯沃斯－哈考特时几乎没有
遇到阻力。

<h3 style="text-align:center">1400—1600 年间的社会变革：</h3>

　　1439 年的法庭认定影响深远，甚至改变了村庄的面貌。在接下
来的几十年里，大量农家住房的条件得到改善，人们越来越多地使用
砖块来重建自己的家园。正如在 1609 年最早的默顿学院地图的视觉
效果中所看到的，这个带有砖房和烟囱的"现代"村庄正处在迅速发
展之中。15 世纪晚期被称为"小修道院农庄"（Priory Farm）的农家
住宅是新式英格兰民居建筑风格的典型：这种房子不再是中世纪式的
开放性大厅结构，而是两层楼、带有私密卧室的长条房屋。中世纪鼎
盛时期的产业化农耕景观也在发生变化：没有灌木或树木隔离的大片
褐色公耕地正在朝着耕牧混合经营的方向转变。村民们拥有了更大的

灵活性，一些租户把重点放在畜牧业上，另一些仍然致力于作物耕种。三大公耕地中的大片可耕地被转化成了永久性的牧场。商业化农业由此来临。

经济群体之间的巨大差异几乎立刻显现在默顿学院的档案资料中：有的农民或自耕农一开始只持有 30 英亩或 60 英亩不等的耕地，很快这些土地就变成一百英亩或更多，最后集中到了士绅手中。这是自由的英格兰自耕农阶层的真正起点，他们将成为都铎王朝时期经济增长、文化和宗教变革的一个重要原动力，尤其是在东米德兰和东盎格利亚等地区。15 世纪，社会地位低于富有郡士绅阶层的另一阶层是富裕的中等农民。凯伯沃斯的波尔家族、克拉克家族、布朗家族和佩克家族等都属于其中，我们在这个故事中也已详细追溯过这些家族自 13 世纪以来的历史，有许多人显然是《土地调查清册》登录过的自由农民的后裔。在都铎王朝时期的法庭案件中，他们当中有人通过追溯 14 世纪早期以来的人头税名单准确地回忆起了十几代人的往事。总而言之，阶层和身份的多样性在村子里开始形成：绅士、律师、神职人员、自耕农和农夫，还有虽然居住在村舍里但未必贫穷的手工艺人。真正的穷人是要在比彻姆河岸的招工集市上不断寻求工作的临时劳动者、寡妇和住在凯伯沃斯东面有害健康的"沼泽"边缘的土坯房子里的人。

在默顿学院的档案资料中，1448 年的有关一幢至今仍矗立于缅因街的住宅的描述也许可以被看作财富与阶层变迁的一种集中体现。尽管这所房子是否建于中世纪尚难认定，但它处于默顿学院记载中被称为"布朗故居"的位置。正如我们所看到的，幸存的扩展部分建于

14 世纪二三十年代，一个庄园建于 1385 年，很可能是在考文垂发家致富的布料商亚当·布朗建造的。1448 年，带有一个庄园以及农场的一大片新扩展区沿着缅因街一直延伸到一个斜坡的大型铁矿石平台上，此处有车道经由磨坊和池塘通向开阔的田野。由于经历过多次重建，已经无法从这部分房屋中获取确凿的树轮年代学依据，但有一根 15 世纪的"承托脊椽梁"仍在斯兰巷的拐角处支撑着一个悬挑式的楼层。在整个 15 世纪和 16 世纪，这幢房子先后为地方官和执行官家族拥有，其主人包括佩克家族、克拉克家族和波尔家族等。1448 年有一份建房账目，名目是"约翰·卡昂登（John Caunden）负责安排默顿学院管理人员所支付的费用"，上面登录了修建一个带有内庭和附属建筑的庄园所需的全部费用，并逐条列记了 20 名村民的运费和包括木工、粉刷、装饰在内的劳务报酬。建造这样一套精良的乡村住宅，其劳动力密集化程度给我们留下了深刻的印象，其中涉及的费用条目竟达 50 多项：

> 支付给约翰·帕克的运来石灰的费用
> 从神庙园林（罗特莱）运来木料的费用，同上
> 从科比运来石板的费用，同上
> 从迈德波恩运来石材的费用，同上
> 支付给托马斯·温洛夫的从神庙园林运来木料的费用
> 支付给约翰·阿特·霍尔的平整大厅地面的费用
> 支付给约翰·卡温顿的从卢特沃斯运来木料和板条，以及
> 运送从迈德波恩购买 11 车石头的费用

　　支付给威尔·皮克的为"羊毛房涂色"的费用

　　支付给多位粉刷工的报酬

　　支付给约翰·雷诺兹的 800 枚大木料钉、700 枚"刺条"钉和 4000 枚板条钉的费用

　　账目中还记录了支付给泥瓦匠和木匠建造大厅、内庭、马厩、畜棚和附属建筑的报酬，购买面包以供把石材送到凯伯沃斯的马车夫食用（相当于如今提供的三明治）的费用，还有购买猪肉、小牛肉和麦芽酒的费用。

　　因此，在玫瑰战争爆发之前，当时的地方官（现在一般认为是执行官）拥有一座非常阔绰的住宅，也许就是默顿学院的学者以及他们的代理人定期造访村子时经常逗留的地方。到这时为止，执行官已经成为村里真正同时拥有财富和影响力的人物了。

　　看一看从 15 世纪 90 年代到 16 世纪 30 年代这段都铎王朝早期的村民遗嘱及其所附的家当清单的话，就会获得有关"中产阶级"真实家庭状况的最初印象。15 世纪晚期，遗嘱或者说临终遗嘱开始在自耕农阶层中广泛被使用。就莱斯特郡而言，仅从 15 世纪 90 年代到 16 世纪 90 年代，幸存下来的遗嘱就超过 2 万份，这是整个英格兰的普遍现象。这类遗嘱涉及家具、衣物、物质财富、奢侈品、使用雇工的情况、是否要把年轻的儿子送出去学习法律或经商、如何为女儿筹备丰厚的嫁妆等，我们可以从中看到这些农户的社会和经济地位不断上升的实际情况，不过相关内容会放在下一章中详细讨论。

　　艾米·波尔（Amy Polle）的遗嘱就极为典型，她分别清点了每

266

个房间内的家当。艾米也可能叫艾米斯，是 1520 年到 1536 年担任执
行官的约翰·波尔的妻子。她的目录表中包括："我起居室里的大保
险箱"；一套上等床上用品，含床单、枕头和长枕；"一张挂着帘子
的羽毛褥垫床"；厨房里的许多坛坛罐罐；一套象征执行官妻子身份
的长礼服和衬裙，制作十分精美。我们知道，她雇用的仆人不少于 6
名，可能还包括一位打理后院菜地的菜农。艾米在凯伯沃斯村民中具
有代表性的是她还做了大量慈善遗赠，包括"赠给凯伯沃斯每个贫困
家庭一份粮食"。13 世纪的隶农出身的波尔家族，此时在乡村社会中
的地位已大为提升了。艾米的一些邻居，如科尔曼家族和伊利夫家
族，从都铎王朝起就生活在这个村子里，直到如今，这些家族均有家
谱。但像艾米所属的拥有更漫长历史的家族则早已离开了村子，只在
这个地区保留着一些旁支。

1300—1500 年间的教育

许多关于地方官、执行官和书记员的故事都显示出这个村子的文
化水平非同寻常，更不用说这里的罗拉德派传道者了，这与我们所理
解的中世纪农民的生活方式有些出入。其实，人们一直低估了中世纪
英格兰乡村农民的读写能力。在 11 世纪，凯伯沃斯这样规模庞大的
乡村社区里很有可能已出现具备一定文化水平的人，比如神父或教区
执事等。事实上，早在盎格鲁－撒克逊时代，当地就可能已经出现了
拥有一定读写能力的人，比如当时的乡镇长官需要读懂法律书籍。"凯
伯沃斯的书记员威廉"作为村庄抄写员也是一位有文化的村民，最早

出现在 12 世纪 60 年代的记载中。

到了 13 世纪初，与大多数英格兰人一样，凯伯沃斯的每个人都接触到了阅读和书写。若是来到教堂，就会看到神父手捧书本的景象，也会见到配有诗词、歌谣和宗教经文的教堂壁画。你要懂得拉丁语主祷文和使徒信条。作为自由民，甚至只是作为隶农，你都可能需要在教堂门廊处签署土地租约，并盖上你的印章。假如你是布料商、五金商或羊毛生产商，来到莱斯特加入商人公会时，料理账务的技能更是不可或缺的，而这就需要你具备一些基本的读写能力和计算能力。到了 13 世纪末期，在凯伯沃斯的农民家庭中诞生了教堂专职神父，这类人必定具备基本的阅读技能。

这里还有一长串被冠以"先生"（capellanus 或 dominus）头衔的村民，比如 1280 年的约翰·戈德温，1300 年前后的威廉·波尔，以及 14 世纪后期的约翰·波尔和约翰·西比尔等。这些人的名字屡屡出现在法庭卷宗上，直到宗教改革时期。他们出自古老的乡村家族，很显然接受过某种基础教育。但他们的读写能力从何而来？是谁教育了他们？17 世纪 20 年代的文书记载过一所乡村学校和它的永久性建筑，但它又开办于何时？

"学校盒子"的秘密

"国王爱德华三世在位第 27 年的圣海伦节之后的周日"，即 1353 年 8 月 18 日，凯伯沃斯-哈考特举行了一次会议。集会时间也许是在教堂礼拜仪式结束之后，开会地点也许是在圣威尔弗里德教堂北边的门廊处或是斯兰街的执行官宅邸（这栋房子北面的侧厅幸存至今）。证人包括"神父"威廉·波尔、"书记员"罗杰，以及罗杰·波尔、威尔·海因斯等人。在一份会上签订的协议中，凯伯沃斯-哈考特的罗伯特·查普曼（Robert Chapman）和萨丁顿的约翰·迪尔（John Dere）将少量房地产交由一个村里的小协会管理。这些地产包括："位于凯伯沃斯教堂巷，与尼古拉斯·波尔的老房子相邻的宅邸；位于米德尔弗朗（Middlefurlong）高处，在尼古拉斯的儿子亨利的条田旁边，毗邻凯伯沃斯的边界的一路德土地；位于布拉德米尔（Bradmere）的一路德草地。"

　　连同 14 世纪 50 年代的另外两份契约来看，这一协议意味着凯伯沃斯文法学校的开端。这份协议是在一个后来被称为"学校盒子"的文件组中被发现的，是保存时间长达 600 多年的羊皮纸手稿档案，如今首次被编入目录保存。波尔家族和查普曼家族似乎在这份托管中起到了重要作用，不过这些物产最初并不是要用来创建一所学校。协议中没有指明特定的用途，但这些捐赠而来的土地和财产依托于村里的一个小协会，并可以在受托人的运营下筹集年度收入。小协会往往配备一位神父或专职教士，为参与者的祖先的灵魂做专门弥撒——这是一种典型的 14 世纪的仪式，尤其盛行于黑死病发生之后人们在心理上遭受创伤的时期。

　　到了 17 世纪，这些地产开始被称为"学校土地"，为一所幸存到 20 世纪的文法学校提供收益。这些土地在内战期间免遭征用，然后在 1779 年的圈地运动中被当地土地所有者协议合并，不过仍有三块被指定专用于资助学校。虽然这所学校最终于 1960 年被当地教育当局兼并，但土地仍然被称为"学校土地"，收益仍用于资助学校组织的学生旅行，比如为如今的凯伯沃斯高中学生提供参观第一次世界大战时期的战场的费用。

凯伯沃斯-比彻姆的学校最早被提及是在 1559 年，那是一所文法学校，但按照村里的传统说法，它是在玫瑰战争期间创立的，创立者是"造王者沃里克"，即沃里克伯爵理查德·内维尔（Richard Neville）。这所学校的早期历史非常模糊，从 1651 年的捐赠听证会的情况来看，当亨利八世在宗教改革时期解散小教堂的时候，由于时任凯伯沃斯-比彻姆采邑领主的诺森伯兰公爵约翰·达德利（John Dudley）的干预，捐赠给学校的土地得以保存。"学校盒子"文档显示，14 世纪时已经产生了公共不动产管理人董事会，受益人为当地所有村民。后来，至少是从 1559 年到 1877 年，捐赠而来的凯伯沃斯-比彻姆的地产和房产由公共不动产管理人运营，其收益的目的在于"维持一所免费的学校"。管理人作为专门董事从土地租户身上收取租金并任命校长——直到 1907 年，校长一直由神职人员担任。

我们很难证明在都铎王朝之前就存在一所学校甚至存在教师，但很显然，在这个村子里很早就出现了许多教育的可能性。其中一个可能性建立在凯伯沃斯与默顿学院的关系上。默顿学院是牛津大学的第一个正规学院，创始人的动机是为已经拥有一个专业学位，但希望继续攻读民法或神学硕士的大学学者创建一个学术团体。与此同时，按照 1270 年的学院章程，学院还承担了对另一群人的教育任务：这些人是研习语法的"年轻学者"，学历低于本科生，学院付费聘请一位教师来为他们授课。从 1270 年起，另有 12 名贫困的"中等学者"

（scolares pauperes secundarii）在学院接受教育，费用由富有的赞助人捐赠。甚至在 1277 年之前，默顿学院就有其他文件资料提到了"贫穷的凯伯沃斯学者"。很明显，这些人就是学历低于本科生、研习语法的男孩们。13 世纪八九十年代，默顿学院的文件资料又有一两处提到了"贫穷的凯伯沃斯学者们"。据推测，在这些研习拉丁语语法的男孩中，有人后来成了村里的书记员和神父。这有助于我们理解，为什么出自诸如波尔和西比尔这样家族的地方官和执行官当中会有具备高水平读写能力的人才。

很显然，默顿学院与凯伯沃斯之间从一开始就存在着某种互惠关系。但是，此地是否有过一所配备教师的中世纪乡村学校呢？这种情况当然不无可能，比如，在教堂侧廊或私人住宅里就可以进行教学活动。这也许可以解释，像威廉·布朗和沃尔特·吉尔伯特这样受过教育的村民为何能够借助英语文本进行布道，而不是像莱斯特铁匠威廉·史密斯那样无师自通、编纂他的"英文书籍"。尽管罗杰和爱丽丝·德克斯特有很大概率不识字，但考文垂的布料商亚当·布朗却十分可能具备读写能力，他的孙子也显然受过教育。村里有部分女性同样可能具备一定的文化程度，比如玛格丽特、玛丽·哈考特和莫德·波尔这三位凯伯沃斯女性，她们献身于坐落在威兰河下游斯坦福德附近的一个小小的女修道院，其遗嘱也在"学校盒子"中被发现。她们的遗嘱（玛格丽特死于 1407 年）表明，这些女性出于祈祷的目的捐赠了凯伯沃斯的土地。由此可见，默顿学院档案馆中那引人入胜的残留资料——或许还是独一无二的——显示，正如传统所示，这个村庄早在 14 世纪就已出现了文法教师。

屠夫皮查德

1447 年夏天，凯伯沃斯－哈考特的屠夫约翰·皮查德"麻烦连连，非常恼火"，对邻居罗伯特·波尔更是怒不可遏。皮查德 40 多岁，像父亲一样是个屠夫，或许还兼做牧人。他和妻子艾格尼丝带着十几岁的儿子小约翰住在缅因街，拥有一间小屋和半威尔格土地。很显然，皮查德是个争强好斗之徒，暴躁的脾气让他成了法庭卷宗上的常客——他不止一次因为与人发生争执而蒙受损失。

8 月，皮查德跑到了一位村庄书记员家里，求他帮忙给默顿学院的学监写一封长信，以解心头的郁结。下面是这封信件的一小部分，只稍微添加了一些现代标点符号。值得注意的是，这或许是一封最早的出自英格兰农民的英文书信，并幸存至今：

> 尊敬的大人，恕我冒昧打扰，首先祝您喜事不断、身体康健，也愿全能的上帝保佑您财源滚滚、事业兴旺。尊贵的大人，如果您愿意，请让我成为您可怜的仆人吧，我将竭尽所能、忠心耿耿地伺候您。

烦扰皮查德的问题听起来像是一场特定的村民之间的冲突。用他自己的话来说，是一场"花了我 40 多先令代价"的争执。他诉苦说，凯伯沃斯的执行官出自其本人的偏爱而篡改了法庭案卷；在中世纪的制度下，一个人一旦有某种污点被记录在案，就可能要在庄园法庭上花费很多时间和代价才能挽回个人形象。实际上，这种情形已经发生

271

在了皮查德身上：他曾骑马近 15 公里到莱斯特更高一级的法庭请愿，"可恶的是，罗伯特·波尔以及我所有的邻居都卑鄙下流、不公正地向法庭提出了对我不利的说辞"。

但在信件的结尾处，他却出人意料地提起一桩与其在庄园法庭上所遇到的烦心事毫不相干的事情：

> 此外，尊敬的先生，我们这里有一个年轻人，他是一位很好的学者，一位乡村文法学者（grameryen），将来很有可能为您效劳。尊敬的先生，他是您的一个佃户的儿子，艾格尼丝·帕尔默的儿子。

威尔·帕尔默二十来岁。他的父亲约翰死于 1448 年。在皮查德给默顿学院的学监写这封信的时候，约翰可能已经病倒。皮查德在信中恳请"不要让他就此止步"：

> 尊敬的先生，这位年轻人值得您的扶持，尽管他可能已经在国王治下的机构或其他一些地方获得了学位，但他仍然有待接受更多的知识。尊敬的先生，我们恳求您，您所有的佃户恳求您，要珍惜他。因为，尊敬的先生，他很快就会来到您面前。您可能会喜欢他的条件，您可以对他的能力和人品加以检验。恳请垂怜，不胜感激。也愿全能的上帝保佑您，并给予这个年轻人一个机会。
>
> 殉道者圣休节，写于凯伯沃斯

您可怜的仆人约翰·皮查德

皮查德的信件把我们带入了15世纪40年代缅因街上的社会关系，让我们看到了乡村政治生态和家族之间的纠葛。他与艾格尼丝·帕尔默之间是什么关系？他为什么要精心呵护年轻的威尔？威尔又如何年仅十多岁就获得可被称为"文法学者"的技能？很明显，威尔·帕尔默并不是曾就读于默顿学院的贫穷学者，否则他们早该知道这个年轻人了，但他显然已在被中世纪经院学者称为"学问塔"（tower of learning）的地方修过最初的学业。尽管皮查德脾气暴躁，也难以与人相处，但他对帕尔默的兴趣让人联想起都铎王朝时期教育学家的劝诫："让自己的孩子和他人的孩子去接受更好的教育吧，没有比此目标更可取的了。"

272

这封信清楚地表明，到此时此刻，村子里确实出现过文法教师。这位教师很有可能就是教堂的神父，酬劳来自村民们捐赠的土地所带来的收益，而这类土地作为学校的财产从16世纪一直保存到现代。整个中世纪英格兰的故事有多少，我们的村子的故事就有多少。为了管理耕地和条田，尼古拉斯·波尔应该是具备书写能力的。像吉尔伯特和布朗这样的罗拉德派教徒是应该能读懂用本土语言书写的书籍的。房屋施工负责人在羊皮纸条或普通纸条上做了许多的笔记，上面逐条列记钉子、木板、灰泥和石板的用量，并一起呈送默顿学院。屠夫作为"您所有佃户"的代表极力推举邻家的年轻儿子去接受更高一等的教育。对于普通英格兰人来说，教育是通向财富、改变地位、获取自由、进入新的精神境界的一座桥梁。

15 世纪的曙光

历史的复杂变迁往往会体现在普通人的命运中。就业、文化、个人的自我意识，以及在诸如罗拉德派异教思想中显示出来的宗教自主性等，这些方面的缓慢变化在黑死病之前就已出现，只不过在鼠疫之后进一步加剧了而已。教育和读写能力的提高也在这个发自下层社会并由村民们自行推动的过程中发挥了极大的作用。到了 15 世纪晚期，庄园制劳动纪律及其影响逐渐消失，凯伯沃斯在成为一个现代村庄的道路上迈开了第一步。

这个时期，英格兰人在心理和物质层面均发生了变化。在导致英格兰成为历史上最早的资本主义社会的转型中，两者都发挥了作用。尽管总体状况为历史学家所认同，但直到最近都让学者们感到不解的是，一个农业社会的转型怎么会发生在 14 世纪晚期到 18 世纪之间的草根阶层中间，并为 1700 年以后迅速而根本的社会和政治变革奠定了基础？直到最近几年，在专家们考察了英格兰中部乡村的法庭案卷之后，人们才逐渐摸清楚这些事情是如何发生的。现在，很明显的是这种变化不只体现在自上而下的政府法律和结构上，事实上，影响英格兰未来路径的精神状态在 1500 年时就已经形成。这种精神状态的创建者不仅有统治者、法学家以及中世纪的管理理论家，也有农民自身。

第十四章 凯伯沃斯的宗教改革

1535 年夏天，凯伯沃斯的圣母玛利亚雕像前燃着蜡烛，彩色玻
璃上反射过来的光线映照在耶稣受难像上方刷有油漆的十字架上，教
区神父威廉·佩雷森（William Peyrson）正在向教区居民发布一系列
特别教堂通告。在之前的几个月里，亨利八世的议会颁布了一项简短
的法令，但篇幅和其对于英格兰人民的重要性完全不成比例。这项最
高权力法令宣称："国王是我们的君主，他的继承人和继任者均为这
个王国的君王，我们应当接受并认为他们是英格兰教会唯一的最高领
袖。"圣格里高利在大约一千年前派遣著名的使团来到英格兰并让英
格兰人改变了信仰，但如今教皇不再是英格兰基督教教会的首脑。

这是一场在过去五年里不断积蓄力量的宗教革命走向高潮的时刻。早在 16 世纪 30 年代初期，当亨利国王爱上安妮·博林（Anne Boleyn）并与阿拉贡的凯瑟琳（Katherine of Aragon）离婚的时候，他的宗教改革就开始了。但在亨利的王国，这毕竟是一个问题。眼下，如何在凯伯沃斯教区解释这个问题就成了佩雷森的一大职责。1535 年夏天，政府因"罗马主教滥用职权"而废除了"他的权威和审判权"。英格兰的神职人员们接到命令，要向教区居民灌输王权至上的教义，并且还要做如下宣言：

> 彻底废弃与清除由上述罗马主教所指定或出于其狂妄自负的专横与权威所首选、在教堂中使用的弥撒经书和其他所有书籍，各种形式的祈祷、准则和教规。除了他的傲慢与耻辱，应永远忘记他的名字和有关他的记忆。

此时，站在中世纪橡木屏风后面圣坛上的佩雷森正注视着助理神父，后者用金属刮刀刮掉了陈旧的牛皮纸弥撒经书上罗马教皇的名字和头衔的墨迹。从此以后，在礼拜日的祷告中人们不再提及罗马教皇。

直到此时，凯伯沃斯仍然是传统的社会：自中世纪晚期的几个世纪以来，基督教信仰一直在这个社区非常昌盛。教堂内部依旧装饰着人们熟悉的老雕像、闪烁炫目的彩色玻璃、颜色鲜艳的圣坛屏风和熏香、灯具等。依旧在举行古老的仪式、圣日游行和遗物祭拜，教堂内依然在施舍和为逝者做弥撒，人们依然相信弥撒能够在逝者飞升前让其灵魂停下一段时间，让生者与逝者相会。从凯伯沃斯出发前往沃尔辛厄姆和林肯郡的母教堂拜访的信众络绎不绝。人们还到各个本地圣地祭拜，比如哈勒顿圣井和圣威斯坦圣祠等地。圣祠敬供的是殉道王子的彩色小雕像，据说雕像金色的头发会在每年 5 月末随着凯伯沃斯所处淹水草甸中的长草迎风飘舞。

　　到此为止，就像英格兰其他各地，凯伯沃斯的教区居民也在前行步伐中取得了新的进展。他们的生活还要继续，毕竟农业社区中的生活受制于劳动性质，至于谁至高无上，那是国王和大臣们操心的，不是割草的男人或酿酒的女人要忧虑的。不过，在同一年，所有教区都强制实行了新的繁重的什一税政策。而且，在 1536 年夏天，随着大修道院被取缔，宗教改革在地方层面上进入了高潮。一项新的法令废除了收获期间所有的宗教节日，只有少数例外。这些节日被认为损害了乡村经济，妨碍维持生存的重要劳动，让劳动者变得贫困。尽管人们还是可以举行祭祀活动，但必须像往常一样工作。可以想象，这种对传统宗教的非难引起了广泛的愤怒，有人甚至胆敢称亨利国王和他的大臣们信的是"异端邪教"。在北方，人们的反应是发动大规模武装起义，差点推翻了亨利的政府。毫无疑问，这些耸人听闻的事件和令人不安的征兆以及对于这个国家的进一步威胁的预言，也传到了凯伯沃斯。

　　1538 年 9 月，佩雷森再次在讲道坛上向教区居民发表演讲，并宣布了一系列更加严厉的新禁令。每个教区教堂都保存着一套新的"大《圣经》"，或所谓的"国王的《圣经》"，用链条固定在教堂内。这是经政府批准的最早的英文版《圣经》，供大家在教堂礼拜仪式中

276

大声朗读之用。政府还要求教区神父把本教区的出生、婚姻和死亡情况登记在牛皮纸上，并在教堂里妥善保存，以便收集教区居民的有效信息。神父还要定期检查信徒的信仰情况，看他们是不是又倒退到了"幼稚的迷信"状态中。但是，最让佩雷森和会众感到惶恐的是，政府对于传统英格兰人的虔诚态度所进行的新的残暴的语言伤害。公告中充满了对于古老信仰的习俗和做法的轻蔑鄙视，但这些习俗和做法长期以来一直维系着英格兰普通善男信女的生活：他们朝圣、敬拜雕像、祭祀圣人，进行忏悔与宽恕的古老仪式，为逝者做弥撒。对于像佩雷森这样的因循守旧者来说，这肯定是毁灭性的打击。现在，他必须按照指令告诫村民，"不要把信仰寄托在任何其他由人的幻念设想出来的作品上，不要在朝圣时向雕像和纪念物奉献金钱、烛台或蜡烛等，不要吻或舔它们，或做出类似的迷信行为"。为了避免"崇拜偶像的可憎罪孽"，神父应该清除教堂里所有"捏造的雕像"，甚至是凯伯沃斯人所挚爱的圣母玛利亚雕像。佩雷森也许不会明白，这个过程已经不可逆转，并导致英格兰人传统精神世界的嬗变。

　　威尔·佩雷森是一位传统的神职人员，一位与旧信仰生死相依之人，他的母亲也是一位虔诚的天主教徒。佩雷森本人狂热地崇拜圣母玛利亚，正如他所说的，他"专心致志地敬拜神圣的玛利亚——最纯洁的圣母，以及所有的天国伴侣"，一丝不苟地遵守着过去的庄重仪式。在佩雷森的所有物中，保存着一件小型镀银宝石十字架，是他在自己的内室用来祈祷的。毫不奇怪，佩雷森无法掩饰对于这些新变化的愤怒。那年9月，在凯伯沃斯教堂内当众发生了一场关于政府宗教改革的争论，并导致佩雷森对亨利国王大发雷霆。有人上报了此事，领头者是一位在官方报告中被称为"R. O."的人。"R. O."的报告的核心内容是："凯伯沃斯教堂的神父佩雷森极为邪恶地声称，'假如国王7年前就死了，我们现在就不会遭受这么多伤害'。"当然，可以从多个方面去理解"希望国王早死"，但如果因为亨利恶意打压所有持异议者，就去痛恨他不一定是明智之举。佩雷森被亨利的地方执法者押到了莱斯特，并投入监狱。其中一个执法者是约翰·博蒙特爵士（Sir John Beaumont），他就这个案子写信给亨利的首席大臣托马斯·克伦威尔（Thomas Cromwell），说"这个可怜的人已被打入囚牢。指控他的人都在治安官面前发过誓"。

在接下来的几年里，这个国家到处都在重复上演类似佩雷森的故事。佩雷森是一位老式守旧的乡村神父，按照传统惯例举行追思弥撒，组织神迹剧、朝圣和教堂捐献等活动，这些都和各郡采用的新秩序不符。政府很快就对像他这样的人进行调查，认定他们是"居心不良的信仰者……使用咒语者……掷骰子和玩游戏者"，从而解除这些人的职务。英格兰中部地区的一位神父甚至被说成"酒鬼和哑巴，被认定为巫师"。相反，佩雷森的主要原告约翰·博蒙特爵士是寡廉鲜耻的克伦威尔党人，是个典型"暴发户"：他声称格蕾丝–迪欧修道院（Grace Dieu Priory）有两名修女因为通奸生子而认罪，以此为自己攫取了这间修道院的土地和房产。虽然博蒙特最终因贪污和职务侵占被解职，但这对于挽救佩雷森的职业生涯来说已为时太晚。

然而，凯伯沃斯的告密者会是谁？他们为何会如此看不惯自己的神父，以至于非要告发他不可？难道这些人由衷地赞成新教观点吗？这个"R. O."或许是罗伯特·奥斯温（Robert Oswin），他居住在村庄沟渠旁的"肥猪巷"尽头处。现在，奥斯温的一块田地已被现代住房占据，但其北边的耕地仍被称为"奥斯温草地"。如果不是出于个人对于佩雷森的敌意，这个故事就说明，亨利国王对于旧宗教的改革已经在古老的村庄家族中拥有了一些支持者，甚至罗拉德派传播的一些不同理念也很有可能仍在村庄里流行，虽然后者的情况很难确定。就像 15 世纪早期，村民们可能因为不同的信仰而发生了分裂，这种分裂甚至会发生在家族内部。不过，这种情况发生在不安因素渐生的时期，当人们谈论的话题迷失方向时，没有人知道什么样的内容会是"诽谤性、煽动性和叛逆性言论"。

爱德华六世统治下的"动乱时期"

不祥之兆已经显现。尽管如此，亨利国王还是在 1539 年发布的《六条信纲》中再次重申了传统弥撒的中心地位，甚至还用火刑来威胁批评者。因此，当时的英格兰宗教建制继续与部分新教、部分天主教祈祷书中的内容达成妥协。从当时的遗嘱来看，大多数凯伯沃斯人仍对古老的宗教感到满意并热爱当地的教堂和神职人员，而且慷慨捐赠，这也是全国各地的大致情况。但 1547 年的亨利国王之死成了转折点。新国王爱德华是一个敬神但冷酷的书呆子，是狂热的新教徒。随着福音派的胜利，宫廷中有关"宗教创新与变革"的传言经由"集市和酒馆"像野火一样传遍了全国各地。在几个月内，政府特派员带着一整套严厉的盘查手段进入了各个地区。一场彻底的宗教改革开始涤荡人们建立在"发明与幻想出来的关于炼狱和弥撒的无用观念"上的"盲目与无知"。

在之后的 5 年里，爱德华和幕僚们对教区教堂的基本结构、室内陈设、习俗和礼拜仪式进行了全面的改造。雕像、石头祭坛和十字架圣坛楼阁都被拆除与摧毁。白色涂料和《圣经》文本取代了华丽的中世纪壁画。除了消除圣物，那些珍贵的地方社团，包括附属于礼拜堂的小教堂、不受约束的小礼拜堂和行业公会等，这些为布道、放赈救灾和举办周年纪念弥撒提供场所的组织均遭破坏。在凯伯沃斯，斯密顿的圣伦纳德（St Leonard）小礼拜堂、比彻姆的圣劳伦斯（St Lawrence）小礼拜堂和哈考特的圣卡斯伯特（St Cuthbert）小礼拜堂等都被关闭与拆除，拆毁的碎石被当作建筑石料出售。

因此，爱德华的宗教改革在教区层面上变成了对古老教堂的一场大规模毁坏，也是对英格兰人民长期坚守的传统信仰和宗教仪式的一次严重打击，甚至是对最自然、最温馨的人类需求，比如，对缅怀逝者的粗暴践踏。虽然天主教于 1553 年在玛丽女王的统治下得到过短暂恢复，但在 1558 年后，也就是扫除偶像崇拜的最后阶段，新教信仰在伊丽莎白女王的统治下终于尘埃落定。这是社会制度和宗教政策在 12 年中的第三次变革。关于爱德华的改革，没有什么特别的信息从凯伯沃斯流传下来，但圣威尔弗里德教区教堂的内部结构，以及教堂内的 14 世纪十字架圣坛楼阁、屏风、圣人面板、壁画和祭坛等，很可能就是毁于爱德华统治时期，留下的只有我们今天所看到的一切。毫无疑问，不排除有人乐于看到这些"偶像崇拜的标记"被毁，但对于其他人来说，这是一个"所有的神圣仪式从教堂里消失……所有的善良与虔诚遭到鄙视和放逐……人们虔诚的信仰和诚实的行为被视为迷信与伪善"的时刻。这两种看法之间的争论需要花费几个世纪才能有定论，而且争论至今尚未了结。

经历宗教改革

宗教改革是怎样在乡村中开展的呢？我们的村民们是如何应对的呢？从教区神父的起起落落中可以追踪到他们那个层面的某些轨迹：佩雷森对于亨利八世的憎恨导致他被监禁和被解职；都铎王朝时期的神父们同时拒绝接受来自新教和天主教两方面的强制性改革；在内战期间，高教会派[1]（High Church）与清教派之间相互抱持敌意。但是，这里的人们自身又秉持着什么样的态度呢？正如我们所看到的，长期以来这个村子里可能一直存在反对教会干预政治和异端思想的暗流，其历史可以追溯到15世纪早期的动荡年代。当时，诸如此类的问题，甚至让包括波尔家族、布朗家族和吉尔伯特家族等在内的许多家族，以及当地中坚分子之间产生了分裂。奥斯温等人很可能就是赞成亨利国王在16世纪30年代的宗教改革的。

由于教堂执事的账册已经荡然无存，我们无法详细追踪凯伯沃斯在16世纪30年代后期至60年代所发生的巨大变革。教堂记事簿虽然在，但于事无补，因为它们仅起始于1574年，至少遗失了八九年

---

[1] 英格兰国教中的高教会或高教运动主张保持天主教的传统，强调主教的权威性以及圣典、仪式和礼节的重要性。

的记录——改革从伊丽莎白女王刚刚开始统治时（1558 年）就已开始了。散见于林肯郡主教记事簿那些大量管理资料中的有关线索，则有待于彻底搜寻。不过，我们还是可以从新的有关这个村庄故事的线索来源，也就是村民遗嘱中窥见凯伯沃斯人在物质上和心理上所发生的某些变化。这个郡的档案馆保存了写于 1490 年到 1600 年的多达 2 万余件遗嘱，之后的可能更多。因为这些遗嘱通常附有财产清单，所以能够通过它们深入了解当时人们的生活图景。如果说村民的信件，比如约翰·皮查德的那一封信显示出，在这个村庄的故事仍然相对较早的阶段，人们之间可能保持着某种亲密关系，那么遗嘱就让我们看到了村民们的信仰和担忧，以及他们对待工作、住房、财产甚至是奢侈品的态度，尤其能看到人们对待朋友、家人和邻居的态度。

村民们的遗嘱起始于"玫瑰战争"期间。当时，社区中有许多人仍从属于我们从 13 世纪就开始追踪的古老家族，如哈考特的卡特家族、布朗家族、桑德斯家族和伊利夫家族，比彻姆的雷纳尔德家族（the Reynalds）、海因斯家族、科尔曼家族、甘布尔家族（the Gambles）和沃德家族（the Wards）等。从出自另一古老家族的一位妇女写于 1516 年，也就是亨利八世统治早期的遗嘱中发现，这个家族在 1279 年就已经相当富有。那个时候，波尔家族住进了位于缅因街上的执行官的房子，即现在所称的"庄园主宅邸"。另外，正如我们所见，英格兰直到 16 世纪 30 年代一直是个天主教国家，遗嘱都是按照传统格式拟定的。下面就是一封凯瑟琳·波尔的遗嘱，她称呼自己的儿子为"先生"（Sir），这是对他村庄助理神父身份的传统尊称。遗嘱还显示教区神父会为亡者主持连续 30 天的追思弥撒：

281

　　以上帝之名，阿门！1516 年 4 月 8 日，我，凯伯沃斯－哈考特的凯瑟琳·波尔，心智和记忆健全，现以下述方式立下遗嘱。首先，我把我的灵魂交给全能的上帝和圣母玛利亚，我的遗体将被安葬在凯伯沃斯教区的圣威尔弗里德教堂墓地。事项1. 我要给林肯郡的母教堂留下 4 便士。事项 2. 我要给斯密顿的圣伦纳德小礼拜堂留下 3 先令 4 便士，用于礼拜堂的维修。事项 3. 我要给我的女儿玛格丽特留下 53 先令 4 便士。事项 4. 我要给我的儿子威廉·波尔先生留下 10 先令，作为为我的灵魂以及所有忠实的亡灵的健康做连续 30 天祈祷的费用。事项 5. 我分别留给为我主持葬礼仪式的每位神父 4 便士。我将我的物品留给我的遗嘱执行人，凯伯沃斯－比彻姆的威廉·波尔先生和他的父亲托马斯·克拉克，任由他们处置，只要他们的行为有益于我的灵魂。并指定凯伯沃斯教堂的神父沃尔特·卢卡斯先生作为我的遗嘱监管人。

　　这份文件简明扼要，非常符合普通农家妻子的身份，但它还是显示出当地宗教生活的丰富细节：首先，凯瑟琳对于圣母玛利亚以及林肯郡的母教堂非常虔诚；其次，30 天的安魂弥撒能够帮助她的灵魂度过暂时的苦难；最后，这是一份证据，表明她的儿子威廉"先生"是村里的一位助理神父或就是神父，尽管出身自农民家庭，他仍是一位具有"书面知识"的文化人。此外，凯瑟琳给为其主持葬仪和服务的"每一位神父"都奉上礼物，这表明她要求为自己举行的是一场敲"大钟"的旧式乡村葬礼。凯瑟琳留下遗赠用于维护斯密顿的小礼拜堂则说明，她愿意对一个不受约束的小礼拜堂做出自己的奉献——教区中的此类小礼拜堂是由村中的家族于中世纪后期出钱兴建的，用来定期为祖先的亡灵祈祷。这份遗嘱展示的就是宗教改革前夕的乡村世界。

接下来的一份遗嘱出自凯瑟琳的堂兄约翰·波尔。约翰在 1520 年到 1536 年这段时间担任凯伯沃斯 - 哈考特的执行官，所以他与妻子艾米斯（Amice）度过了亨利八世最初的危机时期。作为乡村社会的一根顶梁柱，他算是村里最富有的农民了。1524 年，约翰的财产评估价为 33 英镑，相比之下，生活水准中等的一些邻居的财产评估价只有三四英镑。和那些需要按收入缴税（不过仅须缴纳 20 先令）的人相比，这些人中有的甚至来自科尔曼家族这样的古老家族，约翰的财产比他们要多 10 英镑。约翰能对往上七八代的祖先如数家珍，一直数到 1280 年的祖宗尼古拉斯。约翰·波尔的临终遗嘱也是传统的天主教教徒遗嘱，带着对村里最流行的敬拜对象圣母玛利亚和"所有天堂伴侣"的祈福。和凯瑟琳一样，约翰要求在圣威尔弗里德教堂为他的灵魂举行为期 30 天的安魂弥撒。这份遗嘱大概是根据他的口述拟定的，落款时间是 1536 年 8 月，用令人惊叹的地道英语写就："在全能的上帝的眷顾下"，向凯伯沃斯的教区神父——"我的神父"——忏悔。这位神父正是前面谈到过的威廉·佩雷森。这份笔法新颖的遗嘱可能是由村庄抄写员代写的，是这一时期英语拼写的范例，手稿显示有一些中断的部分被填上了，拼写更接近现代化的形式，缩写语扩展了，标点符号也增加了：

以上帝之名，阿门！我，凯伯沃斯的约翰·波尔……借由

282

万能的上帝的眷顾，在神智健全的情况下立下遗嘱，并将我的灵魂交到万能的上帝手中，恳求上帝赐予怜悯，恳求圣母玛利亚为我以及所有在天之灵祈祷。其一，我的遗体将被安葬在凯伯沃斯的教堂墓地。其二，我的妻子和儿子威廉·波尔为我的遗嘱执行人，并指定约翰·布莱恩作为我的遗嘱监管人。其三，关于我身后财产的分配：事项 1. 我给林肯郡的圣母玛利亚留下 6 便士。事项 2. 我给教区教堂留下 20 便士，希望神父为我举行为期 30 天的安魂弥撒。事项 3. 我的遗愿是，我的妻子将获得她应得的部分（由我的儿子威廉·波尔来决定），以及原本就属于她的财物。事项 4. 在我和妻子（无论上帝愿意让谁活得更久）去世后，我给儿子托马斯·波尔留下从约翰·罗素手上购置的一套家宅和 2 威尔格田地，以及其中一半母羊，约十来只，还有羊羔，并分别给他的每个孩子留下 1 只母羊和 1 只羊羔。事项 5. 在我和妻子去世后，我给儿子理查德·波尔留下从理查德·雷伊手上购置的两套家宅和所有附属物，以及 4 头小母牛和 4 马克金钱。事项 6. 我给弟弟托马斯·波尔留下 1 件礼服和一笔钱，以及他的两个孩子每人 1 只母羊和 1 只羊羔。事项 7. 我的遗愿是，我将给妹妹（在其丈夫死后）留下 1 头奶牛和其他一些牲畜。事项 8. 我分别给每个教子留下 4 便士。

283　　　这份遗嘱的订立人在村庄里长期担任执行官，是位拥有影响力的人物，遗嘱体现了 16 世纪 30 年代一位乡村富裕农民明确的天主教精神。他的家族效力于这个村庄，并经历过村庄历史上的大饥荒、黑死

病和其他许多重大事件。他有大量个人财产没被提及，因为它们直接
归属他尚在人世的妻子艾米斯。

接下来，让我们看看这一时期较低阶层的情况。以一份出自约
翰·波尔的邻居托马斯·科尔曼的遗嘱为例。托马斯是位拥有小块
耕地的农民，后代中有一人被称作"寡妇科尔曼"，她是 17 世纪 30
年代一位当地有名的小自耕农。托马斯·科尔曼的后人至今仍然生
活在凯伯沃斯－比彻姆。托马斯是都铎王朝时期小农阶层的典型代
表。1524 年时他缴纳壁炉税的地点在凯伯沃斯－比彻姆，但他的遗
嘱也提到了居住在哈考特的亲戚们。托马斯和另外 13 个小农户的财
产估价表示，他们属于年收入仅为 20 先令的、处于社会最下面那个
阶层的人群，都是 13 世纪自由民和常年承租人的直系后裔或母传后
裔。托马斯的遗嘱立于威尔·佩雷森神父被监禁和新神父罗伯特·梅
森（Robert Mason）上任之后，不过他对圣母玛利亚和"神圣的天堂
伴侣"的信仰仍旧完全是天主教教徒式的。从他对早夭儿子的安排中
可以看出，托马斯是一位虔诚而守旧的英格兰乡村基督徒。值得注意
的是，他在遗嘱中指定了"某位贫穷的神父"，而不情愿付钱请一个
富有神父，这也许暗示了乡村中历来存在的一种蔑视，认为神职人员
不应拥有财富来源？但对于这么一个教区中的穷人来说，向神父遗
赠 1 蒲式耳小麦和 4 便士，可以算是一份非常慷慨的给教区教堂的礼
物了。不过被托马斯称为助理神父的罗伯特·梅森后来于 1541 年因
桃色新闻而在村庄里变得声名狼藉。最后，托马斯的遗嘱也让我们对
小农夫的个人财产有了清晰的了解。可以通过遗嘱中所列的家产拼凑
出这样的景象：托马斯拥有的住所或许长约十七八米，中间是开放式

的过道，一头是一间带地板的卧室，另一头是厨房。他可能还有一间
外屋、一处作坊和一个院子，带有干草棚、牲畜栏、马厩、水井和厕
284 所。顺便说一下，托马斯有位名叫韦恩（Wayne）的后人如今是"旧
文法学校"礼堂的看管人。下面是托马斯遗嘱的内容：

以上帝之名，阿门！我，凯伯沃斯的庄稼人托马斯·科尔
曼，神智清楚，记忆完好，现立遗嘱如下。首先，我将我的灵
魂交给万能的上帝和圣母玛利亚，并与所有神圣的天堂伴侣在
一起。我的遗体将被埋葬在凯伯沃斯教堂的墓地里。事项 1. 我
给林肯郡的母教堂留下 4 便士。事项 2. 我给凯伯沃斯的教区教
堂留下 6 先令 8 便士。事项 3. 我给我的妹妹凯瑟琳·科尔曼留
下 1 棒子（stick）小麦、1 棒子麦芽，并赠予她我的玫瑰红色外
套和紫罗兰色外套。事项 4. 我给凯瑟琳·科尔曼留下 3 路德大
麦地、3 路德豌豆地——我已对其中的部分田地花了 1 年的成本
和费用进行了翻耕与播种——和 1 路德现成可以播种的小麦地以
及 1 头牛犊。事项 5. 我给凯伯沃斯那些穷苦人每人留下 4 便士。
事项 6. 我给那些穷人每人留下 1 蒲式耳麦芽。事项 7. 假如我的
儿子约翰·科尔曼不久也离开人世，那么，我给某位贫穷的神
父留下 20 先令，请他为我的灵魂以及所有基督徒的灵魂做连续
3 个月的祈祷。事项 8. 我给我的妹妹，威斯顿的爱丽丝·巴利
（Alice Baly）留下 1 棒子小麦和 1 棒子麦芽，给她的丈夫留下 2
件紧身皮衣和 1 双长筒袜。事项 9. 我给桑德斯的妻子、库珀的
妻子、伍德·彼得斯的妻子、爱丽丝·比克斯每人留下 4 便士。

事项 10. 我给牧牛者威廉·科尔曼留下 1 件稍差一点的玫瑰色外套、最好的紧身上衣和 4 便士。事项 11. 我给罗伯特·弗里斯莱留下 1 件克尔赛呢制的紧身上衣和 4 便士。事项 12. 我给活着的教子们每人留下 1 只小母羊。事项 13. 我给詹姆斯·伊斯特伍德留下我的……（此处原文即为省略号）12 便士。事项 14. 我给助理神父和我的教父罗伯特·梅森"先生"留下 13 便士。残余物品、所要支付的债务以及所要履行的遗嘱，交给我的遗嘱执行人——我的妻子爱丽丝·科尔曼和我的儿子约翰·科尔曼处置，在让上帝喜悦和我的灵魂以及所有基督徒的灵魂安康的前提下，并由凯伯沃斯的教区神父罗伯特·梅森先生、凯伯沃斯的理查德·摩尔、凯伯沃斯的约翰·帕克、凯伯沃斯的威廉·科尔曼以及其他更多人做见证下，我指定约翰·帕克为我的临终遗嘱的监管人。公元 1538 年。

在托马斯的遗嘱后面附有他的财物清单，可以了解亨利八世改革前夕一位农夫所拥有的基本财产。这也是一份关于家庭用品的简要附注，将它们都囊括为"家中财产"。此外，托马斯还拥有"马、马车、犁和犁耕工具等财产"。正如邻居们评估的，在托马斯的家产中，最值钱的是"老老小小的奶牛群"（价值 40 先令）、羊群（价值 40 先令）和"房子里的农作物"（储存的粮食，也值 40 先令）。所有这一切加在一起价值 11 英镑 6 先令 8 便士，约为约翰·波尔家产的三分之一。

虽然托马斯拥有一些好衣服，那两件"玫瑰红外套"听起来要比他的农具更值钱（可能是他最好的衣服），但托马斯和爱丽丝一家人显然够不上拥有奢侈品、华美服装和高档家具的标准。托马斯的家庭是都铎王朝时期凯伯沃斯的一个普通农民家庭：托马斯本人虔诚敬神，渴望在死后有人能为其灵魂祈祷，渴望新神父和助理神父为其永恒的灵魂祈祷，渴望亲戚和邻居们能保护他的家产。同时，托马斯还积极施舍财物。就像这个时期许多凯伯沃斯人在遗嘱中所展现的，对穷人的慷慨捐赠值得关注，因为托马斯的家庭并不富裕，而且在遗赠的背后还潜藏着其他个人故事。例如，牧牛者威廉·科尔曼可能是托马斯的残疾亲戚，即在另一个邻居的遗嘱中所提到的"可怜的威尔·科尔曼"。可以看得出来，遗嘱坚持的内容中有一项体现了对于病残或贫困成员的社区责任感。

"诽谤与丑闻"

托马斯·科尔曼死于 1538 年，正值政府解散修道院，而且凯伯沃斯的神父威廉·佩雷森因发表反对国王宗教改革的言论被拘留。也正是在这个时候，罗伯特·梅森"先生"，托马斯·科尔曼在遗嘱中称其为自己教父的那位助理神父也深陷和教会权力之间的麻烦中。梅森是最早的有其相关细节留下来的凯伯沃斯学校校长，他与林肯主教曾在另一件事情上产生冲突。1540 年 3 月 14 日，在一次所谓的丑闻事件之后，主教在凯伯沃斯组织了一个教会调查团来"协调"教会的关系。这个所谓的丑闻故事简直匪夷所思。证人们称，梅森在教堂里与一位已婚妇女发生性关系，"玷污"了圣威尔弗里德教堂。有人指控他与凯伯沃斯的约翰·格林的妻子伊泽贝尔·格林（Isobel Green）行为不轨，不光是拥抱亲吻，还完全是"正如有人所宣称的"有"排放精液"行为的交媾。格林夫妇是居住在凯伯沃斯-比彻姆的佃户，约翰在前一年在村里被登记为民兵。这个故事是否完全属实另当别论，但考虑到不到两年前刚发生过神父佩雷森的案例，这说明郡里对传统宗教怀有敌意的人乐于在合适的时候编造诽谤性的故事，比如约翰·博蒙特他们。性诽谤对于抹黑天主教教堂具有特别的杀伤力，博蒙特本人就捏造过两名修女分娩的故事。梅森很有可能是诬告的受害者，但是此事也并非完全虚假，因为在这样一个封闭的社区里，假如没有丝毫不正当的迹象，伊泽贝尔·格林不太可能公开暴露在村庄的舆论之下。

通过适当的祈祷和仪式，教堂被洗刷干净，随后梅森还得为村里的土地买卖作证。那一年，保存在"学校盒子"里的一份特许状上签有他的名字，写着："这份特许状是由神父罗伯特先生签发的。"但罗伯特·梅森"先生"似乎没能长时间地挺过这桩丑闻，因为后来再也没有关于他的记录了。假如梅森真的爱上了一位教区居民的妻子，他在村子里的地位就不复存在了。梅森的继任者名叫理查德·佩特斯（Richard Pates），是一位具有一定身份的神职人员。但在这种日趋紧张的气氛下，佩特斯仅任职一年左右就因为没能"让自己适应当局要求的信仰转变"，即亨利八世的改革，而于 1541 年（也可能是 1542 年）失去了凯伯沃斯的圣职，并被判叛国罪。在佩特斯的案例中，我们对其被解职的更直接的"政治"原因有稍多了解：之所以被判有罪，是因为佩特斯与流放中的红衣主教——一位虔诚的天主教徒——保持着通信关系。不过佩特斯是一名肩负神职的外交官，凯伯沃斯只是他任职的地区之一，所以他很可能并没有在教堂山上的老教区定期居住。对佩特斯来说，幸运的是，罪行被宣布时他正在国外。
287　直到玛丽女王统治时期他才返回英格兰，并被委任为伍斯特主教。

　　在国家政治的大游戏中，凯伯沃斯的教区神父再次成了棋子。从
1542 年春到 1553 年夏，就管理而言，这个教区处于经验老到的新教
神父威廉·沃特金（William Watkyn）的掌控之中，他让凯伯沃斯度
过了爱德华六世时代的多事之秋。但等玛丽女王登上王位并恢复天主
教教义，沃特金就因拒绝遵守玛丽有关宗教崇拜的指令被剥夺圣职并
遭到囚禁。在 1553 年到 1554 年沃特金被羁押期间，凯伯沃斯教区神
父的职位又一次空缺，日常事务由助理神父和教堂执事来执行。1554
年，枢密院给莱斯特郡的郡长和治安法官写了一封信，允许"释放莱
斯特监狱的凯伯沃斯人威廉·沃特金，只要他没有被人指控或遭到
起诉"。

　　这个故事反映的不仅是地方的情况，也折射出整个国家的某种政
治现状。从 16 世纪 30 年代到 70 年代，一些教区由同一位教区神父
主持，德文郡的摩尔巴斯（Morebath）尤为出名。这些神父能够顺应
当局要求，引导教区居民适应这些剧烈的心理变化过程。而在凯伯沃
斯，神父换了一个又一个。不过，尽管这个村子里可能存在某些宗教
分歧，但人们似乎还是能够在某些层面团结一致，反对像博蒙特这样
追逐私利的权贵的干扰。这些人的贪念也危及学校的生存。在凯伯
沃斯地区，大部分经济窘困的小型修道院于 1536 年被解散，只有一
些小型医院和济贫院持续到 1538—1539 年。根据 1545 年和 1547 年
的法令废除小教堂的举动对村里的学校产生了直接影响，因为小教堂
的土地是同时担任学校校长的教堂神父的收入来源。实际上，根据

1547 年法令的规定，为教堂神父提供收入的土地是可用来给未来学校教师提供费用的，但政府官员们的亲信强取豪夺，把这些土地变作他们的个人财产，在乡村学校难以为继的情况下还要继续挖空心思攫取民间捐赠的土地。1547 年的法令总共取缔了 2000 多家附属于礼拜堂的小教堂和同业公会小教堂。但是凯伯沃斯的学校不仅得以生存，还保留了大部分捐赠财产。这要归功于凯伯沃斯－比彻姆采邑的领主约翰·达德利。达德利是沃里克伯爵，后来成为诺森伯兰公爵，他对于教育的兴趣使许多学校得到延续。在 17 世纪的一场诉讼案件的文件中，有一份证人陈述书中出现了凯伯沃斯欠达德利债务的线索。关于这位罗伯特·雷伊（Robert Ray）为有关学校起源作证时提供的说辞，内容是这样的：

288

> 他听学校公共不动产年迈的管理人托马斯·帕克说，时任凯伯沃斯采邑领主的诺森伯兰伯爵拥有凯伯沃斯某些土地的所有权，伯爵认为再也没有比将土地用于维持学校更好的用途了。

"共有的记忆荡然无存"

1558 年 11 月 17 日周一，伊丽莎白·都铎继承了英格兰王权。在接下来的周日，做完弥撒之后，凯伯沃斯－哈考特人和比彻姆人涌到户外，在教堂门口的巷子里点燃篝火，并向教区的穷人分发麦芽酒、奶酪和面包。和这个国家的每个教区一样，凯伯沃斯人也以传统

的仪式庆祝新的英格兰统治者的来临。那个周日正好是基督降临节的
第一天，领头的村民们聚在圣威尔弗里德教堂，共同宣布新女王的诞
生，并祈祷她的统治能为这个国家和人民带来繁荣与幸福。人们吟诵
"我们的天父"和"万福玛利亚"，教区神父诵唱适于天主教统治者的
拉丁语祷告文。会众的情绪可能是紧张不安的，因为国家的宗教政策
在短时间内发生了许多逆转。一些邻居和朋友成为新教徒，一些人倾
向于清教主义，更多的人是旧式天主教徒，但这个乡村社区的人们长
期以来总是能够在宗教分歧与摩擦中相安共处。

伊丽莎白本人是一位虔诚的新教徒，但并非热心的改革者，她不
希望强迫人们领圣餐，不想"开启人类心灵的一扇窗户"。不过，女
王和幕僚们还是决定，要让其父止步不前的新教改革重回轨道。1559
年 7 月，伊丽莎白政府颁布了禁止"迷信行为"的命令，并要求"传
播真正的宗教"。教区神父（主要是玛丽女王教堂的那些）被要求接
受新的仪式、新的祈祷书和经过批准的新教《圣经》。残留的祭坛和
雕像、幸存的壁画和彩色玻璃，还有仪式用服装和神父做弥撒时穿的
无袖长袍等都要被清除。在这个国家的许多地方，教堂执事都被要求
准备一份文件，其中需要有全部"教堂财产"的清单、"教区内所有
领圣餐者的姓名、所有自仲夏以来埋葬于教堂墓地的死者姓名、12
个月内的受洗者和结婚者的姓名"。在一段时间内，一些在爱德华统
治下被取缔或遭到质疑的习俗重新得到了暂时的许可，人们又可以做
古老的祈祷游行了，能够痛饮"教区啤酒"，刚生孩子的妇女可以做
"安产感谢礼"（她们在生出孩子后要被隔离 1 个月，期满后在教堂里
进行净化，并举行家庭感恩盛宴）。一时间，这些习俗在缅因街重现，

但对旧宗教的管制却在收紧。

在凯伯沃斯，正如我们所看到的，尚不确定天主教信仰是否在爱德华时代就已成为过去，但假如还没有消失殆尽，我们一定也能够想象这部分残余的最后的改变：教堂的墙壁被粉刷成白色，神父的礼服、无袖长袍和弥撒带被廉价处理。那些服饰中有一些可能是由古老乡村家族的女性"用白色锦缎和蓝色丝绒"精心刺绣而制成的，并且作为礼物奉献给教堂，清教徒喜欢称之为"亚摩利人的文物"，这些都不复存在了。从教堂遗址中，尤其是通过那些被工人拆除下来、支撑十字架圣坛阁楼的石材，能够看到 16 世纪中期发生的一切。也许，那些被人敬拜已久的上漆的木制原始基督雕像，连同深受凯伯沃斯人喜爱的穿戴蓝衣、头顶黄金光环的圣母玛利亚彩色雕像，一道在教堂外的篝火中化为灰烬。在曾经的教堂中殿的过道处，只剩一个或许曾经用于洗礼的石头洗盆尚在，标志着这里是昔日的圣地所在之处。

王家禁令要求"清除宗教场所的一切偶像崇拜和迷信的迹象，曾经镶嵌在教堂和修道院的墙壁上、彩色玻璃上、窗户上或其他位置的共有的记忆就此荡然无存"。可以想象，对于神父和助理，还有教堂执事以及乡村陪审员们来说，事到如今只能平静地接受已经发生的事情并顺势而为了。德文郡有一个教区，会众们一开始不愿意去除十字架圣坛阁楼以及耶稣受难像，因此遭到了逐出教会的威胁，于是他们只能悲哀地服从："若不拆除十字架圣坛阁楼，我们就要被逐出教会，所以大家不得不同意拆掉它。我们可能因此而失去了往日的神圣时光。"毫无疑问，托马斯和艾格尼丝·科尔曼，还有他们的邻居们都会对此表示赞同。

托马斯·雷伊

事态发生几个月之后，托马斯·雷伊去世了。雷伊是一个富裕农民，他的遗嘱是自伊丽莎白的新秩序建立以来第一份由凯伯沃斯人留下的遗嘱。雷伊是典型的"现代"农民和小绅士：他是村子的外来者，与科尔曼家族所属的农民阶层迥然不同。雷伊甚至还有一条"羽绒床垫"。遗嘱拟定于伊丽莎白登基（随后颁布《教会统一条例》）后不到一年时间的 10 月份。遗嘱中已不再允许涉及"天堂的伴侣"和圣母玛利亚，更不用说"凯伯沃斯的圣母玛利亚"这样旧有的天主教说辞了，尽管遗嘱本身仍然提到要给予母教堂小额捐赠。遗嘱中也不再提及为亡灵祈祷的"30 天追思弥撒"或祈求"我的天父"护佑。不过，雷伊的遗嘱反映出了私人财产的另一面：他的私人住宅有不同的房间，包括客厅、大堂和内室，而诸如科尔曼这样普通农民家庭出身的人也许只能住在简单的带有过道的房子里。一如这个时期的许多凯伯沃斯人，雷伊对穷人的遗赠是慷慨的。遗嘱中提到的迈克尔·考克森（Michael Coxon）不是村子里的世袭地产保有人，他很可能是托马斯·雷伊农场里的工头或农场管理人，也可能是雷伊的妻弟。这份遗嘱尤其感人的是，在明知妻子玛格丽特可能要再婚并"离开农场"的情况下，雷伊还是为她留下许多财产。两人的独生儿子尼古拉斯尚年幼无知，所以玛格丽特也许要比雷伊年轻很多。遗嘱的具体内容如下：

291

以上帝之名，阿门！公元 1559 年 10 月 18 日，我，莱斯特郡凯伯沃斯–哈考特的托马斯·雷伊，绅士，虽然身体有病，但感谢上帝，思维和记忆健全，现订立临终遗嘱如下。首先，我将灵魂交给万能的上帝，我的遗体将被埋葬在凯伯沃斯的教堂内。事项 1. 我向林肯的母教堂遗赠 4 便士。事项 2. 我为教区的穷人留下 10 先令。事项 3. 我将两头奶牛和 11 头小猪遗赠给迈克尔·考克森。事项 4. 一条羽绒床垫、家中的所有物品、属于我的一些服装、我的债务和丧葬费等，由我的妻子处置。事项 5. 我的妻子玛格丽特和儿子尼古拉斯是我的遗嘱执行人，我将包括动产和不动产在内所有未曾遗赠的剩余财产留给他们，由他们平均分配。事项 6. 当我的儿子尼古拉斯到了法定继承年龄，我所租赁的农场以及属于他的所有物品将传给他。事项 7. 假如我的妻子因再婚而离开农场，我将农场交由上述的迈克尔·考克森经营，直到我的儿子到达法定继承年龄。事项 8. 万一我的儿子在合法继承年龄之前受到上帝的召唤而去，属于他的财产将由我的妻子与上述的迈克尔·考克森均分。事项 9. 我指定尼古拉斯·克劳德斯里作为我的临终遗嘱执行的监管人。为酬谢他的辛苦付出，我赠予他一头老牲畜（作者注：可能是一头驴子）作为象征性的回报。

罗伯特·卡特、汤姆·布莱恩、迈克尔·考克森和助理神父罗伯特·巴顿"先生"共同见证了这份遗嘱。遗嘱还附有一份由雷伊的邻居威尔·克拉克、罗伯特·卡特、汤姆·布莱恩和汤姆·布雷斯等人拟定的家产清单，他们在雷伊死后与村庄公证人一起查看了死者屋内的遗产。这份清单生动地反映了宗教改革中期一个凯伯沃斯富裕农民家庭的详情：这栋住宅带有阁楼、私人客厅和卧室，配备了各种新式家居设施。它很有可能就是缅因街上如今所谓的"庄园主宅邸"，也就是后来成为执行官住宅的那一栋。家产清单还明显说明雷伊拥有一处酿制麦芽酒的作坊，酿造的麦芽酒可供家人、仆人和农业劳动者饮用。此外他还拥有为布料染色的作坊。让我们来看看雷伊拥有的包括牲畜、农具等在内的各色家产：

292

牲畜与农具：

1 匹种马和 7 匹阉马（价值 10 英镑）；

2 匹母马和 2 匹马驹（价值 4 英镑 6 先令 8 便士）；

14 头猪、6 头小母牛和 2 头公牛（价值 22 英镑）；

7 头两岁的母牛和 4 头一岁的小牛（价值 4 英镑 10 先令）；

1 头公猪和 12 头肥猪（价值 40 先令）；

3 头母猪和 8 头猪崽（价值 46 先令 8 便士）；

20 头小猪（价值 15 英镑）；

鹅和鸡（价值 20 先令）；

1 个蜂箱（价值 3 先令 4 便士）；

1 辆包铁的二轮运货马车，1 辆裸车和 2 把犁，以及配件（价值 3 英镑）；

犁木和轮轴（价值 33 先令 4 便士）；

6 副犁耙（价值 12 先令）；

木板和木料（价值 8 英镑）；

小麦和黑麦（价值 6 英镑 13 先令 4 便士）；

大麦和麦芽（价值 18 英镑）；

豌豆（价值 13 英镑 6 先令 8 便士）；

干草（价值 10 英镑）；

牛栏和猪圈（价值 40 先令）。

大厅内的家具：

1 张木桌，上铺桌垫，附带 2 把椅子和 7 条餐凳（价值 20 先令）；

1 个橱柜，上铺垫子，附带 9 个带有挂饰的靠垫（价值 30 先令）。

食品室的用品：

1 套碗盘、10 个烛台和 4 个小汤碗（价值 3 英镑 10 先令）；

1 个流苏盘子、2 罐盐、1 个盆子、1 个大口水壶、1 个黄铜制的臼和 1 个杵（价值 10 先令）；

3 个锡制的盆子和 1 个长柄勺子等用具（价值 20 先令）。

新起居厅里的家具：

293

1 张含床品的大床，1 张简易小床，1 个铺有盖巾的衣柜，2 个带有挂饰的保险柜（价值 10 英镑）。

旧起居厅里的家具:

1 张含床品的大床,4 个柜子,1 个带有挂饰的折叠床(价值 6 英镑 13 先令 4 便士)。

精良的亚麻织物:

1 块桌布和 1 条毛巾(价值 40 先令);

12 块桌布和 3 打餐巾(价值 5 英镑 16 先令);

1 打橱柜布(价值 40 先令);

26 套床单(价值 40 英镑)。

次等的亚麻织物:

28 套床单(价值 10 英镑)。

起居厅的附属储藏室内的物件:

10 块餐桌垫布(价值 10 英镑);

5 套粗亚麻毯子(价值 6 英镑 13 先令 4 便士);

7 套羊毛毯子(价值 4 英镑);

2 张沙发床和 4 套羽毛褥垫(价值 16 英镑);

3 条"棉花"床单、6 个长枕和 16 个枕头(价值 9 英镑);

8 套床罩,其中 2 套为鲜红色的(价值 20 英镑);

2 床被褥(价值 40 先令);

1 张带有帷幔的大床(价值 40 先令);

5 条小凳子、2 把椅子和 8 个靠垫(价值 20 先令);

1 口大箱子以及其中的物品（价值 20 英镑）；

1 张折叠床、2 个柜子、1 个保险柜和 1 张大木床（价值 13 先令 4 便士）；

挂饰（价值 6 英镑 13 先令 4 便士）。

食品室的附属储物间内的物件：

2 张床架，1 个柜子，1 个带有彩色挂饰的保险柜（价值 13 先令 4 便士）。

大厅的附属储藏室内的物件：

294

1 张床架，1 副羊毛马具以及挂饰（价值 40 先令）；

28 磅羊毛以及其他一些物品（价值 3 英镑）。

仓库内的物件：

铁锹、干草叉和铁铲等农具（价值 40 先令）；

贮奶间和贮肉间里的用于腌制食品（如腌肉等）的坛坛罐罐和烹调盘等物品（价值 20 先令）；

酿酒房里的物品（价值 6 先令 8 便士）。

厨房里的物件：

2 个铜锅和 1 个铜平底锅（价值 40 先令）；

3 个坩埚、1 个烤盘、1 个烹调盘和 3 个烤架（价值 13 先令 4 便士）；

2 套餐具柜、5 根烤肉扦和 2 个接油盘（价值 13 先令 4
便士）；

1 把铁火叉、2 把火钳、2 个风箱、2 把铁铲和 1 把 U 形夹
（价值 14 先令）；

女仆起居室内的物件（价值 6 先令 10 便士）；

男工房内的物件（价值 6 先令 8 便士）；

1 个染色用的大缸，1 卷用于清洁的粗布和 1 卷亚麻布（价
值 1 英镑 6 先令 8 便士）；

成衣（价值 20 英镑）。

我们可以从雷伊的遗嘱中发现，在凯伯沃斯，16 世纪中期的变
化不仅体现在心理上，也反映在物质上。暂时的苦难一旦消失，占有
性的个人主义就自然地显现出来。当时有大量民居正在重建，对于像
雷伊家族这样的中产阶级来说，这种转变还伴随着生活水平的大幅提
高。旧的习惯也在发生改变，人们越来越追求私人空间，财产已成为
地位的标志之一。对于还能回想起亨利八世统治时期的老者而言，那
也是雷伊所生活的年代，"在他们的记忆中，英格兰有三个惊人的变
化"，那就是：民居中普遍出现烟囱和壁炉（自 1609 年以来有关凯伯
沃斯的最早的图示非常引人注目），私人住宅中积累了大量财富，中
产阶级餐桌上出现了丰盛的食物。在托马斯·科尔曼父母出生的那个
旧世界，一家人居住在一个公共大堂里，睡在简陋的草垫床上，"头
枕一根光洁的圆木"（分娩时的妇女才能享用柔软的枕头）。如今，就
雷伊的住宅而言，他家拥有一个大厅、一个食品室、新旧起居厅（还

各自附有储藏室）、一个厨房和一个储物间，除此之外还有仓房和畜棚。事实上，雷伊甚至还有分别供男女仆人居住的"女仆房"和"男工房"。自 14 世纪以来，雇用仆人在村子里已经十分常见，1381 年的人头税单中就提到了 20 个仆人的名字，其中 9 人为女性。不过，雷伊的遗嘱似乎标志着这个村子的故事的新阶段。从缅因街以及邻近巷子里其他住家的情况来看，附在遗嘱上的家产清单显示出同样的家庭内的画面：这些人家中的墙上不乏挂毯和彩绘布，桌上有锡器、铺着亚麻细布，有黄铜制品和木制家具等。正如 16 世纪 70 年代的一位作家所描述的："现在时兴装饰，地位较低的人家也不例外。就连下等工匠和许多农民也都学着用金属板装饰橱柜，用绣帷和丝绸挂饰装饰床铺，用上好的亚麻布装点餐桌。"都铎王朝时期的室内装饰风潮已经悄悄进入凯伯沃斯，至少对于居住在缅因街上的上等人家来说是这样的。

女人的担当

接下来，让我们来看看最后一份凯伯沃斯遗嘱的例子。这是凯伯沃斯－比彻姆的伊丽莎白·克拉克于 1580 年拟定的临终遗嘱，反映了一名妇女在都铎王朝后期的地位。到此为止，宗教改革已经经历了几个阶段。尽管反宗教改革势力还在部分地区反击耶稣会的传教活动，但到了 1580 年，政府已在这个国家的大部分地区取得了胜利。凯伯沃斯也不再有宗教冲突的迹象了。从克拉克的遗嘱中可以看到，都铎王朝时期的女性对于施舍穷人的热心，以及她们对于和包括自己的姐妹在内的其他女性的关系、村子里的友情的注重。克拉克的

296

家产清单很详细，列出的内容包括长枕、床用织品、床罩和台布等，生动地显示了一名伊丽莎白统治时期的女性所拥有的财产。遗憾的是，克拉克是否有藏书并未被提及。或许，即便她有藏书，评估人罗伯特·布莱恩和理查德·夏普也并未将其列入评估范围之内。这两人经常为人评估财产，但只是中等生活水准的农民。克拉克很可能具备一定的读写能力，而且在她生活年代的东米德兰和东盎格利亚地区，在她这个阶层中，像克拉克这样能够拥有一些通俗小册子和启蒙读物并且能够用英语做晨祷的女性并不少见。当时的凯伯沃斯甚至还有一个提供宗教书籍的市场，能看到惠特福德（Whitford）的《家用作品集》（ *A Werke for Householders* ）和尼古拉斯（Nicholas）的《家庭教导规则》（ *Order of Household Instruction* ）等图书。罗拉德派的书籍肯定在更早的时候就已出现在凯伯沃斯，其教义对村里的妇女们产生了重大影响，甚至可能为她们留下了某种传统。

克拉克捐赠给穷人的财物相当于一个小农半年的报酬。按照平均收入指数换算的话，相当于今天的 2500 英镑。在订立遗嘱的时候，克拉克的丈夫已经去世。尽管这份遗嘱中关于家具和餐具的名目比犁耕用具要详细得多，但还是可以看出，像这个阶层的所有女性一样，克拉克谙熟农活，清楚地了解畜棚里的牲口。这份遗嘱的词语拼写已接近现代形式，但语言带有她本人的特色，内容如下：

> 以上帝的名义，阿门！我，凯伯沃斯－比彻姆的伊丽莎白·克拉克，感谢上帝，在我记忆健全的情况下，于公元 1580 年 6 月 1 日——女王统治的第 22 年——订立如下遗嘱。首先，我将

灵魂交到我的造物主和救世主耶稣基督的手中，将我的躯体埋葬在凯伯沃斯的教堂墓地。此外，我向林肯的母教堂捐赠 2 便士，给穷苦人家留下 12 便士，给我的女儿艾格尼丝留下 46 先令 8 便士。另以现金或等值财物的形式为艾格尼丝留下 20 先令，作为她在结婚那天要支付给她的姐妹们的费用。我还给她留下 2 套亚麻床单、4 套镶边的无绒毛床单、1 张亚麻台布、1 张无绒毛台布、1 个长枕、2 个枕头、1 条毛毯、4 条餐巾、1 条毛巾、2 个盘子、1 个锡盘、1 个碟子、1 个铜壶、1 个铜平底锅、1 副烛台……

克拉克给第二个女儿伊丽莎白留下了类似的遗产，然后为她的邻居们留下了遗赠：

我给爱丽丝·查普曼的孩子安妮·伍德和威廉·伍德留下 6 先令 8 便士，让他们两人平分，并在孩子们 16 岁时支付。我也给爱丽丝·查普曼的孩子玛格丽特和托马斯留下 3 先令 4 便士，让他们两人平分，也在 16 岁时支付。我给约翰·克拉克留下 26 先令 8 便士，在我去世后的一年内支付；并给他的孩子们留下 20 先令，在我离世后的 4 年内支付。我给托马斯·克拉克留下半亩大麦地，并分别给他的每个孩子留下 1 只母羊和 1 只小羊。我给我的两个教子分别留下 6 便士。我给我的妹妹玛杰里·古尔德留下 12 便士。我给妹妹露西·格林留下 12 便士和 1 条床单。我给爱丽丝·普尔留下半棒子麦芽和半棒子玉米。我还分别给托马斯·马丁、托马斯·帕帕尼尔、约翰·赖特和理查德·海

297

伍德留下 1 托尔福（tolfoot）玉米。我指定我的儿子劳伦斯作为遗嘱执行人，所有未加遗赠的剩余财产以及所需的丧葬费均由他来处理。我让理查德·夏普和罗伯特·布莱恩作为遗嘱执行的监管人，并分别为他们留下 6 便士作为回报。见证者有尼古拉斯·德肯、休·苏索尔、约翰·克拉克等人。

旧秩序的消逝

伊丽莎白·克拉克的葬礼在 1580 年的一个大热天于圣威尔弗里德教堂墓地举行。我们不知道克拉克是怎么死的，但她很可能长期患病并经历了数月甚至数年的病痛。当村里的医生能提供的大部分医疗手段都无法缓解病痛时，她就到了思忖自己即将死亡的时刻。像这个阶层所有虔诚的女性一样，"体面地死亡"的艺术是一门重要的人生必修课。一个人甚至可能会阅读如何"学会死亡"的自助手册，比如托马斯·培根（Thomas Becon）的《病人的救助》（*Sick Man's Salve*，1561）。那些旧的确定的东西已不复存在，强大的个人的基督教力量与决心就必须加以培养。虔诚的女性尤其被看作能够"自如应付上帝之决定的榜样"。

尽管孩子和近亲会陪伴这些女性走过最后的日子，但从长远的观点来看，新教改革的一个更深刻的影响就是割断了死者与生者之间的关系。许多传统的信仰与习俗花了很长时间才逐渐消逝，但在由凯伯沃斯神父主持的葬礼仪式上，按照新教的正统观念，神父不再具备为死去的新教徒祷告的能力。在葬礼后举行的绝大部分传统的天主教代祷仪式已被清除。亨利八世时期那些像"第二天性"一样被村民熟知的风俗，比如为亡者连续做 30 天追思弥撒、唱挽歌和祷告等也都遭到拒斥。也许伊丽莎白·克拉克在内心深处仍怀念着佩雷森神父为村里老一代人所做的古老而熟悉的祷告，也许她的耳边仍回响着神父的亲切代祷声："将我的灵魂交给我的造物主和救世主——全能的上帝，交给最纯洁的圣母——万福玛利亚，以及所有神圣的在天之灵。"但对于克拉克和家人来说，如今在教堂里举行的仪式，已与改革之前由"神父们"主持的仪式，比如佩雷森为凯瑟琳·波尔或汤姆和艾格尼丝·科尔曼所主持的仪式截然不同了。

若是遵循旧礼，就像克拉克的老邻居们从自己父母的葬礼上所看到的那些印象深刻的场景，人们会抬着灵柩列队进入教堂，威廉"先生"在圣坛高处的耶稣受难像前吟唱诗篇，并在遗体上洒下圣水和焚香致敬，祝愿死者的灵魂在通往天堂时一路顺风：

> 全能而永恒的上帝，我们谦卑地祈求您的慈悲，我们将您的仆人的灵魂托付给您。我们已将她的躯体安葬在适宜的地方，并交到您在凡间的族长亚伯拉罕的怀中。当应许之日来临，她便会在您所拣选的圣徒中复活。

299

威廉和助理以及村中的教士们会按照惯例在灵柩前为死者"吟诵弥撒和挽歌……"，并最后在"我们凯伯沃斯的圣母玛利亚"金色雕像周围闪烁的烛光中敲响丧钟。

然而实际情况却是，克拉克的葬礼在一座用石灰粉刷的教堂里举行，主持者是一位身着黑衣的新教神父。葬礼完全变成了一件枯燥的事务。关于"托付"的说法一直延续到 1549 年，但已没有圣水，也不再熏香。灵魂的观念最终在爱德华六世时期的 1552 年被清除，而且从未在英格兰教会中得以正式恢复：如今灵魂直接进入它应去的地方，无须任何代祷、引荐或托付。所有人最终的结局都是肉身归于尘土。一位 16 世纪 70 年代的主教为葬礼制定的一套规则在无意中揭示了古老的乡村仪式持续遭受着涤荡：

> 任何迷信行为都不应该有，天主教徒却还在竭尽所能冒犯死者。哀悼者应该弃绝弥撒、挽歌、30 天追思弥撒、吟唱、钟声、圣水、年月日纪念、十字架和宽恕信等。还有更多我能想到的，比如孩子们吟诵《地狱记》、为死者烧钱、守望尸体、敲钟和悬挂横幅等。

因此，新教改革不仅对仪式进行了彻底的调整，还对救赎过程本身，即所谓的"概念上的地理位置"进行了根本修改：现在，灵魂究竟去往何处？在一个备受宗教折腾的时代，这是一个事关个人重大时刻的问题，在理解难度上不亚于哈姆雷特后来所表达的令人焦虑不已的难题。1552 年的祈祷书和神父布里奇在伊丽莎白·克拉克的葬礼上所使用的祈祷书（由伊丽莎白一世的继任者所规定）是这样声称的：被拣选的灵魂将立刻"从肉身的重负中解脱出来……并在快乐与幸福中"与上帝同在，无须向上帝祈求眷顾。神父只是欢欣地说"您喜悦赐福，让我们的这位伊丽莎白妹妹脱离罪恶生活的苦难回到您身边"。

因此，近千年来天主教徒一直为亡者举行的、帮助其灵魂摆脱炼狱煎熬的 30 天追思弥撒成了"幼稚的迷信"。但不可避免的是，这些宗教实践已经在这个国家根深蒂固，需要几十年时间去讲道、规训与惩罚才能给一切画上句号。虽然葬礼的筵席"不被这个国家的法律允许"，但仍在凯伯沃斯和各地继续存在。在克拉克去世前的 30 年里，甚至是在这之后，为死者准备葬礼、为其灵魂祈祷的要求仍出现在当地人的遗嘱中。在死者去世周年举行的纪念活动以及宗教聚会也可能一直持续了下来。对于鬼魂的信仰经历了更长的时间才得以消除。我们不知道克拉克的子女是否在她的棺木上撒下被禁的花朵，但是包括布里奇在内，全国各地的许多教区神父都需要对人们的情感诉求做出让步，才能帮助教区居民适应"时代革命"。

我们借由伊丽莎白·克拉克的葬礼概述了亨利国王的改革对凯伯沃斯所造成的影响，因为官方能提供的反映一个社区 50 年生活的资料少之又少。这些村民的临终遗嘱为我们了解他们所经历的变化提供了一些难能可贵的线索。从某种意义上说，这些资料用自己的语言最生动地揭示了社区的古老需求：凯伯沃斯的农民生活的延续；土地、家庭和遗产的重要性；与邻里和子女的牢固关系；甚至还有对于穷人的关照。但我们也能发现，随着旧的社区性组织结构逐渐发生变化，关于财产、所有权和个人主义等的新观念也在不断发展。这些新观念将会影响凯伯沃斯人的未来，当然，也将影响英格兰人的未来。

第十五章 变革的世纪

17 世纪最初几年的大雪让我们仿佛回到 8 世纪或 14 世纪初那样鲜明的图景之中。在伦敦，泰晤士河整个结了冰，寒冷的冬天仿佛将人们带回曾经的"雪花在风中飞舞"的诗意时光。但结冰和坑洼不平的道路让外出旅行变得尤其困难。特伦托河以北的主干道更是有名的"王国中最糟糕的道路之一"，"泥泞不堪"，马车几乎是"被强行拖着"前进。英格兰中东部的旅行者评论说，"想要像古时候的罗马人一样"适当地修建全新的道路系统太艰难了，"负载如此沉重，要搬运的材料又那么多，每年都会因过度劳作累死大量马匹的"。丹尼尔·笛福（Daniel Defoe）在其稍后的旅行笔记中写道，从北安普敦穿过哈伯勒到莱斯特的这一段路（经过凯伯沃斯），"对旅行者来说非常可怕……道路破败，疏于维修，在某些季节极为危险"。1606—1607 年冬天的状况最为糟糕。当时，为了给一位贵族在乡间别墅举办的家庭派对创作一出假面剧，诗人约翰·马斯顿（John Marston）曾沿着这条路前往莱斯特，他描述说，贵妇人乘坐她们的马车一路颠簸赶来参加聚会，头发由于"结满了透明的冰柱"而闪闪发亮……"假发上沾满了雪花，赤褐色的斗篷边缘都结起了冰，一个个冻得身体僵硬"。

凯伯沃斯人已经在 1605—1606 年的瘟疫中损失惨重，在接下来的漫长冬天里又只能瑟瑟发抖。为了在恶劣的天气下取暖，几乎家家户户都有烧煤的烟囱。对于村民们来说，一家拥有两三个壁炉乃是正常之事，以至于 17 世纪时政府开始根据壁炉的数量征税。拥有 4 个壁炉的人家不在少数，像雷伊家这样的甚至拥有多达 8 个壁炉。这个时候，村里的人口正呈上升趋势。14 世纪的灾难过去之后，英格兰的人口持续复苏，到了 17 世纪前半叶，增长更是迅速：从 1601 年到 1656 年，估计全国人口数量从 410 万增加到了 530 万。凯伯沃斯-哈考特的人口也在稳定增长，但比较缓慢，并未超过 14 世纪时村子的人口水平。从默顿学院保存的一张漂亮的哈考特地图上，可以看到房屋仍然像几个世纪以来那样坐落在旧树篱内，住宅和花园分布在缅因街两旁。雷伊一家居住在前执行官的住宅；考克森一家居住在小修道院的农庄里；波尔家族的最后一位男性约翰·波尔居住在"小羊巷"；伊丽莎白·克拉克儿子的好友罗伯·布莱恩和奥斯温居住在"小羊巷"尽头的村庄篱围旁。

作为一个整体教区，在 1563 年伊丽莎白统治早期，这里有 82 户

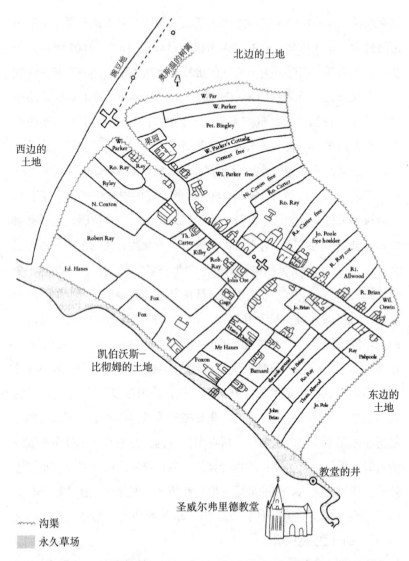

西边的土地

北边的土地

贱豆地

奥斯温的树篱

果园

W. Par
W. Parker
Pet. Bingley
W. Parker's Cottage
Graunt free
Wi. Parker free
W. Parker
Ro. Ray
Ray
Ryley
N. Coxton
Robert Ray
Ed. Hanes
Ni. Coxton free
Ro. Carter
Ro. Ray
Th. Carter
Kilby
Rob. Ray
John Ore
Gage
Fox
Fox
Ra. Carter free
Jo. Poole free houlder
R. Ray cot.
Ri. Allwood
R. Brian
Wil. Oswin
Jo. Brian
Henry Barrett
Mr Hanes
Foxon
Barnard
the wide grene
Jo. Bean
Ro. Ray
Thom Almond
John Brian
Jo. Pole
Ray Pishpoole

凯伯沃斯-
比彻姆的土地

东边的土地

教堂的井

圣威尔弗里德教堂

～～ 沟渠

▨ 永久草场

默顿学院保存的哈考特地图，1609 年。（由于本书并未详细列出哈考特每一
户村民的姓名，难以将地图上的人名准确对应到相应的人身上，这张地图仅
翻译地名、地标，以供读者对比参考。第 441 页地图也是此种情况。——编注）

应纳税家庭，到了伊丽莎白统治末期，在教堂登记在册的领受圣餐者多达 444 位。这些登记在册的人员年龄均超过 14 岁，意味着此时的人口已增加到 600 人左右。到了 17 世纪中期，有将近 200 户家庭均匀地分布在凯伯沃斯-哈考特、凯伯沃斯-比彻姆和斯密顿，人口约为 800 人。尽管发生在这个世纪的传染病导致很多人死亡，但人口总数仍在增加。斑疹伤寒、流行性感冒和瘟疫并未销声匿迹，歉收和饥荒的危险时时存在。从伊丽莎白统治后期到 17 世纪 90 年代，曾出现过三个高死亡率时期。先是 16 世纪 90 年代，有 62 名男子、妇女和儿童死于瘟疫。然后是 1605 年到 1606 年的这段时期，死于瘟疫的人更多，达 79 人。仅在那个夏天就有 33 个男人和 34 个女人被埋在教堂墓地里，不过村民们在保护孩子这方面做得很成功，只失去了 2 名儿童。凯伯沃斯的最后一次瘟疫大暴发发生于 1657 年冬季到 1659 年夏季，造成 57 人死亡，其中包括 16 名儿童。但是，这里的人们全力以赴地应对了灾难，并且避免了 1612 年和 1639 年的异常歉收所带来的饥荒。只有 1698 年的荒年让这个村庄的死亡率再次飙升。

农民起义

304

英格兰乡村仍然处于风雨飘摇之中，就像 14 世纪那样。在 17 世纪的最初十年，中部地区农村的贫困人口陷入了困境。贪婪的地主翻耕了树篱，把公耕地中的条田用来牧羊，导致在中部地区的乡村零星出现了针对这种圈地行为的暴力事件。在中部的"香槟"地区，旧有的公共社会正在瓦解。1607 年 6 月的第一周，沃里克郡和北安普敦郡发生了大规模的农村暴动，数千名农民和农业工人举行了针对圈地者的示威游行。在莱斯特郡，凯伯沃斯南边的科特斯巴奇（Cotesbatch）发生了乡村暴动，大批农业工人拆除了栅栏和树篱。这些造反者自称"挖掘人"，沃里克郡的"挖掘人"一边游行，一边高唱充满了劳动者爱国精神的歌曲：

> 我们从汉普顿的田园揭竿而起，
> 我们是贫穷的挖掘人和临时工，
> 为了国民整体的共同利益，
> 我们将英勇战斗直到死亡……

"挖掘人"还发表了一份书面宣言，并将他们的诉求提交给地方政府，也就是治安官和不动产权保有者。他们以一种近乎莎士比亚式的想象把自己描绘成英格兰政体的分支，并仍然忠于国王：

> 亲爱的朋友们，所有臣民们，我们期待一位有名望的国君，并作为他最忠心的民众，祈求他的王权永驻……但作为整个国家的成员，我们确实感受到那些暴君在不断侵害我们，他们会在贫穷的磨石上把我们的肉身磨成粉末……

在希尔-诺顿（Hill Norton），3000名造反者聚集在一起反抗"欺凌百姓和压榨穷人的暴君"。作为回应，当地的治安官和贵族阶层组建起武装队伍，并在莱斯特市中心架起了一座绞刑台。6月8日，在

305

位于牛顿村的北安普敦郡边界地带，近 3000 名农民组成的造反队伍遭到了由地方当局扶持的私人军队的袭击。造反者很容易就被驱散了，有 50 人被打死。叛军首领们被拖到了北安普敦，并立即被判处死刑，在城中心的行刑处被绞死后肢解。

这种残忍的惩治让整个中部地区的许多人胆战心惊。6 月 21 日，在北安普敦，罗伯特·威尔金森（Robert Wilkinson）在一次布道中采用了"挖掘人"所宣扬的国家政体的一个分支的说法来反对一切暴力，并讲到统治者是在"以更大的邪恶来对付邪恶"。硝烟在空气中弥漫，预示着未来会有更大的混乱。到当时为止，凯伯沃斯尚未涉及因圈地而引发的大规模战斗。大约 200 年之后，凯伯沃斯仍然用于耕种的公田以及放牧的土地数量显示，这个村子直到最后一直保持着公田制。但在凯伯沃斯周围，许多其他这样的村庄已经不复存在。而且，在整个英格兰，过去在伊丽莎白时代曾被压制的劳动者的呼声现在越来越强烈，人们越来越直言不讳，也越来越具有自我意识和文化水准。无产阶级以及所谓的"中产阶级"的性质发生了变化，为内战埋下了导火索。这里所说的中产阶级比以郡士绅为基础的特权阶层更希望在地方事务中拥有较多发言权。整体来说，在 17 世纪的革命背景下，教育发挥了重要的作用。

崇尚文化的社会

16 世纪是英格兰在政治、宗教、经济和社会各方面都处于动荡与变化的时代。宗教改革摧毁了许多为社区服务的中世纪体系，但都

铎王朝时期在教育方面取得了巨大的进步。伊丽莎白统治时期创建了
160 所文法学校，使得英格兰成为当时世界上最有文化的国家。在亨
利八世及其子爱德华解散修道院、废除行业公会和小教堂之后，传统
的慈善和社会福利机构发现自己被一群正在崛起的贵族和中产阶级掠
夺，而后者在大规模的土地吞并热潮中获利匪浅。在凯伯沃斯，文法
老师是长久以来就存在的，甚至可能存在一个"学校"。按村里的传
统说法，这间学校由"造王者"沃里克创建于玫瑰战争时期。凯伯沃
斯的"文法学校"和大多数乡村学校一样，早期只不过是由一位小教
堂的神父对孩子们进行教学的场所，地点就设在教堂中殿的一角，冬
季可能设在私人住宅内，经费来源于由当地村民捐赠给小教堂的"学
校用地"所产生的租金。在宗教改革期间，正如我们所看到的，由于
凯伯沃斯-比彻姆的采邑领主约翰·达德利的干预，这些用地得以保
存。据凯伯沃斯绅士罗伯特·雷伊所说，约翰·达德利让学校用地免
于被人侵占，"极好地让它们用于维持学校的运作"。

在 1595 年颁发并幸存下来的有关凯伯沃斯学校获得的不动产的
特许状中，提到了 18 个名字，这些人被指定为受托人。这个团体是
不同社会阶层共同参与学校管理的有效证据：2 位骑士、4 位绅士、9
位自耕农和 3 位农夫，一个真正的伊丽莎白时代的"乡村共同体"。
想必他们都热爱教育事业，并希望让自己的孩子接受教育。这个团体
中的骑士和绅士大多来自村外，郡里有名望的人物参与到学校管理
中也证明了这所学校在这一带的重要性。在 4 位绅士中，只有罗伯
特·雷伊是凯伯沃斯居民。罗伯特是托马斯·雷伊的孙子，我们在前
面描述过雷伊的遗嘱（参见第 382 页至 389 页），他是凯伯沃斯居民。

306

在 9 位自耕农受托人中有 7 位是当地人，他们是哈考特的托马斯·福克斯和理查德·波尔，比彻姆的约翰·伊利夫，斯密顿-韦斯特比的萨迦利·查普曼、亚瑟·克劳兹利、理查德·布莱恩和詹姆斯·赖特。这些人德高望重，都是耕种自己土地的"起誓者"。3 位农民分别是比彻姆的威廉·弗里斯比、威廉·斯密顿，以及斯密顿-韦斯特比的威廉·古德。让人感到意外的是，16 世纪的农业劳动者竟然能在一所文法学校的董事会中担任角色，但这其实是那个时代的"乡村共同体"的标志之一：在乡土社会中，普通的自由民同样可以受人尊敬。这些人并非全都识字，半个世纪后，一些学校受托人仍以自己姓名的首字母签名。但人们深知文化的价值，并渴望让自己的孩子接受教育。

1601 年，即伊丽莎白一世去世的两年前，政府采取了措施，整治在半个世纪以来的剧变中兴起的私人慈善机构在管理上存在的问题与弊端。那一年的《济贫法》让救济贫民的管理权又回到了市政当局手中（由宗教机构和行业公会支撑的宏大的中世纪慈善体系的崩溃，是宗教改革所带来的副作用之一）。与此同时，《善款用途法规》要求对当下的慈善捐款状况进行调查，以便确保遗赠被用于预期目的，并将最终监督权掌握在国家手中。这项法规在序言中提到了普遍存在的弊端，也就是众所周知的达官贵人挖空心思购买修道院和教堂土地的情况。法规也力图纠正"滥用钱财、违背信任、玩忽职守等问题，决不允许有人通过隐瞒、欺诈、滥用或利用管理漏洞等不端行为获取土地和金钱，要让所有捐赠回归于神圣与慈善的用途"。

在《善款用途法规》所规定的诸多慈善用途中，包括了维持"学

术性的学院、免费学校和大学学者"所需的费用。由于凯伯沃斯拥有
一所由慈善捐款维持的文法学校，所以在 1614 年被指定为莱斯特郡
接受"调查委员会"巡视的对象之一。第二年，4 名政府特派员访问
了凯伯沃斯，调查学校的起源以及当前的维持状况，并听取了当地了
解情况者的证言。这些受访者中无疑包括时任校长的理查德·凯斯廷
（Richard Kestyn）神父，他从 1611 年到 1634 年担任校长职务长达
二十多年。特派员们确认了"所有当时健在的村民尚能记得"的"宅
院、农场、村舍和土地"，这些地产来自遗赠，应当用以维持学校以
及校长的开支。事实上，正如我们所看到的，早在 1353 年的"学校
盒子"中就保存了这种土地文件。通过这些土地获得的租金最初可能
是用于供养当地的某个祈祷会或小礼拜堂的，那里的神父可能兼职担
任村里孩子们的文法教师，15 世纪 40 年代的寡妇帕尔默的儿子就是
这样接受教育的（参见第 360 页）。

　　到了 17 世纪中叶，凯伯沃斯文法学校的运作情况已经广为人
知，因为这所学校参照马基特–博斯沃斯文法学校 1630 年的范本，
于 1647 年制定了一套规则，或者说"章程"。凯伯沃斯的董事们仔细
研究了博斯沃斯的条例，然后将其运用于凯伯沃斯。这所学校是免费
的，大约有 30 名学生，需要同时考虑到许多家庭的具体状况。管理
者没有指定教材，而是要求校长选择"最好的读本用于教学。而且，
由于学校里有很多穷人的孩子，买不起许多书本，能读的书很少，所
以只有为这些孩子提供便利，才有可能让他们继续学业"。在这些入
学的孩子们当中有些人已经认识了一点"字母"，也就是说他们已经
懂得某些语法，并"在一定程度上掌握了词语的拼写"。在后来的 3

个世纪里，这种初级教育往往是通过女性村民在私人住宅中开办的小型幼儿学校来提供的。

文法学校的不动产管理人要亲自检查与评价孩子们的学业进展情况，他们会与凯伯沃斯学校的校长和兰顿教堂的神父一道，"在圣灵降临节前的周四检查孩子们的情况，倾听他们辩论，观察他们的能力"。未能取得进步的孩子很可能会被劝说不要继续上学了："校长应该向这些孩子的父母说明，其子女不适合读书或不听话，要让父母们认识到，没有必要让孩子们浪费时间和费用。"有关规定也对校长本人的资格提出了要求。担任校长者首先应该是接受过良好教育的人，应该拥有文学硕士（MA）或文学学士（BA）学位，没有传染性疾病。校长应该全身心地投入教育事业，并成为学生的道德楷模。他还应该戒除恶习，那些应杜绝的不良行为中首先包括"赌博和夜间外出"。校长不得过度使用暴力，不能"用巴掌、拳头、棍棒、书本或其他类似的东西来打学生的头或脸"。（自盎格鲁－撒克逊时代以来，英格兰学校中的严重体罚现象一直很普遍。）假如校长无法克制自己的愤怒而做出犯规之事，他将被处以罚金，并要把钱放进"公共箱"里。年龄较大的孩子有责任监督年龄较小同学的行为。作为高年级的监督者，他们往往会"观察低年级同学的行为举止，制止他们说脏话或进行任何不得体的谈话"。

办学标准一直很高。"学校盒子"的文件显示，17世纪时，这个教区的自耕农普遍拥有读写能力。而且，我们也了解到，在詹姆斯·赖特（James Wright，1639年被任命为校长）的管理下，有一些出自凯伯沃斯学校的男孩获得了前往牛津大学和剑桥大学继续学业的

机会。从以上的情况可以看出，英格兰的村庄是如何注重孩子的未来
的。凯伯沃斯的"学校盒子"档案可谓前现代英格兰教育故事的一个
缩影。

内战降临

17 世纪 30 年代的 10 年无论在地方层面还是在国家层面都十分
糟糕。首先是作物歉收，随之而来的是营养不良与疾病，这一切都
加重了阴郁的气氛以及一个越来越妄自尊大的政府的不祥之兆。在
查理一世于 1629 年解散议会之后，人们普遍认为他"个人统治"下
的 11 年是"暴政的 11 年"，凯伯沃斯与英格兰其他地方一样对其统
治怨声载道。与此同时，与法国和西班牙的不得人心的战争给朝廷
带来了巨额开支，政府指望通过恢复陈旧的税项来增加收入，比如
征收造船税，并在 1635 年首次将此税项扩展到内陆地区。这种做法
在明显的非沿海郡引发了显著的不满情绪。莱斯特郡被勒令要为一
艘 450 吨位的船只提供资助，税金在一定程度上也落到了凯伯沃斯
的纳税人身上。1628 年时凯伯沃斯人刚刚承担了一项"世俗协助金"
（Lay Subsidy），当时，政府逐一登记了村民们的收入和财产，从哈考
310　特首富罗伯特·雷伊开始，直到科尔曼家族、伊利夫家族、卡特家族
等普通的不动产所有权人。莱斯特治安官亨利·斯基普沃斯（Henry
Skipworth）迫切想要成为"首位完成征税指标的治安官"，于是格外
尽忠职守，极其殷勤，这导致人们对于税收的愤怒之情不断升温。斯
基普沃斯尽心竭力的工作虽然富有成效，却激起了人们强烈的怨恨，

于是他哀叹"想不到会有这么多抱怨的人和反对者",并指责莱斯特南部的清教徒煽动民众抗命。在位于凯伯沃斯东面几公里处的诺塞利（Noseley），当斯基普沃斯的人马来到此地试图没收人们的财产来强征税款时，脾气火爆的清教徒亚瑟·海斯利奇（Arthur Hesilrige）爵士率人将他们赶了出去。海斯利奇于 1640 年当选为郡的高级骑士，这标志着地方对于君主政体的支持在逐渐消退。

宗教

在这个国家，对于国王的不信任也源自他的宗教政策，包括国王的高教会派倾向和他的天主教婚姻。17 世纪革命的一个非常重要的方面就是对于宗教的异议。在接下来的几十年里，国家冲突在凯伯沃斯也有所反映，这个村子成了异议的主要中心。尽管尚无证据显示，这种异议是否作为乡村文化的暗流存在于整个都铎王朝时期，但在 17 世纪，宗教独立突然在大量争论中显露出来。在英格兰，这些运动的直接根基源自 16 世纪 90 年代的"独立主义者"和独立团体的成长——新教各教派要求回归他们所认定的更简单、更纯粹的基督教形式。在这一层面，中东部地区具备文化素养的自由民阶层就成了这种理念的特定温床：清教徒移民先驱[1]就来自这个地区，而贵格派（the Quakers）的创始人乔治·福克斯（George Fox）是一名来自凯伯沃

---

[1] 指 1620 年搭乘"五月花"号赴美的英格兰清教徒。

斯南边沼泽地带的德雷顿的织布工。尚无证据表明这些组织在内战之前就已经在村里得到发展，但 17 世纪 60 年代早期存在于凯伯沃斯的"独立主义者"、持异议者和贵格派教徒表明，这种力量在这个村子里有着漫长的历史。这些人坚持独立于国教，坚持"更纯粹"的敬拜形式，后来他们又坚持反对奴隶制并主张妇女参政权。这一切都成为乡村文化的象征，并顽强地延续了到 20 世纪。无论是在全国还是在地方层面，这些理念在内战时期达到了高点。

当时，英格兰正处于这些草根运动的分歧之中。国王查理的英格兰国教本身也陷入了混乱。尽管大多数凯伯沃斯人都忠诚于国教，但大主教劳德（Laud）所采取的强制执行高教会派仪式的措施却在某种程度上带有隐蔽地回归天主教的味道。对于一个在宗教信仰上业已出现严重分歧的郡来说，这种分歧让气氛更加紧张。在莱斯特郡的东南角存在着强大的清教徒社群，但这里也不乏保守的劳德派。有关凯伯沃斯在内战爆发前的几十年里的宗教趋向，尽管证据不甚完整，但从所能找到的线索来看，村民们在信仰上有严重分歧，30 多年来的冲突表现在了教区神父的人选问题上。

早期的问题在 1634 年詹姆斯·韦斯顿（James Weston）神父被任命为凯伯沃斯文法学校校长一事上反映了出来。韦斯顿曾在图尔-兰顿担任助理神父，在宗教上似乎是一名清教徒。劳德大主教一直密切监督着地方的宗教活动，在 1634 年的一次教会视察中，韦斯顿可能因为拒绝穿神父的白袍而被人举报在"礼服习惯方面有过失"。尽管韦斯顿在第二年被任命为凯伯沃斯的助理神父，但还是在 1639 年被劳德以传播不合适的教义为由吊销了布道许可证。

　　然而，这所学校的一些不动产管理人从态度上看一直属于坚定的英格兰国教信奉者。在未来的多事之秋里，这些人始终紧跟国王的政党。布里奇家族（the Beridges）中就有多人曾经既担任比彻姆采邑的领主，又是教堂的主持，家族中还有一个叫约翰的人曾于 1642 年前往剑桥大学的耶稣学院就读。这个家族从 16 世纪 70 年代以来已在此生活了好几代人的时间，在内战期间和之后都效忠于斯图亚特政权。1640 年 1 月，神父威廉·布里奇去世，生者敬献给逝者的礼物被上交给了国王，国王却任命了一个局外人威廉·亨特（William Hunt）来接替教区神父的职务。亨特不会忘记自己是国王的人，教区居民也不会忘记。于是，一系列有关内战的冲突与争端的事件开始在地方层面上演，从神父的住所直到凯伯沃斯的大街小巷。

312

　　就像这个时期的许多凯伯沃斯教区神父，亨特也似乎同时兼任好几个圣职，所以经常不在凯伯沃斯教区。于是亨特雇用了助理神父约瑟夫·福斯特（Joseph Foster）来主持每周的教堂活动。毫无疑问，福斯特与亨特自身的宗教趣味相投。假如后来的指控属实，这两人在凯伯沃斯教堂所实行的仪式表明他们遵从的是隐蔽的天主教仪式，这激怒了新教徒。亨特在凯伯沃斯所做的仪式被人指控的地方主要集中在圣礼的表现上，比如聆听忏悔以及恭敬跪地接受圣餐等。而且，圣威尔弗里德教堂的圣餐台被从教堂中央移到了最东边，并像天主教圣餐台那样用栏杆隔开，以此强调上帝赋予神父的仲裁者角色，但在清教徒看来，圣餐台位居中央象征着崇拜的民主性。亨特本人出场时往往身穿传统的神父白袍，尽管这种装束在伊丽莎白时代经过妥协保留了下来并被劳德大主教坚决捍卫，但它重现了罗马传统，因而遭到了清教徒的猛烈谴责。对于加尔文派或者说独立派，也对于不信奉国教者或者说持异议者而言，发生在教区教堂里的这种做法散发着罗马天主教的臭气，是无法容忍的。

内战

从国家层面来说，由于国王与议会之间的关系日渐紧张，到了1640年，查理国王甚至被迫解散议会，地方层面的问题与争端被更广泛的国家面临分裂的局面覆盖。在莱斯特郡占主导地位的黑斯廷斯家族，与竞争对手格雷家族之间的长期不和，使形势重新陷入即将爆发内战的阴影之中。同时，这种争斗不仅牵涉国家的政治前途，也牵涉地方权力。可以肯定的是，莱斯特郡是保皇党人与议会上层家族混杂的分化之地，一个"相互之间争斗不绝"的郡。

313　　在1640年之后的3年里，就像所有的英格兰普通民众，对于凯伯沃斯的居民来说，他们希望政治领域的乌云赶快消散，别让生活受到干扰。莱斯特郡的人民尤其有一种强烈的感觉，正如1642年呈交国王的请愿书所显示的，他们"生活在您的英格兰王国，但同时处于巨大的恐惧和明显的危险中"。很少有人抱着坚定的立场效忠于任何一方的事业，也难以被促使着拿起武器离开本郡参加战斗。如同动乱年头时人们常说的，平民百姓喜欢"在家里吃布丁，而不是在国外吃火枪的枪子儿和长矛。只要能够享受和平，管它哪一方更好"。

在凯伯沃斯，人们同样敏锐地感觉到自己正生活在一个分化的国家里。脾气暴躁的激进议员亚瑟·海斯利奇爵士就居住在诺塞利庄园，距离凯伯沃斯东北部仅仅 6.4 公里路。查理一世试图逮捕他和另外 4 名下议院成员的行动让村民们更加感觉到即将发生冲突的可能性。往西沿着一条不长的下坡小道可以走到威斯托，这里是理查德·哈尔福德爵士（Sir Richard Halford）的居所，他是查理国王在该郡最忠诚也最具影响力的支持者之一，还是凯伯沃斯文法学校的一名不动产管理人。

在 1642 年最初的几个月里，爆发内战的可能性急剧增加。危机感在英格兰各地不断弥漫，国王与议会双方都在紧急争夺地方兵源，也就是属于自治市镇和郡的那些仅有的"训练有素的常备军"。从历史上看，这些部队由国王指挥，但是，议会出于对查理国王日渐增加的不信任感而未经国王准许便颁布了一项征兵"法令"。这种前所未有的举动加剧了双方的对立，并更加激怒了国王。对查理来说，这种举动触犯了国王所惯有的权利，似乎成了议会与"国王反目的关键理由之一"。

在凯伯沃斯地区，诺塞利的亚瑟·海斯利奇爵士处于事态发展的中心位置。6 月 4 日，他被议会派往莱斯特郡，负责协助在当地召集兵力。议会任命了斯坦福德伯爵亨利·格雷（Henry Grey）为该郡治安官，取代了格雷的主要对手，保皇党人亨利·黑斯廷斯。在格雷的陪同下，海斯利奇视察了军队在莱斯特的集结情况，并在之后的几天里连续视察了这个郡 5 个百户邑的兵力招募情况："这些可能是最容易召集到兵马也最节省费用的地方。"加尔树百户邑的兵力集合地定在凯伯沃斯，因为其所处的地理位置比马基特–哈伯勒更便于进出莱斯特城。还有很关键的一点在于，这有利于格雷、海斯利奇和其他议员快速往返于各地，以便协调行动，阻止保皇党人的企图。

与此同时，查理国王拼命试图夺回主动权。他在约克郡发布公告，没有国王的明确命令禁止召集军队。6月12日，查理又派遣亨利·黑斯廷斯随身携带"征兵委任状"返回莱斯特郡。在这份"征兵委任状"中，国王授权黑斯廷斯和理查德·哈尔福德爵士、亨利·斯基普威思爵士（Henry Skipwith）、约翰·贝尔爵士（John Bale）以及其他保皇党人以国王的名义召集当地训练有素的军力。17世纪的英国传记作家露西·哈钦森（Lucy Hutchinson，1620—1681）在回忆录中对那段时间的情形有过这样的记述：

> 在战争的火焰从烟囱顶部爆出之前，烟雾已在每个郡的上空袅袅升起。国王发出了征兵委任状，议会也已发出召集兵力的指令，并派成员到各郡去部署落实。双方在许多地方都爆发了纷争，甚至出现了最初的流血事件。在这个过程中，各郡可以说是差不多已进入内战状态。

6月15日，国王在凯伯沃斯进行了第二次征兵。有记载说，"招募情况看起来很不错，自告奋勇者超过100人"。但一个有趣的现象是，应征者"不包括部分神职人员"。尽管威廉·亨特神父可能以利用讲道坛谴责议会的形式为国王的事业在凯伯沃斯发挥了一定的作用，但他非常聪明地从不在募集兵力时抛头露面。没有迹象表明他曾在1642年被议会特别盯上，而在整个郡，试图阻挠议会征兵

的人都被村民告发，并受到了来自伦敦的惩治。邻近的伊博斯托克 315
（Ibstock）的教区神父，就是"因反对与阻碍在莱斯特郡执行议会的
'征兵法令'而立刻被拿下的失职者"之一。此时，亨特很可能正在
观察风向。

1642 年 8 月 22 日，查理国王在诺丁汉举旗起兵，在他的旗帜上
饰有"给予恺撒所应有的"这句格言。战争就此爆发。双方在这年
10 月于埃奇山（Edgehill）首次交战之后，接下来的 3 年里一直在英
格兰中西部地区持续作战与招募士兵。凯伯沃斯躲过了最严重的破
坏，但与大多数地区一样，还是付出了驻防重镇的惩罚性成本——双
重征税，因为双方都在设法从同一批人身上索取物资。从凯伯沃斯的
教区记事录可以看出，在这几十年的混乱日子里，英格兰普遍弥漫着
恐惧与不安的感觉。记事本中出现了好多空白页，并附有以下说明：

> 公元 1641 年。从 1641 年直到 1649 年，记事录上内容极少
> 或根本没有内容，众所周知这是查理国王与议会之间的内战所
> 致。这场内战扰乱了所有的秩序，无论神父还是居民都无法安
> 居乐业。

1645 年晚春，战争的第一个阶段达到高潮。在双方冲突仍然悬
而未决的情况下，莱斯特城突然落入保皇派的包围之中，查理国王的
侄子鲁伯特王子（Prince Rupert）发出了措辞强硬的招降令。城内的
人们极力争取时间，并设法用土块修补破旧的中世纪城墙，但没多久
就遭到保皇派大炮的猛烈轰击，这些大炮就架设在南边罗马时期废弃

的渡槽上。城墙很快就被打开了一个缺口，狂暴的保皇派军队蜂拥而入，他们的统帅任由手下疯狂杀戮，以此来报复这座未能听从命令投降的城市。当天，城中有数百人被杀害。

其间，在南部乡间的凯伯沃斯驻扎着一支由贪财的约翰·达尔比尔（John Dalbier）率领的议会骑兵团。据说，达尔比尔的手下是"驻扎在莱斯特郡的所有议会部队中最不守规矩的"。对于村民们来说，这支队伍驻守时带来的必定是不愉快的经历。（在2009年的考古挖掘中，人们在缅因街的旧集市遗址旁边发现了内战时留下的石头炮弹。）驻军至少从村里的水井汲过水，从村民的仓房里索要过饲料和粮食，甚至犯下过更多恶行，而在当时，入室抢劫想必是司空见惯之事。在1645年的那个春末，类似的事情似乎在位于村庄集市周围的科尔曼家、查普曼家和卡特家都发生过，因为"两个"议会的委员会都接到了一份对达尔比尔驻军之恶行的抗议书："在过去的两年里，人们深受不受约束的驻军的侵害，他们牵走了马匹，索取不在议会规定范围内的钱财……达尔比尔手下有许多士兵跑进城去，给居民们造成了无法忍受的烦扰。"

"议会委员会"记载道："最近3天，该郡发生了200件由士兵犯下的抢劫案，驻扎在乡间的议会军队的信誉蒙受了极大的损害。"达尔比尔的部队驻扎于凯伯沃斯期间，也对威廉·亨特神父同情保皇派的倾向有所了解。在圣灵降临节，也就是那年的5月25日，"他们威胁亨特先生，说不会给他留下一分一毫"。鉴于亨特是一名保皇党人而且还属于高教派，考虑到议会军队在其他地方的破坏性记录，尤其是这些士兵可能是清教徒或宗教激进分子，那么圣威尔弗里德教堂的

316

内部陈设要是能够完好无损地保存下来就太令人惊讶了。 毫无疑问，即使在宗教改革时期幸免于反对偶像崇拜者的破坏，留下来的物品也无法逃过这一次的厄运了。

最后的决战就在眼前。5 月 31 日，保皇派军队在占领莱斯特城之后，向南穿过凯伯沃斯，朝马基特－哈伯勒方向推进，并沿路闯入各个村庄搜刮食物。正如教区神父记述的，凯伯沃斯处于保皇派军队途经的哈伯勒的主干道上，而军队要在村中住宿并补充储备，村民们此时就难逃强取豪夺之苦了。在围攻莱斯特城前后，鲁伯特王子的骑兵部队一直驻扎在离凯伯沃斯约 3.2 公里处的大格伦峡谷地带。1645 年 6 月 6 日，曼彻斯特伯爵向上议院报告，"国王朝南行进，他的敢死队在哈伯勒，主力部队跟随其后。步兵部队在凯伯沃斯、纳斯比（Noselye）、塞文顿（Scevington）和提尔顿（Tilton）一带"。6 月 4 日，查理国王寄宿在威斯托庄园，这是他的盟友理查德·哈尔福德爵士的住所。大概也是在这一天，保皇派的主力部队经过了凯伯沃斯。据估计，国王部队的骑兵大约有 3600 人，其余的步兵大约有 4000 人。即便这个数字不算准确，仍然如同克拉伦登（Clarendon）所说的，国王看起来拥有"一支为王冠而战，足以赢得战争的队伍"。这种情景无疑让饱受折磨的村民们十分恐惧，只得躲在家中，祈求上帝把自己从这场"不必要的战争"中拯救出来。

由费尔法克斯（Fairfax）和克伦威尔（Cromwell）率领的议会军队此时正在向北挺进，准备拦截国王。6 月 14 日，决定性的战斗在凯伯沃斯南边的纳斯比打响，查理国王彻底战败。这场"极其伟大的胜利"，"两个"议会的委员会都将其誉为上帝的旨意："国王亲自率领的军队已被完全打败。"克伦威尔的骑兵队对国王的残军穷追不舍，但保皇派军队在混乱中向北撤往莱斯特城时，国王本人在威斯托停了下来，改换坐骑和马鞍（遗留下来的那副引人注目的深红色金制马鞍仍然保存在威斯托庄园）。议会委员会声称："我们的骑兵队紧咬国王的队伍，从离哈伯勒 4 英里（约 6.4 公里）处追击他们到 9 英里（约 14.5 公里）之外，甚至能够望见莱斯特城。昨晚，我们的军队驻扎在哈伯勒，今日，我们的骑兵和步兵一并向莱斯特进军。"据说，在经过凯伯沃斯前往莱斯特城的大约 23 公里路上，前 18 公里散落着数百具尸体，都是被追兵用长柄大镰刀砍杀的逃命骑兵。正如一位幸存者所言："这真是一个惨不忍睹的周六。"

在往北通往莱斯特的路上，凯伯沃斯的教区神父威廉·亨特也混在狼狈逃窜的保皇党人群中。稍后，亨特因被怀疑曾在保皇派军队中服役而受到审讯。他在议会委员会面前辩解时，天真地以不幸遭遇厄运为借口说，在战斗发生那天的两三点钟，他在毫不知情的情况下从凯伯沃斯骑马出发前往莱斯特城，误入保皇派败军。亨特说，当时国王的军队七零八落，到处是骑着马在凯伯沃斯周边乡间乱跑的人，叫他这个骑马的人找不着北，所以就跟着乱军一同前行了。可以说，这的确是一个很不幸的时间选择。

然而，亨特受到审讯这件事给凯伯沃斯带来了重大的宗教分裂。亨特的案情记录后来被保皇党人约翰·沃克（John Walker）收入在他汇编的关于"英格兰教会神职人员在内战时期的苦难经历"的资料中。亨特的财产于 1644 年 8 月 17 日首次被扣押，随后，尽管显然仍身在凯伯沃斯，亨特还是因其在王家驻防所在地莱斯特城滞留而于 1645 年 11 月被处以一笔 150 英镑的巨额罚金。据称，亨特"在莱斯特城得到了鲁伯特王子的保护。王子保护了某一部分居民，却让其他人遭受掠夺"。这意味着凯伯沃斯是一个保皇派社区，亨特曾寻求王子保护自己的利益。亨特也被指控曾与王家骑兵并肩作战，是"纳斯比战役之后逃窜者的一员"，这不奇怪，因为凯伯沃斯同情保皇派的人曾因事后感到害怕而尾随挫败的骑兵一同逃跑。但是，我们还看到，亨特同时被指控遵循"仪式"、拒绝宣读议会的告示以及规避签订支持议会的誓约。此外，他还被控曾"聘用可耻的助理神父"约瑟夫·福斯特：根据凯伯沃斯治安官的报告，此人曾多次被目睹喝醉酒。这场战争之后，宗教冲突显露出来，成了故事的中心。

以上的证据足以给亨特定罪。1647 年，议会所设立的、用来取代效忠于查理国王的神父的"被清算神父委员会"（Committee for Plundered Ministers）下令，免去亨特的职务，并提名剑桥的清教徒神父约翰·亚克斯利（John Yaxley）担任凯伯沃斯的教区神父。但是亨特不愿离开，并挣扎了一番。最后，"扣押委员会"（the Committee for Sequestrations）于 1647 年 7 月 16 日在听取申诉之后下达命令，驱逐了亨特。但有趣的是，之所以会下达驱逐令是出于"教区居民的请愿"。这说明尽管凯伯沃斯存在保皇派团体，但村里还是有人对亨特本人及其"仪式"怀有敌意。亨特负隅顽抗，不愿被关进位于圣威尔弗里德南部的中世纪教区的一处"筑有防御工事的神父住所"。于是议会对亨特实施了强制措施，派遣一群士兵"拆毁了他的部分房屋，'不排除发生了流血事件'，然后将其财产交给了亚克斯利"。

尽管亨特仍在据理力争，他的抗争也持续了多年，但终究无法为

319

自己挽回已被亚克斯利占据的圣职。1654年，亚克斯利诉苦说，亨特还在试图起诉他，但他愤然抗拒，而且已经作为村里的神父"安然地"度过了7个年头。也是在这年的6月27日，和解委员会（the Committee for Compounding）下令，莱斯特郡治安官应当"采取一切合法手段确保亚克斯利在该教区的职位"。最后，双方于1655年2月9日达成了一项协议：只要亚克斯利归还亨特的财产，并在第一年支付给亨特120英镑，之后一年支付80英镑，他就可以保住圣职。从这些条款的慷慨程度以及亨特为之奋斗的激情可以想象得到，凯伯沃斯的圣职是多么有利可图。而且这场争端持续的时间非常久，足以说明这些年发生在基层的宗教冲突的严重程度；清教徒委员会（Puritan committees）强行解除了莱斯特郡各教区五分之二的神父，他们从1642年以来就担任这个职位了。

如果说亨特和他的助理神父福斯特以及他们的"仪式"在凯伯沃斯造成了分裂，新人约翰·亚克斯利也没好到哪里去。亚克斯利是一位狂热的清教徒，甚至可以说为人好斗，连他的崇拜者也承认，亚克斯利不容易相处。王政复辟之后，即使是为不信奉国教的神父辩护的人，也暗示亚克斯利的态度毫不妥协："他是一个真实、坦率、谦逊、虔诚的人，是忠实可靠的朋友，而且善于言谈。在担任教堂圣职期间，亚克斯利非常热心于促进宗教改革，无论是在他自己的教区还是在全国其他地方。"不过，人们也承认，这种人很可能是"引人反感的角色和骚乱不安的幽灵。公正地说，亚克斯利先生似乎就是这类人"。1648年，亚克斯利组建了一支自任首领的骑兵队，他本人被形容为"扰乱和平者，日夜不停地寻找骑兵，制造重大破坏，掠夺人们

的财物"。返回凯伯沃斯的讲道坛时，亚克斯利还"不断布道并抨击 320
斯图亚特王朝"。毋庸置疑，在宗教生活丰富多元的凯伯沃斯，亚克斯利针对教区居民所作的缺少灵活性的说教可能只会引起麻烦。

亚克斯利的清教徒原教旨主义从一开始就在凯伯沃斯表现了出来。他把 14 世纪的洗礼盆当成"迷信的遗物"从教堂里扔了出去，不过后来被罗伯特·布朗捡回去放在院子里当作马槽了。罗伯特·布朗是当地人，大概也持有类似理念，曾在亚克斯利手下当过执事。这个洗礼盆后来又被埋在地里，直到 19 世纪 60 年代才被重新发现，如今又被用作这个村庄的教堂洗礼盆了。亚克斯利对待教堂中其他物品或仪式的态度也一样，只要他敏感的鼻子嗅出感到不舒服的天主教气息，就会采取类似的行动。这就是当时的趋势。除此之外，默顿的沃尔特的坟墓也被粗暴地糟蹋了，因为有一块纪念坟墓被修复的拉丁文碑文清楚地写道：

> 1662 年，在贵族托马斯·克莱顿的监护下，牛津大学默顿学院的学监和学者们出于对其创始人的热爱与感激，修复了这座几乎被宗教狂徒毁掉的坟墓（这群从近期的内战中苟活下来的疯狂暴民，竟然以其大规模践踏教堂、损毁受人敬仰的英雄和圣人纪念物的相同方式，迁怒于这座坟墓）。

在这充满敌意的几十年里，举国上下受损的不仅是人们的生活，还有历史。凯伯沃斯也不例外，圣威尔弗里德教堂中就有无数纪念物遭到毁坏。

内战前夕士兵们摧毁教堂的内部装饰的场景。而即使躲过了这一劫，教堂内剩下的东西也没能逃脱亚克斯利的清洗：洗礼盆被当成"迷信的遗物"扔了出去。

　　与此同时，亚克斯利还热心地协助清教徒政权进行广泛的工作，力图充当"思想警察"，好消灭放纵的行为或不敬神的观点，后者当然包括针对政府的任何思想上的不满。1654 年 8 月，克伦威尔以新获得的"护国公"的身份颁布了一项法令，声称要"开除可耻无知、不称职的神父和校长"。每个郡都任命了一组特派员负责此事，到莱斯特郡的那一组人之中包括亚瑟·海斯利奇爵士和克伦威尔的第四个儿子亨利。协助特派小组开展工作的是一个由 18 位神父组成的附属小组，这些神父被认为无可挑剔，都是按照清教徒的严格标准甄选出来的，其中就有凯伯沃斯的神父约翰·亚克斯利。

　　为了"履行神圣而艰巨的圣职"，这些人协同寻找任何违背 1650 年法案的错误思想，比如"不信神、不敬神的观念，贬损神之荣耀和破坏人道协会的言论"。他们也追踪放纵的行为，包括通奸、淫乱、醉酒和斗殴，以及经常性的赌牌或玩骰子。饮圣灵降临节圣酒、守灵、跳莫利斯舞、竖立五朔节花柱、表演舞台剧等也属放纵行为，男性在这些场合交谈时往往会言语放肆并带有亵渎。当时，共和制度下的英格兰并非一片乐土，自由并不意味着不受约束。由亚克斯利掌控全局的凯伯沃斯处于一个神圣的新世界，是"勇敢战斗"的前沿。

到了 17 世纪 50 年代晚期，克伦威尔的儿子理查德在父亲死后被任命为护国公。有关此事，凯伯沃斯的教区记事录曾有过赞许性的记载，但许多英格兰人，包括曾经充满热情的人都对共和国感到厌倦。由于支持新政体的人越来越少，亚克斯利牵头组织了一个由 38 名莱斯特神父组成的代表团，向议会递交了一份请愿书。他是第一个署名的人，也是请愿书的提交者，表达了"要让这个国家成为真正敬神的国度，为主服务时手腕要更强硬"的愿望。请愿书还为昔日的盟友在最近犯下的过失而感到遗憾：神父们"深感羞愧，心在流血，为曾与其深入相处，如今却头顶乌云密布的老朋友们感到悲哀"。议会从请愿书中看到了"一种温柔、真诚和圣洁的福音精神"，于是对亚克斯利及其同伴表示感谢。但许多人还是十分清楚地意识到，对于英格兰共和国来说，游戏即将结束。

王权复辟

从查理二世于 1660 年 5 月 25 日在多佛登陆并向伦敦推进的那一刻起，凯伯沃斯就有人感觉到，他们那位纠缠不休的神父的游戏终于要结束了。对于亚克斯利来说很不幸，因为国王归来将为亚克斯利在本地的对手们提供保护，如今他们可以对 13 年前暴力驱逐威廉·亨特一事和在此期间村民们遭受的痛苦展开报复了。几乎可以肯定，只要村子里有传播亚克斯利思想的清教徒，其他人就必然会对教区生活发生的转变感到不满。就连凯伯沃斯文法学校的校长也曾经因为受够了神父的好管闲事，而在其任职仅仅两年之后就在 1658 年辞职不干了。

但是，亚克斯利并没有安静地离开凯伯沃斯。当查理二世抵达伦敦时，亚克斯利在村里的讲道坛上发表了一番启示录式的评论："地狱之门已被打开，魔鬼即将带着刑具出来残害敬神之人。"王权复辟后，据说亚克斯利在传道时宣称"国王是教皇制的信奉者，每天要做两次弥撒，教皇制度的影响和亵神氛围在迅速增强"。最终，1660年 8 月 17 日的黎明时分，自 16 世纪 70 年代以来一直诞生出神父且受人欢迎的布里奇家族针对亚克斯利展开了行动：威廉·布里奇（William Beridge）神父和他在村里的朋友逾越了法律。

针对这次行动，我们发现，在后来向议会提交的请愿书中存在相互矛盾的描述：一方面是亚克斯利的起誓证人的证词，此人仅以简写的 J. D. 为名，亚克斯利不在教区时他就住在教区长管区内；另一方面是地方法官约翰·普雷特曼爵士（Sir John Pretyman）的答辩，他住在凯伯沃斯附近，事件一发生他就被传唤到场。根据 J. D. 的描述，天亮时布里奇和另外两个人（理查德·克拉克和约翰·布莱恩）一道来到神父住所，拔掉门闩闯了进去。布里奇佩带一把剑和一支手枪，克拉克拿着一支手枪和一把叉子，先是把女仆们从床上拉起来并赶出门外，然后进入 J. D. 正在睡觉的房间，威胁他如果不立即起身离开，就要用剑来对付他。随后，这伙人砸破亚克斯利夫人上了栓的门，闯进去后从房里拖住她的裙子把她推下楼，并将其赶出了屋子。

J. D. 作证说，亚克斯利夫人先是去村里的姐姐家借了一件外套，然后回到家，在客厅窗口大喊大叫，要求允许她"取"一些衣物。但亚克斯利本人后来似乎声称，妻子发狂一般喊叫要求"取"的是正在屋内摇篮里睡觉的孙女。她从窗口咆哮道："你们这些坏蛋，你们要杀了我的孩子吗？"但两人一致肯定，她随后被从窗户射进的子弹击中，脸上因为火药和碎玻璃而伤得很重，眼睛也失明了。J. D. 说，她"更像一头怪物，而不是一个女人"。她因为丈夫失去人心而遭到了严厉的惩罚。

后来，亚克斯利迁居到伦敦的史密斯菲尔德，并在那里继续布道直到 1687 年去世。如果把他的案例与另一位被议会甄选出来的清教徒神父的案例做比较会很有趣。相比于亚克斯利，威廉·谢菲尔德（William Sheffield）受到了所在新教区居民的深深尊敬，人们甚至在王政复辟后成功地向法院递交了一份有一千多人签名的请愿书，要求准许谢菲尔德继续担任职务。但 1662 年通过的《教会统一的条例》（the Act of Uniformity）强行要求依照新的英格兰国教祈祷书的规定举行礼拜仪式，这一措施导致大约 2000 名神职人员辞职，其中包括不愿遵守条例的谢菲尔德。威廉·谢菲尔德在辞职后回到了自己拥有田地的凯伯沃斯-哈考特，并在那里度过了余生。在凯伯沃斯的 11 年间，谢菲尔德时常在早上与家人一起前往教区教堂，下午在自己

323

家中布道，成为凯伯沃斯地区不信奉国教团体迅速发展的关键人物。1672 年，谢菲尔德经许可将自己位于缅因街"老皇冠"客栈背后的房子用作长老会教徒做礼拜的场所，同时也用于自己传道。内战让亨利八世时期和伊丽莎白时期所寻求的英格兰国教统一局面龟裂，变得教派林立。教会的纪律几乎彻底失效，而且，在战争与分裂中成长的这代人已非常不习惯定期参加国教的仪式。"不信奉国教"作为一种地方性现象和一种全国性运动由此诞生。

324　　　　　　　不信奉国教者

　　激进的和持异议的团体在内战后剧增，成为 17 世纪英格兰历史的一大特色。曾有同时代人带着嫌恶之情罗列了当时持"异端邪说"的教派：贵格派、喧嚣派、独立派、千禧年派（Millenaries）、以礼拜日为安息日派（Sabbatarians）、以礼拜六为安息日派（Seventh-Day Men）、布朗派、新生儿派（Children of the New Birth）、以色列甜美歌手派（Sweet Singers of Israel）等等，名目繁多，不一而足。这些教派在村庄周围留下了众多如今已经废弃的小教堂，在位于今天 A6 高速公路旁的古老的公理会教堂院子里还有漂亮的石板墓碑，它们都是当时留给凯伯沃斯的遗产。

　　在查理二世于 1660 年复辟王政之后，凯伯沃斯忽然之间成了一个重要的异议中心。从坎特伯雷大主教吉尔伯特·谢尔登于 1663 年下令调查所得的文件中可以得知，凯伯沃斯－哈考特已然成为新教异见的中心。1669 年的一份主教调查报告显示，一个令人震惊的庞大群体——包括大约 200 名由"中等阶层"人士构成的长老会教徒和独立派教徒——在此举行"非国教教派的秘密集会"。当时，马基特-哈伯勒是更大的异议中心，但那里的集会人数都没有超越凯伯沃斯。调查报告称，持异议者经常在艾萨克·达文波特、威尔·约翰逊和威尔·乔丹等普通农民的家里举行集会，并特别提到了 4 名在这个社区进行传道的神父：马修·克拉克、约翰·萨特伍德（John Shuttlewood），还有一位"被驱逐的名叫索瑟姆的神父"（"人称农夫的庄稼人"），再加上威廉·谢菲尔德。然而，在不信奉国教实践迅速发展的过程中，大多数神父都是巡回布道的，实际上只有谢菲尔德是生活在凯伯沃斯的。克拉克尤为孜孜不倦，"在莱斯特郡以及邻近地区四处传教"。1669 年，克拉克在莱斯特郡布过道的教区不少于 14 个。

在查理统治的最初 10 年里，他对不信奉国教者尤怀敌意。1664年颁布的《非国教徒秘密聚会法令》（the Conventicle Act）禁止在没有国教庇护的情况下举行 5 人以上的宗教集会，逼得一些神父和教友只能在户外举行活动。克拉克曾三次"因传道罪"被关进莱斯特的监狱。根据 1665 年的《5 英里法案》（the 1665 Five Mile Act）[1]，克拉克被从其"位于莱斯特森林的非常荒僻的房子里"驱逐了出去。后来，

325

---

[1] 即《克拉伦登法案》，是一部镇压非国教教徒的法案。依据该法案，非国教教徒或神职人员必须宣誓不会图谋推翻英格兰国教教会和宪法，否则禁止其在学校任教或在自治市镇和任何原来传教、举行宗教仪式的地方周围 5 英里（约 8 公里）之内进行活动。

他还被处以罚金，财产也被没收，本人则被逐出教会。像凯伯沃斯-哈考特这种规模的小社区竟然也要遭到如此常规的监视和调查，难怪这个时期被世人称为"不信奉国教的英雄时代"。

直到查理二世于 1672 年颁布《信教自由令》（Royal Declaration of Indulgence）之后，以上情况才有所缓解。依据自由令，尽管未被废除，但《5 英里法案》被暂停，经由官方审查与批准的神父可以在已注册的小教堂里传教。当年，威廉·谢菲尔德获得了这种许可证，于是把自己在凯伯沃斯的家当成了集会场所。

然而，在对待某些宗教团体时政府就没有这种忍耐性了，比较典型地表现在对待贵格派教徒上。这个教派是由一位织布匠的儿子乔治·福克斯在 17 世纪 40 年代所创建的，此人来自凯伯沃斯附近的沼泽地区德雷顿。最初，贵格派以"圣徒"（目的是恢复早期的教会精神）、"真理之友"自诩，或简称为"朋友"。但自从一名法官嘲笑这群人是"为主的话而颤抖"的"贵格派教徒"（"贵格"的意思是颤抖）之后，这个标签便被他们自豪地采纳了。与其后来的声誉形成对比的是，早期的贵格派群体被认为是危险和具有颠覆性的。在王权复辟之前，尤其让人感到震惊的是贵格派反对君主政体和既定的社会等级制度。就连领导不信奉国教团体的清教徒神父也对贵格派教徒所造成的破坏以及他们嘲笑所有神父和教士的行为感到愤怒。在 17 世纪 50 年代，威廉·谢菲尔德曾亲自两度写信给护国政体时期的政府，报告"人称贵格派教徒所举行的盛大集会"。他写道，这些人"假借和平之名……其中一部分在斗篷或口袋中随身携带手枪"。谢菲尔德本人也曾受到威胁，对方扬言要把他关进笼子里。他认为，若是容忍这样的行为，"虔信者将会深感不满。所以，政府切不可对这些傲慢行为熟视无睹，千万不能错误地以为这是一种自由。要是放任不管，贵格派的行为将会干扰并损害到其他民众和基督徒的自由"。

护国政体时期的政府对贵格派采取了一些措施，但查理二世时期的政府施加的镇压更加全面：政府于1662年颁布了一项《贵格派教徒法案》(Quaker Act)，要求人们宣誓效忠于国王，所有这些誓言都与贵格派的原则相违背。这种迫害导致许多贵格派教徒移民到了美洲，其中包括威廉·佩恩(William Penn)，他以前所未有的宗教自由创建了"宾夕法尼亚联邦"。莱斯特郡档案馆存有一份不寻常的文件，记述了一个贵格派团体遭到镇压的情况。要知道，有关贵格派历史的官方资料从不记载此类事件，而这件事就发生在凯伯沃斯教区的斯密顿。

至于幸存下来的不信奉国教团体，官方一如既往地采取高压态势。在莱斯特郡代理官员的文档中，保存了一道发布于1668年12月3日的命令，接收者是一位名叫贝尔斯(Bales)的代理官员和国民自卫队队长乔治·法特(George Fawnt)。这道传达给郡主要长官的命令提及"现有的通常被称为贵格派教徒的大批人士以宗教崇拜为借口，在凯伯沃斯教区的斯密顿以及加尔树百户邑等地举行集会……"正如我们在威廉·谢菲尔德的案例中所看到的，告密者为数不少，他们的行为甚至违背了不信奉国教者的道德心。不管怎么说，有针对的行动已经开始：这个百户邑的主要治安官奥利弗先生(Mr Oliver)率领看起来人数不少的士兵前往现场，"把上述所有人或至少是头目都带到了国王陛下的治安法官面前"。遗憾的是这一时期的当地季审法庭的档案均已丢失，所以，有关持异议者以及他们受到的指控与惩罚等细节情况便无从考证了。

凯伯沃斯学院

然而，凯伯沃斯作为不信奉国教的中心仍在继续发展。在奥兰治亲王威廉，即威廉三世发动"光荣革命"之后，查理二世的天主教弟弟詹姆斯二世被推翻，英格兰最后一位天主教国王就此倒台。1689 年的《宽容法案》（Toleration Act）解除了一些对持异议团体的强制性惩罚限制，不过在政治和大学事务层面的排斥性仍然长期存在。到了 18 世纪，凯伯沃斯－比彻姆和斯密顿－韦斯特比相继出现了由独立派教徒、长老会教徒、浸礼会教徒和卫理公会教徒组成的小团体。凯伯沃斯－哈考特仍然在这个教区维持着不信奉国教者的中心地位。在政权更替不久之后的 1690 年，一位名叫约翰·詹宁斯（John Jennings）的私人神父落脚于凯伯沃斯。此人出生于威尔士，曾于 1662 年被驱逐出一处居所，后来他在附近的西兰顿（West Langton）召集了一批独立会众。詹宁斯于 1701 年去世后，他的儿子——另一个约翰·詹宁斯——继承了他的工作，并创立了一所规模虽然不大但极具影响力的持异议者学院。小詹宁斯于 1722 年搬到欣克利后，会众买下了位于"皇冠"客栈院子里、归学院所有的房子。小詹宁斯的学生，年仅 20 岁的菲利普·多德里奇（Philip Doddridge）成了这里的新掌门人。一份名单显示，这段时间从凯伯沃斯、格伦和兰顿等地前来参加多德里奇的集会的持异议者，达到了惊人的 321 位"听众"和 41 位"选民"。

3 年后，一位名叫桑德斯（Saunders）的神父请求多德里奇为其提供一份有关小詹宁斯在凯伯沃斯讲道的记录。多德里奇便凭借记忆和一封信进行了详细的描述（小詹宁斯在那封信中讲述了自己的做法）。多德里奇详述的詹宁斯的教学方法极其多样和开明，程度几乎令人吃惊，尤其是与 18 世纪早期的古老大学一贯坚持非现代化教育相比较的话。当然，在民间开办学院也是势在必行之事，因为牛津大学和剑桥大学等不允许接收持异议者入学，学生必须符合《教会统一条例》和《三十九条信纲》的条件。

"我们在凯伯沃斯的教育课程为 4 年制，"多德里奇回忆道，"每半年着手一套新的研究。"接着，他详细介绍了循序渐进的课程设置。这些课程非常实用并且兼容并包，不仅包含神学（而且是以鼓励言论自由的方式进行教学的），还涵盖了最新的现代学科。课程中有关科学的教育具有很强的代表性，涉及力学、代数、几何、解剖学、物理学和天文学等方面的知识。而在现代历史读物中，不仅包括不列颠和欧洲的作品，而且包括有关非洲、亚洲和美洲的最新研究。除了拉丁语和希伯来语，法语也在教学范围之内。詹宁斯教授的逻辑学在很大程度上来自一套约翰·洛克（John Locke）的系统。多德里奇说，詹宁斯总是能"让最好的作家成为他的注释者"。后来，在学院迁往北安普敦之后，教育目标就不再局限于培养为神职献身的学生了，也会接收需要获取普通教育的学生，于是学院的知名度和成就都在不断提

328

升。詹宁斯还强烈主张女性应该接受教育。他妹妹有一个女儿名叫安娜·拉蒂夏·巴伯尔（Anna Laetitia Barbauld），安娜出生并成长于凯伯沃斯，并在日后成了一名诗人、女权主义者和反奴隶制作家，这并不是巧合。安娜也是儿童读物的先驱作家，还因其反战立场激怒了华兹华斯（Wordsworth）和柯勒律治（Coleridge）这两位诗人。尽管15岁时就离开了这个村庄，但安娜不啻为詹宁斯通过不信奉国教的教育课程塑造出来的最有趣、最具代表性的"作品"。

多德里奇本人追寻着詹宁斯的足迹，也享受在凯伯沃斯度过的悠然自得的时光。他在此传道、照护自己的会众，还创作了许多赞美诗，其中一些如《快乐的时光》等至今仍然在不信奉国教的群体中流行。同时，多德里奇也在此研究与思考。1720 年，一位朋友以为多德里奇在凯伯沃斯过的是"活埋"似的单调乏味的生活，于是出言安慰他，但他的反驳极其令人难忘：

在此，我可以坚持那些令人愉快的研究，这是上帝赋予我一辈子的工作。我会以理性的力量和自我满足的私密快乐，心甘情愿地杜绝伦敦的奢侈与浮华，从掌声或责难、美慕或鄙视，以及贪婪和野心的有害诱惑中退隐。所以，你不必以为这是我的不幸，也不必为我感到惋惜。相反，你应该知道这是我的幸福而对我表示庆贺。我之所以乐于将自己局限在这样一个不起眼的村庄，是因为它给了我那么多宝贵的优势，让我致力于最重要的奉献目的和哲学思考。而且我也希望我的工作能够于人有益。

邪欲与重罪

　　18 世纪早期，凯伯沃斯人对宗教和知识生活产生了深厚的兴趣，并进行了现代的探索。一个较为引人注目的侧面体现在对道德准则的强制执行上。教会历来有一个信条：违背基督教道德准则的行为不仅危及罪人个体的救赎，也危及更广大的社会。面对诸如婚前性行为或通奸等缺乏刑事制裁手段的道德失检行为，教会会对其进行仪式性的羞辱惩罚。莱斯特副主教辖区曾多次发生此类案件，莱斯特大教堂至今仍保留着宗教法庭处置相关"罪行"的陈设。

　　在莱斯特郡档案馆中不仅保存着这个副主教辖区的案件资料，还保存着来自凯伯沃斯的许多案件资料，这也证明这类道德规范对于 18 世纪早期英格兰社会的重要性。此类"犯罪"案件，大多涉及诽谤中伤或婚前通奸等。在婚前通奸"案件"中，"有罪"的情侣最终会或是出于自主选择，或是迫于家庭和社区的压力而结婚。更严重的通奸案例不太常见，但也并非没有。例如，1702 年，凯伯沃斯的艾丝特·斯特奇斯（Esther Sturges）被指控与村民威廉·斯文格拉（William Swinglar）通奸。在 1703 年 1 月和 2 月的每周日，斯特奇斯分别在凯伯沃斯的教区教堂和邻近的伯顿－奥弗里教堂、大格伦教堂遭受惩罚。晨祷开始时，她被强制"高高地站在桌子前的一条凳子上面对到场的许多会众。（在寒冷的冬天）身上仅披一条白色的床单，手中握着一根白色的木杖"。白色床单象征回归洗礼时的纯洁，白色木杖表示接受戒律的惩罚。接着，在这种备受屈辱的安排下，她开始背诵谦卑的忏悔词：

330

　　我，艾丝特·斯特奇斯，丧失了对上帝的敬畏之心，受到魔鬼以及我本人的强烈邪欲的唆使，犯下了与上述的威廉·斯文格拉通奸的严重罪行。这是对全能的上帝的巨大羞辱，是对最神圣法律的违背。假如不能深刻忏悔自己的卑贱邪念，悔改所犯的可憎罪行，我将成为他人的丑恶的榜样，也给我自己的灵魂带来危险。我恳求上帝以及教友的原谅与宽恕，并祈求耶稣基督赐我恩典，让我避免所有类似的罪恶与堕落，也让我过上严肃、正当和神圣的生活。为此，我请求所有在场的教友与我一道诵念主祷文。我们的天父啊，在天行使你的力量吧……

　　这份案件记录会转到村庄神父或助理神父手中，背面写有一条备注，确认告解仪式已经按照规定的方式完成。最后，这份案件记录会交给莱斯特郡副主教并归档保存。另外两个案例发生在约翰与莎拉·蒙克（Sarah Monck），以及也叫约翰的男子与玛丽·雷丁顿（Mary Reddington）身上。但根据凯伯沃斯教区神父威尔·文森特的记录，这两对男女原定于 1719 年 4 月某一天同天举行的忏悔仪式没能如期举行，因为据说"两名女性很快就生孩子了"。约翰和莎拉、另一个约翰和玛丽那时已经成婚。

　　对于今天的我们来说，这样的仪式似乎属于压制性的原教旨主义幻想，但它们在 18 世纪的英格兰却被普遍采用，类似的仪式在此之前也已经实施有几百年了。以艾丝特的告解仪式为例，它显然沿袭了 1389 年罗杰与爱丽丝·德克斯特的案例（参见本书第 301 页到 303 页）。到了中世纪晚期和都铎王朝早期，随着"自己活也让别人活"

的心态更加普及，婚前性行为在已订婚的情侣之间更加普遍，于是类似的忏悔仪式也在宗教改革之后更加常见了，因为教徒们试图借此回归早期教会的"净化"实践。人们相信，教会可以通过强制罪人在公众面前忏悔而使其获得宽恕。但不管怎么说，到了 18 世纪，宗教氛围变得宽松，这种道德说教的热情在新思想的影响下逐渐消退。在凯伯沃斯教堂里上演的忏悔赎罪案例不再频繁，不过一直延续到 18 世纪末，直到 19 世纪初才完全消失。曾经驱动都铎王朝和斯图亚特王朝的宗教恐惧与纷乱激情终于将要消退。

第十六章 农业和工业革命

从 18 世纪早期到 19 世纪中期，就像整个英格兰，凯伯沃斯也再次经历了巨大的变革。这种变化有其久远的渊源：黑死病之后的农业危机和劳资纠纷促使社区性组织的农民社会逐渐转变为在郡士绅阶层引领下的具有商业意识的自耕农社会。经济越来越大幅度地超越人们的直接视野，与城市和工业中心联系在一起。当时的一大标志是在 1726 年建成的连接伦敦与苏格兰西部的收取通行税的道路。如今的 A6 高速公路，其翻修的基础是建于 12 世纪的从马基特－哈伯勒通往莱斯特的老路。这条老路最初是用沙砾和小石头铺成的，后来铺设了花岗石并设置了一些小收费站，部分收费站沿用至今。1766 年，开始出现通往伦敦的快速定期公共马车交通服务，于是马车客栈在村里逐渐兴起。在经由凯伯沃斯–哈考特通往伦敦的缅因街路段，很快就冒出了 8 个可住宿，附带庭院和马厩的客栈。新的时代即将来临。

这个时候的凯伯沃斯仍然属于集群性农业社区，不过其社会形态已与中世纪晚期的村庄大为不同。只有哈考特是例外，它是一个典型的封闭性村庄，由一小群绅士和自耕农、人数越来越多的商人和工匠、少数农夫或小农以及一帮没有土地的劳动力（由雇主为其提供住宿）构成。老人和丧失劳力者往往和年轻一代居住在同一屋檐下，但社区中较为贫困者的住房需求仍在不断增长。我们将在讲述这个村庄 18 世纪的故事时谈到其中多人，他们的名字是通过《济贫法》调查员的记录以及大量存世遗嘱涉及的遗赠条款而得知的。给这些人居住的新房通常修建在剩余下来的少量荒地上或道路尽头，位于村庄边缘、用泥巴和茅草修建的小房子集群被当地人用方言戏称为"城市"。在 18 世纪晚期，有一户姓帕金斯的人就在此居住。这些人并非移民，也不是新来者或季节性劳动力，而是土生土长的穷人，是英格兰典型的新的无产阶级。从现在起，他们将成为本书这个故事中的常客。

此时来到凯伯沃斯的游客依然可以看到这个村庄自 13 世纪以来的原貌。位于斯密顿的小村庄拥有精良的砖砌农舍，规模比 14 世纪时要小。在比彻姆，都铎王朝时期的庄园农场和新的文法学校仍然分布在主街沿线。在教堂所在山坡的下方的鱼塘边建有村舍。在哈考特，虽然波尔家族已经消失不见了，但帕克家族、布莱恩家族、奥斯温家族、卡特家族、雷伊家族和海默斯家族等仍生活于此。科尔曼家族依然兴旺。在"共和时期"受过教育的村庄"管理者"名册显示，

332

科尔曼家族不再拥有大量的土地，但到了19世纪早期，威尔·科尔曼成了这个教区中的重要人物。事实上，这个家族至今仍住在这个村子里。今天，凯伯沃斯的这3个村庄里更多的是红色砖房，到处是因为需要燃煤的壁炉而兴建的高耸烟囱，但缅因街的北侧沿线仍然分布着中世纪和都铎王朝时期的农舍，对面是一排整洁的小农舍，一直延伸到村庄的水井边。井旁坐落着一幢17世纪晚期的宏大"老宅"，是诗人安娜·拉蒂夏·巴伯尔的成长之处，也是18世纪的持异议者学院开设让大学都羡慕不已的课程的地方。

凯伯沃斯18世纪时著名的持异议者的聚会地点"老宅"，门前飘扬着禧年旗帜。凯伯沃斯包容不同政见与持异议者，这里培育了安娜·拉蒂夏·巴伯尔这位诗人、女权主义者、反奴隶制作者和儿童文学先驱作家。

　　这个村子在18世纪发生的最重大的变化体现在农业生活层面，这些变化深刻地改变了社会的秩序。自从这个村子在"黑暗时代"诞生以来，人们一直依附于土地耕作而生活。但从都铎王朝时期开始，全国范围内掀起了以富有地主为代表的圈地运动，可耕种土地也被转化为牧场。就像英格兰中部的大部分地区，凯伯沃斯依旧保留着原有的社区性组织的公耕地，但当地农民中还是冒出了一些富裕的畜牧业者。正如后来一位凯伯沃斯人所指出的，"圈地者的土地和承租的田地都非常分散。长此以往，经济状况无法得到显著的改善"。不过这毕竟是一个方方面面都在进步的时代，只要有可能，就有人会尽力收购分散的田块、草地和牧场，并将其集中在一起。圈地者通常借由与其他土地所有者签订私人协议而获得田产，然后用树篱将它们围起来。从 17 世纪开始——尤其是在 18 世纪——议会也参与到了圈地进程中，这让大多数热衷于发展的经营者可以无视少数人的反对。这种经济的合理化进程奠定了通向未来的道路。尽管一些小自耕农的生活方式一直保持到第二次世界大战之前，但大多数人都已经不再认可旧的生活方式了。1779 年，圈地运动在整个教区达到了高潮。

公耕地被圈

　　1779 年 4 月 21 日周三晚上，位于凯伯沃斯－哈考特主干道上的"皇冠"客栈（现为私人住宅）的老板威廉·彼得斯（William Peters），接待了一大群来店过夜的房客。这群吵吵闹闹的房客全是当地的土地所有者，他们准备在此召集会议，主要议题是这个教区的人们几个月以来一直在谈论的内容：凯伯沃斯－比彻姆、凯伯沃斯－哈考特和斯密顿－韦斯特比的公耕地圈地问题。毋庸置疑，他们此时讨论的问题受到当地人的极大关注，因为就像中世纪发生过的，整个社会发生迅速变化之际就是乡村结构进行重大改组之时。此时，英格兰的人口从1688年的550万增加到1801年的800多万。大型的都市中心正在形成，特别是伦敦，有越来越多受过教育的农业人群通过旅游、经商以及浏览区域性和地方性新报刊开始觉醒。到处都弥漫着变革的气息。

334

包括住在缅因街的威尔·珀金斯（Will Perkins）这样仍然持有小块土地的普通小自耕农在内，当地的有产者已就圈地问题激烈争执有好几年了。要想在议会通过一项圈地法案，需要至少预先得到四分之三的当地土地所有者的支持，并决定担任监督程序的专员人选，就如何缴纳什一税和补偿庄园权益等达成协议。在大多数地方这都是一个旷日持久的拉锯过程，相互争吵自然在所难免。到了1779年，凯伯沃斯完成了准备工作，在议会通过了所提出的法案。如果说那天晚上"皇冠"客栈中的气氛依然紧张，那很可能是因为在比彻姆的148位"小块土地"所有者当中仍有8人声明反对圈地。比彻姆的情况比较典型，无产者占据了这个村落的半数人口，圈地运动在这里遇到了极大的阻力。

这次会议由指定专员参加，目的在于讨论如何执行法案要求的许多操作性事宜，比如要怎么界定穿过村庄田地的公用大道和小路等。其中一些道路是几个世纪以来自然形成的，像是从马力磨坊通向北面田园的斯兰路，从比彻姆通往斯密顿和比彻姆西边田园的磨坊巷，还有连通斯密顿的垄田和山下田园直至更古老的格里克"弗隆地"的"老牛路"。新的法案意味着旧的乡村模式将被彻底改变。

正在接受测量与估价的田地的所有者包括很多人，默顿学院是其中最重要的业主。学院将哈考特的公耕地分成大小块，分别租赁给农民，其中有些土地已代代相传了好几辈人。正如我们在这本书中所看到的，凯伯沃斯公耕地的景观是几个世纪以来的发展与变化的产物，最初的布局可能始于 10 世纪，然后不断扩展，直到变成 1300 年的模样。土地的使用权分别归属于不同的土地所有者，包括哈考特的默顿学院以及斯密顿和比彻姆的各个庄园主。这些田地不用于耕种庄稼时，老百姓有权在其中放牧。但某些权利在此前两个世纪已经遭受侵蚀，而且教区里有一些区域被富裕的土地拥有者联手圈走。但即便如此，在 18 世纪 70 年代，三大片公耕地和公共干草地中的大部分土地仍然保持着原样，村庄周围仍散落着一系列小地块和小牧场，果园和园林一直维持公用，教区边缘仍有一些公共荒地、草地和较粗糙的土地。1779 年的土地系统重组涉及大量可追溯到中世纪和维京人祖先的地段名称，这难免会给村民们共同拥有的精神世界图景带来冲击。但当国家通过了议会法案，这些公共用地在法案要求下被用栅栏分块隔开，并通过契约的形式分别归属于私人业主、冠以名号之后，悠久的共有产权传统宣告终结。

那年的整个夏天，圈地专员都与当地陪审员一道辛勤地工作于凯伯沃斯这个古老教区的公耕地里，"对敞开式的公用牧场加以划分、分配和圈定"，对规划中要穿过公共用地的所有大路小道进行测量并打桩立标。8 月 28 日，村里刊出了一则正式印刷海报，并四处张贴在醒目的地方，详细地通告了欲将保留的各条"人行道、运输道和车马道"。例如："目前从马基特－哈伯勒通往莱斯特的收取通行税的道

335

路（即现今的 A6 高速公路）保留不变，但要拓宽并延伸穿过公用田地。已就沿线 60 英尺（约 18.3 米）的宽度立桩标示。"（教区内其他运输道路的宽度约为 12 米，驿道的宽度约为 6 米。）担任书记的圈地专员威廉·沃特纳比（William Wartnaby）宣布，预定将于 9 月 9 日在"皇冠"客栈举行一次后续会议，目的是让村民们有机会对拟建的道路提出异议。

凯伯沃斯的圈地行动发生在莱斯特郡圈地运动最重要的时期：18 世纪 60 年代到 70 年代。在这个阶段，郡里有三分之二的圈地法案得到批准，议会平均每年批准 5 到 6 个村庄提出的法案。在凯伯沃斯教区，根据圈地专员在此教区所要求的"小块土地"的数量，大约有 3900 英亩未经树篱或栅栏分割的公用土地被分别划归比彻姆的 27 名业主、哈考特的 23 名业主和斯密顿-韦斯特比的 35 名业主。各个业主随后在属于自己的地块四周筑起栅栏并种植树篱作为分界。从此，周围乡村的面貌发生了永久性的改变，形成了今天的田园拼缀图景，也就是我们现在认知中的英格兰乡村的原型。

当地最有实力的土地所有者在圈地过程中大获成功，比如莱比乌斯·汉弗莱（Lebbeus Humphrey），他是一个相对的新来者；又比如罗伯特·海默斯（Robert Haymes），他出身于一个发迹于都铎王朝时代的乡村家族。类似的发生在圈地运动中的大众神话很快就变成了一场"国家大劫掠"：这是一场权贵以牺牲贫穷佃农的利益为代价夺取土地的运动，即使公用土地并未被全部消灭，佃农获得残余土地的机会也已大为缩减。约翰·詹宁斯神父的后人，生长于凯伯沃斯的约翰·艾金博士（Dr John Aikin）表达了许多激进分子共有的观点：

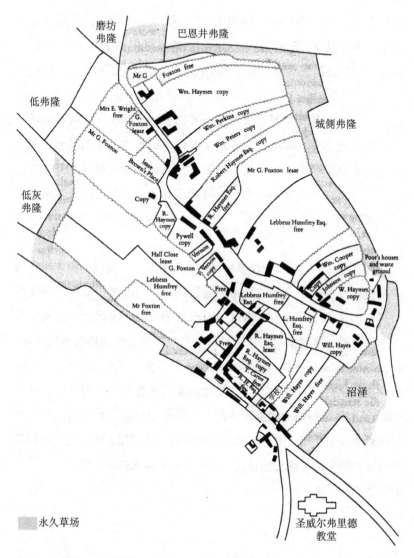

默顿学院保存的哈考特地图，1781 年。此时圈地运动已告一段落，村里的三块大公耕地和过去的常年分租田地已消失不见。

"（穷人）已交出了他亲手耕种但所有权属于地主的田地，保留下来的土地还不足以埋葬他自己……" F. P. 伍德福德在 19 世纪 60 年代圈地运动盛行时还是个孩子，也记得村里许多劳动者充满仇恨的言语：

> 周围的土地所有者说，如果把田地、草地和牧场永久性地圈围起来会非常有利。真是令人惊异的坦率！毫无疑问，对他们来说既合适又可接受，但这完全无视了穷人的利益：穷人的合法继承权怎么办？穷人变得更有压力。（那些地主既卑鄙又可耻。）

关于圈地运动，历史学家的见解大有分歧。大规模的圈地运动的确是更广泛的经济变革的征兆和催化剂。人口的增长增加了对食物的需求，运输条件的改善促进了农产品的流动，因此对于土地所有者来说，通过支付圈地费用来提高粮食生产能力的动机在不断增强。在 18 世纪的莱斯特郡，除了 1753 年一次发生于郡南部的令人担忧的事件，似乎并没有因为议会的圈地法案出现普遍的暴力事件。早在 1607 年出现在英格兰中部地区的叛乱倒是由侵占公耕地引发的，并影响到了凯伯沃斯以南的区域。也的确有一些证据表明，凯伯沃斯的圈地运动带来的急剧变化直接或间接地导致越来越多的农村贫困人口的生活更加艰难。

没有土地的无产阶级的形成

1797 年，凯伯沃斯教区完成圈地运动还不到 10 年，弗雷德里克·伊登爵士（Sir Frederick Eden）出版了引人注目的三卷本开拓性著述——《穷人的状况》（*The State of the Poor*），这是从恩格斯到 E.P. 汤普森等人有关英格兰劳动阶级的一系列伟大著作的前身。伊登目睹 1794 年和 1795 年劳动阶级的艰难处境——时值对法战争，粮食歉收，物价暴涨——于是开始调查英格兰各地穷人的生存状况。他亲自做了一些实地调查，并从神职人员那里收集信息，还设计了一份调查问卷，由"非常忠实又聪明"的约翰·豪斯曼（John Housman）完成。豪斯曼在《月刊》（*Monthly Magazine*）上简要介绍了他的旅途经历，并观察到莱斯特地区的耕地正在迅速减少，因为"大部分土地变成了农民的牧场"。英格兰经济和社会的重大变迁正在眼前发生。

伊登在其著述中对凯伯沃斯的特点有重点描述，展现了这个村庄在 18 世纪 90 年代的详细图景。他在书中写道，大约 9 成土地已变成牧场，教区里没有留下公共用地或荒地，而 1086 年的《土地调查清册》显示村里是有这些土地的。凯伯沃斯人告诉伊登，在公耕地被圈之前，他们只种粮食，那时的穷人"有大量被雇用干活的机会，包括除草、收割、脱粒等，光是拾遗就能捡到很多麦穗"。伊登得出结论："从考察中不难看出这样的事实：根据目前的农业制度，只需要 20 年前所需人手的三分之一或四分之一，就足以胜任这个教区如今要做的所有农活了。"

339　　　伊登很可能夸大了凯伯沃斯专门适宜于耕种的公耕地面积，村里至少有一部分公耕地已转化为放牧的草地，而且 1779 年的圈地调查显示，许多公共用地也已变成"老圈地"。但毫无疑问的是，显著增多的牧场是圈地带来的结果，这大大减少了无地劳动力可以找到农活的机会。1801 年时，用于种植作物的耕地面积相对不多，在凯伯沃斯－比彻姆存留的可耕地中有 348 英亩用于种植各种作物，主要的作物依次为豆类、小麦和大麦。在此期间，凯伯沃斯－比彻姆用于济贫的年度支出却一路飙升，先是从截至 1776 年复活节时的 72 英镑上升到 1785 年的 147 英镑，再上升到 1803 年的 423 英镑。若按今天的平均收入指数来计算，这个数字接近于 35 万英镑。这并非巧合。

　　　　伊登还就凯伯沃斯一位劳动者的经济状况进行了特别详细的讨论。1795 年 8 月，此人 40 岁，有妻子和 5 个从 18 个月到 14 岁不等的孩子。除了 14 岁的大女儿靠纺纱每周可挣到 2 先令，妻子和其他孩子均无收入。此外，他 12 岁的次女患有癫痫。这个人在一年中有一段时间做河道挖土工，其余时间打零工。由于缺乏所期望的在一年大部分时间里可以获得收入的季节性农业工作，无法像其先人那样借此生存，所以他的整个家庭往往要依靠教区组织的慈善系统救助来过活。这是有此类记录以来凯伯沃斯人生活的特点之一。伊登说，"教区为这个人支付房租，为他提供煤炭，偶尔还为他提供破旧的衣服等物品。在过去的两个星期里，每周为他发放 2 先令的生活补贴"。这位劳动者还详细地给伊登描述了家里基本的饮食状况：

　　　　　　他说，他们很少吃或根本吃不上牛奶或土豆，难得才能吃到一点黄油。吃不到燕麦粥。偶尔会买一点奶酪，有时会在礼拜日吃上一点肉。他的妻子和女儿们喝的茶很少。面包是全家的主食，但眼下还远远谈不上能吃饱。假如能自己种庄稼，他们或许可以放开肚子吃饱。他的孩子们几乎都处于衣不蔽体、半饥半饱的状态。他还补充说，自己近来有许多天在干活的时候只靠面包充饥，而且已有好几周没尝过啤酒了。

伊登把一种新闻工作者的纪实手法非常典型地运用到了 1795 年对一位凯伯沃斯劳动者的采访中，从而成为引领 19、20 世纪的一批有关英格兰劳动阶级状况的巨作诞生的开路先锋。他的后继者从马克思和恩格斯，到普利斯特利（Priestley）和奥威尔（Orwell），为数众多。在接下来的一个世纪里，英格兰的人口翻了两番。不妨说，上述的无名劳动者一家的状况代表了英格兰历史新的转折点。

运河和工业

幸运的是，对于这位劳动者以及其他类似的凯伯沃斯村民来说，在这个因村里的圈地运动而农业工作严重减少的特殊时刻，全新的劳动力出路在这个地区出现了，尽管只是暂时的。伊登写道："目前，许多劳动者可以在邻近找到挖河道的活计，否则（郡里穷人的）比例肯定比现在要高得多。"上述这位劳动者说，他从事挖河道的工作约已半年，在天气允许的情况下每天可挣 2 先令。要是没有这个收入，那要如何来养家糊口啊！但用手镐或铁铲挖河道，又有工头的监管，

不能偷懒，吃的只是勉强充饥的面包和稀粥，这必定是一件累人的苦
差事。

　　不过，对于这个地区来说这是一项重大发展。莱斯特郡的经济增
长一直受到英格兰中西部这部分地区没有通航水道的限制。到当时为
止，煤炭是当地经济的重要组成部分。由于附近木材资源稀缺，无论
是对于工业生产还是用于家庭供暖，煤炭都是必需物资。事实上，默
顿学院的法庭卷宗也显示，凯伯沃斯早在 13 世纪晚期就已开始使用
煤炭，在当时的农民收入中就包括在郡范围内为领主运送煤炭的所
得。但由于大路小道质量低劣，凯伯沃斯只能依赖当地的煤炭供应。
与邻近的德比郡相比，使用当地煤炭成本更高，而且当地煤炭的质量
也更差。凯伯沃斯有些地方的道路非常糟糕，以至于当地煤炭都是放
在马背和骡背上运到莱斯特的。更令人吃惊的是，从伦敦运往莱斯特
的货物仍要依靠海路：通过双桅帆船经泰晤士河沿海往北绕过萨福克
和诺福克海岸，抵达林肯郡的特伦托河口后再用"特伦托的船只"运
到拉夫伯勒，最后才终于搬上马车经陆路运往各地。

　　尽管强大的既得利益者反对修建运河，莱斯特郡的煤炭商反对得
尤其激烈，但最终支持的力量克服了阻力。莱斯特郡北部内河"航
运"方案的成功迎来了 18 世纪 90 年代初的运河开发热潮，当时英格
兰各地都在蓬勃开展修运河的运动。随之而来便是一项打造后来被称
作"大枢纽"的水运系统的雄伟计划，这套系统从伦敦连通牛津运
河，最终会连接特伦托和默西运河直至利物浦。这个计划派生出了一
个"联合运河"项目，把英格兰中部的城镇诺丁汉、德比、莱斯特和
这套广阔的水路网络连接到了一起。尽管涉及各种复杂曲折的谈判，

持续的对法战争也让开发运河的热潮有所降温，但该项目中从马基特－哈伯勒向西北方向延伸，绕过斯密顿－韦斯特比的南部山脊，再通往莱斯特的这段航线的挖掘未曾中止过。在离斯密顿西面不到 1.6 公里的地方，挖有一条穿越萨丁顿高地、长约 800 米的主要隧道，至今仍可在斯密顿田园边缘看到挖掘隧道产生的巨大废石堆。随着英格兰运河革命的启动，凯伯沃斯村民们开始拥有了自己的有利地位。

　　不过，对于当地人来说，这种发展既有有利的一面，也存在不利的一面。一方面，由于圈地运动而找不到活干的村民可以在大型工程项目中找到出路；另一方面，村庄本身所能提供的劳动力远远不能满足这种大规模工程的需求，需要大量被戏称为"导航员"或"挖土机"的外来帮补充劳力。这些外来劳力居住在位于村庄边缘的临时营地里，要是能找到租金便宜的居所，也能住在当地民房里。这些人中的不守规矩者多数是爱尔兰人，在他们落脚的社区里非常不得人心。18 世纪 90 年代的运河开发高峰期也是在欧洲进行战争的时期，而爱尔兰人有过与法国人结盟的历史，所以排外情绪很容易在此时的村里成为引发冲突的导火索。1795 年 4 月，《莱斯特日报》刊登了一件新闻，讲的正是长久以来都不曾被人遗忘的"凯伯沃斯暴动"。

　　1795 年 3 月 30 日周一，莱斯特市长得到消息，一大批在"联合运河"就业的工人袭击了莱斯特的一个"国防军"支队（"国防军"是战争期间临时组建的地方组织）。挖土工解救出两名被士兵扣留的擅离职守者之后，正在凯伯沃斯举行暴动。市长立即召见了一位名叫海里克（Heyrick）的队长，并命令他采取军事行动。当天下午 3 点到 4 点之间，正如《莱斯特日报》所报道的，海里克发出了召集令，

342

全副武装的莱斯特志愿骑兵队在镇集市上整装待发。在获悉形势并接到命令之后，这支骑兵部队手持刺刀朝着凯伯沃斯进发，还有一支携带步枪的步兵分队跟随其后。到达奥德比（Oadby）的收费卡时，队伍得到消息，连同两名已被解救的擅离职守者在内，骚乱者已经跑到了位于凯伯沃斯西北的小村庄牛顿－哈考特，就在运河土方工程的沿线上。军队到达之后，穷追不舍地把骚乱者逼到了一个名叫"征兵军士"的小酒馆。骚乱者手持长矛死守在门口，"似乎下定了决心要抵抗到底"。无奈之下，被召到现场的当地治安官伯纳比（Burnaby）向骚乱者宣读了《取缔闹事法案》（the Riot Act）。这项法案生效于1713年，让地方当局有权根据其下令驱散12人以上的闹事群体，或采取惩罚性行动。在执行时，为了使程序合法化，当局必须准确、清晰和完整地宣读法案的文本：

> 国王陛下吩咐并命令聚集者立刻自动散开，平静地回到自己的住所，或平静地回到自己合法的工作场所，以免遭受法案规定的惩处。此法案颁布于乔治国王元年，旨在防止聚众骚乱与暴动。上帝保佑国王！

343

法案一经宣读，一群骑兵便接受命令下马进入酒馆搜寻那两名擅离职守者，但没有找到这两人，不过抓获了4名"负隅顽抗"的骚乱者，并将其武力押往莱斯特。其余骑兵随后沿着运河向东南方向搜索了邻近的弗莱克尼、斯密顿和凯伯沃斯等村庄，并在晚上7点左右于凯伯沃斯和步兵分队会合。第二天，骑兵们继续沿着运河线路前进，其中包括前一天在凯伯沃斯的搏斗中受伤的一名军士和一名"国防兵"（可见这两批人马相互认识）。一路上，军人们又发现并逮捕了9名骚乱者："其中包括瑞德·杰克（Red Jack）和北安普敦的汤姆，这两个家伙在各自的村子也是威胁，是臭名昭著的恐怖分子。"周四，所有被逮捕者都在治安官伯纳比的面前接受了审讯。受审后，9人被释放，4人被认定犯罪，这其中可能包括杰克和汤姆。

联合运河凯伯沃斯段一景，照片中央是德布达尔桥。

　　"联合运河"从莱斯特到凯伯沃斯的河段于1797年开始运作。当时，附近的德布达尔码头（Debdale）已正式投入使用，但整个联合项目直到1814年才告完成，位于凯伯沃斯东南的福克斯顿的巨大的

梯形运河船闸随之开放运营。这个项目是运河时代最引人注目的工程
之一。总之，从人们描述为"一种令人振奋的乐观主义精神"的角度
来说，这些建于 1790 年之前的运河比许多后来建造的都要成功。在
莱斯特郡，北部的附属支线运河几乎全都弃用了，但经由特伦托河的
南北向线路依然重要。这是当时连通首都与西北部各大蓬勃发展的
工业城市的大规模网络中的关键环节之一，带来的效益基本上足以
支付股息，并对当地的经济发展产生了持久的影响。长期阻碍中部
地区发展的"燃料荒"终于通过定期并且廉价的煤炭供应得到了解
决。此时，就连普通凯伯沃斯人家的后厨里也堆满了来自"德比郡的
乌黑发亮的煤块"。莱斯特城的人口开始迅速增长，从 1801 年的不到
1.7 万人增长到 1821 年的 3 万人，并以每 10 年增加 1 万人的速度持
续增长到 1850 年。无论是在城镇还是在乡村，英格兰的工业化正在
开启。

工业革命来到凯伯沃斯

运河对凯伯沃斯的影响十分巨大。正如我们所看到的，自 11 世
纪以来，凯伯沃斯一直是这片地区人口最为稠密的教区之一。1381
年时这个教区的人口大约为 600 人，到了 1670 年，人口数字恢复到
了中世纪以来的最高水平。在 18 世纪早期，凯伯沃斯教区拥有 150
户人家，大概 750 人，从那时起，这里就像英格兰的许多地方一样经
历了一个人口急剧增长的时期。尽管并不完整，但 1801 年的人口普
查显示，这个教区的人口为 1232 人。在接下来的一个世纪里，人口

几乎翻了一番。乡村生活的变迁再次反映出整个国家的历史变迁：此时此刻，旧的农耕世界正在转型，工业社会开始以小型工厂、砖石建筑、纺织厂尤其是框架编织厂等形式进入村庄。

框架编织技术的运用始于16世纪90年代英格兰中西部地区发明编织机。框架编织工厂主要集中在莱斯特郡、诺丁汉郡和德比郡等地，编织业在拿破仑战争期间成长为庞大的产业，行业内雇用的工人多达近10万人，这还不包括儿童。编织工厂生产的产品不仅有普通和花式长筒袜，还有手套、连指手套、背带、女式衬衫、男式马裤、围巾等各种各样的纺织品。而且莱斯特原本就是出产精美纺织品的中心，"蛛网形"女衫、花哨的长筒袜和最精美的手套均出自于此。在凯伯沃斯，针织品一般是在私人住宅以及后来的小工厂里生产的，这些小厂房的零星遗迹至今仍散落在村庄四周。但这些私人作坊和工厂都仅限于"开放的"比彻姆和斯密顿。只有一条马路之隔的哈考特就十分封闭，抵制这种产业进入，依然保持着农庄、村舍和马车客栈的凯伯沃斯古老图景特色。

之所以是位于凯伯沃斯教区南侧的比彻姆和斯密顿成为纺织业的重要组成部分而不是哈考特，有其各自的历史原因。自1270年以后，哈考特的田地和许多房产一直属于默顿学院，这里是农耕之地，村落的"封闭性"事实上一直延续到最近。而斯密顿的7个庄园在近代早期就可能通过投机买卖被分解成了私人财产。至于比彻姆则是一个无产者的聚集地，新产业的开发正好为不能充分就业的劳动力提供了机会。也许比彻姆的情况以其自身的历史来说并不新鲜。14世纪时比彻姆拥有24户隶农家庭、3户佃农家庭和18户农奴家庭，是一个由

200 多名不自由或半自由的农民组成的村落。这种模式维持了一段时间。到了 14 世纪晚期，根据人头税税单的登记信息，虽然比彻姆仍然只有一对自由民夫妇，托马斯和艾美丝·斯旺（Amice Swan），但有 31 对夫妇从原先的隶农变成了"没有签订契约"的佃农，并且持有土地。此外村里还有 7 名做仆人的、1 名劳工、1 名工匠、8 名佃农和 1 名寡妇朱莉安娜·沃德（Juliana Ward，她的后代在 17 世纪时仍住在村子里；1664 年的壁炉税单显示村里有 45 户登记的家庭）。因此，比彻姆的早期历史表明，它本来就是一个由依赖土地但自身没有土地的无产者构成的村落，村民们不是世袭地产保有人，而是佃农和劳力。在 19 世纪早期，圈地运动后的广泛失业和新的生产机会所导致的产业兴起永远地改变了凯伯沃斯的面貌，几乎将其转变成为一个拥有家庭手工业和作坊的小镇，最终在维多利亚时代中期这里还拥有了工人俱乐部、酒吧和小型工厂。

在国外的战争需求和国内新兴中产阶级的时尚追求的推动下，框架编织技术在 19 世纪的最初几十年里得到迅速而广泛的运用。到了 1850 年，进入编织产业工作已成为凯伯沃斯人就业的主要出路。原因不难看出：在公共用地被圈之后，一旦给运河挖土的临时性用工需求萎缩，乡村劳动力的就业机会就会变得严重匮乏。如果说牧场的增加让凯伯沃斯人依赖土地的直接就业机会变得越来越少，就整个莱斯特郡而言，牧羊业的日益发展却实实在在地给人们创造了越来越多的间接的新就业机会。虽然伊登明智地指出，"就国家的集体利益而不是教区的特定利益而言，我非常怀疑，自莱斯特郡兴起圈地运动以来，受雇从事羊毛生产的人手可能并不比以前雇来从事农耕生产的人手多

346

（可能还不止莱斯特郡一地）"，而事实上，正如他在几十年后回到凯伯沃斯时所看到的，教区里至少还存在一些新就业机会。

一如约翰·利兰早在 16 世纪 40 年代就说过的，莱斯特郡生产的羊毛一直极为珍贵。18 世纪 20 年代，丹尼尔·笛福在其著名的《大不列颠之旅》中观察到，莱斯特郡饲养的绵羊"无与伦比，饲养规模巨大。绵羊背上剪下的毛在全英格兰是最佳的"。自伊丽莎白女王时代以来，时尚不断变化，人们对于长筒袜的需求量越来越大，从最高档的丝绸长筒袜到买不起高级品的人穿的羊毛长筒袜，或后来的棉线长筒袜。起初，长筒袜是手工编织的，但织袜机的发明——一般归功于诺丁汉郡的卡尔弗顿的威廉·李（William Lee of Calverton）——创造了一个大规模的产业，并从 17 世纪晚期开始主要集中在中东部地区。起初，这种技术创新还一度遭到担心失去生计的手工编织者的愤怒抵制。据说第一台框架编织机在 17 世纪 80 年代出现在莱斯特时只能悄悄放在地下室里操作，因为使用者害怕遭人报复。后来，当中部地区的邻居们专注于丝绸织品（德比郡）和棉线织品（诺丁汉郡）的时候，莱斯特郡专攻精纺羊毛织品。丹尼尔·笛福于 1705 年至 1706 年访问了莱斯特城，20 年后他在旅行记事中如此写道：

> 这里和附近的几个集镇都在用框架编织机大量生产长筒袜。人们恐怕想不到，生产这么一种小商品竟然会像现在这样雇用了如此多的人手。整个郡似乎都在生产长筒袜，诺丁汉郡和德比郡也一样。

在凯伯沃斯，教区里的穷人过去在田间劳动，如今开始涉足这种
347　可以居家操作的手工活，因为框架编织机是可以租回来的。一旦开
工，家庭成员全都会参与其中：父亲踩着笨重的踏板操作编织机，母
亲缝合长筒袜，孩子们帮忙纺线。等孩子们长到 10 岁、11 岁的年纪，
就也开始操作编织机了。当时，有人曾浪漫化地描述这种全家人聚在
一起干活的场景，但现实并不浪漫。正如一位编织工反驳的，全家人
齐上阵也只能勉强糊口，根本谈不上幸福与美满，而恰恰是贫穷与悲
惨的证明。

在家里工作的框架编织工人。16 世纪 90 年代框架编织机发明之后，编织工
业进入家庭内部，并在 18 世纪成为中东部地区的关键行业。

伊登在圈地运动发生几年之后所做的调查中注意到，在凯伯沃斯-
比彻姆也出现了"小规模的长筒袜编织业"，但那显然是老式的手工
编织，而且通常是由女性来做的，以此补充一点家庭收入而已。伊登

也提到，作为"女性的主要就业领域"，妇女们参与到了精纺毛线的原料制备工作中，但不是产品合成的终端工作。然而几十年后情况发生了很大的变化。1831 年，助理神父约翰·柯蒂斯（John Curtis）在针对莱斯特郡的调查报告中说，凯伯沃斯－比彻姆有多达 1372 名居民受雇于框架编织生产。根据 1850 年的《地名录》，凯伯沃斯－比彻姆大多数人都在从事这一行，村庄的性质已发生了根本改变。即使是在今天，到这个村庄以及斯密顿游玩的游客仍能看到别具特色的编织工住所，那些房子的上层窗户开得很大，目的是为框架编织生产提供充足的亮光。

18 世纪晚期，框架编织工经历了报酬相对较好的一段时光。但拿破仑战争之后国情变得严酷，出现了深刻的社会动荡，编织工们在此期间的斗争对于所谓"英国工人阶级的形成"过程发挥了关键的作用。莱斯特郡是这个进程的重要组成部分。后来成为卢德派（the Luddites）标杆人物的内德·卢德拉姆（Ned Ludlum，即卢德［Ludd］）就出身于莱切斯特城外，这并非巧合。拿破仑战争之后，编织行业的工人处境通常很糟糕，有时环境可以说很险恶。租框架编织机的数量大幅增加后，时尚需求上下波动，再加上经济疲软乏力和国际形势飘忽不定等各种因素，个体劳动者和家人都被控于资本家手中。工人们对于制袜商为了节省劳力和降低生产成本而无所不用其极的手段深感不满，特别是"以实物支付报酬"或使用代金券的做法尤其令人憎恶，代金券还只能在业主的商铺里进行兑换，往往无法做到公平等效。而工人们需要租来干活的框架编织机又大又笨重，个头类似于一架立式钢琴，不管有没有活干，编织机的租金都必须照付不

348

误。工人怀疑制袜商或出租编织机赚取租金的中间商如此收费是因为他们手头的编织机比实际所需多太多了。在 1812 年至 1844 年之间，中东部地区使用的框架编织机的数量翻了一番，几乎达到 5 万台。

编织产业从 19 世纪 30 年代末开始严重衰退，也给凯伯沃斯带来了沉重的打击。1840 年，在萧条的最低谷时，据说莱斯特郡有三分之一编织机被空置。在凯伯沃斯－比彻姆特别不景气的时候，众多单身男性在河畔每周一次的招工老集市上排队等待工作的情景重现了。有一大批人成了济贫的对象，包括许多茫然不知所措的老编织工，他们从未经历过如此困顿的处境。3 年后，议会接到了一份由英格兰中部 3 个郡的 2.5 万多名编织工签名的请愿书，于是在 1844 年成立了一个王家专门委员会调查这个行业。R. M. 马格里奇（R. M. Muggeridge）在随后的详细报告中很大程度上证实了请愿者反映的日益恶化的处境，对凯伯沃斯工人的状况有翔实的描述。

被此报告记录的采访证人中有 5 名是来自凯伯沃斯和斯密顿的框架编织者。比彻姆的约翰·莫比（John Mawby）说，他 1 天要干 17 到 18 个小时活，1 个星期能生产两打长筒袜，1 打袜子可以赚 4 先令 3 便士。但他必须支付框架编织机的租金，缝合也有成本，夜间工作所需的蜡烛和机器卡壳时用于润滑的肥皂或机油的费用也要算进去。他瘸腿的大女儿在帮着做点缝合袜子的活，他也已开始让 9 岁的小女儿操作第二台编织机了，但她努力干活也是要支付租用编织机的费用。托马斯·伊利夫（Thomas Iliffe）是另一位受访者，出自一个古老的比彻姆家族，这个家族在 17 世纪的村庄里甚至更早在萨丁顿就有着重要地位。伊利夫陈述说，他身患重病已有一年，现在的工作时

349

间只有正常时的一小部分，但编织机的租金还是不能减免。"他说虽然很想干活，但只能眼巴巴地望着静止不动的编织机无能为力。即使如此，他要支付的编织机租金分文不能少。"斯密顿的乔布·约翰逊（Job Johnson）同样抱怨了租金的负担："在我看来，我们必须支付的编织机租金实在太高了。"他每天工作 14 个小时，只能维持妻子和 5 个子女的基本生活，无法供孩子们上学。斯密顿的约翰·洛夫（John Lover）也发出同样的哀叹：

> 天底下还有哪个民族的人比我们更沮丧？为了这点钱，我们不得不没日没夜地拼命干活。我只能竭尽全力让孩子们上得起学，因为我不忍心让孩子们不读书，就在无知中长大。

这份报告对"以实物支付报酬"的做法提出了批评。但很显然，即便是被 1831 年的《禁止以实物支付报酬法案》（Truck Act）宣布为非法，这种做法仍然是持续存在的严重问题。据报告估计，城镇工人中受此影响者有五分之一，在乡村受此影响者则高达五分之四。在凯伯沃斯教区，这个问题似乎直到制袜商的不法行为被不断举报之后才有所缓解。约翰逊说，圣诞节之前他的报酬"几乎全是以实物支付的"。约翰·洛夫说得更清楚："我们被迫以高价接受这些实物。我认为，这远高于其他商铺里在售的价格，跟敲诈勒索没什么两样。"他说，"如果到了圣诞节还不停止，这个冬天就要彻底挨饿了"。他们中有许多人反映了以土豆为生的经历，土豆就种在教区分配给他们的土地里。配给制度"被证明总还是非常好的"。顺便一提，配给的土地至今还在村里，并得到了人们非常主动的照管，位置就在从前的济贫院和编织工公寓下方的斯密顿梯田处。

自战争年代以来，工人的实际收入在明显下降。中间商却越来越频繁地穿梭于地方编织工与莱斯特制袜商之间。借助于这些人，编织工不再苦于往返两地，但收入也因此变得更加微薄，而且让人觉得很不公平。斯密顿的一位编织工威廉·沃德（William Ward）直率地认为，这些中间商和所谓的"掮客"发挥的作用是极其有害的，市场稍不景气，制袜商就利用中间商来压低价钱：

> 中间商了解编织工，知道他们不愿意自己操办所有的环节，知道他们需要有人从中搭桥……中间商也清楚近来市场不大景气，穷苦人家不管价格高低都必须找到活计，否则就会沦落到无事可做……当制袜商不想亲自露骨地压低价格时，就会让中间商代自己下手。

令人惊讶的是，在这个国家的其他地区，纺织品似乎已经进入了以工厂为基础的机械化生产流程，只有凯伯沃斯这样的村庄里，耗费劳力的工作仍在继续。编织、缝合长筒袜和蒸汽动力相对来说是抵触的，结果导致莱斯特郡制袜业没能分享兰开夏郡在 19 世纪早期所经历的蓬勃发展的成果，尽管兰开夏郡的工作条件十分恶劣。另外，当技术创新出现时，框架编织工们仍以极大的怀疑与敌意对待它，从中看到的只有未来就业机会进一步减少的前景。据说，早在 1773 年就发生过一群工人毁坏了在莱斯特交易会上展出的织袜机的事件。那台机器能同时生产十来双长筒袜，工人们要求制袜商保证不引进这种机器。而一项精纺毛纱的机械发明则引发了 1787 年由手工纺纱者鼓动的严重骚乱。莱斯特地区有许多大型制造商都出身于持异议者团体，这一事实催生了一个广为流传的战斗口号："不要长老会，不要机器。" 19 世纪初期，砸机器的卢德派在莱斯特郡非常活跃，在当时的传奇人物内德·卢德的鼓动下先后砸毁了几百台框架织袜机。

　　1845 年，调查委员会得出了令人震惊的结论：在整个英格兰中部地区，多达四分之三的框架编织工要么无事可做，要么"工作量严重不足，并依赖于教区的救济"。对于失业和贫困人口来说，1834 年颁布的《济贫法修正案》提高接受救济条件的做法似乎让困境又加深一重。早在 1782 年曾颁布过一项以议会议员托马斯·吉尔伯特（Thomas Gilbert）命名的《吉尔伯特法案》，法案放开了以教区为基础的济贫制度，规定济贫院只服务于老弱病残者，身体健全的穷人要通过院外救济和获得在家庭附近打工的机会来解决困难，也就是任由教区的穷人监护人自己想办法。在议会推出住房制度之前，像凯伯沃斯这样的教区拥有许多村舍，会以很低的租金租给穷人居住。斯密顿还建有专门的济贫院，那是一座三层楼的大型建筑，至今依然屹立不倒。到了 1834 年，《济贫法修正案》规定，济贫事业的控制权不再属于教区，转而集中到了地区性的"济贫工会"，这些工会直接隶属于伦敦的"济贫委员会"。就凯伯沃斯而言，这意味着将济贫事业的控制权移交给了"马基特-哈伯勒工会"。

　　在位于邱园的国家档案馆中保存的有关"马基特-哈伯勒工会"的文档，为我们提供了济贫法在这个特定的经济困难时期从旧体系向

351

新体系过渡时的翔实资料。这些档案包括文件、报告、意见书和信件等，超过 1.67 万卷，大部分是没有使用过的，其构成的社会历史资料的丰富性不亚于全国人口普查的成果。例如，在一系列提交给伦敦"济贫委员会"的亲笔签名信件中，一帮上了年纪的凯伯沃斯穷人愤懑地抱怨说，当地教区的监护人没有履行为失业者找到工作的义务。

他们在 1835 年 1 月 11 日的信中写道："作为签名人，现请允许我们说明：我们是莱斯特郡的凯伯沃斯－比彻姆和凯伯沃斯－哈考特教区的穷人，由于失业，我们曾多次向监护人请求寻找工作，但他们总是拒绝雇用我们。"这些人坚称《吉尔伯特法案》里规定得很清楚，所有监护人都不得拒绝雇用找不到工作的穷人。然而，新的济贫制度的严苛性要比旧制度的随意性更加令人讨厌，在新制度下，身体健康的失业者想要换取最基本的衣食，或许只能依靠在哈伯勒济贫院中打杂谋生：

> 我们请求做进一步的陈述。任何地方的穷人都不像在凯伯沃斯这样备受折磨。这里的穷人虽然被送进了济贫院，但身上的亚麻衣服穿了 11 周都没有换洗，毫不夸张地说，直到他们身上长满寄生虫，才能被换洗一次⋯⋯

在此信上签名的人包括凯伯沃斯－哈考特的理查德·托尔顿（70多岁）、凯伯沃斯－比彻姆的威廉·托尔顿（将近70岁）、塞缪尔·格斯特和威廉·杰克逊（他们两人将近60岁）。尽管这些人全都接近或超过今天的退休年龄，但他们仍然坚持主张自己的工作权利以及想要工作的愿望。

伦敦的济贫委员会回答时的论点在今天听起来也熟悉：

> 你们必须明白，靠救济度日者不应该过上与拥有独立产业者一样的生活：救济制度不可能让失业者获得相等或几乎等同于劳动报酬的救济金……救济政策必须倾向于促使符合救济资格者选择自食其力。

4 位凯伯沃斯人声称，这种答复不切正题。他们认为，地方当局之所以不愿有所作为，是因为这些穷人是宗教异议者，这是当局迫害的结果。就像典型的不信奉国教者，这些人的信件中充满圣经的典故，暗示不愿救济贫穷门徒者将永远被罚入地狱，而"眷顾贫穷的有福了，他遭难的日子，耶和华必搭救他"（《诗篇》第 41 节）。他们还说当埃及人逼迫以色列人制造没有稻草的砖头时，济贫法监督员要他们制造没有黏土的砖头。他们也认为让尽心尽责的宗教男女住在济贫院里尤其可憎：

> 你们可以相信，男人决计不会因为没有工作就屈身于济贫院中。否则，结婚仪式的誓言就必须改变，因为用不着死亡降临，济贫院院长就可以将男女双方分开了……没有哪个持异议者会愿意进入这种充满罪恶的窝点。我们最近已经收集了其中一个邪恶窝点的有关信息，这种制度很可能比西印度的奴隶制更糟糕。

也许，最值得注意的是，从这些信件中不仅可以了解到村民们所具备的读写能力和受教育水平，而且可以领略他们所具备的有关政府法律具体条款的专业知识。很显然，自从詹宁斯和多德里奇创办学院的时代以来，教育和学问的伦理一直在凯伯沃斯的不信奉者团体中保持强势。这个村子崇尚知识的源头可以追溯到 15 世纪的屠夫约翰·皮查德以及黑死病暴发之后的书记员和地方官这类人身上。

有一位名叫耶利米·杰克逊（Jeremiah Jackson）的人也曾从莱斯特写信给济贫委员会。此人原本是在寻找工作无果的情况下离开凯伯沃斯去往莱斯特的，他在信中抱怨凯伯沃斯的监护人身上类似的强硬态度：

> 若按职业，我是一个框架编织工，家有妻子和一个孩子，前不久刚夭折了另一个。我的妻子马上又要生了。我属于凯伯沃斯－比彻姆教区，目前彻底无活可干，故向"哈伯勒工会"负责贫民救济工作的官员提出申请……据我了解，在这个困苦的时期，除了凯伯沃斯之外，其他所有教区都在救助失业的穷人……

伦敦的济贫委员会确认杰克逊的案子已被驳回，理由是他虽然是贫民但不在居住地。不过委员会在回复中又说，"假如市场继续萧条下去，委员会不反对重新审理他的案子"。

在哈伯勒工会的档案中也有一些文件显示，教区在廉价出售归自己所有但本应供穷人居住的村舍。仅在凯伯沃斯－比彻姆，就拥有大量类似村舍,其中一些被分割开来,供 15 户贫困家庭居住,而且房客中不乏姓氏长期延续下来的凯伯沃斯人。例如:斯密顿巷的一处永久产权村舍,"现由 3 人居住,分别是约瑟夫·弗莱彻、威廉·卡特和威廉·格林";位于斯密顿巷的另一处永久产权村舍"现由威廉·霍利亚克居住";位于铁丝巷的一处永久产权村舍"现由 2 人居住,分别是罗伯特·李和萨拉·科尔曼";位于铁丝巷的另一处永久产权村舍"现由 2 人居住,分别是约瑟夫·霍利亚克和塞缪尔·布彻"。这些房子都被廉价出售,房客被强行赶走,所得收益用来偿还教区的债务或是捐赠给新的地区济贫院。斯密顿-韦斯特比也有一份类似的出售清单,被卖掉的包括斯密顿的梯田以及"原先作为济贫院的大型建筑"。

驱赶长期在此居住的房客是一个很痛苦的过程。1837 年,一位显然在几年前就已去世的威廉·霍利亚克留下了居住问题,他的女婿约翰·杰克逊因此给济贫委员会写了一封哀怨的信:

> 1803 年,我娶了已故的威廉·霍利亚克的女儿为妻。由于我是她父亲的管家,所以我搬去与他们住在了一起,并从那以后一直居住在那所房子里……几年来,我从没得到教区的救济。后来,霍利亚克先生把这所房子留给了我。在所有这些情况下,让我感到困惑不解的是,教区有什么权力可以收回这所房子……因为我一直认为,家是每个英格兰人的城堡,所以我下定决心要保卫我的家,直到最后关头……

355　　　然而教区已经决定出售这些财产。杰克逊的诉求虽然令人同情，但是于事无补。相反，有一位富有的地主罗伯特·海默斯（Robert Haymes），他的祖父在圈地运动中做得非常成功，利用这个机会购买了这些村舍。在新济贫法制度的监管者看来，贫穷表现了一个人"在道德上的弱点"，因为处于自然平衡中的工作机会总是提供给在真诚寻求它的人。这种观念根深蒂固，几个世纪以来在英格兰都是如此。关于这一点，当时爆发的一些争论似乎相当现代。1836 年，新的"哈伯勒工会"副主席托马斯·赛姆斯（Thomas Symes）就凯伯沃斯穷人的抱怨问题，如此宽慰伦敦的济贫委员会：

> 他们贫穷的真正原因在于缺乏工作的品格与意愿。他们最坏的想法是最好由旧的法律提供现成救助来维持生活。我一直认为并且现在也不怀疑的事实是，在本工会负责的范围内，工作机会并不比劳动力少。

1837 年，工会的监护人共同作证，说："本工会所实施的新制度带来了巨大好处，不仅降低了无业者的比例，而且提高了劳动阶级的道德意识……"

毫不意外，凯伯沃斯的劳动阶级基本上没人认为需要提高自己的道德意识，而且只要能过上公平的生活，他们完全愿意从事任何形式的工作。有关于此，凯伯沃斯的乔纳森·杰森（Jonathan Jesson）在一封晚年写给费尔丁勋爵（Feilding）的引人注目的信中表达得淋漓尽致。杰森是凯伯沃斯的著名人物，人们甚至会满怀深情地怀念他在第一次世界大战前夕主显节 [1] 上翩翩起舞的样子。杰森曾请求把这封信退回来，但费尔丁的妻子认为信写得很有意思，故抄录下来并保存了副本。杰森写道，他已 65 岁，本不需要为这么具体的政治事务操心，但在听了费尔丁的演讲之后"却让我不得不对其产生兴趣"。这封信中透露的故事为我们提供了一种维多利亚时代中期劳动者的自传。

356

　　杰森于 1825 年出生在凯伯沃斯以西仅约 2.4 公里的弗莱克尼，寡母在贫困中抚养大了他和 10 个兄弟姐妹。"在那段时间里，每天能吃上三顿仅蘸了一点盐的土豆我们就很高兴了。"从 9 岁到 13 岁，他赶牲畜犁地，并认识到只有通过劳动才能买得起面包，否则就会被饿死。杰森干过清洗大头菜的活，之后找到了一份服务性工作，让他能够为母亲和跛腿的妹妹提供一点儿帮助。后来，杰森在斯坦福德的一条铁路线上工作。为了让家人过上个像样的圣诞节，他曾带着牛肉步行将近 42 公里回家。1850 年，杰森与塞缪尔·布彻的女儿安妮结婚（布彻生活在位于凯伯沃斯 - 比彻姆铁丝巷的一个教区救济院里），并在此时迁居到凯伯沃斯。在 1851 年的人口普查中，杰森与妻儿住在布丁包巷，就在今天的河岸边的环形交叉路口。全家人的健康状况都不好，他的妻子因风湿热已卧床 6 个月，但尽管如此还是"没人会来帮助我们"。杰森说："我告诫过许多穷人，要坚持自己劳动，这样才有钱付账。如果这样也不能安度一生，那就没有什么办法了。"杰森

---

[1] 英格兰中东部地区的一个古老节日，在凯伯沃斯一直延续到 20 世纪 30 年代。

曾在村里的一家框架编织"工厂"工作过，说是工厂，实际也许只是他家附近一栋两层楼高的房子里的长条作坊。那家作坊如今依然保留在河畔 24 号大楼的背后，类似的作坊无非是在屋顶下摆放一批框架编织机而已。再后来，他又从事过"鱼类和兔子的生意"，也就是把一车货物从凯伯沃斯运到莱斯特城的市场上出售。虽然杰森的妻子一直生病，但他拒绝了别人给出的求助于慈善的建议："有些人试图安慰一个人时会告诉他要相信天意，但我不会，我的灵魂不允许我这样做。我总是告诫别人，要出去寻找工作。"最后，由于坚持不懈，杰森得以投身于 19 世纪晚期凯伯沃斯"新城"建设的热潮之中。作为一个受过一定教育并具有自我反思能力的劳动者，杰森实事求是、适应性强，并且坚忍不拔，他的故事无疑是许多时代故事中的典型。杰森的祖辈均为当地农民或隶农，如今他成了逐渐形成之中的工人阶级的一分子。

357

19 世纪 60 年代的村庄

自 18 世纪 70 年代圈地运动以来，村民们经历了欧洲战争、农业和工业革命等社会变革时期。这个村子的工作与生活模式已发生了永久性的改变，在全国其他村庄也是如此。但尽管经历了如此多的剧变，这个乡村社区一直显示出一种非凡的黏性。这是一种把人们捆绑在一起不至于离心离德的社会凝聚力，归功于教堂以及许多不信奉国教的小礼拜堂的作用，归功于文化、娱乐和音乐的功能，归功于教区在服务于穷人的教育、慈善、社会福利和健康等方面所做的努力。从某种角度来说，最后这一条功能更可被看作今天的英国国家医疗服务体系的前导。

1851 年的人口普查和区域地名录——相当于维多利亚时代的调查清册——记录下了凯伯沃斯在中世纪中期发生的变化。这种变化不仅体现在村子里日益增长的商业和工业生活层面，也体现在维多利亚时代的济贫法工会、地方政府以及治安等新秩序上。根据怀特的《地名录》，此时的凯伯沃斯是一个拥有近 2000 人口和超过 3000 英亩土地的行政区。土地中的"大部分被用来放牧"，耕地不到 1300 英亩。"这里的许多居民都是框架编织工，主要为莱斯特制造商编织精纺羊毛长筒袜。1856 年开通的连接莱斯特与伦敦的铁路线穿过这个教区，并在凯伯沃斯-比彻姆设有车站。'联合运河'位于离斯密顿-韦斯特比约一英里半（约 2.4 公里）的山坡下方，经由一条半英里（约 800 米）多长的隧道贯穿教区西侧。"回望我们在讲述这个村庄的故事时曾提及的那份绘制时间不晚于 1086 年的地图，重大的历史变迁都浓缩在了眼下的图景之中。这是一幅人口稠密的农业社区迈向工业时代的素描，展现出传统社区性组织的农村劳动力结构向工业时代新的工人阶级转变的图景。尽管这里有许多人在此前的 70 多年里遭受了身份、工作和自由层面的损失，向后退步，但他们在维多利亚时代的后辈将创建一种真正充满活力的文化和政治意识。我们将在下一章中看到，一种生机盎然、民主的大众文化即将到来。

第十七章 维多利亚时代

在维多利亚时代，尽管凯伯沃斯人远离大英帝国与印度、中国或非洲的战争，仍然不免受到当时的重大事件的影响。正像任何一个英格兰村庄，这个国家在国际舞台上上演的剧情必然会牵涉地方人民。托马斯·甘布尔（Thomas Gamble）曾参加过特拉法加战役（Trafalgar），在"勇猛号"战舰的血腥甲板上抗击拿破仑军队。威尔·波斯特（Will Post）和罗伯特·肖（Robert Shaw）曾追随威灵顿将军在半岛战争中英勇奋战。更加令人匪夷所思的是，威廉·弗莱彻（William Fletcher）和戴维·罗迪斯（David Roddis）放弃了框架编织工或运河挖土工的营生，与远在"印度斯坦"的东印度公司签订了雇佣合约，穿过正处于马拉塔战争（the Maratha wars）中的马图拉和坎普尔，奔赴酷热难忍的北印度平原，在加齐普尔（Ghazipur）——那里有着由英国人创建的最大的鸦片工厂——遭遇了滑铁卢之战。克纳普夫人（Mrs Knapp）跟随丈夫参加了克里米亚战争，在那里因严酷的冬天落下了慢性风湿症，以致回家后出门购物时都要弯腰走路。后来创办了凯伯沃斯高尔夫俱乐部的约翰·查普林（John Chaplin）荣获村里唯一一枚维多利亚十字勋章：他在 1860 年 8 月第二次鸦片战争期间，于围攻大沽口炮台时，把军团旗帜插上了海河边的破碎堡垒。

　　身处城市也好，乡村也好，维多利亚中期的英格兰人不论是经过乡村商店和女帽店的柜台，还是途经报刊店，都能感受到帝国的存在。在夏日的夜晚，像戴维·罗迪斯和罗伯特·肖这样的退伍军人会坐在车站路的铁路桥上，一边吸着长长的黏土烟管，一边给村庄里天真的孩子们讲述他们"在神秘的过去经历过的令人惊讶"的故事。而火车呼啸而过，引擎冒出的浓烟越过围栏喷到孩子们的脸上，叫他们兴奋地将布帽抛向空中。对像威廉·弗莱彻这样 15 岁就和东印度公司签约，在外度过 19 年后才返回故乡的人来说，难免会有一种不安的惆怅：虽然"亲切而熟悉"，但这里已不再是他们离开时的村庄了。这不仅仅是年龄和疏远造成的问题。历史始终处于变化之中，特别是在凯伯沃斯，这是变化速度造成的问题，就像观察家指出的，这里变得确实太快了。不过凯伯沃斯毕竟是个乡村，这里依然保留着许多泥墙砌成的房子，就像中世纪时人们居住的那种。人们依然喜欢观看传统的"圣乔治与龙"的哑剧表演，并在主显节的游行队伍中边走边舞。与此同时，这里也是拥有火车时刻表、电报和日报的新世界。

359

铁路的出现

凯伯沃斯的人口在维多利亚时期迎来稳步增长，总数从 1801 年的 1232 人增加到 1871 年的 1975 人。斯密顿－韦斯特比在 1841 年的人口为 567 人，达到了一个前所未有的高峰。凯伯沃斯－比彻姆的人口增长速度是最快的，在 1851 年到 1881 年间，总数越过了 1000 人大关。由于凯伯沃斯位于从莱斯特到马基特－哈伯勒再到伦敦的线路主干道上，这确保了乡村社区进入时代发展快车道的机会。正像运河时代的运输革命来到凯伯沃斯，接踵而来的是由从中东部地区到伦敦的铁路线直接穿过这个村庄而带来的更为重大持久的革命。

根据 1836 年制定的计划，拟在哈考特与比彻姆之间修建一条铁路，即沿着教堂和教区长管区南边的低地小河床修建（那里也是中世纪时比彻姆的鱼塘所在地）。铁路测量员首次出现在凯伯沃斯是 1845 年，这时距利物浦－曼彻斯特铁路的开通已过去了 15 年。利物浦－曼彻斯特铁路是第一条完全按时刻表运行的蒸汽驱动机车铁路线，从此开启了铁路时代。这个时候，从意大利到俄罗斯和从加拿大到古巴的铁路线都已建成，维多利亚时代的英格兰更是处于铁路建设的最前线。在其他国家，政府一般起主导作用，英格兰议会只是充当仲裁者，而且还并不总是勤勉的仲裁者。它允许私营企业创建起一套国民体系，这种创建过程几乎全无计划，是投机取巧的产物。从 19 世纪 30 年代中期开始，特别是在 19 世纪 40 年代末，一批开创性的铁路带来了丰厚回报，这使铁路开发变得像之前开发运河时那样具有传染性，并且持续了相当长一段时间。

360

1844 年 5 月，议会通过法案将原先相互竞争的 3 家公司——"中部各郡铁路""中北部铁路""伯明翰和德比联合铁路"——合并成为"米德兰铁路公司"，并由两位看上去并不配对的人物联手掌舵。这两个人分别是身为莱斯特贵格派教徒的改革家约翰·埃利斯（John Ellis，后来成为议会议员），和活力四射但不够审慎的"铁路之王"乔治·哈德逊（George Hudson）。正是这家合并公司的测量员在 1845 年突然现身于凯伯沃斯，评估一条从莱斯特到希钦（Hitchin）的拟建线路。这条线路将经过威斯顿，越过"凯伯沃斯的山顶"，到达格利特-鲍登（Great Bowden）的汇合处。就像开发运河时一样，不是所有当地人都赞成村里新发生的急剧变化，尤其是其土地直接受到影响的业主和佃户。同时，对于运河老板们来说，他们的前任在此前 50 年里一直因为受到守旧者的顽固抵制而感到气愤，现在轮到他们对新的威胁性技术感到愤怒了。长途马车的经营者、收费公路的受托人以及哈考特十多家客栈的小老板也都为此担忧：他们的生计依赖于马车每天 24 小时途经凯伯沃斯时的短暂停留，因此这些人正确地预见到，马车将会受到铁路的影响而日渐减少。面对这些情况，一些测量员非但没有试图安抚反对者，反而既傲慢又轻蔑，拒绝报上自己的名字，并当着心怀不满的业主的面毫无顾忌地平整庄稼和篱笆。由于担心出乱子，甚至有一支警察部队被派去待命。警察部队在莱斯特是 1839 年才创建的，刚有 6 年历史，是英国最早的以郡为基础的专业武装力量。在这个快速变化的国家里，警察部队的创建可谓又一新发展。

有关莱斯特-希钦铁路的法案（这条铁路会在希钦接入"北方大铁路"后一直通往伦敦的国王十字路）于 1853 年通过，凯伯沃斯路

即将来临的铁路会把凯伯沃斯从一个农村社区转变为小型城镇。照片拍摄的
是一位筑路工人。

工人们正在铺设铁路。本页两张照片均由莱斯特摄影师西德尼·牛顿拍摄。

段在 1854 年 6 月 1 日破土动工。在接下来几周的每周日，总有成群结队的村民闲逛到施工沿线，观看一周以来取得的施工进展。教堂和小礼拜堂的神父因失去了平常的会众而深感恼怒，结果有一位卫理公会神父可能是借鉴了不信奉国教者团体在户外工作的传统，索性来到施工沿线附近的"沟壑洞口"讲道，试图阻止会众跑到外面看热闹的潮流。同样与 18 世纪 90 年代修建运河时相似的是，挖土工带来的冲击又一次突然席卷凯伯沃斯，给当地商人和普通居民带来了破坏与不安。据估计，每个挖土工平均每天要挖掉多达 20 吨泥土，但工钱按月支付，所以毫不奇怪，工人们经常一拿到报酬就直奔当地小酒馆寻欢作乐，酒后难免会上街滋事打斗来宣泄压力。挖土工驻扎在沿线搭建的马口铁棚子里，十几个甚至更多人拥挤一室。这些人的惯常装束也显得格外出挑：他们身穿斜纹棉布裤子和帆布衬衫，套着彩色马甲和平绒上衣，脚踩平头钉靴子，头戴毡帽。许多人与"妻子"共享一室，但婚礼是他们按照非传统的仪式举行的，而且不等婚礼聚会结束，新婚男女就跳过一把扫帚直接上床了。

1856 年 7 月 2 日晚上，首列机车测试运行经过凯伯沃斯时，村里有 200 多人聚集在沿线看热闹。次年 4 月，按照典型的 19 世纪中期哥特风格建成的凯伯沃斯车站和沿线其他车站一道，接受了当地显要人物约兰（Yolland）上校的正式检查。1857 年 5 月 7 日，这条线路正式启用，首趟专列售出了大约 5000 张车票。第二天，列车开始提供正常的时刻表服务。正如客栈老板们担心的，上周六从哈伯勒到莱斯特的公共马车是最后一趟了，它经过凯伯沃斯时发出的嘎吱声就此成了绝响。

起初，村里并没有直达伦敦的火车，想去首都的村民要在希钦下车，然后购买一张"北方大铁路"的车票才能到达目的地。但随着乘客数量的急剧增加，实力雄厚的米德兰公司决定在 1862 年修建一条连接伦敦的新线路。这条线路经过卢顿（Luton）的丘陵地带，然后绕开汉普斯特荒野（Hampstead Heath），会到达一个介于国王十字路与尤斯顿之间的新终点站：1868 年，昂首屹立的哥特式建筑圣潘克拉斯火车站（St Pancras station）落成了，成为铁路时代的标杆。

铁路进入凯伯沃斯对村庄的发展产生了深远的影响。车站外修建有附带牲畜栏的专用铁路侧线，牧场主可以通过这种侧线把牲畜直接装载到运牲畜的货车上，以满足首都日益增长的肉类需求。因此，在英格兰中部地区延续了数个世纪之久的以人力赶牲畜到史密斯菲尔德的古老习俗就此终结。在接下来的几十年里，出自哈伯勒公路旁孵化场的成千上万只叽叽喳喳的鸡被装进板条箱，用火车从凯伯沃斯车站源源不断地发往外地。煤炭、木材以及各种货物进村更加便捷，它们通过铁路侧线来到村里，并经由当地商人储存在大棚里。这些商人包括汤姆·伊利夫，据弗朗西斯·伍德福德回忆，此人在 19 世纪 60 年代是当地的煤炭供货人。此外，小型工厂和商业设施也可以在村里落脚了，铁路运输可以解决原材料和成品的进进出出。

当然，铁路也提升了村民的出行能力。凯伯沃斯人现在前往邻近城镇十分便利：去莱斯特不到 30 分钟，去哈伯勒只要 18 分钟。即使是去伦敦也就花上 5 个小时。有一份幸存下来的每周前往格鲁克家族商店（Grewcock family shop）购物的收据显示（收据现存于马基特－哈伯勒博物馆），造访邻近城镇对人们来说已经完全是日常行为了。

铁路也孕育出了典型的"现代人"——乘车上班族。由于城市居民寻求安宁的乡村生活，所以当他们在报刊上了解到存在凯伯沃斯这样位置优越的村庄后，便利的工作交通条件让村里的中产阶级不断增加。1875 年 8 月，《马基特–哈伯勒广告报》说，"不像本郡的其他村庄"，凯伯沃斯的人口"在过去 10 年里显著增加了"（尽管严格来说凯伯沃斯–比彻姆要比凯伯沃斯–哈考特的情况更符合事实）。该报早先就曾对凯伯沃斯房地产大幅升值发表评论，认为凯伯沃斯现已成为"这一带修建别墅的理想区域"。对当地建筑商约翰·洛夫迪（John Loveday）和约翰·梅森（John Mason）来说，这些年非常景气。洛夫迪更是很快就脱颖而出，在村子里变得声名显赫。梅森则于19 世纪 70 年代在铁路南端建造了一排带有墙内花园的精美房屋，共6 栋，供富裕的中产阶级居住。这组房子至今仍被称为"别墅"，《马基特–哈伯勒广告报》曾推荐说它们"不仅极为宽敞、实用，而且是这个村子的一大装饰品"。正像曾于 1385 年出现的"布朗故居"、都铎王朝早期出现的小修道院农庄以及在威廉和玛丽时代出现的砖头泥灰结构老宅，这些"豪宅"也吸引着现代中产阶级来到这个村子安居乐业。

相当重要的一点是，贯穿村庄的火车同时为年轻人和老年人提供了很好的消遣渠道。伍德福德记得，铁路桥成为"老年人聚集起来抽烟和聊天"的场所，而男孩们簇拥着观看经过的火车，"表现出没完没了的好奇"，或"不时地把帽子抛向高处，兴高采烈地看着这喷着粗气的怪兽把帽子吹鼓后在空中飘舞。有时，帽子随着移动的火车不知会飘到哪里"。

363

尽管铁路的作用极为重要，但它并不是影响维多利亚时代乡村通信革命的唯一因素。另一个影响因素是邮政服务，不过铁路网络从一开始就为其带来了便利。自内战以后，英格兰出现了各种有限的地区性和全国性邮政服务。不过是在罗兰·希尔（Rowland Hill）的监管下，邮政服务才发生了根本性的革新。希尔于 1840 年推出了"价格实惠的便士邮政"，也就是粘贴邮票预付资费的系统，开创了现代邮政服务的先河。直到 1900 年，凯伯沃斯教堂对面那栋 19 世纪的"教区长小屋"一直被用作村里的邮局。大约在同一时期电报系统也开始应用，而且因为以下这个事件得到了更大的推广：1845 年，一封写着"此人身穿夸克式外套登上火车"的电报及时发到了伦敦，让警察成功逮捕了一名杀人犯。电报也进一步减轻了菲利普·多德里奇在一个世纪前提到的那种"被拘囿于偏僻小村庄里"的感受。1869 年 12 月 7 日，《马基特-哈伯勒广告报》写道：

> 在凯伯沃斯街道上看到"皇家邮政"已经有好几年时间了。下下个星期一，有人会带着工人来到这里的邮局，把电报和邮局连接起来。毫无疑问，凯伯沃斯的业务将会十分繁忙。现在这里每天可以收到两次信件，由于火车交通便利，服务将进一步改进，使每天发送的信件也可达到两次。

与此同时，现代技术的进步也开始影响到凯伯沃斯人的日常生活。日常生活中的一个重要的变化，是把煤气灯引入了家庭和街道。在拿破仑战争期间，伦敦开始在公共街道上进行亮灯展示。1833 年的《亮灯照明法案》（Lighting & Watching Act）赋予地方市政当局在确实需要的时候安装街道照明以及建立一支领薪的地方警察部队的权力，但凯伯沃斯直到19世纪60年代早期才跟上脚步。因为首先要为确保这项惠民设施所需的资金达成相关协议，凯伯沃斯人又和其他村里的村民一样喜好争论；就这一事项而言，这里的争论甚至可能比其他大多数村庄里都更加激烈。

1862年1月，原本村民们聚集在教堂的附属室里讨论这个问题，但由于吵吵闹闹的参会者人数太多，不得不把地点改到了学校的教室。至少在比彻姆，在进步阵营的领军人物——建筑商约翰·洛夫迪和乡村医生托马斯·麦考利（Thomas Macaulay）——确保将给予必要的支持后，1863年冬天，这里的街道首次点亮了灯。点灯员的任务是在黄昏时刻点亮每盏灯，然后在晚上10点左右回家前灭掉所有的灯。1864年的亮灯尝试，试图让村里有更多人接受《亮灯照明法案》，以便通过市政为街道照明收取费用，但以失败告终。此时的街道亮灯只能通过个人捐献来维持。很显然，有足够多的居民反对为这项"改善工程"而上调税率。他们认为，这项"改善工程"会让某些人受益更多。

与此同时，凯伯沃斯-哈考特继续笼罩在黑暗之中，证明哈考特没能通过捐款筹资来安装街灯。毫不夸张地说，新的铁路从两个村落中间穿过的同时也将两边变成了竞争对手。这些年来，凯伯沃斯这相邻两部分的社会风气的差别似乎一直较为明显。当地的一份报纸报道：

　　比彻姆人经常嘲笑和讽刺哈考特人，或者更确切地说，嘲笑大家戏称的"处于黑暗中"的哈考特人，因为同为凯伯沃斯人，他们却连 15 英镑都筹不到，或者说不愿意筹到——这是安装为数不多的路灯照明所需的全部费用。

　　《马基特-哈伯勒广告报》曾刊登过这样一件实际发生的事情：当地燃气公司已在哈考特安装了灯具，但由于村里无法筹集到必需的运行费用，只好发布公告，打算拆除这些灯具。广告报同时以极具讽刺意味的口气说："在当前这个不断进步并加速发展的时代，本该十分必要的事情却无疑给这个贵族化的、所谓的文明村庄的居民带来了不小的污名。"1873 年，当灯光暂时在这个村子的街头点亮时，据媒体说，村民们喜迎"月全食"的结束，从此，"具有正常心智的人再也无法忍受夜晚没有街灯的日子"了。在哈考特，这场关于街灯照明的争执一直（或偶尔地爆发）持续到第一次世界大战之后。

　　随着变化步伐的不断加快，各种各样的问题以及友善或不那么友善的竞争在两个村子里反复出现。1885 年，热情洋溢的新教区神父——出生于班加罗尔的默顿人埃德蒙·诺克斯到凯伯沃斯教区任职。此时，凯伯沃斯这两个村子之间的对抗成了诺克斯在新生活里要面对的最突出、最具挑战性的内容之一。他说，比彻姆是"织袜工"和占主导地位的"激进分子"的家园，与之形成鲜明对比的哈考特则属于"冒险的地主阶级和莱斯特退休商人"。两地之间"保持着一种半真半假的敌对状态"，但即便是最为细小的分歧也会引发双方的"剧烈争辩"，并迸发出"我在牛津从未见过的激情"。有一次，他记录道：

> 在教堂的附属室里，人们就开通一条下水道的计划展开了
> 激烈的争论；下水道预计沿着一条分隔两个村庄的道路铺设。
> 有人甚至提出了根本不考虑成本的建议：应该修建两条平行的
> 下水道，这样，其中一个村子的下水道才不会被另一个村子排
> 放的污水"污染"。

366

伍德福德的"个人回忆录"

从原始的"官方"历史资料中，包括人口普查资料、地名录、地
方政府文件、教育文件和《济贫法》文件等，我们能了解到的内容
也就这么多了。而历史学家真正期待的是在社区内部生活的真实感
受。就凯伯沃斯而言，F. P. 伍德福德创作于第一次世界大战之初并
在 1916 年出版的著述生动地描绘了一幅这个村子在维多利亚时代中
期的画像。在伍德福德的著述中，他挨家挨户地回顾了许多人物形
象，以此描述村子在 19 世纪 60 年代时的面貌。他笔下呈现的乃是满
怀深情的年轻人想象中的农村，也许他的回忆带有理想化的倾向，但
其中也透露出对于现实的阶级矛盾的不满情绪，尤其是表达了对自命
不凡的有钱有势者，以及"随时准备臣服于财富，所谓的开明、热心
相助的当局"的厌恶。例如，伍德福德认为，1779 年发生在村里的
圈地运动"纯粹是抢劫"。他也坦率地对饮酒和暴力表达了自己的看

法，比如，他认为，在"老天鹅"客栈举行的圣灵降临节的筵席不能成为"醉后打斗"的借口——那里曾发生过一场规模极大的斗殴，后来地点转移到附近的田野直至最后失控。虽然伍德福德经常做礼拜，但他对不信奉国教者并无敌意，反而喜爱其中的许多人。就像维多利亚时代许多具有改革头脑的新教徒，伍德福德十分赞赏建筑商约翰·洛夫迪这样的激进政治家。最重要的是，伍德福德同情人类的弱点。他只是想逐家逐户地记录下曾在此地生活过的人们以及他们曾做过的一切，并借此清晰地描绘出处于现代化交接点的村庄的画像：这既是一个已经拥有铁路、电报和报纸的村子，又是一个虽到 1865 年才废除上刑枷锁和鞭笞柱，但仍在举行主显节舞蹈和假面哑剧表演的地方。

367　　到了 19 世纪 60 年代，凯伯沃斯尚处于农业社会，但已进入维多利亚时代零售购物的世界：从"布兰森的杂货店"到"出售自制糖果，兜里有钱的年轻人都会被其香味和甜味诱惑"的"韦斯顿太太糖果店"，再到凯伯沃斯唯一一家卖报纸的"沃德尔报刊店"等，不一而足。此外，韦斯顿小姐经营着一家高档女帽店，是"一间很大的店，兼营女装，她雇用了许多年轻女学徒，一般跟她们住在一起。在店里的女孩中间还发生过两三次浪漫私奔的事件"。

　　村里的学校也数量多得惊人，包括古老的文法学校、教区学校、教堂学校。这里还有 3 所幼儿学园，分别由古德尔家族、凯森夫人和戈登小姐，以及最著名的女校长艾伦夫人创办。村里也曾短暂出现过一所女子寄宿学校，但最后办学失败，并导致创办人布雷克小姐自杀。村庄里有一位治安官、一位火车站站长和一位极受欢迎的护

19 世纪 60 年代时，凯伯沃斯有布料商店、杂货店、甜点店等很多店铺。照片上展示的是艾尔伯特·达尔顿的鞋店橱窗。如今这里是一间炸鱼薯条店。

乔治·林（照片左侧）站在他的综合商店橱窗外。这家商店始自维多利亚时代，一直开到第二次世界大战之后。

布料商伊莱·贝尔和妻子弗洛丝站在布料商店外，摄于 1900 年前后。

理兼助产士"沃灵顿护士"。此外有两名外科医生、两名药剂师、一名水管工兼玻璃工匠、一名鱼贩、一名马具商人和一名专业的卷羊毛工。由于比彻姆有很多框架编织机，那里的编织机修理匠的生意非常红火。还有一个叫"糊里糊涂的格林"的老实人，是尽人皆知的拾荒者，后来死于济贫院。村里有多名鞋匠和女裁缝，有一名兽医、一名男裁缝、三名煤炭商贩，以及木匠兼细木工约翰·威尔逊（John Wilson）。人们如今仍可在圣威尔弗里德教堂里见到由威尔逊完美修复的 14 世纪的橡木屏风。

这些商店和生意大体上反映了新时代的变化，情况和今天相去不远。但与此同时，村里也存在许多体力劳动者、工匠和手工艺人，这些人的职业早在13世纪的村庄文件中就已有所描述。比如洗衣女工马托克夫人（Mrs Mattock），她做的事情与13世纪80年代的洗衣妇爱丽丝所从事的没有什么区别，天气好的时候她同样会把湿衣服放在房子后面的地上晾干。在这个村子里，医生也不是什么新生事物：早在13世纪村里就有一位医生。村里的两位药剂师之一，也可能是药房老板的波特先生，被伍德福德称赞为"现已消失的药剂师的好榜样"（默顿学院很早以前曾给一位名叫亨利·哈文的药剂师颁发过特许状）。在其他传统职业中，磨坊主仍扮演着很重要的角色：尽管1860年的大风暴摧毁了斯密顿磨坊主埃比尼泽·韦斯顿（Ebenezer Weston）的磨坊，这里只剩下查尔斯·史密斯（Charles Smith）位于兰顿路的风车磨坊，但它一直持续研磨谷粒到1925年，并屹立至今。村里还有铁匠、泥瓦匠、制桶匠、修造车轮师傅、酿酒师和洗羊工，其中洗羊工戴维·阿特金森在邻近村庄也很受欢迎。在这个村子里，仍保有一些旧式自耕农和全职农业工人，包括三人一组的割草工，他们使用的不是新式割草机，而是长柄大镰刀，"挥舞着大刀，节奏一致。镰刀落处，便有嗖嗖的乐声响起"。

368

伍德福德对经常上教堂的人几乎了如指掌，但不信奉国教的力量在当时还是非常强大的。他回忆起居住在一排破旧村舍里的村民：花匠乔布·阿特金森（Job Atkinson）、"长脚"汤姆·伊利夫（Tom Iliffe）、威廉·伦顿（William Lenton）、约翰·格兰特（John Grant）和他心地善良的妻子。这些人中有许多都是"坚定的不信奉国教者，无愧为克伦威尔最优秀的继承人——坦率、诚实、不惧怕任何人"。
伍德福德将这些人的信仰与"社会主义和反宗教信仰"的传播相提并
论，认为都是不公正和压迫导致的必然结果，也是圈地运动之后财
富差距不断扩大的必然结果。"这样的时代终将来临，"他写道，"拥
有巨额财富不仅会被视为耻辱，而且会被当成一种巨大的犯罪。"一
位框架编织工的死显然给年轻的伍德福德留下了特别的印象：约瑟
夫·贝利（Joseph Bailey）在邻近村庄兜售自家生产的短袜和长袜时，
冻死于 1860 年与 1861 年之交一个可怕的冬夜，那也是 50 年来最严
酷的一个冬季。

引人注目的是，伍德福德在书中采用了新旧交叉的叙事方式。村
里当然也有许多人见识过他笔下帝国全盛时期的其他世界。不少人参
加过世界各地的帝国战争，助理神父菲利普斯还曾在印度当过传教
士。这些人返乡之后逐渐年老，但依然健在。哑剧表演也还在，并仍
然像过去一样通常由特定家庭来饰演特定角色。比如布罗姆利一家，
在伍德福德童年的时代就是由哈里·布罗姆利扮演巨龙的角色的。人
们仍在以"古老的英格兰方式"庆祝主显节和收获节。村里每年都举
行许多活动，在当地最有名的是花卉展览。在 19 世纪 60 年代，凯
伯沃斯仍在举办露天乡村宴会。在圣灵降临节时，比彻姆的"老天
鹅"客栈和哈考特的"纳尔逊将军"客栈都有"俱乐部筵席"。像乔
治·格雷这样的一些农民也一直遵守着传统习俗，"我记得，他一般
用古老的英格兰方式庆祝丰收，用洒满水、插着虞美人的翠绿树枝装
饰其一车庄稼，并在完工后请所有帮工享用一顿晚餐。他是这么做的
最后一个人"。伍德福德说格雷是"直到 19 世纪 60 年代仍存在的少

布罗姆利家的哈罗德，正在操作家用编织机，20 世纪 50 年代。布罗姆利家族在村里有超过 400 年的历史。

数几位遵循'摩西律法'的农民之一。这种律法要求农民不要把田园的边边角角都收割干净，好让穷人去拾穗"。

维多利亚时代的村子里也有许多有组织的体育和休闲活动。从19世纪40年代开始，板球成了一项很重要的运动并延续到现在。在圣灵降临节期间，村子会在一个河畔平台上举行各种赛事，包括摔跤比赛。不过按照伍德福德的说法，这是"拳打脚踢的野蛮展示"。村里还有几位技艺精湛的画家，为教堂和小礼拜堂添色加彩。音乐也是乡村生活的一大特色，有几位村民是出色的乐器演奏者，风琴演奏者弗雷德·伊利夫（Fred Iliffe）后来曾进入牛津大学学习音乐。此外，村里有许多优秀的歌手和一支由12件铜管乐器组成的乐队，这支乐队延续至今。戏剧也在此有着悠久的传统。在18世纪晚期，"流动演员"很显然曾在一家带有画廊和乐池的客栈的院子里上演过莎士比亚和谢里丹的作品，也排演过像《英珂和亚瑞蔻》（*Inkle and Yarico*）这样具有废奴性质的热门话题剧目。维多利亚时代似乎是一个充满活力、可以让乡村业余戏剧爱好者大显身手的年代。除了哑剧表演和"流动演员"在缅因街不远处一个古老的砖砌大谷仓里的表演之外，伍德福德还提到了由村子组织的"便士音乐会"。[1]

在广播、电视和大规模的新闻报纸出现之前，伍德福德以果敢而平凡的叙述态度为人们描绘了一幅引人入胜的乡村图景。关于维多利亚时代的英格兰，我们的概念往往被新闻记者以及狄更斯这样的作

---

[1] 便士音乐会（penny concerts）因其入场费为一便士而得名，后来发展为便士读书会（penny reading），成为一种综合了朗诵、演唱、戏剧表演等在内的乡村娱乐集会活动。

和大多数维多利亚时代的村庄一样，凯伯沃斯也有着丰富的文化生活，音乐在其中扮演着尤为重要的角色。照片上的乐队所反映的就是 19 世纪 60 年代的乡村生活一景。

体育同样在维多利亚时代的劳工阶级文化中扮演了重要角色。板球在凯伯沃斯拥有 200 多年历史，其最早的板球俱乐部成立于 19 世纪 40 年代，不过直到最近才获得首个乡村板球大赛冠军头衔。这里也充当女子国际比赛的场地。

关于文化：这个村子里的戏剧传统向来强劲，从村民们的哑剧表演到来访的专业剧团的演出都有。这张海报宣传的是废奴主题剧，剧名为《英珂和亚瑞蔻》，由凯伯沃斯 – 比彻姆庄园赞助。

第十七章 维多利亚时代 | 489

家所描绘的城市图景主导，但类似凯伯沃斯的大型乡村有着自己的独特风光。一方面，这里有乡下特有的阶级冲突、野蛮的酒后斗殴以及"凯伯沃斯和斯密顿的好事男孩之间的激烈争斗"；另一方面，它也有属于自己的运动、表演和节庆活动，有来自爱德华·凯瑟（Edward Cayser）等人提供的大量自愿性公共服务。凯瑟是位"守旧的布料商"，也是板球裁判员、新村务大厅的股东和支持者，并身兼村里的"便士读书会"会长。他还是捐助者，代表了"为使乡村生活愉悦迷人而做了很多好事的绅士"，是"一位受人喜爱的乐善好施者"。

370

　　法国政治思想家阿历克西·德·托克维尔（Alexis de Tocqueville）在 30 年前就已在关注英格兰。在他看来，英格兰是一个由俱乐部和社团组成的国家，大量地方层面的社会行为都是自发的。我们可以在伍德福德从基础教育到花卉展览和艺术氛围的有关描述中得到同样的印象。不仅如此，这位维多利亚时代的小说家还展示了许多"怪异而多样化的场景"，并能把这些场景描绘得栩栩如生。我们该称他笔下的这些是"英国式的古怪行为"吗？或者说，他所描述的一切其实是正在走向现代化但仍与其农民根性纠缠在一起的社会的典型特征？尽管当时的社会存在很大的差异性，但我们在伍德福德的叙事中看到的生活却是那么多元化、充满宽容心和不同寻常，还容许有显而易见的个人表达：不仅不信奉国教者在礼拜堂有其容身之地，个人的嗜好也可以尽情展现。这里有很多独特的人，比如盲人提琴手比利·帕森斯（Billy Parsons），他"穿着一条老式齐膝紧身短裤"，脚蹬精纺长筒袜和钉满钉子的鞋子，上身穿着猩红的坎肩，头顶"老款海狸皮帽子"，嘴里唱着关于穷人的奇怪歌曲。村里有哑剧演员，他们可以表演中世纪的神秘剧目。说书人玛丽·迈尔斯（Mary Miles）和女裁缝琳内特夫人（Mrs Linnet）"拥有奇妙的想象力和源源不断的女巫传说或童话故事"。快乐而和善的萨姆·布迪特（Sam Burditt）既是鞋匠又是教会里的乐器演奏者，但伍德福德小时候听说他不信神，因此认为他实在是"一个非常邪恶的人"。磨坊主埃比尼泽·韦斯顿种植葡萄并酿制葡萄酒，房前摆放着一座用于装饰船头的女性雕像。罗伯特·肖是一位在半岛战争中服过役的退伍老兵，在拿抚恤金的日子里总是喝得酩酊大醉，老是梦幻般地讲述昔日担任与"铁公爵"[1]不相上下的"随从武官"职务时的故事，还说"自己也应该是一个公爵"。独特而古怪的聋哑人伯吉斯（Burgess）是村里最引人注目的人物之一，不仅是清洁工，还是钟表修理匠，而且身负高超的种植花木蔬菜的技能，总能种出最早收获的豌豆和土豆。伯吉斯还每年自编一本年历，"在当地被视为天气指南。有时候他会突然拦住街上的孩子，用手指向天空，用'奇怪的声音和摇头的方式'表达意思"。

在这个堪可进入狄更斯笔下人物画廊的群像中，最值得记上一笔的也许是铁匠约翰·柯林斯（John Collins）。他是位海瑟·罗宾逊（Heath Robinson）式的发明家，就像罗宾逊发明的机械结构虽然精巧但不实用，柯林斯亲自用铁料打造出了家里的所有家具。柯林斯通常身穿一件黑色天鹅绒外套，纽扣是用银质四便士硬币做成的。他干活时穿的背心上的纽扣也是用铜币做的。柯林斯给自己的靴底钉上了铁片，因此走在鹅卵石路面上总会发出怪异的咔嗒声，告诉别人他来

---

[1] 即在滑铁卢战役中因打败拿破仑而成名的威灵顿公爵。

了。柯林斯是个无师自通的怪才，"一个多才多艺的聪明人"，他自制工具，会给马上马蹄铁，能够解决从锁和钥匙到复杂机械的任何技术问题。柯林斯还是伟大的英国传教士 C. H. 司布真（C. H. Spurgeon）的崇拜者。司布真是当时的一位平民主义传教士，每周一次的布道非常受人欢迎，柯林斯"往往会用难以辨认、只有他本人才能理解的文字记下讲道中的要点"。

　　也许，在维多利亚时代中期的社会里，这样的人并不显得不同寻常。但这些人物角色强化了伍德福德有关村庄社会的童年印象：这个村子是一处奇妙之地，与"神秘的过去"难分难解，它的故事与发生在法国科伦纳和印度坎普尔的神话般的英雄事迹交织在一起，并顽强守护着在伍德福德看来于 19 世纪后半叶大多已经消失的古老乡村习俗。伍德福德曾在童年时于凯伯沃斯的乡间小路上瞥见过一些奇怪的场景和人物，好比煤炭商人约翰·卡特养的两只"埃及青蛙，个头大得像在摩西的命令之下从尼罗河上找来的小猫"。又好比卡特的房客威廉·诺布尔（William Noble），他是"当地一位著名的黑人喜剧演员，也是村里受人喜爱的主要艺人之一"，会演唱美洲黑人歌手的歌曲。乔纳森·杰森这位从前的框架编织工给伍德福德留下的印象或许更为典型，他是"一个独特的人物"，我们在前面已领略过他的自传体信件。杰森在主显节的游行中与他的舞伴——长柄大镰刀割草工托尔顿——一起扮演的"舞者角色"尤为引人注目。托尔顿"喝得醉醺醺的，打扮成一个乡下女人，与搭档杰森一起跳着奇形怪状的乡村舞蹈，直到精疲力竭为止"。

　　这里有墨守成规的英国国教教徒和"小礼拜堂"，也有充满活力、

372

嗜酒如命的无拘无束者；这里有阅览室，也有政治上的骚动。这一切都真实地展现出一种强健的属于劳动人民的文化，这种文化也许是由差异十分明显的两大部分——"守旧的"哈考特和"激进的"比彻姆——所组成的村庄的典型产物。性别是伍德福德唯一未予置评的内容。作为维多利亚时代的英格兰乡村的一幅快照，尽管记录的只是一个无足轻重的小地方，但伍德福德的描述为我们打开了借以了解与我们如此亲近的世界的一扇窗户。那里与当今只有150年之隔，却似乎已经是一个失落的世界。除了板球和俱乐部、圈地运动和古怪行为、大众娱乐和宽容与幽默，这里仍可被辨认为凯伯沃斯，而且在实际上仍可被辨认为英格兰。

教育，教育

更严重、更深刻的分歧表现在政治和社会改革上，其中之一体现为1870年的《教育法案》。19世纪时，这个村庄和英格兰大多数地方一样已为孩子们的教育制定了自己的规划，就像组织村子自己的慈善机构，尽管是与教会携手合作的产物。自17世纪20年代以来，凯伯沃斯一直拥有一座长期用于办学的建筑，并在1722年新开办了一所优良的文法学校。这所学校在传统上是由来自村庄的受托人管理的，受托人包括普通农民和富裕的地方绅士。但在维多利亚时代晚期，国家对这些生活领域的控制发生了巨大的转变，1870年的法案奠定了针对5岁到12岁的孩子的普及初级教育的基础。根据该法案的条款，地方纳税人可以请求"教育委员会"前来调查他们所在地区的教育规划，然后根据学龄儿童的数量确定学校场地规模。如果学校严重短缺，地方可以成立学校董事会，创办与宗教派别无关的新学校。

英格兰教会在办学方面所发挥的主导作用以及对教育产生的影响力，给持异议者提供了强烈的反对动机。对于凯伯沃斯这样一个拥有稳固而悠久文化教育传统和大量不信奉国教者的村庄来说，这个问题很容易引起争论。村里的改革派阵营由主张社会主义的建筑商约翰·洛夫迪领导。一位仰慕者形容洛夫迪是"公民权、免费教育法、9小时工作制等措施的最早也最积极的支持者之一。他头脑敏捷，脾气又好、精力又充沛"。在村里众多"坚定的激进分子"的支持下，洛夫迪为了帮助凯伯沃斯的一个学校董事会赢得选票多次努力，但他屡遭公开自称为"教会党人"的打压，其中包括长期任职于此的教区神父蒙塔古·奥斯本（Montagu Osborn）。1872年，一贯保守的《马基特－哈伯勒广告报》报道，教区在村务大厅聚会讨论这项事宜，但到了第二年，村里的"狂暴情绪"让矛盾尖锐化。洛夫迪的动议在会议上被否决之后，他要求所有当地纳税人进行投票表决。这份报纸对洛夫迪的良苦用心极尽讥讽之能事，并称其为凯伯沃斯的"所罗门"：

> 他想成为这个教区的劳动人民的政治救星，于是代表他们做些最荒谬可笑的事情。他非常拼命，寄希望于只有布兹弗兹（Buzfuz）[1] 才敢采用的粗俗方式赢得大家的欢迎。但很遗憾的是，

---

[1] 狄更斯《匹克威克外传》中的一位啰啰唆唆的律师。

法案中没有让整个教区来为某些个人组织的活动承担费用的附加条款。因此，当他们自以为聪明又积极，却没有机会达到目的时，便只能自掏腰包了！

村子在圣灵降临节（5月20日）举行了投票表决，对立派系之间就此展开了激烈的交锋。正如明显带有偏见的《马基特－哈伯勒广告报》所描述的：

> 洛夫迪带着他那个成分杂乱的团队，极尽所能地想说服投票人参与投票……这在教区里掀起了极大的波澜，各种交通工具都被征用，好接送来自哈伯勒、威斯顿等地的投票人和观望者——这说明人们对这件事普遍很有兴趣。

表决结果是有71票赞成洛夫迪的提议，131票反对——这是"沉重的一击"。《马基特－哈伯勒广告报》说，钟声在村务大厅对面的学校响起，"宣告这出学校董事会闹剧结束了"。

自1870年颁布《教育法案》之后，全国各地皆出现了类似的尖锐争论。在随后的10来年里，新成立的学校董事会创办或接管了3000多所学校。在一些地方，比如凯伯沃斯，董事会的成立因在地方投票中失利而被推迟；而在另一些地方，虽然董事会得以成立，但教会人士和支持者在董事会中获得优势席位，阻碍了世俗董事会学校的创建，并将资金投向了教会学校。1880年，国家强制为年满10岁的儿童实施初级教育。保守党政府于1902年颁布了新的《教育法案》，尽管这项法案遭到了不信奉国教者的坚决反对，但它还是废除了学校董事会，用 300 来个地方教育主管部门取而代之。

1870 年的《教育法案》是英格兰国家以及地方层面的更广泛运动的产物。而且，这项法案在某种程度上是对 3 年前的一项基本政治改革——1867 年的《改革法案》——的回应。《改革法案》试图通过进一步扩大赋予公民权的范围来消除日益增长的动荡局面。照此法案，一个郡的公民只要拥有 12 英镑便可取得竞选议员或选举权等应具备的财产资格，如此一来就将大部分城市劳动阶级包括了进去，因此引起了统治阶级对于新选民行使其民主权利之权限的担忧。自由主义政治家罗伯特·罗尔（Robert Lowe）针对 1867 年的法案说过一句名言：如今大有必要"让我们的主人也来接受教育"了。这有效地挑战了长期以来占主导地位的思维：让下层社会接受教育毫无必要，反而会增加潜在的不安定因素，因为劳动阶级在接受教育之后很可能对自己的劣等地位产生不满。无论是出过村庄书记员和神父的波尔家族和西比尔家族的族人，还是好比沃尔特·吉尔伯特和威廉·布朗这样具有阅读能力的罗拉德派信徒，如果他们能听见罗尔的名言，肯定会赞同需要接受教育的是老爷们了。

到了 1870 年《教育法案》颁布的时候，读写能力在村庄里已经相当普及了。这在一定程度上得益于村里妇女开办的 3 所小型私人幼儿学校，这些学校为孩子们习得读写能力提供了基础的教育。在维多利亚时代的文化背景下，尤其是在不信奉国教的团体中，自我提升的风尚异常强劲。在凯伯沃斯，慈善者还为"劳动阶级"设立了一间阅览室。阅览室最初以一间创立于 1853 年的国立学校为基地，后来搬

375

进了村务大厅（这是维多利亚时代典型的公共机构，凯伯沃斯的村务大厅于 1866 年由多方出资建造而成）。被阅览室成员接管之后，这里的藏书增加了 200 多册，并拥有 20 种日报和周报：这也证明了维多利亚时代英格兰报刊新闻业的繁荣景象。阅览室每天都对外开放，从上午 9 点直到晚上 9 点。而且为了满足知识水平较低者的消遣需求，还有"供不应求"的多米诺骨牌、跳棋和象棋让人玩乐。

对于像凯伯沃斯这样一个忙碌并且人们意见相左的村庄来说，1867 年的《改革法案》只会增加大家的政治热情。随着人口的持续增加，各个竞争阵营都在为本派系努力争取，以使尽可能多的人获得选举权。1873 年 3 月 25 日，富有争议的"全国农业劳动者协会"主席约瑟夫·阿奇（Joseph Arch）在凯伯沃斯村务大厅的一次会议上发表演讲，从本地劳动者的利益出发，论述了他们获得财产从而取得公民权的最佳途径。

同年 7 月，当地成立了一个名为"凯伯沃斯和斯密顿劳动者联盟和土地协会"的组织，并将不屈不挠的约翰·洛夫迪选为主席。该组织的目的是买下位于村庄边缘地带的荒置土地，并将这些土地用来建造小型住房。洛夫迪本人是一位成功的建筑商，建造过程由他亲自监督。协会大肆宣传早期的成功，以便引起当地对手们的注意。1874 年 1 月，首批属于新的劳动者联盟的房地产规划拟定之后，协会里有 60 多名成员在吹奏着"你们不敢把我们赶出去"的凯伯沃斯铜管乐队的带领下，列队走上这片土地。洛夫迪和其他领导人正在那里高举一条黄色横幅，上面写着"团结就是力量"。不用说，保守的竞争对手团体很快也开始效仿这种做法：他们购买土地，并且只将建好的房产出售给可以信赖的、能够"负责任"地使用自己的选票的人，也就是为保守团体投票的人。

因此，在 19 世纪七八十年代这种政治派别激烈竞争的氛围中，位于凯伯沃斯西部边缘的"新城镇"只花了短短几年时间就建成了。这些供劳动人口居住的房子保存至今，是用普通红砖修建的。罗斯伯里大街、格莱斯顿大街、帕默斯顿大街、皮尔大街和迪斯雷利大街等——每个新规划的街道名都讲述着各自的改革故事。这个时候，乔纳森·杰森——我们在前面已提到的那位引人注目的框架编织工——一边挣钱一边借钱，有了足够的钱之后在弗莱克尼路上买了一块地，并在上面盖了 4 间房子。他特将这些房屋命名为"比肯斯菲尔德村舍"，以此纪念保守的英国首相，比肯斯菲尔德勋爵本杰明·迪斯雷利（Benjamin Disraeli）。这是凯伯沃斯人表现其党派倾向的另一种方式。但不论杰森和其他人怎么努力，"新城镇"还是在之后的几十年里被当地人简称为"激进的"凯伯沃斯，社区里的老成员们也依然记得这个名声。

底层劳动者对 19 世纪 70 年代初兴起的激进思潮的反应，让村里的一些中上阶层人士感到紧张，尤其是在哈考特。当时的环境条件极其恶劣，催生了马克思在 1872 年所言的农业工人"大觉醒"，而全国工会的鼓动者约瑟夫·阿奇正是充分利用了这一点。据《马基特-哈伯勒广告报》报道，兼任卫理公会神父的当地地主海默斯先生（Mr Haymes）在缅因街的"玫瑰和皇冠"客栈为体力劳动者组织了一场慈善晚餐，并在宴会上把慈爱的忠告连同牛肉和猪肉馅饼一起分发给大家。他"告诫大家不要加入工会，以免被存心以一个阶级来反

对另一个阶级的煽动者带上弯路"。当时，乡下正在经历一个特别困
难的时期，就如在收割季节四处流动以寻找工作的爱尔兰农民越发遭
人厌弃的情形所暗示的，农业以及其他产业均处于萧条之中。因此爆
发了一些向来"受人青睐"的抗议，包括纵火和投递匿名恐吓信等。
1870 年 7 月，凯伯沃斯出现了附有一颗子弹的恐吓信："再不于本周
内提高工资，你就没命提了。如果本周过后此地还有爱尔兰人，他们
就预备吃教训吧。这是低报酬的最后一周。"《信使报》对此事进行了
报道。

尽管政治上的对抗与分歧有时是尖锐的，阶级矛盾也往往会在经
济困难的时期浮出水面，但村里的人际关系似乎并不总会因为凯伯沃
斯人热情参与政治而变差。怀有敌意的地方报刊对约翰·洛夫迪大加
嘲笑，他仍因用心良苦、与人和善的形象被人们长久铭记——他总是
"以最愉快的心情与激愤的对手们交谈与辩论"。弗朗西斯·伍德福德
回忆道，洛夫迪"总是带着快乐的心情，向乐于聚在一起听他发表见
解的大量听众阐述观点。聚会地点或是村务大厅，或是他自费于河畔
十字路口建立的讲台"。在这些场合，他的崇拜者们——汤姆·伊利
夫、约翰·格兰特"以及其他坚定的激进分子"——总是伴随其身旁。

休闲的追求

随着国家对工作时间出台法定限制，休闲的概念开始出现，广大
民众开始得到休闲的机会，政治上的竞争对手在社会交往和娱乐活动

中的相遇日益增多，这也算是维多利亚时代的生活特色。"周末"作为世俗的概念由此产生，尽管它依然是安息日，但从此包含了用以追求世俗快乐的自由时间。正是这个时代给英格兰以及更广阔的世界留下了有组织的竞赛性体育运动的永久遗产，使其在现代文化中发挥了十分重要的作用。英式足球和英式橄榄球就是在凯伯沃斯深受人们喜爱的两项运动，它们早在铁路出现之前就已存在于英格兰各地。到了维多利亚时代，人们又从五花八门的地方形式中制定出了统一的规则。

378

到了 19 世纪，尽管俱乐部的命运及其存在时有起伏，但板球运动为凯伯沃斯赢得了很高的地方声誉。早在 1847 年，莱斯特的媒体就已提到了一个凯伯沃斯板球俱乐部的名字。1848 年 5 月，有一期《莱斯特日报》报道该俱乐部成员中"不仅有商人和工人阶级，而且有许多农民"。不过，人们似乎仍然能在凯伯沃斯确切感受到"绅士"与"球员"之间的社会隔阂。在 1880 年的一次年度晚宴上，板球俱乐部的秘书弗兰克·洛夫迪（Frank Loveday，约翰·洛夫迪之子）不无遗憾地说，"很多凯伯沃斯上层人士并不支持俱乐部"。但俱乐部是否因此而被轻视则不一定。1877 年，凯伯沃斯组织了一场"框架编织工"与"建筑商"之间的比赛（前者轻松胜出，洗刷了他们身体条件不佳的名声），这个例子说明不仅劳动阶层对于这项运动兴趣浓厚，许多中产阶级人士也被它吸引。

可以想象，板球并不总是一项绅士性运动。1873 年的《莱斯特郡编年史》记述了一场在凯伯沃斯与格姆雷之间举行的"不友好的赛事"："这场激战持续到最后变成了一场骚乱，双方开始在空中挥舞球棒，并砸向参赛者的鼻子。"但就这场赛事本身而言，和许多类似情况下一样，究其原因，失控是过量的提神饮料惹出的祸："大部分骚乱者显然是在酒后发疯，而且他们很可能会劝说队友，让大家发誓不要承认酒后参赛的行为。"

对于许多凯伯沃斯人来说，这件事并不好笑。村里的许多酒馆之所以很受欢迎——尤其是在"休闲"的日子里——是因为当地强有力的禁酒运动让好酒者变得痛苦难熬。在禁酒运动期间，村里成立了一个"青年终身戒酒团"（Band of Hope）俱乐部，他们经常在村务大厅举办茶会，其他团体一般是在"老天鹅"客栈享用并不那么节制的晚餐。几十年来，用枷锁来体罚与羞辱犯事者的做法已在村子里消失，但作为酒徒暴露在公开场合仍会让人感到尴尬。框架编织工托马斯·克纳普（Thomas Knapp）习惯于在领到薪水当天便进入"老天鹅"客栈喝上很久，滴酒不沾的妻子哈莉特也会一起来并坐在他旁边。男人一边喝酒，女人一边在旁责难。等他觉得实在无法忍受这种羞辱时，便只好回家。

19世纪30年代，在普雷斯顿的"约瑟夫·利弗西运动"（Joseph Livesey's movement）的激发下，禁酒运动在英格兰迅速发展。虔诚的不信奉国教者走在运动的最前列，与此同时，许多浸礼会和公理会神父也都倡导戒酒。就像啤酒和英国国教与托利党（Tory party）联系在一起，戒酒和不信奉国教则与自由党联系在了一起。一位活跃在莱斯特和马基特－哈伯勒一带的热心的浸礼会教徒兼禁酒运动推动者，经常前来位于凯伯沃斯德布达尔巷（Debdale Lane）的浸礼会小教堂讲道。据传说，1841年在凯伯沃斯等候一辆公共马车时，这个人脑中突然冒出一个他认为可以用来证明能改变世界的想法：组织 500 多名禁酒主义者乘坐火车从莱斯特前往拉夫伯勒参加一场集会。这个人名叫托马斯·库克（Thomas Cook），他所设想的这场远足行动成了英国旅游业发展的种子，从而对英国公众不断变化的品位与期望产生巨大影响。前往英国海滨（这是莱斯特郡内陆地区的一项重大创新）甚至前往欧洲大陆的包办旅游，吸引了大量游客，且数量还在激增。尽管这种起因于戒酒运动的包办旅游在相当早的阶段就已经停止，但它对大众旅游的未来形态产生了决定性的影响。

　　负责管理村庄阅览室的委员会还安排了更多具有教育意义的娱乐活动，形式是在村务大厅定期举办的各种演出活动，或者说"便士读书会"，通常由神父主持。各种节目均由村民们上台表演：朗诵包括狄更斯和马克·吐温等人作品在内的经典，演唱流行的英格兰和爱尔兰歌曲、苏格兰和威尔士民谣等，表演喜剧和"滑稽剧"……"表演充满了精彩而欢快的娱乐气氛"。对于他们的演艺活动，当地媒体津津乐道，其综述报道让我们看到了维多利亚时代令人神往的乡村娱乐场面：

380

　　　　弦乐队演奏了几首乐曲，麦考利先生朗诵了"如何治疗感冒"——作为一位专业的绅士，他的话语很具有权威性。E. 迈尔斯先生演唱了一首《鹅的俱乐部》。这首歌太好玩了，人们要求他再来一首，于是他又演唱了一首《老单身汉》，同样得到了赞美。泰勒先生朗诵了两首作品，卡萨先生也朗诵了一首作品。奥斯本夫人、海盖特夫人和艾伦夫人组合演出了三重唱。特纳小姐演唱了一首《荒野之鸟》，唱得很有味道，人们要求她再来一首。泰勒夫人演唱了一首《金发银丝永相爱》，嗓音细腻动人。泰勒夫人、艾伦夫人、艾金森先生和布莱恩特先生组合演唱了《钟楼》和《云雀之歌》。雷瑟尔小姐和马丁小姐演唱了一首二重唱《是谁》。整场娱乐活动相当成功。毫无疑问，社区的热烈反应证明了这一点。

有时，阅览室的管理委员会会安排一些有教育意义的演讲，尽管内容并不总是像人们希望的那样具有很大的吸引力。1872 年 11 月，希普伍德神父（Hipwood）作了一次"讲座或传教演说，用图解的方式阐述北美的印第安人"，但大厅里的座位空了一半。"结束时，科比先生提议向希普伍德神父的讲座鼓掌致谢，并对参加这次讲座的听众如此之少表示遗憾——一些容易理解和琐碎无聊的话题倒是往往能吸引大量听众。"说来也奇怪，有一场关于"阿拉伯人的生活与礼仪"的演讲听众爆满，可能是因为这个主题聊可作为"东方人的生活和《圣经》中的习俗的一种例证"。演讲者是赛义德·穆斯塔法·本-优素福（Seyyid Mustafa ben-Yusuf），他是一位正在剑桥大学学医的阿拉伯人。赛义德·穆斯塔法演讲时一身阿拉伯装束，在他的感染下，"几十位并非阿拉伯人的当地民众也穿起了阿拉伯人和土耳其人的服装"。赛义德·穆斯塔法还随身带来了一大堆令人感兴趣的近东物品，包括一支水烟袋、一支大马士革长矛、一支阿拉伯步枪、一张穆斯林祈祷用的地毯和一只铜制的咖啡壶等。不知道他是否示范了水烟袋要怎么用，但凯伯沃斯人也许已经很幸运了，因为他们的委员会采取的态度不像附近的马基特－哈伯勒的神父在对待类似活动时那么苛刻：后者很明确地认为，"这种集会为人们提供某种物品说明与消遣，它们可被称为'便士阅读'，但不是'大众娱乐'"。而且，"必须禁止身穿外邦服装者入场"演唱或演讲。

就一般的口味而言，大家更喜欢的是当地一位很受欢迎的表演者威廉·诺布尔。长期以来他都作为"当地著名的黑人喜剧演员"而被人们铭记。尽管我们没有找到诺布尔的照片，但几乎可以肯定的是，他是一个"被涂黑了"的白人。这种演艺风格起源于 19 世纪 40 年代的美国，在英国流行后，一直成功地延续到了 20 世纪。（18 世纪后期有成千上万黑人来到英国，他们曾在美国加入英国殖民军队参战，战败后作为对他们的回报而被允许进入英国。绝大多数人聚集在伦敦或港口城市。）据《马基特－哈伯勒广告报》报道，1873 年 11 月，在村庄宴会上举行的一场音乐会中，"诺布尔先生再次人气爆棚……总是待在家里的诺布尔先生这次演唱了几首新歌，引来观众的开怀笑声"。凯伯沃斯还欢迎莱斯特的"肯塔基歌手"来访。一位名叫詹姆斯·霍克（James Hawker）的当地人曾这样记述自己后来的演艺生活：他加入了奥德比的一个演艺小组，与一位班卓琴琴手和两位小提琴琴手组合演出；他演奏响板，主要往返于莱斯特与凯伯沃斯之间，在地方酒吧演出的出场费为 3 便士。

这就是电视时代之前的英格兰乡村的大众娱乐活动。它是奇特而精彩的各种形式的大杂烩，从人类学讲座到喜剧表演，从马克·吐温和狄更斯到海顿和流行歌曲等等，不一而足。与人们现在所设想的情况大有不同的是，现在人们不屑一顾的、认为有失体统的那些滑稽杂要表演，在当时是非常受人尊重的演艺形式。人们不但喜爱其中的悲怆与幽默成分（它们是现代独角戏的一个重要来源），有时也喜欢其中的平等主义主题。然而，在 19 世纪后半叶，随着"音乐厅"的大量涌现——这种"音乐厅"让观众在烟雾缭绕中听淫秽歌曲、观看下流笑话表演，并通过有目的地让观众饮酒而使气氛变得活跃——人们对于所谓"舞台娱乐"的不认同愈加强烈。假如这样的夜晚发生在凯伯沃斯，演出肯定不会在神父主持下的村务大厅里举行，也不会被当地媒体如此有礼貌地记录下来。但毫无疑问，村里有许多提供酒水的场所会举办不那么高雅的演出，比如位于伦敦大道旁的"玫瑰和皇冠"客栈，它规模庞大，但现已衰败不堪。事实上，铁路的出现以及由此导致的公共马车网络的衰竭，使从前的马车客栈留出了闲置的外围建筑，这些建筑便可出租给他人从事社会活动。教区神父和当地的禁酒社团一般不会准许开展这类活动，但即便是在一个由教堂主导的村子里，也有许多喜爱较为粗野、较少说教的消遣活动的劳动者。

"勇敢而无选举权的妇女"

村务大厅在举办各种受人欢迎的娱乐活动的同时，也接纳许多凯伯沃斯人不认同的政治集会，比如颇具争议的"全国农业工人联合会"的创始人，充满活力的公民权改革者约瑟夫·阿奇的来访演讲。然而在 20 世纪早期，大厅里迎来的一场新型政治集会还是让许多人为之侧目，哪怕其主旨完全符合这个村子引以为荣的激进的和人人可以持有异议的传统。这是 1910 年 3 月 5 日玛丽·泰勒夫人在村务大厅里组织的一场集会。她在"韦斯特比大楼"住了十多年，那是一栋位于韦斯特比与斯密顿的古老边界上的红砖大宅，带有乔治王朝风格。玛丽是一位妇女参政权论者，大家叫她内莉。那天，凯伯沃斯大部分女性在大厅里聆听了妇女参政权论者爱丽丝·彭伯顿-皮克（Alice Pemberton-Peake ）和多萝西·皮斯克（Dorothy Pethick）的热情洋溢的演说。3 月 19 日，她们在凯伯沃斯召集了第二次会议。4 月 22 日，又举行了一场莱斯特全郡范围的露天集会。在这年年初的几个月里，大批女性骑着踏板车——设计如其社会影响力一样激进的交通工具——带着"妇女社会与政治联合会"的宗旨，从莱斯特城奔赴郡内各个乡村。

3 月 4 日，即凯伯沃斯第一次集会的前一天，《妇女选举权》刊物对泰勒夫人的筹备工作大加赞扬，言辞之间恰如其分地传达了她对这场运动所表现出来的准宗教级别的热情：

> 作为她们必须完成的下一步工作，这项使命占据了所有劳动妇女的思想。我们急切需要更多鼓动者邀请女户主们加入这一使命，并让她们了解这场运动背后的道德与社会意义。我们需要志愿者的鼎力相助。我们的一名成员泰勒夫人的不懈鼓动与游说在当地激起了巨大的热情。这个星期，新的基地将在凯伯沃斯落成。

内莉本身来自一个不信奉国教的古老家族，她一定是在一直向往社会激进主义甚至是妇女权利的非英国国教会众中找到了共同语言。由于没有选举权，1911 年，"妇女社会与政治联合会"发起了抵制当年人口普查的行动。通宵达旦的娱乐活动确保女人不用在家待着，内莉和女儿多萝西娅也故意逃避在外。支持她的丈夫汤姆虽然填写了有关的人口普查文件，但他只在这份文件中登记了自己和两个儿子的情况，并在登记表末尾明确地写道："女性缺席代表抗议：没有选举权就不参加人口普查。"

实际上，在过去的 40 年里，争取妇女选举权的运动一直在不断升温。1869 年，哲学家兼议会议员约翰·斯图亚特·密尔（John Stuart Mill）在其发表的一篇题为《妇女的从属地位》（"The Subjection of Women"）的文章中指出，性别歧视是"人类进步的主要障碍之一"。而他的议员同道——均为男性——对于这种论点充耳不闻。1884 年，《第三次改革法案》将 1867 年的法案规定的自治资格扩展到了所有乡村，但大约 40% 的男性（遗漏部分还不计在内）和全体女性仍然没有选举权，尽管 1870 年和 1882 年的《已婚妇女的财产法案》废除了"已婚妇女没有财产权，故不具备拥有财产的公民资格"的规定。1897 年，17 个团体合并成立了"全国妇女选举权联合会"（ the National Union of Women's Suffrage Societies）。6 年之后，艾米琳·潘克斯特（Emmeline Pankhurst）带领部分成员离开了该组织，另行组建了"妇女社会与政治联合会"。她们认为，鉴于人们对这个问题的兴趣不断减弱，女性需要采取更有轰动性的策略。到了 1911 年，与自由党政府达成妥协的希望破灭之后，妇女们不得不采取极端措施。

1912 年 3 月 4 日晚上 10 点 29 分，内莉·泰勒在伦敦的维多利亚邮局给丈夫发了一封电报。当时，她的丈夫与他们的 3 个孩子正在诺丁汉。电报内容极为简单："相当安全，但事务已圆满完成。内莉。"毫无疑问，汤姆大体上知道这是一桩什么"事务"。第二天，他收到了从威斯敏斯特治安法庭发出的一封信：

> 最亲爱的汤姆和我最亲爱的孩子们：昨晚我和克罗克小姐、罗伯茨小姐因打破骑士桥邮局的窗户而被捕。我知道这次会被重判，所以，我想你们必须做好我需要服刑 1 个月的准备……再见，我的宝贝们，爱你们的母亲。

由欧内斯特·鲍登（Ernest Bowden）存档的一份报告幸存至今。鲍登是那天晚上跟踪内莉以及另外两名妇女参政权论者内莉·克罗克（Nellie Crocker）和格拉迪斯·罗伯茨（Gladys Roberts）的侦探。从她们走出位于斯特兰德大街的一家用于"妇女社会与政治联合会"聚会的餐馆，鲍登就开始了尾随，跟着步行走向查令十字街（Charing Cross）。女人们知道被跟踪了，于是乘坐火车绕了一个圈，最后从斯隆广场站（Sloane Square）出来后迅速遁入王家宫廷剧院，并躲进观众席。晚上 8 点 38 分，演出开始后不久，她们快速起身离开剧院，穿过斯隆广场朝国王大道走去。但她们并未摆脱敬业的侦探鲍登中士的追踪。鲍登在报告中说，他看到女人们突然穿过马路跑向邮局，并用藏在衣服里的锤子砸碎了大窗户。

这三名女子被逮捕后被带到杰拉尔德·罗警察局（Gerald Row Police Station），第二天在威斯敏斯特治安法庭受审（当时内莉化名为玛丽·怀恩）。在那里，她们被拒绝保释，后被投入哈洛威监狱。3
名女子被判处 3 个月刑期，比内莉预料的要严厉。不过她们并非孤军
奋战：3 月初，在伦敦的一场砸窗户运动中，有 200 多名妇女被捕，
其中许多人被判刑，囚禁于哈洛威监狱。艾米琳·潘克斯特公开称赞
这种"在一定政治局势下表达不满的由来已久的方法……"，她认为
"砸玻璃窗是当前政治形势下最有效的途径"。

内莉从监狱寄出的信件后来由其女儿存放于伦敦的"妇女图书
馆"，它展示了一位贤妻良母在妇女参政信仰的驱动下所采取的极端
措施。内莉还把"妇女选举权"作为自己的宗教信仰写入了监狱文
档，这或许不只是一个玩笑。因为刑期，她在寄到韦斯特比家中的便
信上向孩子们告别："再见了，我的宝贝们，但时间不会太久的。要
坚持战斗到最后的胜利。"当家人前往监狱探望她时，内莉首次流露
出自己在狱中的内心挣扎：

> 见到你们真是太高兴了……我第一天感到这么难过——想
> 不到我会因为对事业的执着把自己逼到砸窗户的地步。我想，
> 这是压力给我带来的疲惫感吧。不过我现在感觉好多了。

然而，内莉对监狱条件的震惊让她成为改革这种"最不寻常的制
度"的倡导者："你觉得自己在这里更像是儿童……可以想见，这个
地方看起来不如说是疯人院。"她在脑海中将争取妇女选举权的事业
与监狱改革联系在了一起："我们获得选举权之际就是整个监狱制度
在地球上消失之时。"

有位藏在一辆货车里的警方摄影师用新相机拍下了内莉以及其他妇女参政论者在哈洛威监狱院子里散步的监控照片，这些照片留存至今。巧合的是，这是苏格兰场（伦敦警察厅）首次使用这种相机。自1871 年以来，拍摄囚犯就成了惯例，但妇女参政论者越来越拒绝摆好姿势被拍。在一张照片中，能看到有位狱卒的手臂正绕在曼彻斯特妇女参政权论者伊芙琳·玛尼斯塔（Evelyn Manesta）的脖子上，乍一看活像是她脖子上的一条围巾，她则做怪相、扭曲着脸。"为了拍摄妇女参政论者囚犯"，警方正式申请购买了一台威格莫尔 2 型反光相机和一个约 28 厘米的罗斯远心变焦镜头，并得到了内政大臣的批准。随后，警方将这些知名激进分子的照片编辑成集，以便打击她们的破坏行为。斯密顿的内莉·泰勒由此成为英国历史上第一组受监犯人照片中骄傲的一员。

抗议行动在监狱里继续发生。囚犯们先是砸碎了牢房的窗户，在探视权和通信权被取消后，包括内莉在内许多人开始绝食抗议。内莉后来的信件是用微型字写在小方格纸上，然后由同情她的囚犯交给自己的探视者偷偷带出去的。"我不能写得很长，"她用微型字写道，"因为这里来来往往的人太多。"她描述了自己对于这项事业的信念、与其他同道的交往以及从中获得的小小乐趣，并因此而感到慰藉："月亮照进我的牢房，它看上去那么绚丽迷人。他们可以夺走我身上的小东西，但不能消灭我们大家分担的大事业。"与此同时，令她感到自豪的丈夫汤姆在打字机上敲出大量信件并不停地发给各大报社和政界要人。汤姆断定，各大报社和政界要人"惧怕这些虽无选举权但勇敢的女性的决心和智谋"。从性情上讲，汤姆并不是一个意气用事的抗议者。有一

386

次在公众集会上，他硬着头皮激烈地诘问劳合·乔治（Lloyd George），结果被"一群流氓"赶出了会场，眼镜被碰掉在地，还受到了粗暴的攻击。汤姆向他虔诚的非国教教徒母亲解释自己的所作所为时说：

> 恐怕你和其他人对此都难以理解，也不会同意我的行为……但你完全可以相信，在一个脑子稍微有点清醒的人看来，这些宣传都是可恨的。因为我知道，这些都是对妇女参政论者的欲加之罪。为了坚持原则和表达能够带来进步的想法，这是她们不得不经受的苦难历程。但正如基督一样，光明即将来临。

1913 年，这场遍及英格兰各地的斗争的尖锐程度进一步升级，因为《猫捉老鼠法案》（Cat and Mouse Act）允许释放绝食抗议的犯人以使其恢复身体健康，然后再将其逮捕。在一年一度的"德比赛马日"（Derby Day），埃米莉·戴维森（Emily Davison）先是躲在国王的马下企图逃跑然后被相机拍到又被抓获的事情传遍了全国。然而，随着一场更为严重的危机的来临——第一次世界大战的爆发——如火如荼的妇女争取选举权的运动戛然而止。就如人们所知，这场世界大战将成为维多利亚时代与 20 世纪之间的真正分界线的标志，无论是在心理、文化上还是政治上。

在世界大战爆发的头一年，在凯伯沃斯教堂附近一间村舍里长大的 F. P. 伍德福德似乎就已经意识到了这一点；伍德福德曾根据自己的记忆翔实地记述了 19 世纪 60 年代维多利亚时代村庄的状况。1915 年冬天的时候，维多利亚时代的人们原本对于文明这个概念信心十足，现在却出现了严重的问题：正如一位同时代伟人所说的，文明成了深层焦虑的根源，甚至是"悲哀与忧愁"的根源。当时伍德福德已经着手创作一本关于凯伯沃斯的简史，后来他又附加了一个"我童年的回忆——从1860年到1868年"的章节，其重要性比文献更胜一筹。伍德福德着力聚焦于自己的原生村落，他对此地的描述成了当时的英格兰，或至少是人们所认为的英格兰尤其是英格兰乡村社会的写照。那时候，伍德福德已带着某种遗憾离开了故乡，所以他叙述的主题是变化：时间和社会的转换。他写道，在19世纪60年代之后，"旧的季节性习俗很快开始停顿并消失"。他确信在社会和政治层面上发生了变化，并对其中的许多变化心存感激。伍德福德不仅谈到许多童年时期的贫穷邻居的艰难生活，他们包括框架编织工和卖煤小贩等，还谈及政治斗争和有时尖锐的阶级对立。正如在他的书中所看到的，伍德福德严厉抨击了富人不顾整个社区利益而做出的贪婪行为。但尽管存在种种缺陷，伍德福德仍然几乎把维多利亚时代中期时的这个村落描绘成处于黄金时代。他对人们所说的"过去的给予性"、生活在那里的连续性以及他称之为"昔日人们看不见的存在"非常敏感。毫无疑问，伍德福德的敏感和印象来源于这样的事实：昔日村庄里的每个人都难以磨灭地刻录在他的脑海中。"假如你想在人间瞥见天堂，那里必定可以如你所愿。"也许人们很难从诸如济贫法卷宗、人口普查档案和相关新闻报道等维多利亚时代有关凯伯沃斯的描述中获得如他笔下那般亲切动人的影像，但伍德福德的确是一位优秀的观察者，把社区，也就是将整个村庄凝聚在一起的黏合剂作为其观察的核心，在这一点上他无疑是正确的。

388

尾声：20世纪

　　凯伯沃斯有史以来第一次举办了军人的葬礼。周四下午，2000多人聚集在街道上和墓地中，为20岁的二等兵伯迪·佩尔（Bertie Pell）举行葬礼。他是家住凯伯沃斯弗莱克尼路上的B. H.佩尔夫妇的长子，由于5月在前线身负重伤，于上周六在英国的医院中救治无效而去世。他曾在3月份受过伤，但在康复后重返前线。走在送葬行列最前面的是军士长里德和军士桑兹率领的小队，由12名莱斯特士兵和号手兼鼓手夏普组成（他们均在前线受过伤）。4名死者的密友抬着覆盖英国国旗的灵柩……死者生前曾是教区教堂唱诗班的一名歌手，也曾是一位童子军和一位著名的橄榄球运动员，还是凯伯沃斯文法学校第一位为祖国献出生命的学生。

　　　　　　　　　　　《马基特－哈伯勒广告报》，1915年7月6日

当天下午，村里的针织品工厂、商店和文法学校全部歇业。学校里的男孩子们排着队向校友依依作别。唱完"为正义而战"的歌曲之后，士兵们在墓地边齐鸣三枪，向死去的战友致敬。微风吹拂着教堂墓地里的老紫杉，号兵在夏日阳光下吹响了最后的"安息号"。村里一共有40人死于西线泥泞又恐怖的战场上，佩尔是其中的第一个。

随着二等兵佩尔的死亡，我们所讲述的这个故事进入了现代时期：这场世界大战是这个村庄历史上的一条分界线。关于 20 世纪的凯伯沃斯，其故事本身值得另行著书讲述。我们从"凯伯沃斯历史学会"（Kibworth History Society）所属的地方档案馆中收集了大量资料，并从村里的老人那里记录下了有关此地在第一次世界大战之前 50 年里的社会生活的丰富信息：是过去 50 年发生在这个村庄的变化让它发展成了今天的类似于一个小镇的模样。在结语中，我们只能挑其重点而言之，比如 1897 年的"禧年"、1901 年维多利亚女王的去世、第一次世界大战的爆发等给这个村庄的生活带来重大影响的事件。毕竟，从现在看来，这些故事发生在几乎难以想象的遥远时光里。

在维多利亚女王统治时期，这个村庄的规模已经翻了一番，特别是在 19 世纪末。从 19 世纪晚期再到 20 世纪早期，自"约翰逊和巴恩斯"针织品工厂于 1901 年在"工人俱乐部和协会"附近建成以后，凯伯沃斯－比彻姆在车站路和弗莱克尼路西侧一带的发展尤其显著，几乎出现了一个迅速崛起的新小镇。"约翰逊和巴恩斯"针织品工厂生产全成型羊绒长筒袜，并出口到加拿大和斯堪的纳维亚半岛，直到工厂于 20 世纪 60 年代关闭。在第二次世界大战之前的全盛时期，它不仅为凯伯沃斯，也为偏远村庄提供了就业机会：在 30 年代初，每天都有坐满两辆公共汽车的工人从大格伦和弗莱克尼过来上班。这家工厂还为女性提供了大量可在家庭完成的工作，比如制作衬里或缝合（把袜子的脚趾部分和脚、腿部分缝合起来），妇女们可以用自行车把需要加工的半成品打包带回到家里操作。有了针织品工厂、煤气

390

第一次世界大战期间共有 40 名凯伯沃斯村民牺牲。左上照片中是乔治·梅纳德·沃德，1917 年牺牲时年仅 18 岁。右上照片中是珀西·布罗姆利，珀西和他的兄弟塞西尔一起于 1918 年牺牲在法国。沃德家族和布罗姆利家族都在村里有着超过 400 年的历史。

厂、砖瓦厂、火车站和存车线 [1]，以及林恩杂货店这样具备相当规模的商店之后，凯伯沃斯完全变成了 20 世纪城市化经济的一部分，镇里在工厂做工的劳动力在数量上远远超过了仍然依附于田地的农业劳动者。

---

[1]　存车线是铁路或轨道交通的辅助线之一，主要存放备用列车、临时存放故障列车等，或是用于夜间作业车辆的折返。

维多利亚时代位于凯伯沃斯新城区的"约翰逊和巴恩斯"工厂一景。从 1901 年到 1968 年，这家工厂一直是此地的主要雇佣方。

出自该村的军人会加入莱斯特军团或舍伍德护林员团（the Sherwood Foresters），并曾作为军队的一员在佛兰德斯的大型战役中作战、捐躯。艾琳·布罗姆利（Eileen Bromley）的父亲曾在炮兵部队服役，而对于她的叔叔来说，1916 年向索姆河"大推进"之前的那个恐怖夜晚历历在目："只要活着，我就永远都不会忘记那个……我们在枪林弹雨中撤退的夜晚。我永远无法忘记我所看到的惨状，到处都是伤亡将士。"不过，村里也不乏坚持不信奉国教传统的人。布料商伊莱·贝尔就是一位基于宗教信仰而反对兵役者，他说：

　　我一生都在努力做基督的追随者和基督徒，并出于良知一贯反对一切兵役。我认为人的生命是神圣的，在任何情况下我都不会接受服兵役。我一辈子都坚守这些观点。我是本地的不信奉国教的布道者和主日学校的老师，我将永远遵从我的原则……我相信，耶稣基督不会参与任何军事行动，因此我也不会。

　　尽管贝尔代表的是极少数人，但他的故事是村里的一个典型：在凯伯沃斯，所有人的意见似乎都可得到体现。

　　与此同时，国内的后方生活仍在继续。1916 年 12 月，当男孩们在前线的战壕里忍受寒冬的煎熬时，村庄杂货店老板乔治·林恩发行了他制作的第 34 期赠阅年历。这份年历为我们提供了聊以窥视这个村庄的物质生活的一扇小窗户，我们从中看到的村庄从本质上来说仍属于农业社会。在这份年历上刊登有铁丝网、洗衣桶、水桶、油毛毡、捕鼠器、家禽饲料等商品广告。在林恩杂货店的周围还贴满了配有马拉播种车、村庄兽医在工作、马拉载有大型搅乳器的牛奶车等图片的每月日历。利用新近安装的电话，林恩可以接受订单并把商品送到整个区域从格姆雷到兰顿斯的各个村庄。

　　在这份年历的卷首刊登着政府定量配给食糖并建议用玉米糖浆或蜂蜜作为替代品的有关消息，还有科里斯·布朗（Collis Browne）的咳嗽药广告（凯伯沃斯在那一年经历了一个漫长而令人难受的冬季，2 月份还迎来了异常强烈的暴风雪天气）。在年历的"实用知识"页面上，登载的内容十分丰富，包括 1917 年的日历表及重要日期、对园丁和兽医的温馨提示、邮政费用、有用的外语词组、税率表和津贴图表等（国家实行了新的津贴制度，所有收入少于 21 英镑者均可每周领取津贴，最高 5 先令。若按照今天的零售价格指数换算，5 先令相当于 12 英镑；若按照今天的平均收益指数换算，5 先令相当于 70 英镑）。在 1917 年的日历上还标记了狩猎季节的日期（凯伯沃斯是一个狩猎区），近年来发生的凡尔登战役、日德兰海战和索姆河战役的周年纪念日，以及诸如印度的加尔各答黑洞 [1]、加拿大的魁北克战场、乌克兰的塞瓦斯托波尔战场等较早的帝国地标。从林恩的广告可以推断出，乡绅和土地贵族们的生活不至于很差：他们的日常储备中不乏爱尔兰黄油、丹麦熏肉、法国香槟、牙买加朗姆酒和西班牙葡萄酒等。

正像在英格兰所有其他地方一样，第一次世界大战也给这个村庄留下了深深的痕迹。时至今日，人们仍然会挤满圣威尔弗里德教堂以庆祝"停战日"。英国普通百姓的心理地图也已经发生了改变，从前发生在克里米亚、南非和其他地方的帝国战争仿佛非常遥远，第一次世界大战却近在眼前，人们听得到肯特郡杀戮战场上的隆隆炮声，每个人都认识战死在沙场的某个人。

学校继续向年轻人灌输爱国主义。在凯伯沃斯，正如一位村民所记得的，学校会在 5 月 24 日的帝国日"集合所有班级歌唱爱国赞美诗来加以庆祝，然后放假半天"。1935 年乔治五世与玛丽王后的结

---

[1] 加尔各答黑洞是法国于 1756 年 6 月在加尔各答建立的一间土牢，以仅有 4.3 米 × 5.5 米的面积关押了 146 名英国和印度佣兵，导致其中 123 人窒息死亡。

婚 50 周年纪念日是另一个重要的爱国事件，村里在这一天挂满彩旗，点燃了一大堆篝火，人们到处闲逛。村民们在学校、小礼拜堂和教堂里回味着往日的帝国神话，这些神话至少一时让人们陶醉于超越其他民族的英国文化的优越感之中。不管如何，人们对此表现出了极大的兴趣，并从中学到了很多东西。正如有人所指出的，"每个民族都是半渗透性的容器，经受着从海岸边冲来的不同力量与影响的浪潮的洗刷"，大英帝国尤其如此。

战争对村庄的影响也不仅仅在于 40 人丧生，它的范围更广、时间更长：村里很少有家庭不受这些广泛变化的影响。自 1779 年圈地运动以来就逐渐受到侵蚀的旧的凯伯沃斯农业世界现在差不多完全消失了。在比彻姆和斯密顿，土地集中在少数几个大农场；在哈考特，田地还是要向默顿学院租用。大多数小农都已离开此地，留在村里的古老的小自耕农和农民家族，诸如布罗姆利、克拉尔、伊利夫和科尔曼等家庭，大部分也已不再从事农耕生产。但尽管如此，从其自然特征来看，这个村子仍然属于乡村。正如一位经历了 20 世纪 30 年代变迁的凯伯沃斯人 G. A. 林罗斯所观察到的：

> 只要是两次战争之间一直居住在凯伯沃斯的人就都会感受到，这个村庄并未受到太多工业革命的负面影响。与郡内其他村庄相比，凯伯沃斯相对而言算是未遭破坏。当然，对于一个过去曾经拥有两大集市的大村庄而言，凯伯沃斯常常因为它是否拥有可称之为城镇的资格而成为争论的主题。农业对这里的影响从来没有像对斯密顿－韦斯特比那样明显，但农村的气氛却

在这里占了上风。人与人几乎都认识，但过去的社区邻里关系要比现在紧密得多，也许是因为过去没有人会从没有阶级的社会的角度去考虑问题。从前，社会阶层之间存在着严格的界限，很可能没有人考虑过要越过这种界限。

"制袜者"与"狩猎者和捕鱼者"之间的差别依然显著，这种差别直到 20 世纪的最后几十年才逐渐消失。

尽管战争也带来了某些好的变化，比如公民权利的扩大，但 20 世纪 20 年代末和 30 年代仍然是一个经济萧条的时期。不少凯伯沃斯人都记得，虽然这段时期对孩子们来说无忧无虑，对许多成年人来说却异常艰难："失业者站在大街上弹奏乐器是常见的情景。"其中有年轻人，也有上了年纪的人，但他们有一个共同点，那就是困苦，因为"国家救助计划"还是未来的事情。在此期间，贾罗人前往伦敦请愿的游行队伍经过凯伯沃斯，并聚集在芒特（the Munt）聆听艾伦·威尔金森（Ellen Wilkinson）议员的演讲；当地人为他们提供了茶水以示友善。到了 20 世纪 30 年代，这个村庄在物质生活方面也呈现出了显著的变化：在两次世界大战之间，旧的农耕方式很快就被机械化作业替代。在哈考特，幸存的风车磨坊在 1925 年磨完了它的最后一袋面粉；30 年代，随着拖拉机的到来，用牛耕地的情况逐渐消失。1936 年，第一部公用电话投入使用（其电话亭带有著名的"禧年"红色图案）；到 30 年代末，收音机已普及到了大多数的家庭。

另一个重要的变化是管道供水的运用。沿着山脊的水井和泉水维系着世世代代凯伯沃斯人的生命，但自伦敦流行霍乱而于 1875 年颁

1905 年发生在莱斯特的失业者游行是后来贾罗人前往伦敦请愿的先声。照片中三名失业代表从左至右为：阿莫斯·谢里夫，F. L. 唐纳森和乔治·怀特。

中世纪流传下来的技术结晶：这座位于凯伯沃斯－哈考特的风车一直使用到
20 世纪初。

布《公共卫生法案》以来，关于水的质量和可靠性的问题一直争论不断。该法案要求，所有新住宅都必须配备供应自来水和内部排水的系统。但凯伯沃斯花了很长时间才迎头赶上。在严重干旱的季节，如1884年的旱灾期间，凯伯沃斯有许多人家遭遇了连续数周无水可用的情况。随着村庄人口的增长，供水问题变得至关重要。在第一次世界大战期间，凯伯沃斯仍然依靠公共水泵，许多房屋是没有自身供水系统的。正如英格兰乡村的许多地方，凯伯沃斯也到了该把中世纪的落后面貌抛在身后的时候了。

　　然而，就像对待电力照明时的态度一样，村民们并不急于使用自来水。拥有充足的水泵供水的人家不愿意为没有良好的水泵供水的人家买单。这场争执直到20世纪30年代才得以解决，因为到了那个时候，按照现代的标准，村里的5口井中有4口井的井水已被判定为不适宜于饮用。当时，整个英国的全部房屋有一半以上——大约700万所住宅——缺乏热水，600万所住宅没有屋内厕所，几乎500万所住宅没有浴室。到了1938年5月，村里的大部分人家都接通了自来水，但村里公用的和私人的水泵继续使用到第二次世界大战结束后许多年。至少有一户人家一直依靠自家的水井供水，直到1976年才因为干旱而被迫接受了自来水供应。直到今天，在凯伯沃斯的3个村子里仍然有水井在使用之中。英格兰大多数地方的情况也是如此，随手可及的自来水（不管是冷水还是热水），以及浴室（更不要说是淋浴设施）的普及，可谓新兴现象。

第二次世界大战

在 1938 年的慕尼黑危机爆发之后，村子在"秘密共济会会员"大厅举行了一次会议，当时的村民都是戴着防毒面具前去参加的。1939 年 3 月 27 日，也就是英国宣战前几个月，凯伯沃斯向村民们分发了预防空袭的小册子，但正如老年村民们所记得的，战争似乎已经不可避免（德国已于 3 月 15 日入侵捷克斯洛伐克）。这份仅由两张打印纸构成的小册子由备受爱戴的老文法学校校长 J. E. 艾略特（J. E. Elliot）拟定，上面确定了 5 个守望的岗位、急救站（设在村务大厅）和"空袭报告中心"（设在文法学校）。100 多名凯伯沃斯人迅速组织起了急救队，有人担任救护车司机（"伊格德教士、波茨夫人……"），还有 16 人担任辅助消防员，包括村里一些古老家族的成员（比如担任辅助消防队副队长的约翰·伊利夫，他的两个兄弟也在辅助消防员之列）。

从那时起，"对于战争的担忧无时不在"，G. A. 林罗斯写道，"当战争终于 1939 年 9 月爆发时，没有一个人对此感到意外"。凯伯沃斯立即受到牵连。就在同一个周末，第一批受惊的疏散儿童从伦敦乘火车来到一派田园风光的凯伯沃斯和斯密顿。孩子们各自随身携带着一些小行李和一个装有防毒面具的纸板盒，准备在远离伦敦东区的乡间度过未来的几年。其间，村子里甚至还设立了一个收容意大利战俘的小营地，这些人一边在当地农场干活，一边等待着战争结束。后来，至少有一个战俘娶了一位当地女孩为妻。

村里马上就实行了灯火管制，这种管制十分有效，以至于人们"在自己村里都很容易迷路"。这个村子曾出现在纳粹德国空军的照片中。由于靠近位于布伦丁索普（Bruntingthorpe）的美国空军基地，也处于德国轰炸机进入"黑灯瞎火国家"的飞行航线上，村民们甚至见识过一些小小的军事行动。村里的老人们都记得最有名的那次事件：在1940年10月的一个周日下午，一架低空飞行的德国道尼尔轰炸机扫射了凯伯沃斯-比彻姆的主要街道。1940年11月，在"考文垂大轰炸"的夜晚，炸弹也落在了这个村庄的土地上，也许是因为有一架飞机找不到指定的目标而把装载的炸弹扔向了这个漆黑一片的村庄吧。那天晚上，因猛烈轰炸考文垂而冒出的橙色火光弥漫于整个天空，比彻姆人家可以清楚地从卧室窗户看到这一场景。接着就是对德国的反击，正如 G. A. 林罗斯所记得的："整个1942年，一到晚上就会呈现出一幅熟悉且几乎令人难忘的景象：凯伯沃斯的上空简直到处都是轰炸机。"曾在多个村庄当过拖拉机手的乡村女孩罗丝·霍利奥克（Rose Holyoak）记得，叔叔维克（Vic）当时在"约翰逊和巴恩斯"针织品工厂担任总机械师，他曾经把自家餐桌用作工厂屋顶上的空袭警报器的底座。（警报器一直保留到1993年7月工厂被拆除时！）

村里还成立了一支家乡自卫队，又叫"老爹部队"，以圣威尔弗里德教堂作为据点。这支部队由"上尉"布莱克领导，他把自己那辆视若珍宝的跑车涂上迷彩，隐蔽效果非常明显，以至于他自己屡次弄丢跑车，最后不得不派搜索队去找车——这成了他的"部队"的一大消遣。在整个战争期间，村子里的娱乐活动照常进行。村务大厅里不但有剧团和合唱团表演节目，还播放爱国的和"振奋士气"的政府

罗丝·霍利亚克正在像她的中世纪祖先一样耕地，只不过有机械相助。第二次世界大战期间，凯伯沃斯成立了家乡保卫队等组织，并收留了从伦敦前来避难的人。

电影。村民们以怀疑的态度幽默地接受了这些宣传内容。林罗斯说，"'士气'成了一个标准词，其次是'为了大家'"。在村子里，人们对政府的一些"宣传"活动深表怀疑，尤其是当这些宣传带着某种阶级腔调时。J. B. 普里斯特利（J. B. Priestley）朴实的北部乡村口音要比伊顿的上等阶级腔调更容易被人接受。"每个人都确信我们会赢得这场战争，"一位凯伯沃斯人回忆道，"我们无须被告知要振奋，我们已经很振奋。"正如林罗斯所回忆的："这个村子的战时社会是遵守纪律的，同时人们也可以尽情享受生活，而不必成为某些人精神错乱状态的牺牲品！"总之，被告知要履行自己的职责不仅是不必要的，而且也是不恰当的。我们从旧的乡村报纸上可以发现，和所有英国人一样，凯伯沃斯人从战争一开始就看到了一个比丘吉尔关于帝国的狭隘言论更加崇高的目标：与欧洲人民一道建立一个对抗德国的"新欧洲"利益共同体。即使在"小小的"凯伯沃斯，人们也意识到了这一点。

虽然凯伯沃斯处在大后方，但村里当然也有许多青年男女参加了在北非、意大利和诺曼底的三场战役，包括陆战、海战和空战。他们的经历与感受在一份国内乡村报纸上引起了极大的关注，这就是《凯伯沃斯新闻与武装力量报》。在战争期间，这份报纸被寄给于各个战场服役的凯伯沃斯姑娘和小伙子；1944—1945 年的战争高峰期，村里有超过 350 名男女青年在前线作战。这份报纸被赠予所有武装村民，上面附有伯克（Burke）的一句名言："热爱这个我们所属社会的小社区，乃是全部公众情感之萌芽。"这份报纸是由参加过第一次世界大战的军人莱斯利·克拉克编辑的，内容包括故事、信件、诗歌、比赛项目和插图，以及所有洗礼、婚姻和死亡记录等来自本村的消息。"我们的愿望是，"克拉克写道，"让每一期《凯伯沃斯新闻与武装力量报》都能成为你'记忆链'上的一环，让你想起你的家和村庄。"在 1944 年圣诞节的那期报纸上，刊登了来自从"工人俱乐部"到"妇女协会"等 30 多个村庄组织、俱乐部和社团的问候："凯伯沃斯向我们所有在海洋、陆地和天空服役的小伙子和姑娘，向病人和遭受苦难者以及照料他们的人，向所有的战俘，致以亲切的新年问候。"每一期都还登载烈士名录，纪念从法国敦刻尔克大撤退到诺曼底登陆献出生命的战士。

前线青年的来信充满了对"老英格兰中部地区那个亲爱的村庄"的深情厚谊，他们无不渴望早日重返家乡。在 1945 年 12 月庆祝胜利的特刊号上，这份报纸向所有人致以"圣诞问候，并祝家庭快乐团聚、鸿运高照和生活安康幸福"。报上还刊登了在村里嘉年华上被选为"凯伯沃斯女士"的梅·霍利亚克（May Holyoak）的照片，并开辟了一个色彩丰富的书信专栏，追忆"亲爱的老村庄"。从印度、意大利到非洲，信件来自四面八方，其中有一封是一位身在伊拉克的凯伯沃斯人创作的诗歌，题为《巴格达蓝调》：

> 我再一次渴望雨天，好修剪一片网球草坪，
> 我不想在船上蹉跎时光，等待苦涩的黎明……
> 我多么急不可耐啊，想尽快返回我的故乡，
> 在凯伯沃斯安居乐业，幸福地做个普通人。

莱斯利·克拉克在他战时创办的村报上所描绘的"我们那温暖的家园"。由空军摄于1940年。

《凯伯沃斯新闻与武装力量报》，分发给所有参军者，是"记忆链"上的一环，旨在唤起人们心中亲爱的老英格兰的家乡村庄。

战后新世界

人们常说，直到第二次世界大战，在这个国家看得见的代理人只有警察和邮递员，税务员是藏在背后看不到的。但严厉的战时权力和工党于 1945 年的胜出，导致 1945 年后国家控制的急剧增强。这些贯穿整个战后英格兰的变化让人看到了世界的转型：住宅区大批兴起，新移民大量涌入，采矿、造船和钢铁等旧工业衰竭，大众传播媒体和新式流行文化来临。一个新的英格兰出现了：在这个世纪，其人口增加了一倍；全国各地的村庄因城市的扩展而被吞并。正是在 20 世纪 40 年代后期到 50 年代，人们注意到凯伯沃斯变成一个小城镇的最初迹象。战后第一批住宅建筑计划为 150 套简易住房，就建在教堂的对面。凯伯沃斯与莱斯特城之间隔着一片开阔的郊野，相距不过十六七公里，但正如当时一位村民所说的："我们正在走向城市化。"

影响更深远的变化发生在 60 年代。村里不但建起了更多住宅，劳动力结构也发生了重大变化：1961 年，随着针织品工厂的关闭，凯伯沃斯与针织品行业的长期关系宣告结束。"工厂最终关闭时，"林罗斯写道，"凯伯沃斯的一大特征似乎就此消失了……多年来司空见惯的场景一去不复返：那些曾聚集在弗莱克尼路和多佛街的工厂角落的许多工人不见了；那些 30 年代时在午后下班休息的童工，以及第二批从下午 3 点开始工作（直到午夜）的孩子们无影无踪。"没隔多久，英国铁路局根据比钦博士的报告（Dr Beeching's cuts）大力削减开支，此地的火车站也告关闭。

于 1857 年开设的凯伯沃斯火车站，它在一个世纪后停止运营。

此外，政府还对教育进行了重大改组，导致老文法学校的关闭。因为根据 1944 年的《教育法》的规定，"所有由地方教育部门开办的学校均不得向入学者收取任何费用"，文法学校提供了一些免费入学名额，但它毕竟要依靠收费才能生存。在 1944 年至 1954 年之间，校长艾略特先生（Mr Elliott）曾经做过大胆尝试，将招生规模从 300 人增加到 500 多人，希望让这所凯伯沃斯学校实现其中世纪或都铎王朝时期的创始人设想的目标，成为一所"免费文法学校"。但他这番想要振兴学校的苦心最终还是没有带来成功，学校因规模太小而停止小学：

　　　　你们的委员会极不情愿地做出了决定。它带着极大的遗憾

之情考虑中止凯伯沃斯这所具有悠久传统的学校……但不可否
认的事实是，一旦威斯顿文法－技术学校建成，凯伯沃斯文法学
校就不可能招到充足的学生接受中等教育，也就难以为继了。

1964 年，凯伯沃斯文法学校的旧校舍被关闭，凯伯沃斯高中在
一个新场地上落成了。由于凯伯沃斯的人口自 20 世纪 60 年代以来一
直在增长，这所高中现已成为一间规模庞大、欣欣向荣的学校。至于
那个"凯伯沃斯盒子"，那些可追溯到都铎王朝时期的校长和中世纪
的农民，说明他们的捐赠如何变成"学校土地"并见证了几个世纪以
来这个村庄的教育故事的资料，现存于威斯顿的郡档案馆中。

今日的凯伯沃斯

今日的凯伯沃斯是一个繁荣的地方，人口在 5000 到 6000 人之
间。作为现代英国众多大型村庄的典型，凯伯沃斯有许多人在村外的
商店和办公室工作，有些人在莱斯特就业，有些人甚至在马基特－哈
伯勒与伦敦之间往返上下班——现在只要 1 小时就能乘火车到达。凯
伯沃斯仍然拥有几个大型农场和一两个较小的农场。至于默顿学院，
尽管它已在 20 世纪 70 年代将其房产出清，但仍然在出租其所持有的
大片田地（在 1270 年通过默顿的沃尔特的原始捐赠购置）。学院与村
子依然保持关系：学监每三年前来拜访一次，学院的唱诗班还在圣威
尔弗里德教堂演出。从历史上来说，与这个村庄发生联系的主要城市
是莱斯特，目前它正在迅速向南扩展。莱斯特可能是现代英国文化最

多元的城市，也许比其他任何地方都要更成功地管理了最近一波进入
英国的新移民。莱斯特于 2009 年宣布，它是所有少数民族的融合之
城，包括英格兰"白人"。凯伯沃斯自身仍然是一个以白人为主的地
方，但莱斯特的亚洲社区和加勒比社区中正不断涌现出中产阶级，随
着他们成为一种成功而充满活力的力量并向南迁移，拥有优秀高中的
凯伯沃斯如今也变得越来越受人青睐。A6 高速公路旁古老的"玫瑰
和皇冠"客栈现在成了当地最好的印度餐厅之一，也是此地印度社区
举行婚礼庆祝活动时最受欢迎的餐厅。也许，这就是时代的标志。

　　在 21 世纪头个 10 年的末期，凯伯沃斯达到了也许是一个社区的
最佳规模：其人口约为 5000 人，是 1086 年时人口的 10 倍。和 19 世
纪以及第二次世界大战期间一样，村里拥有大量俱乐部、社团和组
织，事实上这些机构的数量比以往任何时候都要多。许多不同的团体
会就某些重大事宜展开联合行动，比如一起给"为生命接力抗癌研
究"筹集了 6.5 万英镑善款。当然，这个村子在过去的两个世纪里已
经发生了巨大的变化，但从某些方面来说仍旧保持着伍德福德在 19
世纪 60 年代所描述的特色：这里拥有足球、保龄球、高尔夫球和网
球俱乐部，还有一家非常成功的板球俱乐部——该俱乐部成立于 150
年前，在 2008 年的全国乡村比赛中荣膺冠军。音乐仍然在乡村生活
中占据非常重要的位置，村里拥有许多音乐和合唱团体，还有两个铜
管乐队，其中之一成立于一个世纪前，曾在 2006 年的全国乡村比赛
中夺得冠军。这个村子有自己的刊物《凯伯沃斯编年史》，每年出版
10 期。《凯伯沃斯编年史》仍然采用老式手工方法编排，就在村务大
厅里进行，原因很简单：可以让更多人参与其中。凯伯沃斯还拥有一

个图书馆、三个戏剧团体、若干园艺俱乐部、三个读书社团。这里不但有中国和印度食品外卖店，而且有一家英国最出色的意大利餐厅之一，由极具魅力的米兰人利诺·波里（Lino Poli）创建，他因热爱莱斯特而前来创业，但"真正喜欢的地方还是凯伯沃斯"。

现在，让我们回顾一下本书开头那则威廉·布莱克的箴言：人们总是可以概述历史，人们也总是可以通过国王和王后的故事来讲述历史。然而，只有通过具体化的史实并从普通人看待历史的观点出发，才能明白这个社会随着时间的推移而逐渐发展的历程，知晓权利和义务如何演变而来，弄清楚人们怎样从最早的时候便开始在他们自己的历史中扮演角色。我们还可以从基因库中、从语言和文化中看到一波又一波新的移民浪潮是如何改变与更新我们自己的。凯伯沃斯十分普通，其社会生活现实而质朴，但却像英国成千上万的其他地方一样，是我们的社区在时间长河的具体化发展过程中一个活生生的例子。不难看出这样的一个事实：根深蒂固的观念与习惯可以传播很长一段时间，它们就像历史表层之下的潜流，源远流长，尽管不易看见，但确实存在，并仍在推动着事态发展。编年史家或许只能对一个生机勃勃、变化多端的英格兰社区在过去一年中所发生的事情做出一种个人的回应，眼下有人仍然拘泥于定义其特性并将其分门别类，但当我们从社区的演变过程的视角来看待历史时，事实就会变得显而易见：这种特性根本不是从上而下的，既非遗传，也不固定、稳当或可靠，因为它可能被历史和文化重塑，因此它处于永无完结的创造之中，而人民本身正是这种创造的动力。

401

"永远的英格兰"

让我们把最后这点篇幅留给一位村民吧。1944 年年末,《凯伯沃斯新闻与武装力量报》的编辑莱斯利·克拉克试图让他的新闻版面跟上这一年形势的急剧变化,于是写道:"圣诞节即将来临,不知时间在耍什么把戏,让战争降临在我们所有人身上!"克拉克出自村里一个古老的家族:他的一位 17 世纪的祖先可能在无意之中机缘巧合地娶了波尔家族的女子为妻。若干世纪以后,波尔家族自身在村里并无子嗣,所以有关这个村子的久远的故事就流淌在他的血脉里,可以追溯到 13 世纪甚至更加悠久的过去。克拉克了解战争的真相,因为他曾在第一次世界大战中负伤并被俘过。他谦卑而慷慨大方,有公德心,正是他创办了这份报纸,并有精力与远见坚持把它办了下去。用克拉克本人的话来说,就是"通过不断地尝试来传达友谊与理解的精神"。克拉克在报上开辟了书信专栏,并将其寄给在前线作战的男女青年,因此还收到了三四百条来自凯伯沃斯的现役青年军人,以及传阅过此报的其他人的评论,无论他们是来自巴勒斯坦、印度还是来自非洲。1944 年的那个冬天,盟军正在向柏林进军,胜利几乎已成定局。克拉克被他在"致编辑的信"中所读到的内容感动了,于是他的思想开始转向未来,转向战后年轻人的就业问题:当一个新的、民主的、阶级不那么分化的英国将要出现的时候,这个国家"应该如何为这些重返家园的年轻人提供服务"呢?不过,他也写道:"有时候我们不仅要向前看,也要回头看。"而且,他对这个村庄的历史进行了反思:

　　在过去的 4 年半时间里，我对我们的村庄生活有了一种体会，而且更重要的是，我找到了这个村庄的核心所在。在我看来，凯伯沃斯一直是一个友善的村庄，而这种友善的精神从来没有表现得像今天这样淋漓尽致……在不久前的一个晚上，我漫步于比彻姆、哈考特和斯密顿，我凝望着它们，思索着它们。是啊，"我们的村庄"，因为我们实际上应该是一个共同体，它美不胜收，家家户户错落有致，点缀在山岗和路旁。对我来说，它便是舒适而温馨的家园。为了我们的村庄，年轻人奋不顾身地奔赴各个战场：去往弗兰德斯、希腊和克里特、阿拉曼，不论是陆地还是在海洋上，不管是在不列颠、北非、意大利还是诺曼底……我们这个热心友善、爱说长道短，时而充满怨言的村庄，和成千上万个其他村庄一样，真正代表了那种真实而珍贵的自由精神——以及永远留存的英格兰精神。

延伸阅读

　　阅读地方历史的一大乐趣之一就是各种证据所涉范围极其庞大，从庄园的卷宗到图片再到我们这个时代的日志不等。一份第二次世界大战时期的乡村报纸或一位乡村女孩的日记，和1448年的一位建筑商的叙述或一位中世纪屠夫的信件一样，它们的内容都既翔实又鲜活，读来令人愉快。这种文献没有伪装的完整性。这些都是我所找到的对于我们理解整体或局部图景有所助益的资料。尽管我并未试图引用每种文献或资料，但很显然本书是建立在许多学者和作家的研究基础之上的。

　　首先，我要推荐一篇由查尔斯·菲提安-亚当斯（Charles Phythian-Adams）撰写的文章，发表在《莱斯特郡考古与历史协会会报》（*Transactions of the Leicestershire Archaeological and Historical Society*，以下简称为 *TLAHS*）的第66期（1992年）上，是关于历史学家 W. G. 霍斯金斯（W. G. Hoskins）的，题为《霍斯金斯的英格兰》（"Hoskins' England"）。这篇文章的研究成果启发了本书的写作。接着，我要推荐一部由查尔斯·菲提安-亚当斯编辑的关于英国各省文化的引人入胜的读本：《社会、文化与亲缘关系中的"英格兰地方历史议程"：文化大省和英格兰地方历史（1580年—1850年）》（'*An Agenda for English Local History*', in *Societies, Cultures and Kinship 1580–1850:*

Cultural Provinces and English Local History, 1993 年）。这本书是对出版于"拉巴德的肯特郡勘查记录"（Lambarde's Perambulation of Kent）与现代之间的丰富的英格兰地方历史的概述。在早期的探索者中，霍斯金斯的《英格兰的重新发现》（*Rediscovery of England*, 1963 年）依然影响重大。他的《英国风景的形成》（*The Making of the British Landscape*, 1955 年及以后的版本）是一部广泛介绍英国景观历史的开创性作品，而弗朗西斯·普赖尔（Francis Pryor）的《英国风景的形成》（*The Making of the British Landscape*, 2010 年）则是前者当之无愧的接力之作。戴维·斯托克（David Stocker）的《东米德兰》（*The East Midlands*, 2006 年）是对"英国的遗产，英格兰的风光"系列的翔实而有效的补充。早期旅行者们的记述为后人留下了许多精神食粮，特别是由 L. 图尔明·史密斯（L.Toulmin Smith）编辑的《利兰的旅行漫记》（*Leland's Itinerary*, 5 卷本，1964 年）。我在本书中引用了一些尼科尔斯（Nichols）有关"重要的地方历史"（1795—1815 年）的记述，它是后来所有的历史叙述的前导，这些历史叙述的范围直到霍斯金斯的《莱斯特郡》（*Leicestershire*, 1957 年）和罗伊·米尔伍德（Roy Millward）的《莱斯特郡和拉特兰郡的历史》（*A History of Leicestershire and Rutland*, 1985 年）。关于"维多利亚时代的郡历史：加尔树百户邑"在"英国历史"网站上可以查到（这是一个不可或缺的资料来源地）。由巴里·考克斯（Barrie Cox）编撰的《英国地名协会：郡名卷》（*The English Place Name Society volumes for the shire*, 4 卷本，1998—2009 年）的及时出版，为本书带来了很大的帮助。我还应提到戴维·波斯托斯（David Postles）的奇

404

书《莱斯特郡和拉特兰郡的姓氏的故事》（*The Surnames of Leicestershire and Rutland*，1998 年）。这是一部非常宝贵的社会历史著作，其意义要比郡和姓氏更广泛，我在第 9 章中讲到的有关西比尔和圣斯科拉斯蒂卡（Schoolastica）以及"经纪人"的故事均参考了他的著述。G. 法纳姆（G. Farnham）的《莱斯特郡中世纪的乡村笔记》（*Leicestershire Medieval Village Notes*，6 卷本，1929—1933 年）为我提供了关键资料的宝贵副本。

在关于村庄历史以及凯伯沃斯历史的研究方面，霍斯金斯无疑是现代先锋。盎格鲁－撒克逊历史学家弗兰克·阿滕伯勒（Frank Attenborough，博物学家戴维·阿滕伯勒之父）将德文郡的"比尔"·霍斯金斯引介到了莱斯特大学，并创建了英国最重要的地方历史研究所。在战后，《莱斯特郡考古与历史协会会报》（*TLAHS*）发表了大量文论并出版了好几部重要的著作，如《莱斯特郡史文集》（*Essays in Leicestershire History*，1950 年）、《英格兰各省》（*Provincial England*，1963 年）和霍斯金斯关于威斯顿的著名研究《英格兰中部地区的农民》（*The Midland Peasant*，1965 年）等。在由霍斯金斯编辑的《莱斯特郡的农业史研究》（*Studies in Leicestershire Agrarian History*，1949 年）中，有一篇关于凯伯沃斯的十分重要的文章，题为《凯伯沃斯－哈考特：13 世纪和 14 世纪的默顿庄园》（"Kibworth Harcourt, a Merton Manor in the 13th and 14th centuries"），作者是我以前上过的曼彻斯特文法学校的一位校友罗德尼·希尔顿（Rodney Hilton）。这篇文章还收录在作者于 1985 年出版的《封建主义制度下的阶级、冲突和危机》（*Class, Conflict and the Crisis of Feudalism*）

一书中。这篇精辟的文章遵循了 F. M. 梅特兰（F. M. Maitland）的方向，发展了马克思主义的原则，揭示了某地的本土故事如何能够反映历史上重大事件的运行过程。在此以后，其他默顿式的庄园也开始受人关注，比如保罗·哈维（Paul Harvey）在《一个中世纪的牛津郡村庄》（*A Medieval Oxfordshire Village*，1965 年）中关注的库克斯汉姆（Cuxham）。在希尔顿的引领作用下，西塞莉·豪厄尔（Cicely Howell）写下了她那部具有开创意义的著述《转型时期的土地、家庭和遗产：从 1280 年到 1700 年的凯伯沃斯－哈考特》（*Land, Family and Inheritance in Transition: Kibworth Harcourt 1280—1700*），并让我得以为本书的写作奠定基础性的工作。自西塞莉·豪厄尔的著作于 1983 年问世以来，一个可能的影片拍摄计划就几乎一直在我的脑海中萦绕。

其次，我应该提到一些有关中世纪生活的最近的研究成果。艾达·莱维特（Ada Levett）的《庄园史研究》（*Studies in Manorial History*，1938 年）是最早也是最好的著述之一，它激发我拍摄了一部关于一位中世纪佃农的生活的影片——《克里斯蒂娜：中世纪的生活》（*Christina: A Medieval Life*，2008 年）。近来，有关中世纪农民社会的研究大量涌现。例如，霍斯金斯目前在莱斯特大学的继任者克里斯多夫·戴尔（Christopher Dyer）创作了一部卷帙浩繁的社会史著作，涵盖从 850 年到 1520 年的时间段，题为《中世纪时代的生存之路》（*Making a Living in the Middle Ages*，2002 年）。他也著有《一个转型的时代?》（*An Age of Transition?*，2005 年），并有许多其他研究成果，包括与 C. 刘易斯（C. Lewis）、P. 福克斯（P. Fox）共同完

405

成的研究成果《乡村、村落和田园》(*Village, Hamlet and Field*，2001年)等。在所有最近的研究成果中有一个重要的方面是有关妇女历史的，在这里值得一提的有：汉丽埃塔·雷瑟(Henrietta Leyser)的《中世纪的妇女》(*Medieval Women*，1995年)、玛乔丽·凯尼斯顿·麦金托什(Marjorie Keniston McIntosh)的《英格兰社会的劳动妇女：从1300年到1620年》(*Working Women in English Society 1300–1620*，2005年)、由 P. J. P. 戈尔德贝尔格(P. J. P. Goldberg)编辑的《中世纪英格兰社会的妇女》(*Women in Medieval English Society*，1997年)、科迪莉亚·贝蒂(Cordelia Beattie)的《中世纪的单身妇女》(*Medieval Single Women*，2007年)，还有朱迪丝·班尼特(Judith Bennett)记述了一位妇女的开拓进取人生的《中世纪的生活》(*A Medieval Life*)(1998年)等。

虽然关于中世纪凯伯沃斯的资料极为丰富，但我们该如何构建此前的叙事呢？我这里有一些建议，仅供参考。关于诺曼征服之前的时期，请参阅我在《土地调查清册》(*Domesday*，1986年及以后的版本)中的参考书目；关于 DNA，请参阅史蒂芬·奥本海默(Stephen Oppenheimer)的《英格兰的起源》(*The Origins of the British*，2006年)；戴维·迈尔斯(David Miles)的《不列颠的部落》(*The Tribes of Britain*，2005年)是一部了不起的综合之作。关于罗马时期，请参阅戴维·马蒂利(David Mattingly)一部新的入门书《一个帝国的版图：罗马帝国时期的不列颠》(*An Imperial Possession：Britain in the Roman Empire*，2006年)。关于盎格鲁－撒克逊人，请参阅由迈克尔·拉佩奇(Michael Lapidge)等人编撰的最佳的通用指南《布莱克威尔百科全书：盎格鲁－撒克逊时期的英格兰》（*The Blackwell Encyclopaedia of Anglo-Saxon England*，1999 年）。关于基督教的进入以及对待生死和来世的态度，玛里琳·邓恩（Marilyn Dunn）的《盎格鲁－撒克逊人的基督教化：从 597 年到 700 年》（*The Christianization of the Anglo-Saxons c.597–c.700*，2009 年）可为我们提供一个新的视角。关于麦西亚王国的资料非常少见，但 M. 布朗（M. Brown）和 C. 法尔（C. Farr）合著的《麦西亚：欧洲的一个盎格鲁－撒克逊王国》（*Mercia: An Anglo-Saxon Kingdom in Europe*，2001 年）是一种不错的入门读物。在由 S. R. 巴塞特（S. R. Bassett）编辑的《盎格鲁－撒克逊时期诸王国之起源》（*The Origins of Anglo-Saxon Kingdoms*，1989 年）一书中，也可找到一些有关麦西亚王国起源的有用论述。关于"斯塔福德郡的宝藏"（至今发现的盎格鲁－撒克逊时期的最大宝藏），虽然在互联网上也有大量讨论，但可参阅由凯文·利亚（Kevin Leahy）和罗杰·布兰德（Roger Bland）编写的大英博物馆正式出版物《斯塔福德郡的宝藏》（*The Staffordshire Hoard*，2009 年）。

关于教会，请参阅约翰·布莱尔（John Blair）的概述《盎格鲁－撒克逊社会的教会》（*The Church in Anglo-Saxon Society*，2005 年）；关于圣徒（无论男女），请参阅格雷厄姆·琼斯（Graham Jones）的《圣徒传》（*Saints in the Landscape*，2007 年）。关于早期英国法律，请参阅帕特里克·沃蒙德（Patrick Wormald）的力作《英国法律的形成》（*The Making of English Law*，1999 年）。关于后古英语时期，请参阅 M. 拉佩奇（M. Lapidge）和 S. 凯恩斯（S. Keynes）的《阿尔弗雷德大帝》（*Alfred the Great*，1983 年），以及由 D. 怀特洛克（D. Whitelock）

编纂的《英国历史文献》（*English Historical Documents*，1979 年）。
关于维京人，请参阅 D. 哈德利（D. Hadley）的《英格兰的维京人》
（*The Vikings in England*，2006 年）和 P. 斯塔福德（P. Stafford）的《中
世纪早期的东米德兰》（*The East Midlands in the Early Middle Ages*，
1985 年）。关于 10 世纪英格兰的王国，请参阅本人的《追寻英格兰》
（*In Search of England*）（1999 年）和《土地调查清册》（Domesday，1986
年）。关于 10 世纪 30 年代的革命，请参阅本人最近发表的论文，收录在
由帕特里克·沃蒙德和珍妮特·L. 尼尔森（Janet L. Nelson）编辑的《卡
洛琳王朝时代的世俗知识分子》（*Lay Intellectuals in the Carolingian World*，
2007 年）一书中。

　　关于每个郡的土地调查清册，请参阅菲利莫尔（Phillimore）的版
本，还可参阅由 C. 费希恩-亚当斯（C. Phythian-Adams）编辑的《诺曼征
服时期的莱斯特郡和拉特兰郡》（*The Norman Conquest of Leicestershire
and Rutland*，1986 年）。R. W. H. 厄斯金（R. W. H. Erskine）和安·威廉
斯（Ann Williams）合编的《土地调查清册的故事》（*The Story of
Domesday Book*，2003 年）则是一本非常实用的指南；此外，还可参
阅本人的《土地调查清册》以及由 C. F. 斯莱德（C. F. Slade）编辑的
《1130 年的莱斯特郡调查》（*The Leicestershire Survey of 1130*，1956
年）。关于这一时期的精巧而宏大的叙事，请参阅 D. 卡彭特（D.
Carpenter）的《统治权之争》（*The Struggle for Mastery*，2003 年）。关于
"男爵战争"，请参阅 J. R. 麦迪科特（J. R. Maddicott）的《西蒙·德·蒙
特福德》（*Simon de Montfort*，1994 年）。关于这场战争最后的战役，
请参阅 D. C. 考克斯（D. C. Cox）的《伊夫舍姆战役》（*The Battle of*

406

Evesham，1988 年）。关于"比特灵–麦格纳事件"（the Peatling Magna incident），请参阅 D. 卡彭特的《亨利三世国王的统治》（*The Reign of King Henry III*，1996 年），以及我在《寻找英格兰》中的论述和书中的参考文献。关于百户邑卷宗，请参阅桑德拉·拉班（Sandra Raban）的《第二种土地调查清册？》（*A Second Domesday?*，2004 年）；关于遗失的莱斯特郡百户邑卷宗的原稿，可参见 18 世纪"伯顿（Burton）注释"的复制件，藏于牛津大学博物馆，编号为 Rawlinson B 350。关于英格兰的语言与认同，请参阅托拉克·特维尔–彼得（Thorlac Turville-Petre）的《英格兰民族》（*England the Nation*，1996 年）。关于识字的基本读物，请参阅 M. 克兰奇（M. Clanchy）的《从记忆到书面记录》（*From Memory to Written Record*，1979 年及以后的版本）。关于教育，请参阅尼古拉斯·奥姆（Nicholas Orme）的《中世纪的学校：从罗马时期的不列颠到都铎王朝时期的英格兰》（*Medieval Schools: From Roman Britain to Tudor England*，2006 年）。

关于凯伯沃斯的学校及其历史，现在可于威斯顿档案馆找到相关编目分类，并请参阅伯纳德·艾略特（Bernard Elliott）的《凯伯沃斯–比彻姆文法学校的历史》（*A History of Kibworth Beauchamp Grammar School*，1957 年）。关于凯伯沃斯人的土地赠予、行会档案、佃户缴税清单、验尸官名册等其他早期资料，请参见 F. M. 斯坦顿（F. M. Stenton）的《丹麦法律施行区的社会经济历史的例证资料》（*Documents Illustrative of the Social and Economic History of the Danelaw*，1920 年）、由 M. 贝特森（M.Bateson）编辑的《莱斯特行政区的档案资料》（*Borough Records of Leicester*，6 卷本，1899 年）

和 A. H. 汤姆森（A. H. Thomson）的《莱斯特郡的威廉·威格斯顿医院的章程及其他文件》（*Calendar of Charters and Other Documents Belonging to the Hospital of William Wyggeston at Leicester*，1933 年）等。关于诺曼时期英格兰中东部地区的一般自由农民，请参阅 F. M. 斯坦顿（F. M. Stenton）的《丹麦法律施行区北部的自由农民》（*The Free Peasantry of the Northern Danelaw*，1969 年）和本人的《土地调查清册》（1986 年）。关于饥荒，请参阅 W. C. 乔丹（W. C. Jordan）的著作《大饥荒》（*The Great Famine*，1996 年），和伊恩·克肖（Ian Kershaw）的文章《英格兰的大饥荒和农业危机：从 1315 年到 1322 年》（"The Great Famine and Agrarian Crisis in England, 1315–22"），收录于 R. H. 希尔顿（R. H. Hilton）编辑的《农民、骑士和异教徒》（*Peasants, Knights and Heretics*，1976 年）一书中。重要的总体性概述，请参阅由 R. 霍罗克斯（R. Horrox）和 W.M. 奥姆罗德（W.M.Ormrod）编辑的《英格兰社会通史：从 1200 到 1500 年》（*A Social History of England 1200–1500*，2006 年）。

407 　　菲利普·J. 波特（Philip J. Porter）的《凯伯沃斯和斯密顿的板球：从 1847 年到 1915 年》（*Cricket at Kibworth and Smeeton 1847–1915*，2006 年）是对该地区体育活动的一种权威性描述；他的《从凯伯沃斯到斯密顿：往事追忆之三》（*Kibworth to Smeeton: A Stroll down Memory Lane III*，2008 年），是关于地方历史的一个典范；他的《凯伯沃斯和斯密顿的酒馆和客栈：从 1753 到 1968 年》（*Kibworth and Smeeton's Inns and Innkeepers 1753–1968*，2009 年），是关于酒馆历史的可贵之作。

　　关于庄园和公耕地的资料来源极为丰富。关于庄园，在此尤其请参阅马克·贝利（Mark Bailey）的《英格兰的庄园》（*The English Manor*，2002 年），以及由齐维·拉兹（Zvi Razi）和理查德·史密斯（Richard Smith）编辑的《中世纪社会与庄园法庭》（*Medieval Society and the Manor Court*，1996 年）。关于公耕地的细节，请参阅 C.S. 奥尔文（C.S.Orwin）的《公耕地》（*The Open Fields*，1938 年及后来的版本；最早的版本最好，因为它包含了文件和地图），以及约翰·贝克特（John Beckett）的《拉克斯顿的历史》（*A History of Laxton*，1989 年）。关于气象数据，我的资料来源于德里克·斯特恩（Derek Stern）的一部关于一个农场的著述《威斯敏斯特大教堂的哈特福领地》（*A Hertford Demesne of Westminster Abbey*，1999 年）。米歇尔·布朗（Michelle Brown）的《勒特雷尔诗篇集中的世界》（*The World of the Luttrell Psalter*，2006 年）也是一部细致入微的探索性代表作品。关于乡村劳动者，罗伊·布里登（Roy Brigden）的《犁与耕》（*Ploughs and Ploughing*，2003 年）是非常有价值的郡出版物系列的组成部分。关于庄稼汉及其总体文化，请参阅迈克尔·卡米尔（Michael Camille）的《羊皮纸上的镜子》（*A Mirror in Parchment*，1998 年）。

关于中世纪历史与政治的诗歌，请参阅由 P. 科斯（P. Coss）编辑的《英格兰的政治歌谣》（*Political Songs of England*，1996 年）、由 R. H. 罗宾斯（R. H. Robbins）编辑的《14、15 世纪的历史诗歌》（*Historical Poems of the XIVth and XVth Centuries*，1959 年）、由 R. T. 戴维斯（R. T. Davies）选编的《中世纪英格兰抒情诗》（*Medieval English Lyrics*，1963 年）、由 B. 狄更斯（B. Dickins）和 R. M. 威尔逊（R. M. Wilson）编辑的《中世纪早期的英语文本》（*Early Middle English*

Texts，1956 年修订本）。

关于黑死病，奥利·J. 本尼迪克托（Ole J. Benedictow）的《黑死病：从 1346 年到 1353 年》（*The Black Death 1346–1353*，2004 年）为最佳概述；约翰·哈彻（John Hatcher）的《黑死病：历史的噩梦》（*The Black Death: An Intimate History*，2008 年）是一种来自草根阶层的活生生的描述。关于农民起义，请参阅由 R. B. 多布森（R. B. Dobson）编辑的《1381 年的农民起义》（*The Peasants' Revolt of 1381*，1983 年第 2 版）——此书为相关主题的最好资料集。关于农民的写作运用这个重要问题，请参阅史蒂文·贾斯蒂斯（Steven Justice）的开创性研究成果《写作与反抗》（*Writing and Rebellion*，1994 年），以及最近有关这一主题的另外两项重要研究成果：温迪·斯凯斯（Wendy Scase）的《英格兰的文学与民怨：从 1272 年到 1553 年》（*Literature and Complaint in England, 1272–1553*，2007 年）和安德鲁·科尔（Andrew Cole）的《乔叟时代的文学与异端》（*Literature and Heresy in the Age of Chaucer*，2008 年）。

关于罗拉德教派，在过去 50 年里出现的相关资料多得令人难以置信。不但在互联网上可以找到"罗拉德教派社团"的专门网站，而且有关罗拉德教派的老套的传统性描述也已被安妮·哈德森（Anne Hudson）的《不成熟的宗教改革》（*The Premature Reformation*，1988 年）和《罗拉德教派及其书籍》（*Lollards and Their Books*，1985 年）取代。玛格丽特·阿斯顿（Margaret Aston）的《罗拉德派教义与煽动性言论》（"Lollardy And Sedition"）是一篇重要的论述，收录在由 R. H. 希尔顿（R. H. Hilton）编辑的《农民、骑士和异教徒》

408

（*Peasants, Knights and Heretics*，1976 年）一书中。J. 克朗普顿（J. Crompton）的《莱斯特郡的罗拉德教派》（"Leicestershire Lollards"）也是一项至关重要的地方性研究成果，发表在《莱斯特郡考古与历史协会会报》（*TLAHS*，1968 年第 9 期）上。关于与默顿学院之间的关系，我要感谢莫琳·尤尔科夫斯基（Maureen Jurkowski）发表在《教会史杂志》（*The Journal of Ecclesiastical History*，1997 年第 48 卷）上的论述《15 世纪初默顿学院的异端学说及派别活动》（"Heresy and Factionalism at Merton College in the Early Fifteenth Century"），以及她的许多其他文章。理查德·雷克斯（Richard Rex）的《罗拉德教派》（*The Lollards*，2002 年）则给人提供了一个新的视角。关于罗拉德教派的后续及可能的延续性问题，请参阅由 M. 斯布福特（M. Spufford）编辑的《乡村中持异议者的世界：从 1520 年到 1725 年》（*The World of Rural Dissenters*，1995 年）。苏珊·布里登（Susan Brigden）的《新的世界，失落的世界》（*New Worlds, Lost Worlds*，2000 年），给人提供了都铎王朝时期的一种历史概述。埃蒙·达菲（Eamon Duffy）的《剥离的圣坛》（*The Stripping of the Altars*，1992 年）是一种关于宗教改革的宏大叙事；他的《莫雷巴斯的声音》（*The Voices of Morebath*，2001 年）则给人提供了一组近视图。关于精神状态，请参阅凯斯·托马斯（Keith Thomas）的《宗教与魔法的衰落》（*Religion and the Decline of Magic*，1971 年）和《人类与物质世界》（*Man and the Natural World*，1983 年）。

关于凯伯沃斯，西塞莉·豪厄尔的著述不仅为我提供了有关这一时期的家族历史的丰富资料，而且提供了有关这个村庄的宗教改革历史的许多内容；我很清楚，我的叙述只不过是一种简要描述而已。我在书中引用的都铎王朝时期的遗嘱均由帕特·格伦迪（Pat Grundy）从威斯顿的"莱斯特郡档案馆"的原始手稿中转录出来，并在这里首次发表；我要感谢罗宾·詹金斯（Robin Jenkins）允许它们在此发表。在威斯顿的"莱斯特郡档案馆"中，可资利用的都铎王朝时期和斯图亚特王朝时期的遗嘱数量惊人。对于这些资料的解释，戴维·克雷西（David Cressy）的许多书是一个很好的开端，比如他的《出生、婚姻与死亡：英格兰都铎王朝时期和斯图亚特王朝时期的仪式、宗教与生命周期》（*Birth, Marriage and Death: Ritual, Religion and the Life Cycle in Tudor and Stuart England*，1997 年）。关于资本主义发展理论，请参阅艾伦·麦克法兰（Alan Macfarlane）的《英格兰的婚姻与爱情：从 1300 年到 1840 年》（*Marriage and Love in England 1300–1840*，1986 年），以及他的经典之作《英国个人主义的起源》（*The Origins of English Individualism*，1991 年）。另请参阅劳伦斯·斯通（Lawrence Stone）的《英格兰的家庭、性与婚姻：从 1500 年到 1800 年》（*The Family, Sex and Marriage in England 1500–1800*，1977 年）。

关于内战的著述有很多，请参阅布赖恩·曼宁（Brian Manning）的《英格兰人民和英格兰革命》（*The English People and the English Revolution*，1976 年）、戴维·安德顿（David Underdown）的《来自天堂之火》（*Fire From Heaven*，1992 年）和《一个生而自由的民族》（*A Freeborn People*，1996 年），以及 D. E. 肯尼迪（D. E. Kennedy）的《英格兰革命》（*The English Revolution*，2000 年）等。关于激进的运动，比如贵格派的出现，

请参阅 D.E. 肯尼迪的《失败的经历》(*The Experience of Defeat*, 1984年) 和《颠倒的世界》(*The World Turned Upside Down*, 1972年) 中有关乔治·福克斯 (George Fox) 的论述。《贵格派教义的起源》(*The Beginnings of Quakerism*, 1955年修订本), 是威廉·C. 布雷斯韦特 (William C. Braithwaite) 的经典阐述。另请参阅阿德里安·戴维斯 (Adrian Davies) 的《英格兰社会中的贵格派信徒: 从1655年到1725年》(*The Quakers in English Society 1655–1725*, 2000年)。 不信奉国教者是一股非常强大的力量, 在凯伯沃斯尤其如此, 有关于此请参阅迈克尔·穆莱特 (Michael Mullett) 的《英格兰不信奉国教历史的来源: 从1660年到1830年》(*Sources for the History of English Nonconformity 1660–1830*, 1991年)。此外, 系谱学家协会 (the Society of Genealogists) 发布的一系列指南也很有用, 特别是关于长老会、浸礼会、卫理公会和犹太教会等英国宗教团体的那些。戴维·克利福德 (David Clifford) 的《我的祖先是公理派信徒》(*My Ancestors were Congregationalists*, 1997年修订本) 是一部有关地方社区的非常实用的参考书。凯伯沃斯公理会教堂出版过一本有关该地区持异议者会众历史的有用的小册子:《一个庆典》(*A Celebration*, 1996年), 作者是凯伯沃斯公理会教堂的艾琳·布罗姆利 (Eileen Bromley)。此外, 来自"伦敦持异议者研究中心"的威廉姆斯图书馆馆长戴维·怀克斯 (David Wykes), 他有一项关于凯伯沃斯的研究成果即将完成, 备受期待。

关于工业时代, 就总体状况而言, E. P. 汤普森 (E. P. Thompson) 的《英国工人阶级的形成》(*The Making of the English Working Class*,

1968 年修订本）不愧为经典之作，东米德兰地区的纺织业和莱斯特郡的框架编织业是其关注的重点。关于这方面的古老历史，请参阅费尔金（Felkin）在 1867 年和亨森（Henson）在 1831 年写下的相关著述；玛丽莲·帕尔默（Marilyn Palmer）写于 2002 年的《框架编织》（*Framework Knitting*）可为我们提供一种现代指南。另可参阅理查德·鲁特（Richard Rutt）的《手工编织的历史》（*A History of Hand Knitting*，1987 年）。杰斯·詹金斯（Jess Jenkins）的《诚实而贫困的人：19 世纪 40 年代莱斯特郡的框架编织工的困境》（*Honest Men But Destitute: The Plight of Leicestershire's Framework Knitters in the 1840s*，2005 年）生动描述了凯伯沃斯地区的编织工们的状况；另请参阅 D. 史密斯（D. Smith）的《东米德兰地区的工业考古学》（*Industrial Archaeology of the East Midlands*，1965 年）。关于圈地运动，请参阅 W. G. 霍斯金斯的《莱斯特郡的农业史研究》（*Studies in Leicestershire Agrarian History*，1949 年）。关于道路情况，请参阅亚瑟·考森斯（Arthur Cossens）的《莱斯特郡和拉特兰郡的收费公路》（*The Turnpike Roads of Leicestershire and Rutland*，2003 年）。

关于维多利亚时代，19 世纪的凯伯沃斯正如英国大多数地方一样，拥有非常丰富的诸如标准政府文件、人口普查、济贫法、犯罪记录、教育法案等档案资料。资料中的一些内容由凯伯沃斯历史学会发表，包括近期出版的 G. 林罗斯（G. Ringrose）和罗斯·霍利亚克（Rose Holyoak）等人的回忆录，本书引用了他们的回忆录中的一些内容。本书也引用了杰斯·詹金斯论述地方妇女参政权论者的一些内容，在此表示感谢。

关于现代时期，请参阅彼得·亨尼西（Peter Hennessy）的《永不回头的英格兰：从 1945 年到 1951 年》（*Never Again: Britain 1945–51*，1992 年）和《蒸蒸日上：20 世纪 50 年代的英格兰》（*Having It So Good: Britain in the 1950s*，2006 年）。戴维·凯纳斯顿（David Kynaston）的《紧缩的英国：从 1945 年到 1951 年》（*Austerity Britain 1945–51*，2007 年）和布赖恩·哈里森（Brian Harrison）的《找到一个角色？从 1970 年到 1990 年的英国》（*Finding a Role? The United Kingdom 1970–1990*，2010 年），可谓书写现代历史的典范之作。

接下来，简要地讲一下现在出现在互联网上的大量信息。对于研究地方史的学者来说，A2A 是一个非常实用的网站，它与国家档案馆的网站相互连通，因此只要输入查找的地方的名字，所有地方或全国的编目文档都会显示出来。国家档案馆本身就是一个巨大的资源库——从全国人口普查到兵役记录，大量有关我们先辈生活的原始资料都可供一般研究人员使用。大英图书馆现在也拥有一个强大的网络系统。在 PASE 网站上，可以查到生活在诺曼人征服英格兰之前的每一个有名字的人；在"盎格鲁－撒克逊宪章"网站上，可以查到诺曼人征服之前的所有土地文件，以及完整而有效的文献目录和参考资料的译文。诸如威斯顿这样的地方档案馆和郡档案馆有自己的网站，许多村庄也是如此。凯伯沃斯网站与非常有用的凯伯沃斯编年史网站相互连通，上面有许多文章和专题内容，包括令人敬佩的埃德蒙·诺克斯的自传。

最后，需要另加说明的是，为了便于查阅最重要的默顿手稿

（Merton manuscripts，简称 MM），现按顺序标注其出处的编号，并列在下一段（在此，我要特别感谢西塞莉·豪厄尔所提供的建议以及大部分重要的手稿抄本）。

关于默顿的沃尔特购置这个村庄，请查阅 MM 2877。关于萨尔欠一位犹太放债人的债务（用希伯来文写成），请查阅 MM 2884。关于 1280 年的首次调查，请查阅 MM 6371。关于农民的缴税声明，请查阅的 MM 6370。关于教区神父理查德（Richard）拥有的 8 英亩土地，请查阅 MM 2928。包括条田描述在内的一大捆材料，请查阅 MM 6368。关于 1349 年的黑死病卷宗，请查阅 MM 6405。关于 1361年的瘟疫名单，请查阅 MM 6372。关于约翰·皮查德的信件，请查阅 MM 3344。关于凯伯沃斯的贫穷学者，请查阅 MM 3622。关于波尔家族的谱系，请查阅 MM 6365 和 MM 6464。关于"布朗故居"的建筑描述，请查阅 MM 6324 和 6465。关于 1447 年拒交租金之后的"认定法庭"，请查阅 MM 6415.2 和 6425.1。关于大饥荒期间对尼克·西比尔的土地以及年轻的约翰·西比尔的继承权的调查，请查阅 MM 6219。想了解本书涉及的与家族相关的其他重要手稿以及皮查德信件的完整原稿，请参阅西塞莉·豪厄尔的著述。关于默顿学院以及罗拉德派的情况，本人要特别感谢莫琳·尤尔科夫斯基。关于哈尔曼（Hulman）北上处理学院事务，请查阅 MM 3712；关于伽玛盖（Gamalgay）及其同事的活动，请查阅 MM 3720、MM 6278–6280。关于如何从村里收钱，请查阅 MM 6285。关于斯托纳姆（Stoneham，法学家拉尔夫·斯特罗德 [Ralph Strode] 的朋友，乔叟的朋友）访

411

问凯伯沃斯一事，请查阅 MM 3718。关于布朗与德克斯特家族（the Dexters）之间的关系，请查阅 MM 6281。关于吉尔伯特家族，请查阅 MM 6276、MM 6277、MM 6280。

索 引

（条目后页码为原书页码，即本书页边码）